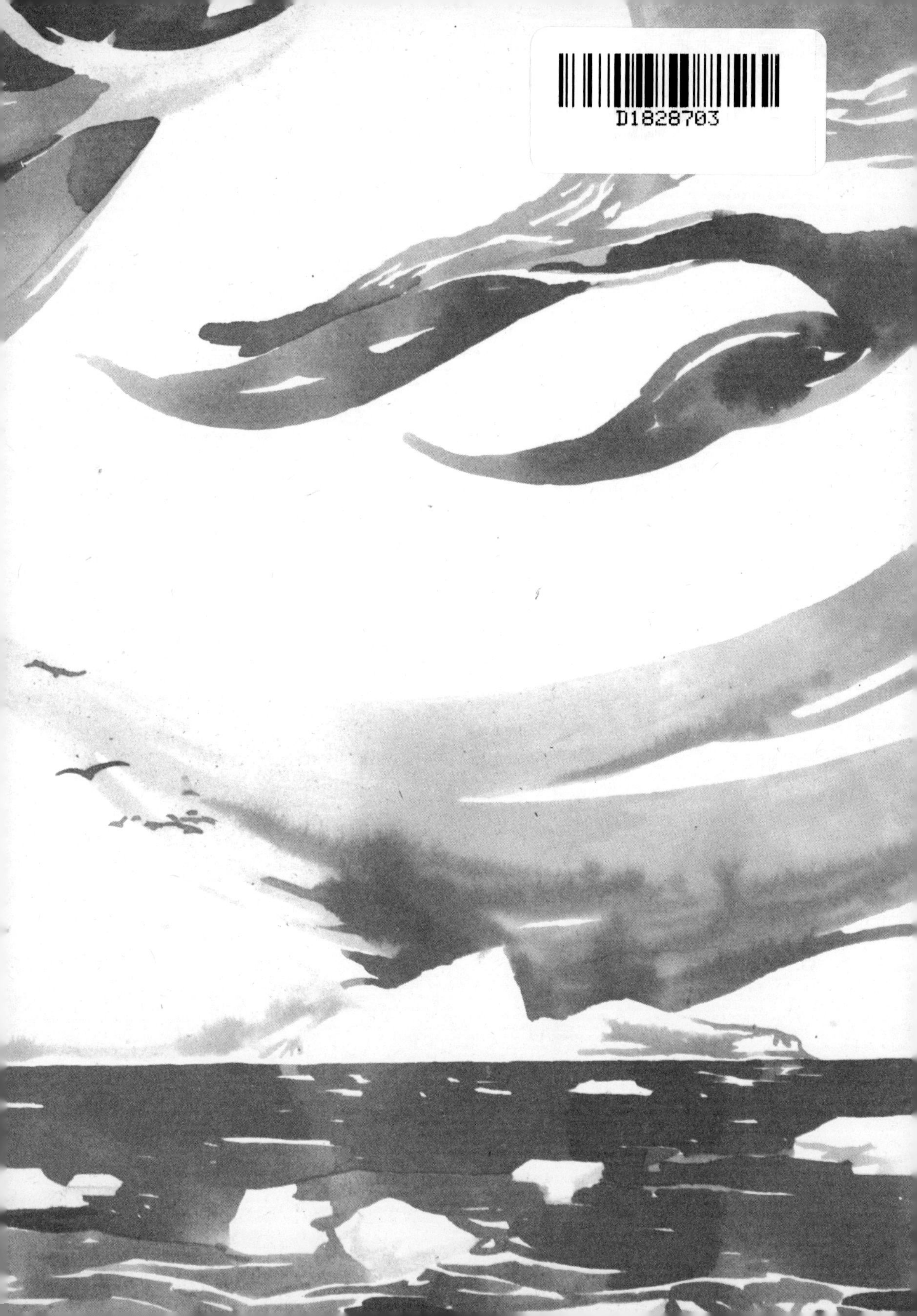

Herbert Friedrich · Die Eissee

Herbert
Friedrich

DIE EISSEE

*Die letzte Reise des
Willem Barents*

Verlag Neues Leben Berlin

Illustrationen von Werner Ruhner

ISBN 3-355-00429-4

8. Auflage, 1990
Lizenz Nr. 303 (305/184/90)
LSV 7001
Einband: Werner Ruhner
Typografie: Achim Kollwitz
Schrift: 11 p Sabon
Lichtsatz und buchbinderische Weiterverarbeitung:
INTERDRUCK Graphischer Großbetrieb Leipzig – III/18/97
Offsetrotationsdruck: (52) Nationales Druckhaus · Betrieb der VOB National
Bestell-Nr. 641 731 1
00900

DIE MANNSCHAFT DER „EISSEE“

WILLEM BARENTS
Oberster Pilot und Navigator der Expedition

JACOB VAN HEEMSKERCK
Schiffer und Commis

PIETER PIETERS VOS
Hochbootsmann

CLAES ANDRIES
Untersteuermann

MEESTER HANNS VOS
Chirurg

JACOB JANS VAN STERRENBURGH
Feuerwerker

JORIS CHRISTOFFEL
Zimmermann

GERRIT DE VEER
Volontär

LENAERT HENDRICKS
Koch

SIMON JAN REYNIERS
Bootsmann

FRANS VAN HAARLEM
Bootsmann

LAURENS WILLEMS
Bootsmann

CORNELIUS PIETERS
Bootsmann

DUNCKER JANS
Bootsmann

EVERT JACOBS
Bootsmann
CARSTEN HOOGHWOUT VAN SCHIEDAM
Bootsmann
JAN HILLEBRANTS
Schiffsjunge

ERSTES BUCH

Das Schiff

I

Die dritte Nacht lagen die Schiffe im Windschatten der Insel Vlie. Nebeneinandergelagert, glichen sie einer Stadt mit Türmen und Zinnen. Das ungewisse Nachtlicht, das Meer, das sie hob und senkte, täuschte über ihre Größe hinweg. Ebbe und Flut zerrten an ihren Ankern. Der Wind jagte durch die leeren Rahen.

Es waren die „Eissee" und die „Amstelredam". Unter dem Befehl des Willem Barents waren sie am 10. Mai 1596 abgesegelt von Amsterdam, vollgepfropft mit Kaufmannsgut, um nach China zu fahren. Oder nach Japan. Nördlich von Asien, durch Eis, Sturm, Ungemach, Gefahr. Es war eine glänzende Ausfahrt gewesen. Der Ehrbare Rat der Stadt hatte fast vollzählig auf dem Kai gestanden. Der Kosmograph und Prediger Petrus Plancius, der eifrige Verfechter dieser Reise, hatte von dem Giebelfenster eines Speichers aus der Ausfahrt beigewohnt, unter kluger Zurückhaltung, wie es sich für sein Amt geziemte. Dagestanden hatten vor allem die Kaufleute Pieter Hasselaer, Dirck von Os und Jan Janszoon Carel, deren Zinn und Sammet und Linnen die Laderäume der Schiffe füllten. Weiber hatten sich am Kai gedrängt, die Mütter der Abreisenden, dort unter dem Schreierturm auf der Buitenkant, Kinder, schaulustiges Volk. Viel Lachen hatte es gegeben, Singsang und Gebete. Und Tränen.

Und nun lagen die Schiffe fest. Es war, als habe man sich, auf große Reise aus, im Haus von den Lieben verabschiedet und sei in den Flur getreten und stünde mit gepackten Truhen an der Tür. So ging es den Schiffen im Schutze der flachen westfriesischen Insel. Sie konnten nicht hinaus auf das offene Meer. Sie lagen noch vor der Haustür, zwanzig kleine Meilen vom mächtigen Amsterdam entfernt, zweitausend Meilen vor dem Ziel. Oder wieviel wohl?

Sechs Tage lebten sie nun auf den Schiffen. Drei nur hatten sie segeln können, drei Tage mit geblähtem Tuch über die Zuiderzee, auf gischtendem Wasser. Dieser Schneckengang! Es war ein Kampf mit dem Wind gewesen. Mit unablässigem Kreuzen hatten sie ihm Meile um Meile abgeluchst, hatten sich durch die ganze Zuiderzee gepirscht und den dreifachen Weg gebraucht bis vor die Inselkette, die sie vom offenen Meer abriegelte. Nun hätten sie so dicht an den Wind gehen müssen, daß es geratener schien, eine Weile unter Anker zu liegen, bei aller Eile, die sie vorwärtstrieb.

Die „Eissee" war das Schiff des Befehlshabers. Drei Stufen bildeten die Decks bis zum Heck. Die höchste war die „Hütte". Hier saß Barents und schrieb. Breit saß er auf dem geschwungenen Hocker hinter dem Tisch. Eine Kerze brannte ruhig und stetig. Viele Stunden saß er schon so, hörte, wie die Wache draußen die Glasen schlug, und tauchte bedächtig den Gänsekiel in die Tinte.

Die „Hütte" war klein, zwölf Amsterdamer Fuß lang und neun breit; eine Kerze genügte, sie zu wärmen. Barents lächelte. Er hätte die Staatskajüte haben können für die Reise, die unter der „Hütte" lag. Sie besaß eine offene Galerie rings um das Heck und war prachtvoll ausgestattet. Vor ihrer Tür befand sich der Raum für den Rudergänger, was ein weiterer Vorzug war. Aber Barents hatte die „Hütte" gewählt. Wollte er an Deck, brauchte er nur die Tür aufzustoßen und stand schon am Besanmast. Das ganze Schiff konnte er von hier übersehen. Und er wollte oft an Deck.

Er war ein ernster, selbstbewußter Mann Anfang der Vierzig. Alle anderen an Bord waren jünger. Allein er nahm es mit jedem auf. Sein straff nach hinten gekämmtes Haar war noch voll. Keine Falten durchzogen die eckige Stirn. Der dichte Schnurrbart unterstrich die ausgeprägten Linien, die von den Nasenflügeln abwärtsliefen, und ging in einen das Kinn bedeckenden Spitzbart über. Seine Kraft, seine Jugendlichkeit aber sprach aus den Augen, die groß und grau waren und unbeugsamen Willen verrieten.

Barents hatte nicht schlafen können in dieser Nacht. Die Unruhe hatte ihn hochgetrieben. Er hatte die Schläge der Schiffsglocke gezählt und gehört, wie die Mitternachtswache an Deck gekommen war. Er hatte die Kerze erneuert und hin und wieder geputzt. Nun saß er und blickte zum Fenster, hinter dem bald der Tag grauen würde. Er tauchte den Kiel in das Fäßchen, und wieder trocknete die Tinte daran.

„Lieber, ehrenwerter Herr ...", hatte er geschrieben. Vor Stunden, schien es ihm. Er stellt ihn sich vor, diesen ehrwürdigen Herrn und Vater, der kaum älter war als er: Petrus Plancius, der Prediger. Wie er den Brief empfinge, am Morgen nach einer gut durchruhten Nacht. Wie er ihn läse. Sein dicklippiger, breiter, in den gekräuselten Vollbart eingebetteter Mund würde sich nicht verziehen. Seine steilen Brauen würden nicht zucken. Und doch würde er innerlich beben.

Es war seltsam. Von all den vielen Begegnungen mit Plancius drängte sich Barents nun hier in der „Hütte" vor allem die erste auf: in dem

Gemäuer der Alten Kirche, deren Turm nun längst hinter der Kimmung versunken war. Vor dem Altar der Priester Plancius, blaß, noch gezeichnet von den Anstrengungen der Flucht aus Brüssel, noch erfüllt von dem eifernden Glauben, mit dem er in flandrischen Dörfern und Städten die Leute zur Lehre des Calvin bekehrt hatte, in den Augen noch einen Funken Haß gegen die Spanier, die ihn verfolgt hatten. Und Barents vor ihm, zwölf Jahre jünger als jetzt in der „Hütte", mit Anna am Arme. Wiewohl an jenem Tag wenig mehr in ihm Raum gehabt hatte als das schöne Mädchen Anna, so war er doch auch freudig ergriffen davon gewesen, daß ihn gerade ein gehetzter, gepeinigter, von den spanischen Ketzergerichten gejagter Prediger der Anna zum Mann gab: eine nüchterne Vermählung, ohne Prunk, wie es in Calvins Sinne war. Annas schlanke Hand in der seinen; sie zitterte ein wenig, als sie neben ihm kniete. Und hinter ihm der Stadtschreiber Meynart, ihr Vater, gichtig schon, gebeugt, doch sehr glücklich, daß die Tochter den Barents bekam, den Ziehsohn des Handelshauses Os, das würdig vertreten war bei jenem Zeremoniell.

Der alte Os noch, die pfiffigen Augen auf das Paar gerichtet; der Mann, der ihm Vater gewesen war, nachdem der seine in der Stadt Gent als Ketzer hatte hängen müssen. Und daneben, in der Familienbank, der junge Os: Dirck, Spielgefährte und Freund aus der Knabenzeit, dann Bruder und Kamerad im Lernen bei den Magistern, der jetzige Herr des Handelshauses. Oh, die Tochter des Stadtschreibers hatte einen Würdigen zum Manne bekommen, einen Auserwählten.

Barents in der „Hütte" des Schiffes lächelte. Aber es wirkte bitter. Zwölf Jahre waren lang. Es rieb sich viel ab in dieser Zeit. Bei Anna der Glaube an das Auserwähltsein. Bei Plancius Eifer und Haß.

Das Phänomen Plancius hatte ihn auch in der Folge angezogen, er konnte es nicht leugnen. Als er als Schiffer des Handelshauses Os im Mittelmehr kreuzte, das sich die niederländische Schiffahrt gerade erschloß, als ihn seine alte Leidenschaft ergriff, die von ihm bereisten Meere zur Karte zu bringen, hatte er sich von Plancius beraten lassen. Eines von dessen Werken lag in seiner Truhe, hier in der „Hütte": die Bibel mit Spezialkarten des Gelobten Landes. Das war der Mann Plancius aus einem Guß, Gott und Natur, Religion und Wissenschaft. Spezialkarten der ganzen bekannten Welt hatte er herausgegeben, gestützt auf die Quellen jener, die ihn verfolgt hatten.

Plancius hatte Barents ermutigt, sein „Kartenbuch von der Mittelländischen See" herauszubringen, und ihm empfohlen, sich nicht auf die Darstellung der Küsten zu beschränken. Das Hinterland war nicht minder wichtig für einen, der gut Handel treiben wollte. Und er wolle doch die Schiffe des Os zu guten Häfen navigieren, wie?

Barents hatte während der Entstehung des Kartenbuches Mühe gehabt, sich dem zwingenden Geist Plancius' zu entziehen, der unablässig bestrebt war, ihn sich ganz unterzuordnen, die eigenen Vorstellungen auszulöschen. Er hatte gerungen, daß es seine Karten blieben, von den Ländern, die er bereist und die der Kosmograph Plancius nie gesehen hatte. Er hatte dem angesehenen Gelehrten Zugeständnisse machen müssen in der Art der Darstellung und in Titeln. Im wesentlichen aber hatte er seine Auffassungen durchsetzen können. Wenn er es überhaupt geschafft hatte, dann hatte er es dem Onkel seiner Frau zu verdanken, der, halb gelähmt zwar, genug Witz besessen hatte zu verhüten, daß Plancius das Werk ganz an sich riß. Mit gutem Grund hatte jener Onkel Cornelius Claes dies getan, als Verleger des Buches nämlich. Fett durch das Unvermögen, sich ausgiebig zu bewegen, bequem, gemächlich, hatte er doch den richtigen Augenblick abgewartet und das Werk perfekt gemacht, schneller, als Plancius es gewollt.

Hatte Plancius damals gelächelt über die hintergründige Eile, mit der sie das Buch auf den Markt geworfen hatten, so würde er auch jetzt nicht zucken. Aber er würde ihn bei Gott und allen Heiligen verfluchen.

Barents legte den Kiel weg und stellte sich an das kleine schräggeschnittene Fenster. Draußen lag die flache Insel, die dunkel blieb, Stunde um Stunde.

Petrus Plancius hatte im Auftrag des Ehrbaren Rates von Amsterdam die Instruktion für die Reise ausgearbeitet. Und Barents, zwanzig kleine Meilen von der Stadt erst entfernt, stand im Begriff, ihm zu schreiben, daß er ebendiese Instruktionen nicht einhalten werde.

Barents griff sich an die Halskrause, die ihm zu eng und steif war. Er trug einen einfachen Rock. Er verzichtete auf die Staatskajüte, auf den Abschied durch den Ehrbaren Rat, auf alle Ehren und Würden. Monatelang hatten die Amsterdamer Herren gerätselt, wie sie diese Reise durchführen wollten. Herausgekommen aber war eine Dummheit.

„Die Schiffe fahren so nördlich wie möglich", forderte die Instruktion. Das bedeutete praktisch: über den Pol!

Barents lächelte verächtlich. Er hatte keine Furcht vor dem geheimnisvollen Ort, der der Nordpol war. Er würde auch zum Pol fahren, wenn es gälte, den Pol zu suchen. Aufzufinden aber waren China und Cathay und die Japanischen Inseln. Wenn einer zu einem Ziel wollte und schlug einen Weg ein, der nicht zu diesem Ziel führte, dann war der Weg falsch. Zu viele Jahre schon war man falsche Wege gegangen. Barents konnte nicht der Instruktion „So nördlich wie möglich" folgen. Er wußte den richtigen Kurs!

Nicht ohne Grund war *er* ausgewählt worden für die Reisen der Amsterdamer nach dem Norden. Er war beschlagen in der Kunst der Seefahrt. Der Herr des Handelshauses hatte damals für die besten Lehrer gesorgt.

Hoch angesehen war Barents bei den Räten der Stadt durch die Verbindung zu Os, wenn ihm auch Neider Halsstarrigkeit und Eigensinn nachsagten. Keinen Kundigeren als Willem Barents hatten sie in ganz Amsterdam gefunden für das gefährliche, fragwürdige Wagnis der Nordreise.

Und der Stapelplatz Amsterdam zählte etwas auf dem alten Kontinent. Seit zwanzig Jahren frei von den Spaniern, hatte sich die Stadt im letzten Jahrzehnt um das Doppelte ausgedehnt, hatte ihre Hülle gesprengt wie eine sich häutende Raupe, hatte sich gestreckt bis zur Heerengracht und schließlich ihre Befestigungen Gracht um Gracht vorgeschoben.

Amsterdam hatte lange im Schatten Antwerpens, der mächtigen Stadt an der Schelde, gestanden. Diese fiel nicht auf einen Schlag. Vor dreißig Jahren begann der Niedergang, als die Ketzergerichte Albas Tausende aus jener konkurrierenden Stadt vertrieben. Vor zwanzig Jahren starben siebentausend ihrer Bürger, als die spanische Furie die Stadt plünderte. Vor zehn Jahren nahm der spanische Regent Farnese nach vierzehnmonatiger Belagerung erneut Antwerpen und vernichtete ihre Blüte endgültig. Verstreut waren die fremden Handelsniederlassungen, zerrissen die so kunstvoll geknüpften Verbindungen nach allen Weltteilen. Lahmgelegt waren ganze Industriezweige. Die Seidenweber wanderten nach England aus, die Diamantenschleifer trugen ihre Kunstfertigkeit Amsterdam zu. Was des einen Tod, ist des andern Brot.

Ein glänzendes Erbe trat Amsterdam an. „Die Auserwähltheit eines Menschen zeigt sich an der Größe seines Arbeitserfolges ..." Man war schon zufrieden mit der Lehre des Calvin! Rührig sahen sich die eckigen, breiten Herren Os, Hasselaer, Carel nach neuen Verbindungen um, nach gewinnbringenden Stapelplätzen. Plancius hatte Erfolg mit seinen Karten; man riß sie ihm aus den Händen. Unbekannte Routen wurden geprüft, Pläne aufgegriffen, die seit einem halben Jahrhundert bestanden: Man wollte nördlich von Asien nach China und Japan segeln. Die Engländer hatten Geld und Mühe in das Unternehmen gesteckt. Vor vierzig Jahren scheiterte Willoughby; wer kannte sein Grab? Drei Jahre darauf gelangte Burrough hoch im Norden des asiatischen Kontinents, dem Lande Tatarien, an eine Meeresstraße zwischen einer öden Insel, Nowaja Semlja genannt, und dem Festland. Man besang diese Straße. Man schrieb Oden auf sie. Man hoffte, daß diese Straße Waigatsch, die man in ihrer Lage zwischen Insel und Festland noch immer nicht genau kannte, das Tor sei nach China.

Und unter den vielen Versuchen, das nördlichste Kap Asiens, Tabin, zu erreichen und dann stracks nach Süden zu segeln, Cathay zu, gab es den eines Holländers: Olivier Brunel. Er berichtete, daß er 1576 mit einer russischen Lodija durch diese winzige Meeresstraße bis zur Mündung eines gewaltigen Stroms vorgedrungen sei, den man Ob nannte.

Als Antwerpen noch nicht ganz am Boden lag, als es Luft holte, um sich wieder zu stärken, als es daranging, seine alte Größe zurückzuerobern – was alles mißlang –, verpflichtete ein Antwerpener Kaufmann de Moucheron, die Mücke, den Seefahrer Brunel für eine Reise nach Cathay. Der Holländer gelangte nur bis Nowaja Semlja.

Der Kaufmann de Moucheron aber rettete sein Handelshaus aus dieser dem Untergang geweihten Stadt in die befreiten Provinzen. Er brachte seine Pläne mit. Er betrieb die Durchführung der ersten Nordreise.

Der Prediger Petrus Plancius und die Kaufleute in Amsterdam waren wach genug. Was sich das verhungerte Seeland und die Mücke vornahmen, mußte Amsterdam erst recht möglich sein. Zwei von den vier Schiffen, die 1594 schließlich ausliefen, steuerte Amsterdam bei.

Willem Barents in der „Hütte" der „Eissee" schmunzelte, als er daran dachte, wie ihm die Herren vom Rat für beide das Kommando angetragen hatten. Damals vor zwei Jahren, Gott, war es schon so lange wieder her? Er kam gerade vom Mittelmeer zurück und hatte nicht recht anbeißen wollen. Sie hatten es verstanden, ihm beizubringen, daß er der Beste sei. Mit Schmeicheleien waren sie gekommen und mit Geschenken für Frau und Kinder. Und die Heuer war die doppelte einer gewöhnlichen Reise gewesen. Aber kaum dies, sondern das Unbekannte hatte ihn gelockt. Wie sah es im Norden von Asien aus? Wo kam das Eis her? Was war mit dem legendären Kältegürtel, den die Riesenströme passierten? Wo lag der Polus Arcticus und der Polus Magnetis?

Damals hatte er noch etwas auf die Instruktion des Plancius gegeben. Freiheit hatte sie ihm ermöglicht, so daß er sich nicht mit Haut und Haar der Seeländer Flotte jener Mücke Moucheron ausliefern mußte. Er hatte seine eigenen Vorstellungen von dem Weg nach China gehabt. Er glaubte nicht an das Nadelöhr Waigatsch zwischen Insel und Festland. Wer wußte denn, ob nicht etwa hinter der Waigatsch eine Binnensee läge, rings eingeschlossen von Land, eine Mausefalle, wie? Wo gäbe es dann einen Durchschlupf nach China?

Er hatte auf jener Reise die Waigatsch den anderen überlassen, den Schiffen „Zwaan" von Seeland und „Mercurius" von Enkhuizen. Plancius' Instruktion hatte ihm ermöglicht, mit seinem Amsterdamer Schiff und der alten Terschellinger Fischerjacht einen Weg zu suchen, an den noch keiner gedacht hatte. Dieser Kurs war die Umschiffung der Insel Nowaja Semlja.

Das war eine andere Insel als dies Sandkörnchen Vlie, hinter dem sie nun schon die dritte Nacht lagen. Man konnte sich wahrhaftig bekreuzigen, wenn man an ihren öden Küsten entlangsegelte. Zweihundert Meilen streckte sie sich aus in dem weiten Ozean, länger als die große Insel der Briten. Und immer nördlich.

So war er gesegelt, damals, mit dem Schiff und der Fischerjacht. Bis auf

77 Grad nördlicher Breite war er gekommen, bis zu einer Spitze, die sie das Eiskap nannten. Dort war das Land nach Süden abgebogen.

Barents schritt in der „Hütte“ auf und ab, stellte sich ans Fenster, hinter dem es schon dämmerte, hörte die Wache flüstern, sah auch die Rahen des anderen Schiffes drüben: „Amstelredam“. Ein zweites großes Schiff diesmal, keine Fischerjacht mehr ... Barents schnaufte zufrieden.

Bis zum Eiskap war er damals gekommen. War es nun das sagenhafte Tabin? Ging es von hier geradewegs in die Straße von Anian nach China und Japan? Er wußte es nicht. Er hatte es nicht prüfen können. Eis hatte das Schiff bedrängt. Ich komme wieder, hatte er sich geschworen.

Es war auch an der Zeit gewesen festzustellen, was aus „Mercurius“ und „Zwaan“ geworden war. Und siehe da, man traf sie, weit im Süden, und sie konnten berichten, daß sie durch das Nadelöhr Waigatsch hindurch in offener, eisfreier See Meile um Meile zurückgelegt hätten bis hin zur Mündung Ob und darüber hinaus. Wie Brunel! Und wenn sie kräftig mit den Augen geblinzelt hätten, dann hätten sie beinahe schon Kap Tabin gesehen.

Er war damals nicht hart genug gewesen. Er hatte sich übertölpeln lassen. Der scheinbare Erfolg der anderen, die eigene Niederlage hatten ihm etwas vorgelichtert. Mit glücklicher Kunde war die Flotte nach den Niederlanden zurückgeschwommen. Aber die Kunde brachten nicht jene, die in Amsterdam beheimatet waren. Barents erinnerte sich nicht gern daran. Tief atmend stützte er die Hände auf den Tisch und blickte auf das Papier.

Die zweite Nordreise dann hatte unter einem Unstern gestanden. Es begann schon vorher, als ihm sein Kaufherr Os ein anderes Kommando auf „einem gewöhnlichen Schiff mit gewöhnlichem Kurs“ hatte aufschwatzen wollen. Er hatte trotz des lukrativen Angebots abgelehnt, um wieder nach dem Norden zu seinem Eiskap zu kommen. Als man die Nordexpedition endlich ausschickte, war es Juni! Eine Flotte von sieben Schiffen war es gewesen, vier genügten nicht. Und jedes beladen mit Ware. Zwei Amsterdamer wieder dabei, die „Winthont“ und eine Jacht. Er hatte auch für beide das Kommando bekommen, wie er es sich gewünscht.

Aber damit war es schon aus gewesen mit den Wünschen. Die neue Instruktion ließ keinen Raum mehr für Klauseln, Sonderrechte, eigene Forschung. Wo Seeland hinsegelte, hatte auch Amsterdam zu fahren, hatten alle schwerbeladenen sieben Schiffe zu schwimmen. Und die segelten eben zu dem Nadelöhr zwischen der Insel Nowaja Semlja und dem Festland, zur Waigatsch. Es hieß freilich nun schon „Straße von Nassau“, benannt nach den durchlauchtigsten Fürsten und Herren, den Grafen von Nassau, die noch ein Dutzend weiterer Titel trugen und von denen Wilhelm der Schweiger die Niederlande im Kampf gegen die Spanier geführt hatte, bis er von einem Attentäter ermordet wurde. Sein Sohn Mauritius war jetzt Statthalter und Kapitängeneral der befreiten Provinzen und Admiral von der See.

Und wiewohl sie durch die neue Benennung des Nadelöhrs zum Ausdruck brachten, daß sie die Reise durchführten zu Ehren der Republik, daß sie zum Schaden der Spanier, die unersättlich auch Portugal an sich gerissen hatten, einen neuen Seeweg nach den begehrten Ländern suchten, so argwöhnte man doch gegenseitig und mißgönnte den anderen Provinzen alleinigen Erfolg, den Nutzen des eigenen Handelshauses im Auge.

Mit Zähneknirschen war Barents mitgefahren, hatte an das „gewöhnliche Schiff auf gewöhnlichem Kurs“ gedacht, das er ausgeschlagen hatte. Es kam genau, wie er erwartet hatte. Das Nadelöhr Waigatsch, die Straße von Nassau im Süden von Nowaja Semlja, war verstopft mit Eis. Nicht eine Maus konnte hindurch. Aus war der Traum von der Reise nach China. Der Erfolg von „Zwaan“ und „Mercurius“ war ein Trug gewesen. Und er war darauf hereingefallen und um die Möglichkeit gekommen festzustellen, wie der Kurs nördlich von Nowaja Semlja in Wirklichkeit verlief. Es hatte ihn gebrannt, er hatte davon geträumt auf der beschwerlichen Heimreise. Und auch später, zu Hause. Er war froh gewesen, als er herausfand, daß sich der junge Os durch den neuerlichen Mißerfolg nicht schrecken ließ.

„Fahren Sie ein drittes Mal, Barents? Als Befehlshaber zweier Schiffe?“ Von dem „gewöhnlichen Schiff auf gewöhnlichem Kurs“ hatte er nicht mehr gesprochen; es war zu dieser Zeit schon zehn Monate unterwegs.

„Fahren Sie ein drittes Mal?“ – Barents hatte zugesagt. Mit zwei Schiffen nach dem Norden; woran konnte ihm mehr liegen? Nicht mehr der kleine Schiffer und Steuermann eines Handelshauses; ein Admiral mit einer selbständigen Flotte im Auftrag Amsterdams, wenn man es recht nahm. Dem Auserwähltsein ein Stück näher, so Anna, die es mit ihrem Gott hatte, wenn der Mann über die Wasser fuhr.

Wenn sich nun auch die anderen zurückzogen, wenn die Mücke abschwirrte mit all ihrem Geld, wenn Seeland verzichtete und Enkhuizen Zuschauer blieb: Die Kaufleute Os, Hasselaer, Carel an Amstel und Ij rüsteten zwei Schiffe neu aus, dauerhaft, solide gebaut, größer als die in den Vorjahren.

Denn da lagen ja die Länder von Tatarien, China und die Japanischen Inseln. Und sie waren reich an Gold, Silber, Seide, Zucker, Quecksilber. Und der Weg nördlich von Asien um Kap Tabin herum durch die Straße von Anian nach den begehrten Ländern sollte doch sechsmal kürzer sein als der der Portugiesen um das afrikanische Kap der Guten Hoffnung. Sechsmal kürzer und ohne Zwischenhändler – das lohnte, neue Schiffe in der Binnenamstel vorzubereiten.

Wie konnte man, nachdem so viel Mühe und Geld in das Unternehmen gesteckt worden war, so kurz vor dem Ziel aufgeben und die Früchte anderen überlassen, den Dänen vielleicht oder den Engländern. Oder auch den Russen. Selber mußte man fahren, sich rühren mußte man, zumal man einen Mann hatte, der zweimal in jenen Gewässern gefahren war.

Leichter, als er geglaubt hatte, war alles nach seinem Wunsch gegangen. Da jedoch kam der „liebe, ehrenwerte Herr" mit seiner neuen Instruktion: Finger weg von Nowaja Semlja! Fahrt über den Pol!

Klug hatte Plancius zu reden gewußt, im Rat und unter den Kaufleuten. Er hatte es verstanden, überzeugende Beweise ins Feld zu führen. Nachdem sich gezeigt hätte, daß das Nadelöhr verschlossen war mit Eis, nachdem sich auch die Insel Nowaja Semlja spröde gezeigt hatte bei ihrer Umsegelung, gälte es nunmehr, einen dritten Weg zu prüfen. So nördlich wie möglich.

Barents wischte den angefangenen Brief vom Tisch. „Lieber, ehrenwerter Herr ...", hatte er schreiben wollen, „ich kenne den Weg. Um Nowaja Semlja herum geht der Kurs. Dort werden wir Erfolg haben. Über den Pol scheitert jedes Unternehmen."

Es wurmte ihn, daß Plancius ihn wieder zu Zugeständnissen zwingen wollte wie beim Kartenbuch über die Mittelländische See. Nicht er war halsstarrig, eigensinnig, sondern jener, der in seinem wie geleckt sauberen Haus phantasievolle Pläne ersann, ohne jemals auf den Planken eines Schiffes gestanden zu haben.

Er hob den Bogen vom Boden auf, strich ihn bedächtig glatt und nahm seinen Rundgang in der „Hütte" wieder auf, hin und her, die wenigen Fuß. Wenn der Schiffer Heemskerck unter ihm in der Staatskajüte einen weniger festen Schlaf gehabt hätte, dann hätte er die Nacht durch wachen müssen, wie sein Oberster Pilot und Befehlshaber.

Barents lächelte, ein wenig verschlagen, ein bißchen schalkhaft. Heemskerck schlief den Schlaf der Jugend. Keine dreißig Jahre war er alt, ein Mann mit vornehmem Charakter und einer ausgezeichneten Bildung. Der andere war nicht viel älter, Jan Cornelis Rijp, Schiffer der „Amstelredam". Jung waren beide, junge Leute brauchte er für sein Wagnis. Wo Heemskerck vorsichtige Zurückhaltung walten ließ, dort setzte Rijp den Mut des Draufgängers ein, was nicht selten zum Erfolg führen konnte. Eine gesunde Mischung.

Barents war schlauer gewesen als Plancius, als der ganze Ehrbare Rat des mächtigen Amsterdam. Er hatte sie alle in die Tasche gesteckt, als sie mit ihrer Instruktion herausgerückt kamen. Und er hatte in einem ungeduldigen, sentimentalen Augenblick einen Brief schreiben wollen!

Er hatte Gelegenheit gehabt, Heemskerck und Rijp lange Zeit sehr genau zu studieren. Sie hatten sich schon den Eiswind um die Ohren sausen lassen und sich gut gehalten dabei, zwar nicht auf der ersten Reise mit all ihren Fährnissen. Beim zweitenmal waren sie dabeigewesen, bei der Spazierfahrt in die Waigatsch. Es war noch genug Gelegenheit gegeben, dort zu zeigen, was in einem steckte, im Kampf mit Bären und auf der scheußlichen Rückfahrt, als der Winter schneller war als die Schiffe.

Barents lächelte schalkhaft-grimmig, wenn er daran dachte, was es doch für ein schlauer Griff gewesen war, diese beiden dem Konsistorium als Schiffer für die dritte Reise vorzuschlagen. Das war ein Schachzug gewesen, so recht nach seinem Geschmack. Heemskerck und Rijp waren in die Waigatsch nicht als Hochbootsmann, Steuermann oder Offizier gefahren, beileibe nicht. Als Commisse für die Kaufleute waren sie gesegelt, als Verwalter und Behüter der Waren, als Männer, die den Handel mit den Chinesen und Japanesen und Tataren in die Wege leiten sollten, wie sich die Gelegenheit ergab. Nichts hatten sie mit der Schiffsführung zu tun gehabt, keinen Einfluß auf den Kurs, keine Stimme im Schiffsrat.

Diese Männer nun hatte Barents für das höchste Amt auf den Schiffen vorgeschlagen, als Schiffer. Und zugleich als Commisse. Die Kaufleute Hasselaer und Carel hatte er so hinter sich gebracht, die Reeder, deren uneingeschränktes Vertrauen Heemskerck und Rijp besaßen. Auch der junge Os hatte geschmunzelt. Eine großartige Verbeugung, schien es, war das vor den Kaufleuten gewesen.

Es ehrte sie, daß ihre Commisse im Amt stiegen und die Schiffe in eigene Hände nahmen. Barents aber hatte seine Hände frei, hatte den Weg frei für alle Routen, ob sie nun in der Instruktion niedergelegt waren oder nicht.

Heemskerck und Rijp erhielten eine Chance, von der mancher geträumt haben mochte zwischen Amstel und Ij. Er hoffte, sie würden sie nützen mit dem ganzen Eifer ihrer jungen Jahre. Und Dank wissen.

Mit solchen Schiffern, unabhängig von Seeland, Enkhuizen, Rotterdam, fünf Wochen eher als im Vorjahr, lag Barents gut im Rennen. Und mit der verjüngten Mannschaft. Denn waren die Kapitäne kaum an die Dreißig, so zählten sie doch zu den ältesten an Bord.

Junge Leute hatte er anmustern lassen, die das Abenteuer liebten und die Gefahr nicht scheuten. Unverheiratete Männer, die nicht die Liebe zu Frau und Kindern davon abhielt, wenn nötig, das Leben in die Schanze zu schlagen.

Barents, am Fenster, sah auf die Masten des anderen Schiffes im Morgengrauen, hörte das Wasser schlagen, roch den Kerzendunst in der winzigen „Hütte“. Die Liebe zu Frau und Kindern ...

Wer von den Ausarbeitern der Instruktion in den festen Mauern der Stadt hatte denn gewußt, wie oft er, Barents, sein Herz in die Hand hatte nehmen müssen. Einmal hatte ihn zwei Tage lang ein spanisches Kaperschiff gejagt, vor der Felsenküste Frankreichs, und nur der Nebel hatte ihn gerettet. An einem Riff im griechischen Meer mußten jetzt noch Planken liegen von der „Lerche“, die er nicht mehr hatte nach Hause steuern können. Die Ladung für Os verloren. Ein Sturm irgendwo hatte den Besanmast der „Wappen von Haarlem“ über Bord gefegt. Mit geprellter Schulter war der Pilot davongekommen. Auf der Waigatsch-Fahrt waren Galion und Bugspriet der „Winthont“ zersplittert beim Zusammenstoß mit dem Schiff „Hoop“ des Vizeadmirals.

Die Liebe zu Frau und Kindern. Und er hatte sein Herz in die Hand genommen, hatte – hinterher immer – an das winzige Backsteinhaus in der St.-Nicolaas-Straat gedacht.

Als er von seiner letzten Mittelmeerfahrt zurückgekommen war, hatte ihm Anna ein Medaillon gegeben, ihr liebes, stilles Gesicht mit großen Augen, die Schicksalsergebenheit ausdrückten, in einem Miniaturbildnis, ein Tuch über dem Haar, die Andeutung einer Haube nur. Wie das junge Mädchen, die Tochter des Stadtschreibers. Ihre Ersparnisse hatte sie zu einem Maler nach Leiden getragen, weil dort die beste Schule sein sollte, wie ihr kunstverständiger fetter Oheim Cornelis Claes wußte. Und damit nicht genug, hatte sie es endlich von dem buckligen Goldschmied in der Ridderstraat einfassen lassen.

Er war sehr gerührt gewesen damals, und er trug es bei sich, wenn er wieder hinauszog. Wer von den Männern, die die Instruktion ausgearbeitet hatten, konnte denn ganz erfassen, warum er vorgeschlagen hatte, nur unverheiratete Seeleute zu nehmen. Wer wußte denn von ihnen, daß er außer diesem goldgefaßten Medaillon ein Lederbeutelchen bei sich trug mit den Locken von Dirck und von Jan und von Martin, auch von Neeltgen natürlich, die immer sein Liebling gewesen war, stupsnäsig und frech. Und schließlich eine seidige, ganz helle Locke von Symentgen.

Das waren sechs starke Anker, die ihn an Amsterdam ketteten. Sie hielten ihn zäh, und doch trieben sie ihn wieder hinaus, immer wieder. Ein Seemann war kein Goldschmied, ein Navigator kein Maler. Und der wohlhabende Verleger Cornelis Claes rückte keinen Stuiver heraus für die Familie seiner Nichte, wenn man ihm nicht um den Bart ging. Leiste was, dann hast du was.

Er hatte munkeln hören in all dem Wirrwarr der Vorbereitung dieser dritten Expedition, daß sich der Geograph und Prediger Plancius, der liebe ehrenwerte Herr und Vater, mit einhunderttausend holländischen Gulden an einer Indienreise beteiligen wollte. Barents in der „Hütte“ preßte die Lippen zusammen, ächzte, starrte hinaus.

Wenn das mit den vielen tausend Gulden nicht stimmte, so war es doch möglich. Das war die Wahrheit.

Die Wellen des Mittelmeers waren nicht golden für ihn gewesen, das Westerfahrwasser kein großer Fischzug. Wenig genug hatte ihm sein

Kartenbuch von der Mittelländischen See eingetragen. Der fette Claes jammerte ihm die Ohren voll, zugesetzt habe er, bei Gott!

Barents fragte sich jetzt in der „Hütte“, wie er nur auf den Gedanken gekommen war, in dieser dritten lausigen Nacht hinter der verdammten Insel herrisch und stolz einen Brief an Plancius zu schreiben: Ich befolge eure Instruktion nicht! – Wie hätte er dieses Schreiben dem Fischer aushändigen können, der schon am Abend zuvor einmal an Bord angelegt hatte, um dem Koch Steinbutte zu verkaufen. Plancius' Mund über dem gekräuselten Vollbart hätte sich bestimmt nicht verzogen. Aber war es klug, ihn aufzubringen, da die Schiffe noch nicht einmal Holland verlassen hatten? Da man keinesfalls wußte, ob man den Kurs fand? Da auch ungewiß war, ob Neeltgen, Symentgen und die anderen Racker ihren Vater überhaupt wiedersahen?

Er konnte nicht schreiben. Wenn einer ihn als Pilot für die Amsterdamer Nordreisen ausgewählt und dem Rat der Stadt empfohlen hatte, dann war es Petrus Plancius. Wenn einer, nach dem Ausscheiden der anderen Provinzen, bei der Regierung dennoch eine Prämie von 25 000 Gulden für das Finden der Durchfahrt herausgeschunden hatte, dann war auch dies Plancius.

Über den Pol oder Umschiffung der Insel Nowaja Semlja, Instruktion hin und her – das war alles gleich. Nicht geschrieben, es mußte gehandelt werden. Nur der Erfolg gäbe ihm recht, gleich, wie er fahren würde. Und wenn er durch die Hölle führe – wenn er so nach China gelangte, wer wollte dann noch mit ihm rechten.

Der untersetzte, gedrungene Mann, etwas zu schwer für sein Alter, setzte sich auf den Hocker und stützte das heiße Gesicht in die Hände. Anna, dachte er. Martin, Jan – alle sechs Namen dachte er. Ein Medaillon und fünf Haarlocken, seidig und blond.

Draußen lag grau der Morgen, das Wasser schwappte an die Schiffe, über der flachen Insel schrien die Möwen. Den Kopf in die Arme gebettet, schlief Barents am Tisch. –

In der Kuhl der „Eissee“ lag der Schiffsjunge. Unter offenem, regenverhangenem Himmel lag er, im Nachtwind, in der Maikühle. Für gewöhnlich schlief er in dem Aufbau, der die Kuhl bugwärts begrenzte, in der Back. Wenn er jetzt fröstelnd im Schutze der übereinandergestellten Beiboote hockte, dann deshalb, weil er Wache hatte.

Der Junge hieß Jan Hillebrants. Er war vierzehn und hatte Kälte nie gescheut, weder auf dem Amsterdamer Fischmarkt, wo seine Mutter feilbot, was die Küstenkähne gerade anlandeten, noch in der winddurchpfiffenen Mühle des Großvaters unweit der Stadt. Eislauf auf gefrorenen Kanälen hatte zu seinen Vergnügungen gehört, Wirbel um Kähne, die das Eis in Fesseln geschlagen hatte.

Sein Gesicht war knabenhaft weich, die Wangen rund, der Mund dicklippig und sein Blick oft verträumt. „Träumer“ hatte die Mutter ihn auch genannt. Sie hatte aber erzählt, bitter, traurig, von seinem Vater, der ein guter Bootsmann gewesen sei und den doch nichts gerettet hätte, als die Spanier das Schiff enterten. Er horchte auch auf, wenn die tuchverhüllten Weiber auf dem Markt davon schwatzten, daß die spanischen Reiter wieder auf Nymwegen zogen oder irgendeinen Flecken verwüstet hatten. Dann hatte er gebebt.

Geträumt aber hatte er von der See.

Was ging über den Hafen, die Schiffe! Vor zwei Jahren hatte er dagestanden, als die Barents-Expedition festmachte. Ein totes Walroß hatten sie ausgeladen, ein Ungetüm mit beinernen Hauern, wie es noch keiner in der Stadt gesehen hatte. Schnell war die Kunde herumgelaufen von diesem Meerestier. – Die Wunder der Meere, er wollte sie sehen.

Still lagen die Decks. Das Schiff hob und senkte sich in der Dünung. Backbord, draußen über dem Wasser, pendelte eine Laterne, die am Heck der „Amstelredam“ hing. Nicht zufällig war der Junge dabei. Der Schiffer der „Amstelredam“ war Jan Cornelis Rijp, der Freund seines Vaters.

An einem Aprilsonntag, als sie aus der Alten Kirche in den mit Schnee vermischten Regen getreten waren, hatte seine Mutter gezögert und ihn dann aus dem Gedränge, an Bettlern vorbei, zu einem Mann gezogen, der im Windschatten des Westturmes stand.

„Das ist sein Sohn“, hatte die Mutter mit brüchiger Stimme zu dem Mann gesagt. Jan erinnerte sich gut, wie verwundert er gewesen war. Der Fremde, bärtig und wirrhaarig, hatte ihn bei den Schultern gegriffen und ihm ins Gesicht geschaut. Auch gesprochen hatte er und gelacht. Er war aber sonst sehr verschlossen gewesen.

Jans Mutter hatte sehr ehrfürchtig getan vor diesem Herrn. Allein erst in der niedrigen Kammer, die sie bewohnten, hatte Jan erfahren, daß dies auch ein Jan sei: Jan Cornelis Rijp, der mit dem Vater zusammen gegen die Spanier gekämpft habe. Seinerzeit war dieser Rijp der erste gewesen, von dem sie erfahren hatte, daß ihr Mann Hillebrant nicht mehr lebte. Erschlagen von den Spaniern auf glitschigen Planken in einer Sturmnacht auf dem Fluß Schelde ...

Lag der Junge jetzt hier auf der „Eissee“, dann hatte er es Rijp zu verdanken. Der hatte die Zweifel der Mutter beschwichtigt, ihre Ängste zerstreut, sparsam in Worten freilich, aber treffend. Er hatte dem Jungen diesen Platz verschafft. Das war unendlich viel.

Auf dem Halbdeck vorm Großmast lagen drei Bootsleute, die Wache hatten wie der Junge: der knochige Duncker; Evert, der einem kleinen feisten Mönch glich; und Hooghwout, der jüngste nach Jan. Die Mitternachtswache, die schläfrige, schwere. Es galt kein Segel zu kontrollieren, keinen Kurs zu beachten. Nicht waren Riffe oder Kaps auszumachen. Nackt stachen die Masten in den Himmel.

Im Topp schlug die Amsterdamer Flagge. Es dünkte den Jungen, als ob sie schlaffer hinge, als hätte der Nordost nachgelassen. Er lächelte. Er wußte, sie würden bald segeln.

Einmal war ihm, als kämen Schritte. Er reckte sich lauschend, warf einen Blick auf die Laterne der „Amstelredam", deren Licht ihn beruhigte. Dann stand er auf, mit den Bewegungen einer Katze. Wieder vernahm er das Geräusch, viel deutlicher schon. Er spähte über die Boote.

Auf der andern Seite der Kuhl, an der Reling, lehnte ein Mann. Einen Augenblick glaubte der Schiffsjunge, es sei der Hochbootsmann. Dann erkannte er jedoch Duncker.

Der Bootsmann wandte ihm den Rücken zu und schaute unverwandt über Bord. Aber nicht in die Ferne, sondern auf das leise anschlagende Wasser unter ihm. Er beobachtete etwas. Einen Fisch? Oder die Strömung? Vielleicht döste er auch bloß vor sich hin.

Des Jungen Verhältnis zu Duncker war nicht das beste. Jener war ein Bootsmann Anfang der Dreißig. Listig, verschlagen, berechnend, verstand er sich auf seine Arbeit. Jan hatte wenig Sehnsucht nach einem Schwatz mit diesem groben, mürrischen Mann.

Dennoch trat er entschlossen hinter den Booten vor.

Duncker fuhr auf. „Was schnüffelst du hier herum?"

„Ich habe geglaubt, hier ist ein Fremder."

„Ich kenn einen Fremden an Bord, und das bist du, Jung." Dunckers Lachen klang wie ein Krächzen. Die Backenknochen an seinem schmalen Kopf traten stark hervor, seine Nase glich dem Schnabel eines Vogels.

Jan Hillebrants wußte kein Wort zu sagen. Der andere musterte ihn. „Dachte mir, du schläfst. Habe mich geirrt, das war dein Glück."

Der Junge fühlte sein Herz schlagen. Duncker gehörte zu jener Sorte, die das winzigste Vergehen eines anderen meldeten. Um zu bekräftigen, daß er keinesfalls geschlafen habe, sagte er rasch: „Der Wind hat gedreht . . ."

Duncker murrte: „Hab es dem Schiffer gemeldet. Geht alles seinen Gang. Verschwinde."

Jan, halb im Gehen, griff an die Reling. Seine Finger krampften sich zusammen. Unten schaukelte ein Boot, in dem ein Mann saß. „Hier ist doch ein Fremder", sagte Jan trotzig.

Duncker starrte ihn an. Dick waren seine Lider, halb über die Augen gezogen. Schläfrig sah Duncker aus. „Du bist mir recht laut."

Der Alte unten stemmte eine Stange gegen die Bordwand, weil das Wasser ziemlich bewegt war. Er quengelte: „Hol endlich an."

Duncker warf dem Jungen einen Blick zu. Dann zog er an einem Tau.

Unschlüssig stand Jan Hillebrants. Ihm war nicht sehr wohl. Er hätte ohne ein Wort gehen sollen.

Schläfst du auf Wache, wirst du bestraft. Läßt du ohne Kenntnis des Hochbootsmannes jemand an Bord kommen, geht es dir an den Kragen. Sie hatten auf die Artikel geschworen.

Ein Korb erschien über der Reling. Drei, vier Fische lagen darin. Der Junge atmete leichter. Duncker kaufte Fische.

Das Meergetier lag groß und schlagend im Korb. Das bewegte Wasser stieß das Boot auf die Schiffswand zu. Der Bärtige unten hatte zu tun, es von den Stückpforten abzuhalten. Sein Ruf trieb zur Eile.

Duncker schüttete die Fische in ein Tuch, lachte und ließ den Korb hinunter. Jan blieb beruhigt stehen. Er hatte den Fischer erkannt. Am Vortag hatte jener schon so an der Bordwand gelegen, als der Schiffer dem Koch erlaubt hatte, für die Mannschaft den Fang zu kaufen.

„Hast du noch keine Fische gesehen?" murrte Duncker. „Du wirst noch Holz kauen auf der Fahrt, das sag ich dir. Du wirst mal nicht mehr wissen, wie frischer Fisch schmeckt, wenn wir erst oben stecken im Eis ..."

Jan Hillebrants sah Duncker an. Der Bootsmann kam ihm in diesem Augenblick wie ein Vogel vor. Rasch drehte sich Dunckers Kopf auf dem dürren Hals.

„Was wird mit dem Brief?" schrie der Fischer von unten. „Der Navigator will einen Brief mitgeben."

Duncker, plötzlich besänftigt, beschwichtigte den Mann. „Gedulde dich, ruh dich aus. Ich wecke Willem Barents." Dies sagte er mit großartiger Gebärde, als sei er zumindest der Schiffer.

Duncker faßte den Jungen am Arm. „Trag die Fische zum Zimmermann. Aber laß dich nicht erwischen!"

Ehe es Jan Hillebrants recht bewußt wurde, hielt er das Bündel in der Hand. Der Bootsmann kletterte schon die Treppe zum Halbdeck empor.

In dem Augenblick schlug die Schiffsglocke. Grau war der Morgen. Acht Glasen. Weit hallten die Schläge. Die Wache war vorbei. Auf einmal fühlte der Schiffsjunge, wie müde er war.

Barents schlief noch immer am Tisch. Es war ein quälender Halbschlaf, ein Dämmern. Jedes Geräusch drang in sein überreiztes Hirn. Laut schlugen die Glasen, acht schmerzende laute Schläge. Vier Stunden nach Mitternacht.

Schritte, ein Klopfen an der Tür, vom Halbdeck her, ein Kratzen und wieder das Klopfen, eine Pfeife draußen, gellend. Dann das leise Schleifen der Tür, das Schnappen der Klinke.

Gerrit de Veer stand überlegend vor dem Schlafenden. „Kommandeur", flüsterte er, „Admiral ..." Sein längliches Gesicht drückte Überraschung aus, weil er Barents nicht auf dem Lager fand. Er stand unbewegt, hörte auf die Atemzüge des Mannes, für den er sich persönlich verantwortlich fühlte.

Zum zweitenmal reiste de Veer mit Barents. Im Vorjahr war er dabeigewesen, auf der „Winthont“, als sie die Waigatsch berannten. Barents hatte ihn überrascht, wie er versuchte, ein Tagebuch zu schreiben. Der Navigator, lächelnd über soviel Unbeholfenheit und Mangel an Erfahrung, hatte ihm das eigene Tagebuch der ersten Reise überlassen, und de Veer hatte es studiert, gründlich, in Kältenächten, bei blakendem Licht. Obwohl er kaum etwas verstand von Kartographie und Navigation, war er nun mit seinem Buch vorangekommen.

Aber von dieser dritten Reise, die jetzt verdammt noch mal endlich losgehen sollte, würde er jede herausragende Stunde beschreiben, damit die Nachwelt erfahre, wie sie nach China gelangt waren.

De Veers kleine, rasche Augen fanden den Bogen Papier. „Lieber, ehrenwerter Herr ...“ Er war neugierig auf diesen Brief, neben dem Petschaft und Siegellack lagen, als seien sie eben gebraucht worden. Aber Barents’ Arme verdeckten die übrigen Zeilen.

Der kaum zwanzigjährige Mann rätselte, was jener zu Papier gebracht hatte. Mit der sanften Hand strich er sich das Haar zurück, was überflüssig war, da es fest und straff nach hinten lag. Sein Hals war lang. „Gänsehals“ hatten ihn die Jungen der Gasse genannt. Über de Veers schmales Gesicht huschte ein Lächeln. Jetzt weckte der Gänsehals den Befehlshaber der Expedition.

Er berührte Barents an der Schulter. Der Mann am Tisch war sofort munter. Er blickte so hellwach, daß de Veer sich fragte, ob Barents wirklich geschlafen habe.

Barents fühlte sich behaglich wohl. Da stand de Veer, einer der jüngsten, der nun einen Kniefall andeutete, als sei Barents ein Mann von Adel.

Vielleicht steckte in jenem unbekümmerten, unfertigen de Veer, der es trotz Verbotes nicht unterlassen konnte, ihn mit Admiral anzureden, auch ein kommender Kapitän. Einer für die nächste Reise.

„Was gibt’s, Gerrit?“

„Bootsmann Duncker von der Wache meldet: Der Fischer ist da.“

Barents griff sich, besinnend, an die eckige Stirn. „Der Fischer?“

„Der am Abend die Steinbutte gebracht hat. Sie hatten ihn hergebeten für heute früh ...“ De Veer berichtete umständlich, obwohl Barents schon nach wenigen Worten im Bilde war.

Der Navigator schob den Hocker zurück und sagte gepreßt: „Ich habe keinen Brief für ihn. Sag ihm, es hat sich erledigt.“

De Veer starrte ungläubig auf den Tisch, wo der Bogen lag. „Gut“, murmelte er, blieb jedoch an der Tür stehen. „Er ist eine Meile wegen des Briefes gerudert.“

Barents trat an das Schränkchen und holte einen abgegriffenen Sammetbeutel heraus. „Ist Heemskerck schon wach?“

In de Veers Augen kam Leben. „Der Schiffer weist die neue Wache ein.“ Er nahm die Münze und wandte sich zum Gehen. Da fragte Barents rasch: „Wie ist der Wind?“

„Nordwest ...“

„Was!“ schrie Barents und funkelte ihn an. „Seit wann?“

„Seit einer halben Stunde ...“

Barents preßte sich an den Tisch. Noch nie war es de Veer so deutlich geworden, wie spitz Barents' Wangen waren. Ein müder, aber zäher Mann, dessen durchdringenden Augen er jetzt gern ausgewichen wäre. Er fühlte sich rauh gepackt und an die offene Tür gerissen.

„Da!“ schrie Barents. „Zeig mir die Segel am Mast. Wieviel Fahrt machen wir, he? Wie heißt die Insel dort drüben, wie?“

„Vlie.“

Barents stieß ihn von sich. „Dummkopf.“ Er atmete ruhiger. „Also. Warum wurde ich nicht geweckt? Warum segeln wir nicht?“

De Veer faßte sich an den langen Hals. „Der Schiffer hat gemeint, es ist zu dunkel für das gefährliche Fahrwasser. Auch der Strom läuft schon zu stark.“

Barents unterbrach grob: „Wann hat die Ebbe eingesetzt?“

„Als der Wind sich gedreht hat.“

Mit dem Ebbstrom hätten sie auslaufen können ... Das war sein Kapitän Heemskerck, der Vorsichtige, der Zauderer.

Barents fluchte. „Schick den Schiffer zu mir.“

„Jawohl, Admiral!“ De Veer war verschwunden wie ein Hase.

Tief atmend sog Barents an der Tür die kühle Meeresluft ein. Drei Tage hinter Vlie war ihnen noch nicht genug. Sie hatten sich schon an das Faulenzen, an das Schlemmerleben gewöhnt. Steinbutt, frisch aus dem Meer – für den Bauch war das gut. Nach China kam man so nicht. Ungeduldig wartete Barents, bis Heemskerck erschien.

Jacob van Heemskerck, langjähriger Commis des Kaufmanns Hasselaer, neunundzwanzig Jahre alt, stand in der „Hütte“, die er nicht mochte. Die Hütte eines Bauern.

Wann sie segelten, brüllte jener, mit funkelnden Augen und feuchtem Mund.

Heemskerck gab gelassen Antwort. Er wirkte gepflegt mit seinem mageren, edlen Gesicht. Der lange, weiche Spitzbart, der zu den Ohren hin als Backenbart auslief, die hohe Stirn, die mandelförmigen Augen, das ganze selbstbewußte Auftreten des Mannes Heemskerck hatten die schöne Kaufmannstochter Gertrud Hasselaer bei einem der wenigen Empfänge zu jener Frage verleitet, die schnell die Runde gemacht hatte: „Sind Sie verwandt mit den Grafen van Heemskerck?“

Der Commis ihres Vaters, also angesprochen, war nicht verlegen gewesen. Er war alles, was sie wollte. Ein Graf in ihren wunderschönen Augen, bitte. Wer wußte noch etwas von dem alten Segelmacher Heemskerck, der das Tuch für die berühmtesten Schiffe gestichelt hatte?

Er war nach ihrem Willen auch Commis auf der Waigatsch-Fahrt. Sie hatte ihn schon in China gesehen. Als es um den Posten des Schiffers für die neue Reise ging, drängte sie den alten Hasselaer: „Nimm doch den Grafen.“ Und sie sah ihn abermals in China.

Einen launischen Willen hatte die Spröde, doch in seinem Falle eine wunderliche Zielstrebigkeit.

Er hatte auch einen Willen, der war, ihr Gatte zu werden und der Schwiegersohn Hasselaers. Heringsfischer waren Kaufleute geworden. Segelmachersöhne brauchten ihnen nicht nachzustehen. Gelangte er nach China, war er mehr als Graf. Wer wollte noch sagen, daß es eine Mißheirat sei, wenn sich der Geldsack Hasselaer mit dem hergelaufenen Heemskerck verschwägerte.

Heemskerck hielt Barents' Vorwürfen stand. Wann sie segelten? In zwölf Stunden, zur Westersonne, am hellen Tag, rechtzeitig bei auslaufendem Strom, mit einem Wind, wie er nicht besser sein könnte.

„Jetzt, jetzt segeln wir!“ schrie Barents, riß die Tür auf und brüllte den Hochbootsmann an: „Die Leute zum Spill. Anker hoch und ab!“

Heemskerck würgte die Wut hinunter. Die Knöchel seiner Hand traten weiß hervor, so krallte er sich in die Türkante. Jetzt war er nicht der Graf der schönen Gertrud. Jetzt war er der Segelmachersohn, dem ein Gassenjunge sein erstes selbstgetakeltes Schiff zerschlagen hatte.

Er sah Barents nach der Back gehen. Der Hochbootsmann Vos schaute herein. „Wie befehlen Sie, Schiffer?“

Heemskerck sagte tonlos: „Wir segeln.“

Die gellende Glocke schien das Schiff zu verwandeln. Pfiffe schrillten, Rufe hallten von der Backbordseite, wo die „Amstelredam“ lag. Der Junge Jan Hillebrants erschrak, wie schnell das stille Schiff Leben bekam. Er trug das Tuch mit den Fischen.

„Simon, Simon, hoho!“ sang einer. „Kommt raus, ihr Brüder, frische Luft erwartet euch.“

Die Tür der Back öffnete sich. Einer von der Freiwache steckte den Kopf heraus und blinzelte in den Morgen. Schritte polterten, eine Pütz klatschte ins Wasser, jemand lachte. Fern, sehr fern, von Möwen gefolgt, sah Jan den Fischer ziehen.

Als er sich umwandte, entdeckte er den Hochbootsmann. Vom Halb-

deck aus beobachtete jener, wie sich die Leute aus der Back trollten. Unwillkürlich duckte sich Jan hinter den Beibooten. Keinen Schritt konnte er mit diesen verdammten Fischen auf Deck wagen. Er saß ganz schön in der Klemme.

Entdeckte Vos Dunckers Fische, waren sie weg auf Nimmerwiedersehen. Dann konnte sich Jan auf die Weiterreise mit Duncker freuen.

Auf einmal bohrte noch ein anderer Gedanke in ihm. Konnte er es überhaupt wagen, seinen Bootsmann Duncker bloßzustellen? Keiner sollte den Schiffsartikeln nach Speise und Trank außerhalb der Mahlzeit fordern! Die Gesetze gingen ihm heute nicht aus dem Schädel.

Kein Sterbenswort konnte Jan Hillebrants sagen, daß die Fische dem Duncker gehörten, diesem Raubtier, das mit ewig hungrigen Augen über die Decks lief. Da würde jener die Beute im Verschlag seines Kumpanen, des schweigsamen Zimmermanns, zubereiten, lecker, lecker, während die anderen auf den Schiffer fluchten, der schon jetzt mit den Rationen knauserte, als müßten sie tausend Tage von dem mitgeführten Proviant leben. Jan duckte sich noch tiefer, während schon das zum Beutel geknüpfte Tuch seinen Fingern entglitt. Mit einem geschickten Manöver hatte Dunker ihn nicht nur zum Mitwisser, sondern sogar zum Komplizen gemacht.

Er fühlte dumpf, daß dies eine Sache war, aus der ihn nicht einmal Jan Cornelis Rijp herausgehauen hätte, den er achtete wie nur einen und den er zum letztenmal Auge in Auge gesehen hatte, als sie den Eid leisteten auf die verdammten Schiffsgesetze.

Der Junge horchte auf das Rumoren, auf die vielfältigen Geräusche, auf Pfiffe und Befehle und wunderte sich, daß ihn noch keiner hier unter den Booten entdeckt hatte.

Konnte er also bei einer Entdeckung Duncker nicht bloßstellen, dann bedeutete das, daß er als Besitzer der Fische galt.

Jan Hillebrants, Schiffsjunge, wie kam der zu den Fischen? Durch Kauf von seiner lächerlichen Besoldung? Das hätte nicht eimal ein Kind geglaubt.

Hoho, hatte nicht der Koch von einem Fischer am Vortag Ware gekauft? Hatte nicht der Junge zusammen mit Lenaert Hendricks die Körbe in die Vorratskammer unter Deck geschleppt? Jan Hillebrants wurde es heiß. Er schob das nun schon feuchte Tuch mit dem prallen Inhalt an einen Balken, auf dem die Boote ruhten. Wenn der Hochbootsmann den Jungen mit den Steinbutten sah, dann war nicht Gefahr für Duncker, sondern allein für Jan Hillebrants. Dann galt er als Dieb. Der Junge schob die Fische noch tiefer unters Boot und blieb geduckt hocken. Seine Lippen bewegten sich wie bei einem stummen Gebet. –

Der Bootsmann Simon Reyniers von der neuen Wache ging wiegend an den Beibooten vorüber auf die Back zu. Er war ein kräftiger Mann mit einer breiten, buckligen Stirn und Augen, die die Welt gesehen hatten. Er trug einen kleinen Bart unter der Kolbennase, und der Mund über seinem wuchtigen Kinn lächelte vergnügt.

Er beeilte sich nicht gerade, obwohl der Schiffer Heemskerck ihn angetrieben hatte wie einen Ochsen.

Der Hochbootsmann Vos trillerte wie verrückt mit seiner Pfeife auf dem Halbdeck herum.

Der Bootsmann Simon aber lächelte, weil Duncker in der Back noch nicht wußte, daß das Pfeifen auch ihm galt.

Er war Duncker nicht grün. Er mochte die ganze andere Wache nicht. Alles mögliche hatte man aufgelesen rings um die Zuiderzee und auf diese Planken gestopft. Es gab genug Abenteurer, die die große Heuer reizte.

Mit Duncker war er schon am ersten Tag zusammengeraten, als sie anmusterten. Sie hatten ein Spielchen gemacht, um sich die Zeit zu vertreiben und sich ein wenig zu beriechen. Da hatte er gemerkt, daß Duncker mit gezinkten Karten spielte. Er war schweigend aufgestanden. Unter seinem Blick hatte Duncker die Karten zusammengeschoben und eingesteckt. Mit rauhem Lachen hatte er das gewonnene Geld zurückgegeben, saftig scherzend, als fände er das alles sehr spaßig. Es war aber nichts weiter daraus geworden. Schon am nächsten Tag war das Kartenspiel verboten, weil es Streit und Unruhe mit sich brächte. Aber Simon war mit diesem Mann fertig.

Er war an der Back angelangt. Vor noch nicht einmal dem Viertel einer Stunde war Duncker hineingekrochen, um noch eine Mütze voll Schlaf zu nehmen wie die anderen von der Mitternachtswache. Simon öffnete leise die Tür, lächelte und rief behutsam in die Stille der Back: „He, Duncker, komm raus, Junge. Der Morgen ist so schön." Dann schrie er los: „Alle Mann an Deck! Wir laufen aus!"

Er hörte einen Fluch. Ein Stiefel schlug neben ihm gegen den Pfosten. „Langsam", warnte Simon vergnügt, „sonst triffst du noch den Hochbootsmann." Dann schlenderte er zurück. Er dehnte die Brust. Die Fahrt begann. Die Reise ging los.

An den Beibooten gewahrte er erstaunlicherweise den Schiffsjungen. „He!" schrie Simon, „runter zum Ankerspill! Mit Schlaf ist es aus!"

Der Junge sprang wie ein Wiesel von den Booten weg auf die Luke zu, die unter Deck führte. –

Die Ausfahrt belebte alle. Nach dem ermüdenden Segelflicken und Einstroppen von Blöcken und all dem anderen Kram hatten sie nun richtige Arbeit. Keuchend sangen die Männer im Dunkel des Artilleriedecks, als sie den Anker hievten. Schwer drehte sich das Spill. Die Pfeife des Hochbootsmannes Pieter Vos gellte. Die Stimme des Schiffers Heemskerck trieb sie in die Wanten. Heckwärts, vor der Tür der „Hütte“, stand Barents, breitbeinig, heiter. Auf nach China, auf in die Arktis! Jetzt packten sie es, jetzt ging es nordwärts.

Stolz erfüllte die Männer, als der Wind in das erste Segel langte und die „Eissee“ den Bug von der Insel Vlie abdrehte. Lange genug hatten sie hier gelegen.

Backbord schwamm die „Amstelredam“, neu gestrichen vom Heck bis zur Galion. Bei dem Anblick jenes Schiffes, das sie von der „Eissee“ aus in seiner ganzen Größe sahen, dreimastig und voll besegelt, schlugen ihre Herzen höher. Es war ihnen, als stünden sie wohl auf dem Schiff, zugleich aber außerhalb, als ferne Betrachter der Ausreise.

Die Schiffe liefen vor dem Wind auf den Vliestrom zu, der zwischen Vlie und Terschelling die Durchfahrt zum offenen Meer bildete. Groß und flammend stand die Sonne über dem Horizont, ohne Übergang, ohne Morgenröte. Dunkle Wolkenbänke lagen Burgwällen ähnlich darüber. Nachdem es tagelang aus dem Norden geweht hatte, kam nun der Wind vom Kanal her. Über den Atlantik war er gestrichen, hatte sich voll Feuchtigkeit gesogen. Schwer hing es vom Himmel hernieder.

Aber die Schiffe boten einen prachtvollen Anblick. Kastanienbraun schimmerten ihre Körper. Hell hoben sich die Linien der Berghölzer ab. Bauchig wie die Leiber von Fischen, verjüngten sich die Schiffskörper nach oben, trugen die Back und hinter der Kuhl das schmale Halbdeck und darauf, noch höher, ganz am Heck, die „Hütte“.

Die Galionsfiguren wiegten sich rot und gelb über dem Wasser, der schreitende goldene Löwe der freien Provinzen. Bräunlich standen die Segel an den Masten. Man hatte viel Kunst darauf verwendet, die Schiffe zu Ehren des Landes zu verzieren, durch Bemalung und durch Schnitzwerk. Die Kleidermacher hatten neue Flaggen mit den drei silbernen Kreuzen Amsterdams angefertigt.

An alles war gedacht worden, damit diese herrliche Ausfahrt zustande kam. Kein Holznagel, kein Bootshaken war vergessen worden. Suppenkessel gab es und Lunten, Fischpfannen und lange Spieße, Kabel aus bestem Rigaer Hanf. An Musketen hatte man gedacht und an Eßlöffel.

Und griff sie ein Kaperschiff an, so konnte man schießen, aus sechs Eisenschlangen und aus vier Steinstücken. Und waren die Fischfässer leer, aß man Pökelfleisch. Und genügten die hervorragenden neuesten Karten nicht mehr, weil sich der Kurs im Dämmer des Unbekannten verlor, dann hatte man jenen unbezahlbaren Mann an Bord, der breitbeinig und guter Dinge vor der „Hütte“ auf dem Halbdeck die herrliche Ausfahrt verfolgte.

Der Tag lag nun grau unter schwammigen Wolken. Das bißchen Streifen Sonne war zu grell. – Allein zwei Glasen nach Ende der Mitternachtswache war die herrliche Ausfahrt vorbei.

Es geschah aber, daß es wie ein Zittern über die „Amstelredam“ lief. Einen Augenblick flatterten die Segel. Zum Entsetzen der Männer drehte sie jäh auf die „Eissee“ zu. Jemand schrie. Im letzten Moment wurde sie von einer riesigen Kraft zurückgehalten. Eine Glocke schlug unablässig. Mit leichter Krängung lag sie im Wasser wie in einem Sturm. Und als dieses schrägliegende Schiff immer mehr zurückblieb, ohne ihnen zu folgen, ohne seine Lage zu verändern, begriffen die von der „Eissee“: Die „Amstelredam“ saß fest.

Barents umkrallte das Geländer des Halbdecks. „Beidrehen, rasch!“ Heemskerck stand schlank und schmal unweit von ihm, doch erriet er mehr, was Barents herausgestoßen hatte, als daß er es bewußt aufnahm. Mit zwei Schritten war er am Ausguck des Rudergängers, beugte sich hinab und schrie: „Ruder nach Lee!“

Dann winkte er heftig dem Hochbootsmann.

Die „Eissee“ fiel ab. Der Wind traf die Segel schon dwars. Die Bootsleute hetzten. Der Schiffsjunge wurde gegen die Beiboote gestoßen. Er war hilflos in diesem Gewirr. Wie benommen war er, weil ihn hier zum erstenmal die Furcht anrührte, die „Eissee“ könne ohne die „Amstelredam“ davonsegeln, weiter, immer ferner.

Endlich braßten sie die Großrah. Der Hochbootsmann schimpfte, gelb im Gesicht. Die Fock schlug einen Augenblick, dann griffen auch hier die Taue an und holten sie über. Das Schiff drehte, bis es auf neuem Bug am Wind lag. Die „Eissee“ hielt gerade auf die unbewegliche „Amstelredam“ zu, näherte sich vorsichtig und wendete abermals.

„Loten!“ Unablässig gellten die Befehle. Sechs Faden Tiefe nur noch, fünf Faden, vier. Die „Eissee“ ließ den Bug durch den Wind laufen, wendete erneut. Dann strich sie die Segel. –

Wieder stand Heemskerck vor Barents in der „Hütte“. Der Oberste Pilot hatte ihm nicht erst einen Sitz angeboten. Mit einem Wink hatte er de Veer hinausgeschickt, der gegangen war mit einer tiefen Reverenz, aber mit Unmut im Blick.

Höflichkeit war fehl am Platze. Es gab nicht viel zu reden. Es gab nur zu sagen, daß nichts auf die Vorschiffe, in die Backs zu dringen habe an Gerüchten und Mutmaßungen, wie das Unglück geschehen sei. Ein Unglück, ja, aber ohne menschliches Versagen. Ohne Schuld des Kapitäns Rijp. Darüber mochten sie schwatzen. Mehr war von Übel.

Barents hatte es gesagt, und Heemskerck stand vor ihm und wartete auf Weiteres. Und doch höhnte es in ihm: Rijps Schuld? Menschliches Versagen? Er schaute den Navigator aufmerksam an.

Jetzt war ein wenig Triumph in dem Manne Heemskerck, ein kleines Rechten, ein Quentchen Schadenfreude. Aber er ließ diesen Triumph, daß man mit der Abreise lieber doch gewartet hätte, nicht in seine Mandelaugen vordringen. Er atmete nicht schneller. Er mußte sogar wider Willen jedem Wort Barents' zustimmen.

Er war lange genug als Commis des Hasselaer auf der Nordroute gefahren, nach dem Stapelplatz Wardhuys und auch ins Weiße Meer, um zu wissen, wie sich Uneinigkeit der Schiffsführung auf den Erfolg der Reise auswirkte. Einheitlichkeit der Leitung! Darum ging es. Der Alte machte es ihm sauer. –

Barents blickte Heemskerck spöttisch an. Das waren sie, seine jungen Kapitäne. Der Zauderer verzögerte die Ausfahrt. Der Draufgänger lief, um als erster den Vliestrom zu gewinnen, so dicht unter Land, daß er strandete.

Schweigend standen sie sich gegenüber, musterten sich. Und in beiden erhob sich die gleiche Frage: Was wird *sie* uns erst bescheren, die Arktis, die eisige See?

Heemskerck unterbrach endlich die lastende Stille. „Das kleine Boot wird schon zu Wasser gelassen."

Es waren zwei Beiboote in der Kuhl, die größere Pinasse und dann noch das kleinere Boot, das irgendeiner Bock getauft hatte. Der Name hing ihm nun an, immer und ewig. Man hatte sie ineinandergestellt, um Raum zu sparen, und auf Pfosten gehörig festgezurrt. So lagerten sie breit auf der Gräting, dem Gitter, durch das der Pulverdampf aus dem darunterliegenden Artilleriedeck und der Rauch der Kombüse abziehen konnte.

Die Boote waren bereits etliche Jahre an der Küste Hollands entlanggeschwommen, waren Scharen von Heringen und Schollen zum Verderben geworden. Keiner wußte, durch welche Verwicklungen, Schachzüge, Pläne diese alten Fangboote an Deck gekommen waren, warum man den Holzbildhauer für die Galionsfiguren reichlich entlohnte und an den Booten knauserte.

Der Bootsmann Simon riß die geteerte Leinwand herunter, die die Boote abdeckte. „Du fährst mit hinüber!" schrie der Hochbootsmann. „Wohl, wohl", gab Simon zurück, bereitwillig, obgleich er nicht gerade ein Freund des Hochbootsmannes war.

Trocken, ausgemergelt, saftlos war der Hochbootsmann Vos. Ihm schien es die Galle unter die Haut getrieben zu haben bei den vielen Flüchen, die er sein Leben lang ausgestoßen hatte.

Daß Simon mit hinüberpullen konnte zur „Amstelredam", war fast eine Auszeichnung. Er merkte es an den Augen der anderen. Tätig sein mußte man. Die Tage hinter Vlie hatten auch ihn gelähmt.

Er sprang von dem oberen Boot herunter und zerrte die Persenning hinter sich her. Sein Blick fiel gerade auf Jan, den Schiffsjungen.

„Pack zu", knurrte Simon.

Jan Hillebrants bückte sich nach der Persenning, sie aufzuwickeln.

„Warum bist du nicht am Spill?“ wollte Simon wissen.
„Ich war in der Kombüse ...“ Es klang aufsässig.
„Na und? Läufst am Spill vorbei, wenn du an Deck steigst. Und am Spill wird jede Hand gebraucht.“
Der Junge arbeitete schweigend.
Simon herrschte ihn an: „Schlepp das zur Reling. Aus dem Weg damit!“ Unwillig packte der Junge zu.
Der Hochbootsmann Vos fing den Jungen ab. „Ladetakel los!“
„Ladetakel los“, wiederholte leise Jan Hillebrants.
Simon war versöhnt mit dem Hochbootsmann Vos. Den Jungen kurierte man nicht mit Schlägen. Vos hätte den Jungen mit einer Handbewegung zum Spill jagen können. Aber er war schlauer. Er sagte einfach: „Ladetakel los!“ Und bewies damit dem Jungen, daß er ein Taugenichts war, der nicht das Salz aufs Brot verdiene. Denn find mal das Takel!
Jan Hillebrants sputete sich. Er sprang an die Bordwand und schaute in die Wirrnis des Tauwerks hinauf. Zwischen Fock und Großmast mußte sich das Takel spannen. Es hielt in der Mitte einen großen Doppelblock. Aber viele Blöcke hingen in diesem Netz wie gefangene Fliegen. Die Brassen und die Schote der Fock und die Halsen des Großsegels führten an die Reling der Kuhl, an die Kreuzhölzer und Nagelbänke zu beiden Seiten. Ladetakel dagegen gab es nur eines. Es kam darauf an, aus diesem Spinnennetz den richtigen Faden zu greifen.
„An der Treppe“, zischte der Untersteuermann Claes Andries neben dem Jungen.
Jan warf dem Vorgesetzten einen schnellen Blick zu, in dem sich Dankbarkeit und Erstaunen mischten. Im Nu stand er an der Treppe zum Halbdeck, fand den unteren Block des Takels, hakte ihn aus dem Ringbolzen und zog das Tau zu den Booten. Das alles war das Werk weniger Augenblicke.
Der Untersteuermann hing das Takel in das kleine Boot ein, stolperte bei seiner Turnerei, fing sich, lachte. „Fertig.“
Jetzt kam Leben in das bartlose Gesicht des Hochbootsmannes. Er kniete sich auf das Deck und schrie durch das Gitterwerk zum Spill hinunter: „Anziehen!“ Rauch aus der Kombüse waberte um ihn.
Langsam straffte sich das Takel. Das kleine Boot ruckte und stieg dann aus dem großen heraus. Heemskerck und Barents beobachteten von den Schotten des Halbdecks aus das Manöver. Der Zimmermann stellte den Werkzeugkasten ab. Duncker, Simon, alle schauten hinauf. Der Bock hing schon drei Fuß über der Pinasse.
Zufällig streifte Simons Blick den Jungen. Jan Hillebrants, mit seinem unschuldigen Kindergesicht, sah nicht auf das Boot. Er beobachtete die Männer.

Erste Tropfen, vom Wind gepeitscht, klatschten auf das Deck. Der schwebende Bock schaukelte sanft.

Simon preßte sich an die Pinasse, um den Bock wegzudrücken. Er stemmte die Knie gegen die geklinkerten Planken, stieß mit dem Fuß nach, um das Gleichgewicht zu bewahren. Rot lief sein Gesicht an. Langsam bewegte sich der Bock an dem Takel.

Simon trat einen Schritt weiter, vorgebeugt, um die schwebende Last neu zu fassen. Da zog er den Fuß jäh zurück. Etwas Weiches, Nachgiebiges hatte sein Fuß berührt. Etwas Ekles.

Simon hielt inne. Er trat einen Schritt zurück, da ihm die bauchige Pinasse den Blick nach unten versperrte. Was lag unter der Pinasse? Was hatte seine Stiefelspitze berührt? An der Bohle, auf der die Pinasse lastete, lag etwas Blaues, ein Tuch, wie er bei näherem Hinsehen gewahrte. Ein prall gefülltes Tuch, dessen einer Zipfel aus der Verknotung gerutscht war. Ein Tuch mit Fischen.

Falten gruben sich in Simons Gesicht. Der Junge sah auf ihn, angstvoll. Nur der Junge stand mit Simon auf dieser Seite der Pinasse. Nicht zufällig also hatte sich der Schiffsjunge hierher gestellt.

„Weiter", drängte der Hochbootsmann von der Back aus.

Simon richtete sich auf. „Es ist verdammt warm", sagte er durch die Zähne. Er knöpfte die Jacke auf, zog den einen Arm heraus, dann den anderen, langsam, bedächtig, überlegend. Dann warf er die Jacke vor den Kiel der Pinasse, an die Bohle. Auf die Fische.

Erneut stemmte er sich gegen das schwebende Boot, mit offenem Hemd, im Wind, im Nieselregen.

Der Bock an dem Takel rutschte langsam über die Reling. Duncker griff zu, auch der Zimmermann. Endlich hing das Boot über dem Wasser. „Ab!" schrie der Hochbootsmann.

Wiegend ging Simon zur Pinasse zurück. Der Junge stand wie vordem. Jetzt erinnerte sich Simon, daß sich der Junge schon am Morgen an den Booten herumgedrückt hatte, als er gegangen war, Duncker aus der Back zu treiben.

Simon fröstelte. Sein Hemd war naß am Rücken. Kühl blies der Wind. Er bückte sich nach der Jacke, schlug sie um das Tuch mit den Fischen und hob alles auf.

Langsam ging er zur Backbordseite, abgewandt von den Männern und dem zu Wasser gelassenen Bock. Er schob, von seinem breiten Kreuz gedeckt, die Jacke über die Reling. Der Beutel glitt heraus und platschte ins Meer.

Ein wenig blieb Simon noch stehen, die Arme auf die Jacke gestützt, fröstelnd. Er spie in das Wasser. Von den Fischen und dem Tuch war nichts mehr zu sehen.

„In den Bock, Simon, los!“ gellte es hinter ihm. Verdrossen fuhr der Bootsmann in die Jacke, die nach Fisch roch. Der Junge war aus der Kuhl verschwunden.

Gelassen schwang sich Simon in den Bock. Er legte sich kräftig in die Riemen, und das Boot schnitt durch die Schwappwellen und brachte Barents und Heemskerck an Bord des gestrandeten Schiffes.

Spät kam Simon Reyniers zurück auf die „Eissee“. Die Männer löffelten die Abendsuppe, viel Wasser, wenig Fleisch, weil da irgendeiner die Hand auf den Freßtonnen hatte in der Meinung, wenn die Schiffe stillagen, konnten auch die Mägen ausruhen. In der Kuhl saßen sie, den Rücken an die Back gelehnt.

Sie murrten, weil sie den Bock wieder an Deck hieven sollten, und schlangen hastig. Die Dunkelheit drohte ihnen über den Hals zu kommen. Der Koch räucherte die am Vortag gekauften Fische; der Duft war im ganzen Schiff.

Der Hochbootsmann trieb sie weg vom Essen; sie trabten ums Spill. Das Takel zurrte den Bock aus dem Wasser. Triefend hing er daran, und die Blöcke knirschten.

Als sie weiteressen wollten, war die Suppe kalt. Claes Andries, der Untersteuermann mit dem schönen Gesicht, dessen Haut frauenhaft zart war, ging verlegen vor ihnen hin und her, fluchte auch, was im Kontrast zu seinem Äußeren stand, und der Junge Jan trug die Suppenschüssel weg.

Sie murrten und schielten zu Andries, und sie wußten doch, daß dieser keine Schuld trug, ja, daß er oft ausglich, wo der Hochbootsmann Vos, dieser gelbe Fuchs, zu scharf war. Doch mußte die erste Wache schon antreten.

„Sie sind erst von der ‚Amstelredam‘ gekommen, Reyniers“, sagte Andries langsam. „Ich stecke Sie diese Nacht in die Mitternachtswache, und der Junge geht jetzt für Sie ...“

Simon lachte verächtlich. War er etwa so schlapp, daß er weniger taugte als der Junge? – „Nein“, sagte er, „nein“. Die Stunden auf der „Amstelredam“ hatten ihn Kraft gekostet, bei Gott. Er hatte tauchen müssen, um zu sehen, ob das Ruder unter Wasser Schaden erlitten hatte. Aber er sagte: „Nein!“ Auch ging die See grob, als sie zurückpullten, und die „Eissee“ hatte noch einmal ihren Standort gewechselt, um nicht zu nahe bei dem auf Grund gelaufenen Schiff zu liegen.

Der Hochbootsmann setzte viel Hoffnung auf ihn, er wußte es. Er galt als Kenner der Nordmeere, weil er das zweifelhafte Vergnügen gehabt hatte, an der Fahrt in die Waigatsch teilzunehmen. Damals hatte er am Kolderstock der „Winthont“ gestanden, als die Glocken im Nebel bimmelten. Urplötzlich war der stoßbereite Bug der „Hoop“ aus dem weißen

Dunst herausgetreten, um ihnen die Flanke zu zerfetzen. Er konnte heute nicht mehr sagen, wie er das Schiff noch hatte nach steuerbord drehen können. Mit entsetzlichem Krachen streiften sich beide Bugspriete und splitterten. Die Galion klaffte auf. Der stürzende Besanmast der „Hoop" zerschlug die Kajüte. Aber die Schiffsleiber waren heil geblieben. – Damals hatte Simon vor dem Piloten Barents gestanden, der auf den verfluchten Vizeadmiral Brant Ysbrant geschimpft und seinen wackeren Rudergänger Simon Reyniers belobigt hatte.

„Jan, mach dich fertig", drängte der Untersteuermann.

Simon runzelte die Stirn. „Ich ziehe auf Wache. Mit meinen Leuten." Mit festem Schritt ging er in die Back.

Der winzige Raum war überfüllt. Acht Mann hausten hier, die Bootsleute und der Junge. Jeder atmete auf, wenn die eine Hälfte auf Wache zog. Dämmrig war es darin und schlecht gelüftet. Carsten Hooghwout brachte seine nassen Sachen mit hereingeschleppt; Laurens Willems trieb ihn fluchend damit hinaus.

Wer sich hier in der Enge zwischen Kojen und Seekisten bewegen wollte, mußte nicht weniger gewandt sein als in der Takelage. Der Fockmast stieß mitten durch die Back bis zum Kiel hinunter. Unmittelbar davor ragte das obere Ende des Fockknechts frei in den Raum, jener mächtige Pfosten, durch den auf Scheiben die Taue zum Heißen der Fockrah führten. All dies Tauwerk konnte einem Unbeholfenen Fallen stellen. Sogar das Bugspriet schnitt noch, vom darunterliegenden Artilleriedeck kommend, eine Ecke der Back, alles so, als wollte man die Bootsleute selbst im Schlaf noch mit der Bedienung von Masten und Takelage betrauen.

Die vierte Nacht hinter Vlie begann. Die Männer fluchten. Aus wäre es mit der doppelten Heuer, vorbei mit der Prämie, wenn sie nicht loskämen von der verdammten Insel. Hier mußte doch dieser und jener seine Hand im Spiel haben – der Himmel sei ihnen gnädig –, weil sie den Bug nicht in die See bekamen.

Die „Amstelredam" war zwar mit anlaufender Flut wieder flott geworden. Aber bei der Grundberührung war das Ruder so in die Höhe gestoßen worden, daß seine Pinne gegen das Hennegatt gestaucht wurde. Nach Meinung des Schiffszimmermannes war es hohem Seegang nicht mehr gewachsen. Der Zimmermann der „Eissee" war drüben geblieben, um die Pinne auswechseln zu helfen und die Eisenbänder zu richten.

Es wurde finster in der Back. Regen prasselte auf das Dach. Wieder Regen! Simon zerrte die Stiefel hoch. Sogar das Wetter verschwor sich gegen sie. „Fertig, Jungs?" fragte er. Aus dem Dunkel murrten die Männer.

Sie saßen noch einen Augenblick auf den Kojen, hörten den Regen, ließen ab und zu ein Wort fallen. Laurens, der Riese, holte sogar die Querflöte hervor, blies leise ein wehmütiges Lied, von einem Schiff im Sturm auf der

Zuiderzee. Es war fast ein Wunder, wie er das Instrument in den groben Händen halten konnte, wie sich sein Gesicht verwandelte, wenn er spielte. Auf einmal war allen die Heimat gegenwärtig.

Keiner wußte, wer dann von Rijp angefangen hatte zu sprechen, Jan Cornelis Rijp, Schiffer der „Amstelredam", der Draufgänger. Rijp, Rijp. Immer häufiger fiel der Name. Wie Vogelgekrächz.

Unversehens war ein großes Geschrei in der Back. Wie wird sich ein solcher Schiffer im Eis benehmen, wenn er schon in den heimischen Gewässern festfährt? Gott stehe ihnen bei, wenn sie mit solchen Leuten fahren müssen. Sie rieten Rijp, auf einem Torfkahn durch Hollands Kanäle zu staken und die Meere zu schonen. Sie bezweifelten, ob er in der Lage sei, Bug und Heck eines Seeschiffs zu unterscheiden.

Sie hielten mit ihrer Meinung nicht hinter dem Berg. Sie machten ihren Herzen Luft. Sie verfluchten Rijp in alle sieben Höllen. Ein Krämer ist er, kein Seemann!

Der Junge Jan Hillebrants schob sich von seiner muffigen Koje herunter, zwängte sich unbeachtet in der Enge vorwärts und stand endlich an der Tür. Er wußte selbst nicht, weshalb er dorthin gegangen war. Vielleicht wollte er einen Fluchtweg frei haben wie ein Tier, das sich instinktiv zurückzieht.

Flucht wohin? Wie eine große Falle kam ihm die Back vor. Er stand taumlig inmitten des Gebrülls, der Flüche und Pfiffe, die alle Rijp galten.

„Ihr lügt", sagte der Junge an der Tür. Die Männer begriffen es nicht sofort. „Ihr lügt, wenn ihr Rijp beschimpft."

Der Junge hatte das stärkste Wort ausgesucht. Er wollte sie treffen, empfindlich. Sie standen als Lügner da, so war das, ja. Er lächelte sogar, als wäre ihm leichter. Er hatte nichts zu verlieren.

Der Wortführer der ersten Wache, Simon, hatte die Fische gefunden und in die See geworfen. Der Wortführer der zweiten Wache, Duncker, hatte ihn mit den Fischen hereingelegt. „Ihr lügt, wenn ihr Rijp beschimpft!" schrie der Junge.

Es trat eine unheimliche Stille ein. Sie gingen nicht sofort gegen ihn los. Das Ungeheuerliche verblüffte sie. Das gab es doch nicht, daß ein Junge die Männer beleidigte. Galgenvogel, dachte Simon und bebte.

Sie duckten sich, staunten, was ging hier vor? Sie sahen auf den Jungen wie auf ein seltenes Geschöpf. „Hört doch die Ratte an", brachte Hooghwout endlich heraus.

Simon schob sich vor, angetan für die Wache, breit wie ein Klotz. So nahe stand Simon vor dem Jungen, daß dieser den Fischgeruch von der Jacke wahrnahm.

„Wir lügen?" fragte Simon fast friedlich, als belustige ihn der Junge. „Es stimmt nicht, daß Rijp das Schiff auf Grund gesetzt hat?

Alle warteten gespannt auf die Antwort.
„Jan Cornelis Rijp“, sagte Jan stockend, „hat das Schiff nicht leichtfertig auf Grund gesetzt.“
„Warum dann?“
Sie schrien: „Was schwatzt du mit der Kröte?“ – „Gib ihm doch gleich eins in die Zähne!“
Simon wartete geduldig. Er hatte viel zu ergründen. Der Mut des Jungen rang ihm Achtung ab.
Jan schwieg. Er sah sie auf ihn eindrängen. Er fühlte die Tür in seinem Rücken und wußte doch, daß er sie niemals rechtzeitig aufreißen konnte. Und wenn – was geschah dann in der Nacht? Oder morgen? Oder in den vielen Monaten der Fahrt?
„Nun red!“ bohrte Simon. „Vielleicht lernt einer, der schon zehn Jahre Planken unter den Füßen hat, noch was dazu von ’nem Jungen, der das erstemal vorm Mast fährt?“ Alle lachten höhnisch.
„Ich weiß es nicht“, sagte der Junge. Ihm war, als müsse er immer weiter reden, immer schneller, damit gleichsam sein Reden sie bändige. Allein er brachte kein Wort mehr heraus.
Nun kamen sie näher. „Schaut euch das Füchslein an.“ – „Seine Mutter hat ihn zuwenig übers Knie gelegt.“ Hooghwout sprang von der Koje. Laurens hatte ein Tau in der Hand. Simon stand vor Jan mit roter, gerunzelter Stirn. Irgendwo im Finstern lag Duncker, für den der Spaß sicher erst richtig begann, wenn die anderen die Back geräumt hatten. Hilflos lehnte Jan an der Tür.
Als aber der Bootsmann Laurens Willems den Schlag führen wollte, sagte einer von hinten in der großen Stille, leise, scharf: „Keiner rührt mir den Jungen an, heute nicht und morgen nicht. Solange meiner Mutter Sohn auf diesem Kasten schwimmt, soll keiner die Hand gegen den Jungen heben oder ihm auch nur ’nen Streich spielen. Oder ich will verdammt sein in alle Ewigkeit, wenn ich’s dem nicht heimzahl.“
Einer lachte auf. Simon stieß einen Pfiff aus. Dann war wieder Stille.
Sie hörten den Regen aufs Dach prasseln. Endlose Zeit verging, dann klinkte Laurens neben dem Jungen die Tür auf. Wasser sprühte herein.
„Kommt, Leute“, sagte Simon heiser und trat hinaus. Cornelius ging, Laurens, Frans. Die erste Wache war draußen.
Evert, kurzhalsig und dick, griff nach der Tür und zog sie zu. Der Regen trommelte, die Wellen schlugen. Wie betäubt stand Jan nach wie vor.
Aus der Finsternis heraus sagte Duncker: „Hooghwout, räum deine Koje. Hinterm Fockmast liegst du wie in Abrahams Schoß. Der Junge nimmt deinen Platz. Nun räum schon, los! – Komm her, Jan. Keiner wird dir auf diesem Kahn ein Haar krümmen, oder ich will verdammt sein.“
Die vierte Nacht hinter Vlie kam. Nebeneinander gelagert, im un-

gewissen Nachtlicht, glichen die Schiffe einer Stadt mit Türmen und Zinnen. Der Wind jagte durch die leeren Rahen. Und dieser vierten Nacht folgte eine fünfte, ehe die Schiffe wirklich die Ausfahrt gewannen.

II

Die Schiffe segelten mit gutem Fortgang nach dem Norden. Es war, als wollten Wind und Wetter sie für das lange Stilliegen entschädigen. Nicht ein Segel sahen sie, kein Kaperschiff bedrängte sie. Es gab nichts außer ihnen in der unendlichen See. Täglich vierzig Meilen schwammen sie so; der Mann am Kolderstock hielt das Ruder auf Nordkurs.

Die Männer enterten rasch die Wanten hinauf. Der Hochbootsmann brauchte seinen Befehlen nicht besonderen Nachdruck zu verleihen. Barents und Heemskerck saßen im Schiffsrat mit vornehmer Gelassenheit. Nun die Schiffe in die freie See hinausgeschnellt waren, verlief jede Arbeit in einer ruhigen Selbstverständlichkeit. Die Wachen des Nachts spähten mit doppelter Aufmerksamkeit. Die Zeit sinnloser Beschäftigung hinter Vlie war vorbei.

Der Schiffsjunge Jan Hillebrants verspürte leise Angst, seitdem er, die Backtür im Rücken, gegen die Männer gestanden hatte. Oft lag er wach und hörte die anderen atmen. Oder er fuhr hoch, aus eiligem Halbschlaf, Schreckbilder von Träumen noch im Gedächtnis.

Einmal, als Kind in der Mühle des Großvaters, hatte ihn unversehens, im Halbdunkel hinter Säcken hervor, eine Ratte angesprungen. Jählings von Schreck und Ekel überfallen, wie gelähmt von der Berührung mit jenem widerlichen Tier, hatte er instinktiv abgewehrt. Sie hatte, rückwärtsschlagend, die Laterne vom Schemel gefegt. Das Gepolter hatte den alten Martens herbeigerufen.

Es hatte ihn überkommen, als Hooghwout ihn in der Back Ratte nannte. Ja, die Ratte! Jetzt wartete er immer auf ihren Sprung. Wo verbarg sie sich? Wann sprang sie? Wer hetzte sie los?

Mißtrauisch folgte er, wenn die Männer ihn riefen. Er witterte Unheil, wenn sie ihn in den Mars schickten. Er beobachtete von ferne, wie sie an den Tauen standen. Er ließ sich keine Unachtsamkeit durchgehen. Er folgte unverzüglich, ohne Widerspruch. Schon der Müller damals hatte ihn gelobt, weil er anstellig, flink, von schneller Auffassung war.

Alle Sinne spannte er ein, um die Ratte zu bannen, um den Sprung zu verhindern. Er, der letzte, der siebzehnte von siebzehn, der Überflüssige, von dem nichts abhing, weder Erfolg der Reise noch ihr Scheitern. Jeder konnte die Ratte gegen ihn hetzen: der Bootsmann Simon, der Hochbootsmann, der Schiffer Heemskerck mit seinen gleichgültigen Mandelaugen, Herr über Schiff und Mannschaft, über Gnade und Ungnade, über Eisen und Strick. Und diesmal würde die Ratte ihn packen.

Am unheimlichsten aber war dem Jungen jener Mann, der den Sprung der Ratte in der Back vorerst noch abgewehrt hatte: Duncker, Bootsmann und Fischkäufer. Er rätselte lange, was jenen bewogen haben könnte, als sein Beschützer aufzutreten.

Selbst das Erlebnis in der Back aber hatte eines nicht zu ersticken vermocht: die prickelnde Erwartung auf Ereignisse und seltsame Entdeckungen auf einem nie befahrenen Kurs.

So schlich er eines Morgens auf das Dach der Back. Unter dem Fockmast saß er und spähte voraus nach Westen, da er gehört hatte, sie müßten bald eine Inselgruppe zu Gesicht bekommen.

Obwohl aber diese Inseln Shetland längst registriert, bewohnt und zugänglich waren, bedeutete es doch ein Ereignis für ihn, nach so viel Tagen Wasserwüste auf einige Quadratmeilen Felsen zu stoßen.

Als der Junge Jan auf der Back lag, ledig aller Arbeit, fühlte er sich geborgen wie lange nicht mehr. Es gab nur das Meer und das Schiff. Der Galionslöwe unter ihm tauchte zu den Wellen hinab und hob sich erneut im ewigen Wechsel. Weit spähte Jan über das Wasser, aber noch war nichts von den Inseln zu erkennen.

Nicht lange freute er sich seiner Ruhe. Das Knarren der Treppe verhieß ihm nichts Gutes. Hinter den Nagelbänken sah er ein knochiges Gesicht auftauchen. Seine Lippen verkniffen sich, die Entdeckerfreude erlosch.

Der hagere Duncker Jans schlenderte auf ihn zu und lehnte sich gegen das Schanzkleid. „Bleib sitzen, bin ich der spanische König? Vor Duncker brauchst du den Hut nicht zu ziehen."

Am liebsten hätte Jan die Back verlassen.

„Es wird zu diesig sein", brabbelte Duncker. „Du wirst die Inseln nicht sehen. Aber das macht nichts. Schwatzen wir etwas."

Jan schaute überrascht auf.

„Du hast Mut bewiesen, allein gegen die ganze Back."

„Hast du mir deshalb geholfen?"

„Deshalb nicht."

Eine Welle sprühte bis zu ihnen herauf, wie feiner Nebel.

Jan richtete sich auf. „Du hast mir geholfen, weil ich dein Mitwisser bin. So ist das. Weil ich den Mund aufmachen könnte, wenn mich die anderen dreschen. Weil dann der Hochbootsmann alles herauskriegt und du an den Mast kommst." Er atmete rasch.

Der andere zuckte nicht mit den Augen. Beiläufig ließ er fallen: „Wer glaubt dir schon." Er schneuzte sich mit dem Ärmel wie ein Wurstmacher.

„Wenn du wissen willst, wo deine Fische sind", sagte Jan in triumphierendem Ton mit der Freiheit eines Narren. „Die schwimmen lange wieder im Meer."

„Laß doch den Teufel die Fische fressen", entgegnete Duncker unerwartet.

Der Junge stutzte.

„Wegen Rijp habe ich dir geholfen, nun weißt du's."

Jan traute seinen Ohren kaum. Duncker kannte Rijp?

„Warum hast du dich vor den fremden Schiffer gestellt?" bohrte Duncker. „Was geht er dich an?"

Immer noch verwundert, aber auch unwillig sprach der Junge. Das Schiff auf dem Scheldefluß, die Sturmnacht; Spanier, die heimtückisch aufentern. Kampf Schulter an Schulter, Rijp und Hillebrants. Da soll Rijp ihn nichts angehen? Und daß er hier auf dem Schiff sitzen konnte, das sollte er Rijp vergessen? Je länger er sprach, desto mehr freute er sich, diesem Fresser Duncker seinen Freund Rijp vorführen zu können.

Duncker blickte reglos über die Wasserweite. Er gab mit keinem Wort zu erkennen, ob ihn interessiere, was der Junge erzählte.

Später sagte er: „Das Schiff ist wie'n Gefängnis. Ringsum Wasser, zwanzig Schritt Auslauf. Aber mancher lebt freiwillig als Gefangener. Der große spanische Philipp ist der mächtigste in der ganzen Christenwelt, und doch lebt er im Gefängnis. Geht er durch seinen Madrider Palast, muß der Quartiermeister jede einzelne Tür vor ihm aufsperren und hinter ihm zuschließen. Das ist gut, was? Warum sollst du besser dran sein? Schau dir den Galionslöwen an. Er verbeugt sich vor jeder Welle, versteh das. Das Meer ist ein König. Es muß günstig gestimmt sein. Trittst du in Madrid an den Thronsaal, mußt du schon vor dem leeren Thron deinen Nacken beugen, auch wenn der König gar nicht da ist. Und schleppt man die Speise des Königs vorbei auf silbernen Tellern, verbeug dich erst recht. Denn alles kommt doch in seinen Bauch, den auch ein König hat. Und darum duck dich. Da ist unser Galionslöwe gerechter. Er duckt sich vor dem wirklich Mächtigen, vor dem Meer, das wir noch spüren werden. Er verbeugt sich vor den Fischen im Meerbauch. Aber reden wir nicht mehr von Fischen ..." Duncker verschränkte die langen, dürren Finger. Die Wanten vibrierten, der Junge sah zu, wie der Bug sich gleichmäßig hob und senkte.

Er begriff aber die Worte Dunckers vom spanischen Hofzeremoniell als eine Lobrede auf seinen Vater Hillebrants, der sich nicht vor den Spaniern geduckt hatte. Er dehnte tiefatmend die Brust.

Das Segel am Bugspriet, die Blinde, hing triefend dicht über den Wellen.

Abwägend sagte der vor ihm sitzende stopplige Mann in seine Gedanken hinein, das Geheimnis um die Bekanntschaft mit Rijp entschleiernd: „Vor 'nem Jahr, da war ich in der Waigatsch mit Rijp. Ja, wir haben zusammen diese Teufelsreise mitgemacht, Donner! Bei so was lernst du Menschen kennen. Wir fuhren auf der kleinen Amsterdamer Jacht, mit dem Schiffer Harmen Jans, nicht auf der ‚Winthont', bewahre! Rijp als Commis und ich an der Ruderpinne." Er lachte mit gefältetem Gesicht. „Und heute, Jung, ist Rijp Schiffer!" Jan, in plötzlicher Erleichterung, berührte Duncker am Arm. „Da drüben fährt Rijp."

„Und wir beide fahren hier. Und halten zusammen, wie?"

Glücklich nickte Jan.

Wie vom Himmel gefallen, stand der Zimmermann auf der Backleiter. Er streifte den Jungen und den Bootsmann mit einem verschlossenen Blick. Duncker rappelte sich hoch.

„Es ist wahr, Holzwurm, unsere Fische sind weg."

Befriedigt lächelte der Zimmermann. „Hab dir geraten, die Finger davon zu lassen."

„Na, Holzwurm, wenn wir die Fische hätten behalten können, wären sie jetzt auch weg. Weil wir sie da schon gefressen hätten." Duncker lachte.

„Hab ein paar Balken zu sägen. Kommst du mit?"

Duncker nickte. Im Gehen zeigte er auf den Jungen. „Seinen Vater haben die Spanier erschlagen."

„Straf und Plag ist der Krieg", sagte der Zimmermann. „Die besten trifft's." Duncker schlug Jan auf die Schulter. „Brauchst du was, halt dich an mich." Dann stieg er hinter dem Zimmermann die Treppe zur Kuhl hinunter.

Wie berauscht stand der Junge, lange, bis einer vom Mars herunterschrie: „Shetland backbord voraus!" Da trat er an die Reling. Er spähte über das Wasser, sah einen grauen Schimmer.

Jetzt waren ihm diese kaum sichtbaren Inseln wie eine Gewißheit, daß die Reise nach langwieriger Abfahrt nun glücklich verlaufe. Obwohl er kaum wußte, ob dies nun Himmel oder Meer war oder auch Land, Shetland, war er doch überaus froh. Weil Duncker mit Rijp in der Waigatsch gewesen war.

III

In den Tagen, da sie weit von Land schwammen, nahm Jacob van Heemskerck Besitz von seinem Schiff. Als Barents beim Auslaufen ungestüm den Befehl an sich gerissen hatte, war er überrascht zurückgewichen. Dann hatte er sich vorgetastet, Tag für Tag ein Stück mehr. Jetzt erst, fern der Küsten, freute er sich seines Kommandos.

Er hielt sich vor Barents zurück. Er ging ihm aus dem Weg. Die

Mahlzeiten nahm er mit ihm ein, um der Mannschaft das gute Einvernehmen vorzutäuschen. Sprach er, dann Dinge, die den Kurs betrafen. Kein freundschaftliches Gespräch in den Abendstunden. Kein Wort über das, was man in Amsterdam zurückließ.

Ein schlechter Beginn, er wußte es. Denn er mußte nach China.

Von Kindheit an war er vertraut mit allem, was die Meere befuhr. Die bekanntesten Piloten Amsterdams waren seine Lehrmeister gewesen, wenn sie mit dem alten Heemskerck schwatzten und er mager und hungrig auf verschlissenem Segelzeug lauschte. Kaufleute kamen, um sich bei der Ausrüstung ihrer Schiffe beraten zu lassen. Herren in schweren Wämsern rings um den Vater, dessen ätzende Worte sie schluckten, weil er der beste Segelmacher der Stadt war. Und er, das Kind, dazwischen, nicht vorhanden für sie, weniger wert als Garn und Teer, der letzte Dreck, gut dafür, eine Kanne Bier zu holen oder ihnen den Straßenschlamm von den Stiefeln zu wischen.

Nach dem Tode des Vaters auf sich gestellt, hatte er beides wiedergefunden, die Piloten und die Kaufleute. Von tiefer unten konnte sich keiner heraufdienen. Bei den Steuerleuten war er anfangs Schiffsjunge gewesen, beim Kaufmann Hasselaer der Commis. Und war er hier Schiffer geworden, dann würde er da Kaufherr sein. Er lächelte in angenehmer Erinnerung.

Die Schöne, die Anmutige, die Vorsichtige, Spröde; ihr Lachen, das ihn verrückt machte, ihr Mund, der ihn anzog. Sie spielte mit neumodischen Handschuhen. „Lieben Sie mich, Graf Heemskerck?“ Eine grausam direkte Frage.

Graf, zum Teufel, nein! Aber lieben, ja. Wenn du auch ein launisches, verzogenes Geschöpf bist, Gertrud, verschwenderischer, als es die Kirche und dein Vater gern sehen.

Er hatte noch das Kleid vor Augen, das sie damals trug, lachsrote Seide. Es brachte ihre weißen Schultern vorteilhaft zur Geltung. Perlen schmiegten sich um ihren Hals, und die Goldstickerei auf den blauweiß abgesetzten Ärmeln führte zu dem Reif, der ihr Gelenk umschloß. Sie lächelte kaum merklich, zupfte grazil an ihrem Haarband, schaute ihren Grafen an.

Ihn hatte sie vorgezogen vor allen Bewerbern, wenn auch nicht in aller Öffentlichkeit. Erfolg in Archangel hatte er gehabt, fünf Nordreisen mit dem Schiff „Engel“ unter Hasselaers grauem Schiffer Pieter Rudt! Warum sollte *sie* nicht sein Engel sein?

Gewinn für Hasselaer hatte er gebracht, der ohne Sohn sterben würde. Ein tüchtiger Mann, ein guter Commis, wendig in den Verhandlungen, den Vorteil des Handelshauses im Auge, als wäre es das eigene.

Schon seit der letzten Weißmeer-Reise wußte er, daß er der kommende Herr ist. Nur der krummnasige Hasselaer wußte noch nichts. Als er ausgefahren war, hatte sie lange mit den Handschuhen von der Buitenkant aus gewinkt. Einen Fächer hätte sie gern gehabt aus dem Lande Cathay. Noch diese Reise, Erfolg oder Mißerfolg, es sei die letzte. Drei lange Jahre Heimlichkeit zu Ende. Und wenn Erfolg oder Mißerfolg zur Wahl standen, dann doch lieber mit Erfolg zurückkehren. Und dem alten Hasselaer brachte er als Brautpreis China.

Er schaute in diesen Tagen nach dem Osten, wo der Kurs lief, den er als Hasselaers Commis gesegelt war. Aber er konnte die Gletscherberge Skandinaviens von seinem Schiff aus nicht erkennen.

Die Schärenwelt, die Fjordküste Norwegens, blieb weit östlich. Sie überquerten in den ersten zwölf Tagen ihrer Reise siebzehn Breitengrade. Das bedeutete, wie Heemskerck eines Nachts in der Staatskajüte berechnete, daß sie in weiteren fünfzehn Tagen bei ebensolchem Fortgang den Nordpol passieren würden. Er lag heiteren Sinnes. Er hatte zwei Eisen im Feuer. Das eine war Plancius, der ihn auf seine Eignung als Schiffer examiniert und – was Wunder bei jenem – nicht mit Lob gegeizt hatte. Er vertraute dessen Gelehrsamkeit und damit der Instruktion.

Das andere Eisen war die Waigatsch, die er im Vorjahr verschlossen gefunden hatte. Er schwebte in einer hochgemuten Stimmung, in der es ihm ein leichtes erschien, als Schiffer in der Waigatsch das zu erreichen, was ihm als Commis versagt geblieben war. In dem Stapelplatz Archangel hatte er noch vor zwei Jahren mit russischen Bootsgesellen gesprochen, struppigen, rauhen Kerlen, die vorgaben, an der Obmündung gewesen zu sein. Wenn man durch die Waigatsch wäre, käme man in eine große warme See, in der man segeln könne, wie man wolle.

War die Waigatsch, die Straße von Nassau, erst passiert, gehörten auch die Schwierigkeiten der Vergangenheit an. Er hatte schon oft gegrübelt, woher das Eis in jener Meeresenge stammen könne. Die Flüsse Ob und Petschora schienen es aus dem Innern Asias nach dem Norden zu schleppen. Diese zusammengeschwemmten Anhäufungen könnten hier in der engen Meerstraße nicht so rasch abtauen, wie es dort geschähe, wo die See so tief und weit war.

Wenn Heemskerck freien Kurs gehabt hätte, dann hätte er sich ohne Zögern für die Waigatsch entschieden. Ihr galten die Berichte der Russen, die er mit eigenen Ohren gehört hatte. Der Stapelplatz unterhalb des Klosters St. Michael war voll von Gerüchten und wunderlichen Legenden gewesen. Waigatsch – Mare Tabin – Cathay. Er hatte darüber hinaus auch andere gesprochen, Russen in einer kleinen Lodija in der Waigatsch selber. Ja, sie führen hindurch, sommers, mit Fischen und Gänsen, nach einem Platz, den sie Wgolita nannten. – Warum also nicht die Waigatsch?

Vor dem Polkurs dagegen hegte Heemskerck insgeheim und kaum vor sich selber eingestanden eine ungewisse Furcht. Nicht vor Sturm, Riffen,

Packeis, durchdringender Kälte. Nein, vor der Mannschaft. Es war seltsam. War ihm ein Schiff vertraut von Kindheit an, so war er sich doch der Mannschaft nicht sicher.

Zum erstenmal als Schiffer, Herr über das Gesetz, Macht in den Händen. Wie faßte er seine Leute an? Lammfromm die See – da lief alles lustig. Waigatsch, jawohl. Schließlich trug sie schon einen holländischen Namen. Aber der Pol?

Da war eine Geschichte gewesen, die an einem Dezemberabend, als das Eis auf der Amstel krachte, ein halbblinder Hochbootsmann in der Segelmacherwerkstatt zum besten gegeben hatte. Wie vieles aus diesen Kindertagen in den feuchten Räumen an der Gracht, hatte sie sich ihm unauslöschlich eingeprägt.

Ein Schiff, „Der verlorene Sohn", war ausgelaufen, die Nordwestpassage zu suchen. Auf Chinafahrt im Norden des fernen Amerikas. Das Schiff klein, das Wasser voll Eis, Kreuzen und Lavieren, Hunger und Frost. Die Mannschaft wurde unruhig. Sie träumte von warmen Häusern. Sie sahen die Kirchen ihrer Dörfer vor sich, ihre Mädchen, Weiber und Kinder. Der Schiffer suchte die Passage. Die Mannschaft machte ihm die Hölle heiß. Das Wasser wurde zu steinhartem Eis, und die Luft drohte sich zu verdichten in dieser unermeßlichen Kälte und wie das Wasser zu Stein zu werden. Besessen von seiner Aufgabe, rannte der Schiffer wieder und wieder gegen das Eis an.

Da griff ihn die Mannschaft und setzte ihn in ein Boot, setzte dessen Sohn dazu, ein Kind noch, ein Fäßchen Brot für euch, na bitte, und dann Anker gehievt, abgedreht von dem lausigen Eisland. Mochte er bleiben, ihr Schiffer, mit allem, was er liebte, mit dem Sohn, mit dem Eis. Mochte er König sein über Neptuns Fische, über Seeungeheuer und Bären.

Er habe das Schiff selber gesehen, schwor der halbblinde Hochbootsmann den Männern beim Segelmacher, und Heemskerck, hinter dem Teerfeuer auf einer Rolle Tauwerk, war mit draußen gewesen auf dem „Verlorenen Sohn". Er hatte mitgefroren und mitgezittert.

Seit Heemskerck Schiffer war, seit der Kurs „so nördlich wie möglich" festlag, hatte er oft an den halbblinden Hochbootsmann und seine Geschichte gedacht. Viele fragwürdige Fakten in der Rechnung Nordostpassage gab es. Der unsicherste war ihm die Mannschaft.

Er wußte, daß mancher fragte, ob Barents es wage, den Pol anzugehen. Geheimnisumwittert war dieser Pol. Inmitten einer einzigen See läge er, von vier durch Ströme getrennten riesigen Landmassen umgeben, wie der große Mercator verkündet hatte. Rupes nigra, die schwarze Klippe, der Polpunkt im Meer. Abgeschirmt sei er durch einen Kältegürtel rings um den Erdball, einem Gegenstück zum wärmenden Äquator. Und dieser bisher unbezwungene Gürtel des Frostes, das Reich des Winters, breite sich beiderseits des Polarkreises aus. Nördlich davon aber gäbe es Wärme.

Heemskerck hatte bei seinen Rundgängen genug Stimmen vernommen, die warnten. Wer an den Pol gelange, der käme nicht zurück, nie und nimmer. Der Pol sei die Hölle selber.

Er hatte, scharf beobachtend, einige Dinge wahrgenommen, die die Mannschaft beunruhigten. Eines Tages sah die Wache um Mitternacht die Sonne im Norden. Sie starrten auf den Feuerball inmitten von Wolken. Einer, Evert genannt, bekreuzigte sich, als habe er nicht den neuen Glauben angenommen. Er kannte Länder und Meere, hatte auf vielen Schiffen gedient, immer als einfacher Bootsmann, hatte rauchende Berge gesehen und Wirbelstürme erlebt, nie aber die Sonne um Mitternacht. Er erzählte näselnd, während sie nach den Segeln spähten und immer wieder nach dem Brandball über dem Wasser, der ihre Sonne sein sollte.

Er berichtete von einem Land, wo die Ratten so groß wie Hunde aus den Wäldern herausgekommen und die Fische an Land gestiegen wären, drei Tage vor der großen Pest. Es wolle ihnen aber auf ihrem herrlichen Schiff „Eissee" die rote Sonne dort ebenfalls das Unheil anzeigen, das sie erwarte.

Pest und Tod und Hunger und Krieg – da ritten die vier um die Welt, überzogen die Reiche. Alles erlosch, wo ihr Atem wehte. Da hetzten die vier apokalyptischen Reiter jegliches Leben. Welcher würde die Schiffe treffen? Die Pest? Der Hunger? Tod oder Krieg?

Während dieser Nacht hörte der Wind plötzlich auf zu wehen, die Segel erschlafften, schlappten an den Rahen, hingen dann still. Binnen einer Stunde aber blies es so kräftig wie zuvor. Auch dies wurde später als schlimmes Zeichen gedeutet.

Das schlimmste aber war dies. Am dritten Tag, nach welchem sie zum erstenmal die Mitternachtssonne gesehen hatten, stand das dritte Zeichen am Himmel. Und dies waren drei Sonnen.

Auf jeder Seite der eigentlichen Sonne erschien noch eine andere. Sie flammten in einer Luft, die wie mit Eisnadeln gefüllt war. Zwei Regenbogen liefen durch alle drei Sonnen hindurch. Ein dritter aber schlug einen Kreis um sie, und ein vierter zog quer durch das ganze Rund. Ein Leuchten ging von ihnen aus, als brenne der Himmel.

Jeder Mann zwischen Löwe und Heckflagge schaute empor, und Evert schwor, die hundsgroßen Ratten seien nichts gegen dieses Warnmal am Himmel.

Bei all den wunderlichen Zeichen, die jeder der Männer vorm Großmast anders deutete, wurde es ihnen deutlich, daß sie in einem außergewöhnlichen Weltstrich mit eigenen, nur ihm zugehörigen Gesetzen segelten.

Und Heemskerck, der Schiffer, in seiner gewollten Abgeschirmtheit in der Staatskajüte, haderte im stillen mit dem Navigator, weil kaum ein polerfahrener Mann in die Mannschaft aufgenommen worden war. Ein zusammengewürfelter Haufe, Säufer und Fresser aus den Schenken, die das Handgeld schon vorher durchgebracht hatten. Ledige Kerle nach Barents' Willen, aber keine, die sich im Eis auskannten!

Als ob er noch ledig wäre, wie, schöne Gertrud? Konnte überhaupt einer ledig sein, ledig all dessen, was einen binden konnte? Keiner fiel aus dem Nichts auf die Erde.

An diesem Abend ließ der Schiffer den kleinen de Veer in die Staatskajüte rufen. Und dieser, dessen Bruder eine Heemskerck geehelicht hatte, mußte seinem Herrn und Schiffer Gedichte vortragen. Er tat es sehr verwundert. Es waren Oden, die die Schönheit der Waigatschstraße besangen und die Kühnheit des Unternehmens.

Allein, es war all die Tage so, daß die „Amstelredam“ backbord der „Eissee“ lief. Ihr Abstand verschob sich von Zeit zu Zeit, bald wuchs er, bald schwand er. Stets war es aber die „Eissee“, die wieder den rechten Abstand herstellte.

Also richtete sich das Schiff des Oberbefehlshabers nach dem des Jan Cornelis Rjip.

Am Abend des Tages, da die drei Sonnen und die vier Regenbogen am Himmel gestanden hatten, lagen die Schiffe so nahe beieinander, daß man beiderseits die Gesichter erkennen konnte, die Bärte, die verkniffenen Augen, die dünnen, skeptischen Münder.

Der Schiffsjunge Jan Hillebrants gewahrte es durch das Speigatt der Kombüse, knapp über der Wasserlinie. Er erschrak, als er auf einmal den gewaltigen Holzleib entdeckte, der plötzlich die unendliche Weite des Wassers verdeckte.

Er fragte, was das zu bedeuten habe, und der Koch Lenaert Hendricks wußte es von Heemskerck höchstselbst: Der Schiffer Rijp begäbe sich an Bord des Kommandoschiffes „Eissee“, um am großen Schiffsrat teilzunehmen.

Lenaert, in seiner winzigen Kombüse einem Mohren ähnlich, hatte zum Empfang des Rijp Fleisch gebraten nach französischer Art und auch Wein bereitgestellt.

Lenaert hantierte, als werke er in der herrschaftlichen Küche des Moritz von Oranien, als gälte es den englischen Gesandten zu bewirten oder gar Heinrich von Navarra, Frankreichs König. Lenaert schwelgte, mit welch kostbaren Gewürzen er die Soßen zubereitet habe. Die Gewürze aber kamen dorther, wo sie hin wollten, nämlich aus den Ländern Cathay und China und auch von den Japanischen Inseln.

Vielwortig lobte Lenaert die Fahrt, aber Jan Hillebrants hörte nur das eine: Rijp kam an Bord. „Laß mich hinauf", bat der Junge.

Als er das Deck betrat, lag Rijps Boot schon an der Bordwand. Die Schiffe hatten die großen Segel gestrichen, um an Fahrt zu verlieren und Rijp das Herüberkommen zu erleichtern. Zu ankern vermochten sie nicht, denn wer wußte, wieviel tausend Fuß Wasser unter ihrem Kiel lagen.

Und wie in jener Nacht hinter Vlie blickte der Junge auf ein Boot hinab, und ein Bärtiger, Schmaler hielt es von den Stückpforten ab, weil die Wellen rollten. Aber das war kein Fischer da unten. Kein Korb wurde an Deck gehievt. Die Ausfahrt hatte die Fische vergessen lassen. Die Mitternachtssonne hatte alles ins Unwirkliche gerückt. Drei Sonnen am Himmel, vier Regenbogen, was zählten da Steinbutte.

Erwartungsvoll stand Jan Hillebrants an der Reling und sah zu, wie Rijp und sein Steuermann die Strickleiter erklommen. Er hatte ihn in der Back nach dem Stranden verteidigt, leidenschaftlich, in der ersten Aufwallung, ohne danach zu fragen, was hinterher geschah. Jetzt sollte er ihn wiedersehen, zum erstenmal nach der Ausfahrt.

Rijps breites, derbes Gesicht erschien schon über dem Schanzkleid, barhaupt, die Haarsträhnen flogen im Wind. Über dem Bart lag ein schmaler Mund, um den ein Lächeln spielte.

Da stand der zweiunddreißigjährige Mann und sah sich plötzlich dem Jungen gegenüber. „Jan", sagte er, mehr überrascht als erfreut. Er erinnerte sich jäh, kniff ein Auge zu und lachte. Wir beide haben es geschafft, wie? Von Glück durchströmt, stand der Junge.

Rijp trat zurück. Die Hände vor dem Bauch, als würde er porträtiert, horchte er spöttisch auf die Begrüßungsworte, die Jacob van Heemskerck elegant an ihn richtete. Was machst du für Schmus, dachte er.

So standen sie beide voreinander, die Schiffsführer, der eine bäuerlich derb trotz eines Pelzkragens, der ihm lose vor die Brust fiel. Vornehm der andere, einen Spitzenkragen um den Hals, ein dunkelblaues Übergewand, an den Ärmeln ebenfalls mit Spitzen versehen, der Kinnbart spitz und gepflegt, das Haar straff nach hinten gekämmt.

Und der Schiffsjunge Jan, da er Heemskerck so sah, verstand die Reden der Männer aus der Back, daß jener von adligem Blut sei, aus einem alten ritterlichen Haus in Holland, das als Wappen einen Silberlöwen in blauem Feld führe. Diese vornehme Gelassenheit stieß den Schiffsjungen ab, und er trat einen Schritt näher zu Rijp.

Die beiden Schiffer stiegen vor der „Hütte" in die Luke und gelangten in den Ruderraum. Hinter dem Besanmast, der hier hindurchführte, stand Simon am Kolderstock.

Er hatte die Männer kommen sehen, denn er stand erhöht auf einem Podest, und die Decke darüber war durchbrochen, so daß ein überdachter

Ausguck blieb, der dem Rudergänger einige Sicht gewährte. Der Besanmast saß ihm verteufelt vor der Nase, und man konnte nicht behaupten, daß ein Mann, der an allen drei Masten vorbei zur Galion schielen mußte, die beste Sicht gehabt hätte.

Der Kolderstock griff an die Pinnne, die schließlich das hochblattige, über drei Stockwerke gehende Ruder bewegte. Eine Pinne, wie sie auf der „Amstelredam" schon vor Beginn der Fahrt ausgewechselt werden mußte, weil jener Rijp gestrandet war.

Mit gemischten Gefühlen, Buckel auf der Stirn, sah Simon den Schiffer Rijp in die Staatskajüte gehen. Heißen Streit hatte es schon um Rijp gegeben. Simon ahnte dumpf, es war noch nicht alles vorbei, auch wenn Lenaert Genever und Wein und Braten heraufgeschleppt hatte, dessen Duft noch immer aus der Kajüte zu Simon wehte.

Simon Reyniers, die Kappe in die Stirn gedrückt, das Hemd am Hals weit offen, als segelten sie noch über die Zuiderzee, glich die Bewegungen des Schiffes mit dem Kolderstock aus. Er freute sich, wie es ihm gehorchte. Er verdachte es aber bei dieser Schlemmermahlzeit in der Staatskajüte hinter seinem Rücken einem armen Schlucker von Schiffsjungen kaum noch, daß er sich hatte Fische beiseite schaffen wollen.

Barents erhob sich, als Heemskerck den Schiffer Rijp in die Staatskajüte führte. Er hatte den grünen Sammetrock angelegt und trug um den Hals an einer Kette das goldene Medaillon, das das Miniaturbildnis seiner Frau barg. Den runden Kopf hatte er mit einem Barett bedeckt, alles dem Gast zu Ehren. Er glaubte, so auch besser in die getäfelte, mit Teppichen ausgestattete Staatskajüte zu passen. Er wollte auch lächeln, sein Mund deutete es an.

Zuviel Ringeltanz hatte er sich schon geleistet, beim Genever angefangen bis zu seinem lächerlichen Aufputz. Er streckte allerdings noch den Arm vor, packte Rijp am Ellbogen und führte ihn zu der an der Wandung befestigten Bank. „Setzen Sie sich, Jan Cornelis."

Rijp sah nach dem Genever, ohne daß sein Gesicht sich regte, und ließ sich schwer nieder. „Gestatten Sie, Willem Barents, daß mein Steuermann eintritt?"

Barents nickte gleichgültig, und der Schiffer ging noch einmal hinaus.

Joost, Rijps Steuermann, ein magerer Sommersprossiger aus Utrecht, erschien prompt und verbeugte sich an der Tür. Hinter ihm kam de Veer.

Zu fünft saßen sie dann um den Tisch, aßen den Braten, lobten den Koch, benagten die Knochen. Es kam aber kein richtiges Gespräch auf, auch nicht, als der Junge Salat mit Blätterteig auftischte. Es war, als seien sie nur zu dem Zweck zusammengekommen, Nahrung zu sich zu nehmen.

Barents aß rasch. Er kürzte dadurch die Mahlzeit beträchtlich ab. Er wischte sich den Mund, ergriff den Becher und sagte knapp: „Auf das gute Gelingen der Fahrt."

„Auf unseren Erfolg", gab Rijp zurück, lächelte und trank.

„Der Schiffsrat hat sich versammelt", begann der Navigator ohne weitere Förmlichkeiten, „um über den Kurs zu beraten. Herr Gerrit de Veer ..." er wies auf den Volontär – „ist als Schreiber dabei."

Der junge Mann lächelte und verbeugte sich. Rijps Steuermann trank schmatzend, lobte den Genever und sah auf das Bild Amsterdams, das die eine Wand bedeckte.

Heeemskerck goß Rijp eigenhändig neuen Schnaps ein, obwohl der Junge noch an der Tür stand. Rijp bemerkte es mit Behagen, wie sie ihn hätschelten. Dann wies der Schiffer jedoch den Jungen endgültig hinaus.

„Jan Cornelis", sagte Barents geradezu, „Ihr Schiff läuft mir weg."

„Wie soll ich das verstehen?" fragte Rijp.

Barents ließ sich nicht aus der Ruhe bringen. „Sie segeln backbord von uns. Aber wenn ich nicht aufpasse, sind Sie verschwunden. Unsere Kurse laufen auseinander." Er stützte die Arme auf und blickte Rijp finster an. Der gab ihm den Blick zurück.

„Sie halten zu sehr westlich, mein Lieber", sagte der Navigator.

Rijp kniff den Mund zu. Sein dunkles Haar hing in Strähnen in die Stirn. Barents beugte sich vor. „Wir müssen östlicher gehen. Wir sind sechzig Meilen vom Land entfernt, müssen wieder Nordost anhalten, damit wir das Nordkap zu Gesicht bekommen."

Noch immer schwieg Rijp, doch Joost, sein Steuermann, setzte den Becher ab. Leicht sagte er: „Wir begehren nicht, nach der Waigatsch zu fahren." Der Blick seines Schiffers ließ ihn verstummen.

Barents atmete tief. Er fühlte sein Herz schlagen. Das war eine so eindeutige Absage, ein Zurückweisen aller Vorwürfe, und dann nicht einmal vom Schiffer Rijp selbst, sondern von diesem sommersprossigen Laffen aus Utrecht, der Steuermann sein wollte.

Barents fragte: „Sie begehren nicht nach der Waigatsch zu fahren?" Er schob voller Spott den Becher zurück. „Das begehre ich auch nicht. Aber ich begehre, die Insel Nowaja Semlja nördlich der Waigatsch zu umschiffen. Und daher werden wir das Nordkap passieren."

Hatte Heemskerck noch bei der ersten Andeutung Barents', sie wären zu weit westlich, gehofft, der von ihm gewünschte Kurs decke sich mit dem des Navigators, so wurde er jetzt eines besseren belehrt. Die Waigatsch, das Tor zum Paradies, dahinter die warme See – nach den Berichten der Leute von Archangel. Er hatte es fast vorausgesehen: Auch Barents tat es ab mit einem einzigen Wort. Drei Männer, drei Kurse! Er beobachtete scharf das Gesicht Rijps, der Commis gewesen war wie er. Welchen Kurs setzen wir durch?

Rijps Arme lasteten auf der Tischplatte. Seine Augen, unter starken Jochbögen, standen unregelmäßig, als gingen sie im Blick auseinander. Er zog sich den Pelzkragen an den Hals und fragte ruhig: „Woher wissen Sie, daß Nowaja Semlja eine Insel ist?“

Barents blickte in die Runde. Er sah ein Lächeln in den Augen des fremden Steuermanns aufzucken. In dieser Frage kristallisierte sich alles. War Nowaja Semlja keine Insel, dann konnte man sie auch nicht umsegeln, dann gelangte man so nie nach China. Dann blieb im Osten nur die Waigatsch als Durchschlupf.

Der Navigator ließ sich Zeit mit der Antwort. Es erboste ihn, daß Rijp ihn so offensichtlich verhöhnte. Aber er bezwang seinen Zorn. Er sagte: „Vor zwei Jahren war ich am nördlichsten Kap von Nowaja Semlja.“

Rijp blieb hartnäckig. „Wer aber sagt, daß sich die Küste nun ständig in südlicher Richtung entfernt und nicht etwa hinter dem Horizont wieder nach Norden springt, immer weiter, immer nordwärts. Ihr Besuch an jenem Kap ist kein Beweis.“

Barents kämpfte mit Zorn und Abneigung. „Wofür halten sie Nowaja Semlja, bitte?“

„Vielleicht ist es ein Anhängsel eines der Polländer des Mercator.“

Barents’ Mund zuckte geringschätzig. „Ich spreche nicht ab, daß es die Polländer geben kann. Aber Sie widersprechen sich, Rijp. Gibt es die Polländer, dann treffen Sie in der Richtung, die Sie jetzt einhalten, unweigerlich auf ebendieselben Polländer. Über Land können Sie nicht segeln. Sie wollen die Polländer bei Nowaja Semlja vermeiden und eilen auf jene bei Groenland zu. Wie kommen *Sie* also nach China?“

„Wir werden uns durch Augenschein überzeugen“, sagte Rijp.

De Veer spielte mit dem Federkiel. Er liebte Wortgefechte. Er dankte es Barents, daß er ihn, der ein untergeordnetes Amt bekleidete, am Schiffsrat teilnehmen ließ, daß ihn der Oberste Pilot und Navigator zum Chronisten erhob. Er sah das Buch vor sich, zu dem er die Fakten zusammentrug. „Merkwürdige Begebenheiten in den Eisgewässern und in den chinesischen Landen!“ Er liebte Barents sehr, hier in der Staatskajüte, und seine Augen zuckten unmutig über das unverschämte, freche Verhalten dieser Kerle von der „„Amstelredam“.

Und de Veer schickte ärgerliche Blicke zu Heemskerck, weil dieser Barents allein fechten ließ. Hochmütig war Heemskerck geworden, seitdem er in Archangel flandrische Tuche losgeschlagen hatte, die ihm in Europa kein Mensch mehr abgenommen hätte. Verwandtschaft, ach! De Veer runzelte die Stirn. Früher hatte er Heemskerck gemocht. Doch seitdem er ahnte, daß jener etwas mit der Kaufmannstochter Gertrud Hasselaer angefangen hatte, hegte er mehr Spott für ihn als Achtung und Vertrauen.

Es war ein Schweigen aufgekommen, in dem sie das Wasser an die Planken schlagen hörten.

Heemskerck dann, mit gelassenem Gleichmut, sprach im Ton einer Erinnerung: „Heute haben wir den 4. Juni. Wir liegen auf einer nördlichen Breite von ungefähr 70 Grad. Vor einem Jahr hatten wir eine solche Breite erst Ende Juli erreicht. Ich meine...", er neigte den Kopf vor Barents, „... wir sollten bei diesem unvergleichlichen Wind ruhig versuchen, noch nördlicher zu gehen. Fünf Tage, eine Woche. Dann haben wir kaum Mitte des Monats. Sehen wir, was wir finden." Jacob van Heemskerck sah Rijp nicht an. Er erheischte keinen Beifall für seine Diplomatie. Wurde die Waigatsch aufgegeben, dann mußte das zweite Eisen her.

Barents saß mit eingezogenem Kopf. Von unten herauf schaute er von einem zum anderen. Mit Staatsmännern hatte er schon am Tisch gesessen, mit dem Schatzmeister von Seeland hatte er getrunken. Mit Deputierten der Generalstaaten, mit Räten, mit Kaufleuten hatte er verhandelt. Der Ziehsohn des alten Gauners Os war er, der damit einen treuen, treuen Schiffer gewann. Der Bruder quasi jenes, der nun über das Handelshaus herrschte.

Als die Mutter ihn nach des Vaters gräßlichem Sterben ganz zu Os gegeben hatte – ihm war es recht gewesen. Er hatte Spanisch und Latein gelernt für den Alten. Er hatte die Späße des Jungen geschluckt, der roh war, weil er weichlich war und wehleidig. Er war auch mit dem ausgekommen. Er wußte aber auch, als jener herausgeputzte Heemskerck ihm gegenüber das verfluchte Datum vom vergangenen Jahr nannte, warum sie so spät abgesegelt waren.

Warum wohl, wie? Warum haben wir denn letztes Jahr erst Ende Juli auf der gleichen Breite gelegen wie jetzt? Weil wir sechs Wochen später ausgelaufen sind. Weil mein schlauer Freund Dirck van Os trotz all seiner guten Reden im Rat, trotz aller verrückten Vorschläge, die Enge von Waigatsch betreffend, trotz seines gut gespielten Eifers der Förderung jener zweiten Reise – mit dem alten Fuchs Hasselaer gemeinsam ein anderes Schiff ausgerüstet hatte. Ihr wißt es, ganz Amsterdam weiß es, und doch weiß es keiner, wie? Ein gewöhnliches Handelsschiff auf einem gewöhnlichen Kurs. Mit den gleichen Waren wie immer.

Hat keiner gefragt, warum die Ausrüstung jenes schäbigen Schiffes nicht hatte warten können, bis die große Nord-Expedition abgereist war? Warum der Sommer verrinnen mußte, sechs Wochen unwiederbringlich dahin? Barents erinnerte sich grimmig, als er Heemskerck so diplomatisch schwätzen hörte.

Vor Dirck van Os hatte er gestanden, nicht im Kontor, sondern in dessen Privaträumen. Vom gleichen Magister die gleichen Vokabeln eingehämmert bekommen. Die Beine unter den gleichen Tisch gesteckt. Jetzt war der eine der Herr, der andere der Schiffer. Und doch hatte ihn der junge Os geduzt wie in alten Zeiten. „Fahr du, Willem, fahr du mit dem gewöhnlichen Schiff. Fahr nicht nach dem Norden ..."

Ein gewöhnliches Schiff mit gewöhnlicher Ladung auf einem gewöhnlichen Kurs. Kennt ihr den gewöhnlichen Kurs, verdammt, oder ist er immer noch Geheimnis? Nach China ist jenes Schiff unterwegs, auch nach China! Die Südspitze Afrikas umsegelt es; das Kap der Guten Hoffnung! Längst abgesprungen waren der junge Os und der alte Hasselaer von der Nord-Expedition.

Trotz des Schnapses, der vertraulichen Anrede, des plötzlichen Auffrischens gemeinsamer Erinnerungen hatte Barents das Schiff abgelehnt. Er reiste zur Waigatsch.

Ein anderer hatte den gewöhnlichen Kahn genommen, ein Wagehals auf den Meeren, der den Spaniern davonzurennen verstand. Er hieß Antonio Portugees.

Deshalb, meine Herren hier, lief die zweite Expedition sechs Wochen später aus als die erste!

Barents hockte zusammengesunken in der Staatskajüte, ohne die anderen anzublicken. Einmal war ein Wundern in ihm gewesen, warum Os und Hasselaer, die doch schon die zweite Nordreise nicht mehr mit dem gleichen Eifer betrieben hatten wie die erste, noch einmal zwei Schiffe für diese dritte Reise ausgerüstet hatten. Jetzt ahnte er es. Seeland und Enkhuizen waren endgültig ausgestiegen. Amsterdam fuhr allein. Fand es die Nordpassage nach China, war es da ohne Konkurrenz. Fand es sie nicht, blieb immer noch das Schiff des Antonio. Zwei Eisen im Feuer der Kaufleute.

Grüß dich, Antonio Portugees, Wagehals mit dem gewöhnlichen Schiff. Wünsch dir Glück vor spanischen Räubern. Du oder ich. Afrika oder Nowaja Semlja. Nicht sechs Wochen, nein, ein volles Jahr hatte Portugees Vorsprung. Glückte die Nordpassage, und glückte auch dem Portugees die Reise um das Kap der Guten Hoffnung, kamen sie beide im nächsten Sommer wieder in Amsterdam an. An einem Tag, wie? Und dein langes Gesicht, Portugees! Ein volles Jahr hol ich heraus.

De Veer schaute verwundert, warum der Oberste Navigator mit einemmal schmunzelte.

Es verging im Augenblick. Barents richtete sich auf. Ein Starrkopf, der Rijp. Nowaja Semlja: Insel oder nicht – sinnloses Gezerr, Zeitverplempern. Heemskerck, wie er kreuzte. Unsicheres Fahrwasser, mein Junge. Noch einmal fünf Tage nach dem Norden?

Er war kein Mann von Schmeichelreden. Er marschierte immer gerade auf das Ziel zu. Oder er versuchte es mit Bauernschläue. Jetzt saß er brütend am Tisch, von einer Ahnung berührt, daß er falsch gerechnet hatte.

Das waren seine zwei Jungen, die er hochgebracht hatte? Die er vorgeschlagen hatte als Schiffer? Dankbar waren sie wohl, aber nicht ihm gegenüber. Der Instruktion des Plancius beugten sie sich. Das war ihre Dankbarkeit. Dort stand die Macht. Und er hatte geglaubt, sie in der Hand zu haben.

Er verfärbte sich. Jeder Nerv seines Körpers zitterte. „Wißt ihr denn nicht, daß wir nach China wollen!“ schrie er. „Daß uns jeder Tag fehlt von diesem verdammt kurzen Sommer!“ Er schrie seine Wut hinaus, schlug mit der Faust auf den Tisch, daß die Becher tanzten. Aber er beschimpfte sie seltsamerweise nicht. Er nannte sie nicht Dummköpfe oder Nichtskönner. Er rieb ihnen nicht unter die Nase, daß der eine den rechten Zeitpunkt zur Ausfahrt verschlafen habe und der andere strandete. Obwohl sie sich gerade deshalb hinter der Instruktion versteckten! Sie wollten nichts mehr riskieren, schon jetzt nicht. Sie drückten sich vor eigener Verantwortung. Sie fürchteten, man könne ihnen in Amsterdam ihre ersten Fehler ankreiden, und sie schoben dem einen Riegel vor: Sie rannten blindlings los, wie es der Buchstabe der Instruktion verlangte. – Barents schnaubte.

Es fielen harte Worte. Rijp brachte vor, daß er getreulich seine Aufgabe erfüllen werde, mit der ihn die Stadt betraut habe.

„Ist die Erde eine Kugel, so gelangt man auch über den Pol nach China. Und sperren die Polländer den Weg, so wird es Meeresstraßen, einzelne Inseln, riesige Ströme darin geben. Liegen nicht um das Mittelmeer, das Sie so genau kennen, die Länder der Alten Welt? Und gibt es dort hinein nicht die Straße von Gibraltar? Und durch das Insellabyrinth des griechischen Meeres findet man doch den Bosporus als schmale Straße, die geradewegs in das Euxinienmeer führt.“

Joost schaltete sich ein: „Die Polländer des Mercator werden von genügend Straßen zerschnitten sein. Und die gilt es zu finden.“

Barents fühlte den Spott heraus, als Rijp vom Mittelmeer begann. Welche Anspielung auf sein Kartenbuch von der Mittelländischen See! „Ich habe meine Aufzeichnungen zum allgemeinen Nutzen und zur Förderung der Seefahrt in Druck bringen lassen ...“, hatte er hineingeschrieben. Er hatte lobend und in aller Bescheidenheit der Mitarbeiter in seinem Weingarten gedacht und offen zugegeben, daß er in ursprünglichem Sinne gelassen hätte, was andere besser als er beobachtet hatten.

Und nun hörte er dies. Als sei er ein Scharlatan. Barents' Gesichtszüge blieben ruhig. Er war wieder ganz Herr seiner selbst. Wollte ihm Rijp mit seiner Anspielung auf das Kartenbuch einen Hieb versetzen, so erinnerte es ihn an das eigene Können. Wenn auch der fette Verleger, der lahme Onkel seiner Frau, auf dem Buch sitzenblieb. Er lächelte düster.

Heemskerck, mit weicher Stimme, begann wieder zu vermitteln. Setzte der Navigator einen anderen Kurs durch, als ihn die Instruktion verlangte, setzte er weiß Gott seinen verdrehten Nowaja-Semlja-Kurs durch. Von allen drei Kursen lag Heemskerck daran am wenigsten.

Er zupfte an der Spitze seines Ärmels. „Nur fünf kleine Tage noch nördlich, Navigator, ein Sandkorn an Zeit, gemessen an unserem großen Vorhaben. Was entgeht uns denn dabei?"

Barents, das Medaillon auf der Brust, saß starr. Gewäsch, Spitzfindigkeiten, was sie da vorbrachten. Er hatte sich in ihnen getäuscht. Plötzlich saß ihm ein beklemmender Druck auf der Brust. Er war des Streits müde. Er musterte sie rings, wie sie dasaßen, gesättigt, zufrieden. Wie sie sich duckten hinter dem windigen Schild der Instruktion. Raus, alle! hätte er am liebsten gebrüllt. Er widerstand dem Verlangen.

Alles in ihm schwankte. Was stand fest, was war gesichert? Wer war schneller, Portugees oder er? Nowaja Semlja eine Insel? Sechsmal kürzer der Weg, stimmt das? Welcher Kurs war der richtige? Fragen über Fragen. Und er hängte sich an die eine Insel. Plancius hatte gut geraten, was das Kartenbuch betraf: das Innere der Länder darstellen! Mehr sehen als nur den Streifen Wasser vorm eigenen Bug! Die Prämie hatte Plancius locker gemacht. Daß er den Oberbefehl bekam, hatte Plancius durchgesetzt. Und er verbohrte sich? Sollte er nicht wenigstens fünf kleine Tage Plancius' Kurs prüfen?

Milder, als sie angenommen hatten, sagte er: „In Erwägung Ihres Vorschlags, Jacob van Heemskerck, befehle ich: Die Schiffe segeln weitere fünf Tage Kurs Nordost zu Nord, gehen dann aber Ostnordost an in Richtung Nowaja Semlja. Es sei denn, ein Vorkommnis zwingt sie eher zur Kursänderung."

Er deutete mit einer Handbewegung an, daß er damit den Rat als geschlossen betrachte.

Der junge de Veer mit dem nutzlosen Federkiel in der Hand fragte: „Soll ich das notieren?"

„Nein", gab Barents eisig zurück. „Ich denke, das wird nicht nötig sein." Sein runder Kopf schien jetzt ohne Hals dem Rumpf aufzusitzen. Das Medaillon berührte den Tisch, so krumm saß er da.

Rijp quetschte sich zwischen Tisch und Bank hindurch, verneigte sich stumm und ging. Sein Steuermann trabte hinterher. Heemskerck schritt auf die Tür zu, um den Gast wieder zum Boot zu geleiten. De Veer folgte ihm, mit einem scheuen Blick auf den Navigator.

Als sie gegangen waren, rieb sich Barents die Stirn. Falsch war es, falsch! – Er saß allein, mit Schmuck behangen, den Prachtrock angelegt, zwischen Teppichen und Täfelung, vor den Resten des Mahls, vor leeren Bechern. Er lächelte sarkastisch. Nachgegeben hatte er, gebeugt hatte er sich. Leider. Er war unendlich müde.

Aber er steckte seine Pläne nicht auf, wie sie jetzt vielleicht meinen mochten. Mit Juchzen waren sie über eine See gefahren, die glatt wie ein Spiegel war. Abe sie würden sich die Köpfe einrennen, wenn die Schwierigkeiten begannen. Dann erwiese sich, was die Instruktion zählte.

Nun war er erst recht froh, daß er den Brief an den „lieben, ehrenwerten Herrn" nicht geschrieben hatte. Er hatte sie unterschätzt, alle. Er hatte nachgegeben und Heemskercks miserablen Vorschlag noch in das Prunkgewand eines Befehls gesteckt, hier in der Staatskajüte. Den Gänsehals de Veer hatte er als Schreiber aufgezäumt, als könne er protokollieren lassen, daß er seine Schiffer zur Mißachtung der Instruktion aufwiegele!

Er stieß die Tür auf und ging so plötzlich hinter dem Rudergänger Simon vorbei, daß dieser zusammenzuckte.

Und während Barents zu seinen Karten in die „Hütte" hinaufstieg, schritt Rijp durch die Mannschaft der „Eissee". Sein Pelzkragen schlenkerte an ihm herunter, die Haare hingen wirr, und seine Augen blickten zornig. Er sah nicht, wie sich der Schiffsjunge Jan Hillebrants an ihn drängte, wie er die Hand vorstreckte und wie schließlich sein Lächeln versiegte.

Verwundert lehnte Jan neben dem vogelköpfigen Duncker an der Reling, schaute Rijps Boot hinterher und flüsterte: „Er hat uns gar nicht gesehen."

IV

Einen Tag später gewahrte der Junge die Schwäne.

Die Schwäne schwammen weiß auf dem Wasser, in ungeheurer Zahl. Ganze Schwärme von diesen blendendweißen Vögeln waren es.

Jan saß im Mars des Fockmastes, vierzig Fuß über dem Meer. Es ergriff ihn ein Schwindel, als er diese das Wasser bedeckenden Scharen sah. Das Vormarssegel versperrte ihm den Blick nach backbord. Aber er ahnte, daß auch dort die Schwäne heranschwammen, stetig, lautlos.

Weit waren sie noch ab von den Schiffen, die ihnen doch bedrohlich erscheinen mußten. Aber die Schwäne flogen nicht auf, strichen nicht angstvoll über die See.

Der Junge hielt sich lachend an den Wanten fest. Diese schwimmenden Vögel waren nicht scheu; denn sie hatten noch nie Menschen gesehen. Hier oben strich der Junge Rijps merkwürdigen Besuch an Bord aus dem Gedächtnis. Sein Herz schlug wild vor Freude. Jetzt kamen die Abenteuer, die er ersehnt hatte.

Tief unter sich sah er die Back und davor das schmale Dreieck der Galion. Dort lehnte einer am Bugspriet.

„He!“ schrie Jan in seiner Freude. „He! Siehst du die Schwäne auch?“

Der Mann schaute hoch. Es war Simon. Winzig wirkte der Bootsmann von dieser Höhe, wie ein Käfer, der an einem Zweig hing.

Jan war es nicht angenehm, daß er ausgerechnet Simon angerufen hatte. Seit Beginn der Reise waren sie sich aus dem Weg gegangen. Jetzt gewann die Freude des Entdeckers die Oberhand. Er schrie: „Rundum voraus alles voll Schwäne!“

Simon am Bugspriet schaute hinauf zu dem Jungen, dieser Mücke im Mars. „Schwäne?“ rief er und lachte spöttisch. „Eis ist es. Eis.“

Der Junge krampfte jäh die Hand in die Taue.

Die Kunde vom Eis verbreitete sich rasch. Auf der Galion drängten sich die Männer. In den Wanten hingen sie. Selbst der Feuerwerker stieg hinauf. Der schweigsame Zimmermann kletterte auf die Back. Meester Hanns ließ das Schermesser sinken, als er die Rufe vernahm, und de Veer, mit halb verschnittenem Haar, sagte als einer, der schon im Norden gewesen war: „Es ist doch bloß Eis.“

Heemskerck stand stumm auf der Galerie am Heck und schaute den ganzen bauchigen Schiffsleib entlang über die geöffneten Stückpforten. Dann ließ er den Bootsmann Simon Reyniers an den Kolderstock stellen. Der war der beste Rudergänger Amsterdams, bei Gott.

Barents rieb sich die Hände. Fünf Tage hatte er ihnen gegeben. Dies war der erste. Jetzt schon kam das Eis. Wie gerufen kam es ihm. Die Natur lieferte die Beweise gegen Rijp.

In großen Haufen kam das Eis getrieben. Seine Ausmaße wuchsen zwar mit dem Näherkommen der Schiffe, doch zugleich zeigte sich, daß es weit weniger das Wasser bedeckte, als es von fern den Anschein hatte. Es blieb genug Raum zum Durchsegeln.

Um Mitternacht passierten sie den Eisrand. Als der Schiffsjunge Jan am nächsten Morgen an Deck kam, war das Eis verschwunden. Schwäne? Eis? Nichts von alledem. Offenes Wasser.

Der Tag verlief wie jeder andere, doch am Abend war das Eis wieder da. Kaum noch ein weißer Saum, hatte es plötzlich das Meer vor den Schiffen überzogen. Der Wind trieb die Eisfelder auf sie zu.

Auf einmal knirschte und scharrte es am Bug, verfing sich in den tiefhängenden Ankerketten, trudelte weg und schabte am ganzen Schiff entlang. Sie steckten inmitten eines weißen Breis, der sich verfestigte, der Verstärkung erhielt.

Barents befahl den Rückzug. Die Schiffe wendeten, gingen auf Südkurs. Südkurs! Er lächelte, lachte. Er gestattete es sogar, West anzuhalten, Südwest zu West. Vier Tage hatte er noch Zeit, bitte! Er blieb bei seinem Wort, auch wenn es nicht protokollarisch festgelegt war. Er wollte ihnen das Eis zeigen.

Achtmal wendeten die Männer am Ruder die Sanduhr. Acht Glasen versuchten sie das Eis zu überlisten. Dann gelang es ihnen, die weißen Felder zu umgehen. Am nächsten Tag erreichten sie 74 Grad Nord. Und wieder pirschte sich das Eis heran, als zögen die Schiffe es an. Es schickte seine Vorhut. Es plänkelte mit ihnen. Dann drang es auf sie ein. Unablässig berannte es die Schiffe. Die Männer standen mit verkniffenen Lippen, in einer vom Feind belagerten Stadt.

Sie segelten zwischen Eisfeldern wie umgeben von Landmassen. Tief verschneites holländisches Land, flach wie die Gegend hinter Amsterdam, von Rillen durchzogen, die Kanälen glichen. Schatten belebten die eintönigen Flächen, als stammten sie von Deichen entlang der Flüsse. Ihr holländisches Land schwamm hier auf dem Wasser.

Kühl wehte es vom Eis, daß es sie erschauerte. Selbst Simon knöpfte sich die Jacke zu und trug einen Schal. Sie murmelten Gebete. Und Evert begann wieder von seinen hundsgroßen Ratten. Das Eis nahm kein Ende.

Das war Willem Barents' Stunde. Unerschütterlich, frisch trat er aus der „Hütte“ und kletterte die Stufen zur Kuhl hinunter. Er grüßte die Männer ruhig, die vor ihm den Kopf neigten. Er umging die Boote, stand eine Weile an Backbord, dann an Steuerbord und kletterte auch vor zur Galion.

Sein Blick ging die Masten hinauf, die Wanten und Taue, diese ganze sinnreiche Einrichtung, dem Schiff die Windkraft zuzuführen und die Richtung aufzuzwingen. Dann schritt er zurück, ruhig, nicht überhastet. Vom Halbdeck aus stieg er in die Luke zum Rudergänger. Diesmal stand Andries am Kolderstock, der Untersteuermann. Barents wechselte einige belanglose Worte mit ihm, fragte, wie er sich fühle, sah das schöne jungenhafte Gesicht des anderen. Junge Leute hatte er, ja.

Endlich gelangte er in die Staatskajüte zu Heemskerck. Dieser hatte hinter seinem Tagebuch gesessen, das er streng in Spalten eingeteilt hatte. Datum und Vorgefallenes, geographische Breite, gefahrene Kurse, Sonnenstand, Abweichung der Magnetnadel – was nicht alles. Die alte Schule des Plancius. Barents bat um Erlaubnis, einen Blick in das Buch zu werfen, nahm es, schaute.

Heemskerck stand sinnend dabei. Eis hatte er an diesem Tag eingetragen, Eis am Vortag, und er ahnte, dies würde das Wort sein, das er von nun an am häufigsten in das Tagebuch zu schreiben hatte.

Der Plancius-Kurs sah nicht besser aus als jener durch die Waigatsch. Eis hier wie da. Aber auch der Navigator hatte auf seinem geliebten Nowaja-Semlja-Kurs damit gekämpft. Nicht ohne Grund hatte er den nördlichsten Punkt Nowaja Semljas als Eiskap bezeichnet.

Ob du nach Afrika segelst wie Vasco da Gama oder nach dem Südteil des neuen Landes Amerika wie Magalhães – du durchstößt den Wärmegürtel des Äquators. Ist es hier der Kältegürtel, der das Eis heranführt?

Heemskerck, da er neben dem lesenden Navigator stand, konnte es nicht deuten. Es schien fast unmöglich, daß all dieses Eis aus dem Inneren Asias stammen sollte.

Noch segelten die Schiffe ohne allzu große Bedrängnis. Auf der vorjährigen Reise war es haariger zugegangen, als sie dem Winter davonliefen. Aber jetzt liefen sie ja nicht davon. Jetzt warfen sie sich ihm entgegen! Gebe Gott, daß das Kältegebiet nur ein durchstoßbarer Gürtel war.

Heemskerck zuckte zusammen, als Barents das Tagebuch weglegte und, auf den Tisch gestützt, sagte: „Was der Schiffsrat nicht erreicht hat, ist dem Eis nun gelungen. Drei Glasen lang segeln wir schon Südsüdwest. Ich denke, es ist nun an der Zeit, Kurs auf Nowaja Semlja zu nehmen."

Als Heemskerck etwas entgegnen wollte, riß einer die Tür auf. De Veer schaute linkisch herein. Er prallte zurück, als er den Obersten Piloten sah, rief aber schnell gefaßt: „Admiral, südlich von uns liegt eine Insel."

Die Insel erstreckte sich fünf Meilen in der See, öde, felsig, umgeben von Eis. Es kostete Mühe, die Schiffe in ihre Nähe zu bringen. Sie erreichten sie erst nach vierundzwanzig Stunden. Sie brachten einen weiteren Tag damit zu, eine Reede zu finden, in der sie ohne Gefahr vor Anker gehen konnten.

Sie fierten die Segel. Sie hievten das Boot über Bord, von freudiger Unruhe erfüllt. Das große Boot nahmen sie diesmal, die Pinasse. Sie lagen das erstemal wieder unter Land nach ihrer Abreise von Vlie.

Ihr Oberster Navigator und Pilot Willem Barents trat ruhig an die Reling. Eine neue Insel, ein unbekanntes Land. Vor einem Monat hatten sie abgelegt in Amsterdam. Vlie lag dazwischen, die Reise über See, der Streit mit dem halsstarrigen Rijp. Und nun das ferne Eiland.

Auf keiner Karte war dieser Felsklotz verzeichnet, kein Chronist hatte ihn je genannt. Barents schaute hinüber zu den düsteren Wänden, um die ganze Schwärme von Möwen kreisten. Nun war er zufrieden.

Die Sonne stand strahlend über dem Horizont, aber kalt blies der Wind. Er fächelte die Wellen an, ließ Wolken über die vereisten Felsen jagen und spritzte Wasser in die Pinasse.

Guter Dinge griffen die Männer in die Riemen und riefen sich Scherzworte zu. Die Pinasse hatte hochgezogene Steven. Sie konnte höhere Wellen als diese nehmen.

Barents saß an der Ruderpinne. Alle Gesichter waren ihm zugewandt. Kraft las er in ihnen, Ausdauer, Freude an der Bewegung. Prachtvolle Kerle hatte er an Bord genommen. Mit ihnen konnte er etwas wagen. In ihren wetterfesten Filzhüten saßen sie vor ihm. Manche hatten die Kapuzen hochgeschlagen. Er hatte Fellmützen für sie in den Laderäumen.

Die ganze Duncker-Wache saß in der Pinasse. Der Schiffer Heemskerck stand im Bug wie eine steingehauene Figur. Auch Andries war mit ins Boot gestiegen, und natürlich de Veer. Das Schiff war entblößt von Volk. Der Junge Jan Hillebrants pullte im Takt mit den anderen.

Barents hielt das Boot gerade auf die „Amstelredam" zu. Die Männer hinter den Riemen gewahrten es spät. Erst als der Schatten der Bordwand auf sie fiel, drehten sie sich um. Sie stießen einander an, hielten inne und lachten.

„He, ihr!" schrie einer von oben. „Fahrt uns nicht in den Grund!" Gelächter war die Antwort.

Kopf an Kopf drängten sie sich an der Reling. Bootshaken griffen die Pinasse und holten sie längs. „Acht Mann nehmen wir mit", rief Barents hinauf.

Gedränge entstand, Schimpfen und Lachen, ein gellender Pfiff. Namen wurden gerufen. Und dann kamen sie über Bord. Einer nach dem anderen rutschten sie an einem Tau in die Pinasse, gingen einen Augenblick in die Knie und verteilten sich über die Duchten. Knuffe gab es, Händedrücke. „Ihr seid noch gut beisammen." – Mit doppelter Last legte das Boot ab.

Immer deutlicher offenbarte sich das Eis. In den Schluchten lastete es. Lange Zungen schickte es von den Gipfeln zum Wasser. Auf dem Meer trieb es in großen Schollen. Seehunde lagen darauf in der Sonne.

Das Meereis und die Klippen erforderten Barents' ganze Aufmerksamkeit. Seine grauen Augen spähten voraus. Zu einer großartigen Geste hatte er sich herabgelassen, Rijp gegenüber. Mit der Weisheit des Älteren, mit dem Selbstbewußtsein des Erfahrenen: Er nahm die Leute der „Amstelredam" in seine Pinasse. Der Streit sei begraben, hieß das.

Allein wieviel auch an der Reling gestanden hatten, Rijp hatte sich nicht einmal an Deck gezeigt, geschweige denn, daß er in die Pinasse gestiegen wäre.

Barents lächelte innerlich über diese Dickköpfigkeit. Dies war seine Expedition, mit Zustimmung Rijps oder ohne. Rijps Leute und die seinen schwammen in einem Kahn! Und er stand am Ruder und hielt den Kurs.

Schalk brach bei Barents durch, glücklich war er, hier vor der fernen Insel. He, hatte der feine Mann Rijp Angst, sich vor ihm zu zeigen? Seinen Steuermann hatte er mitgeschickt, nun gut, sollte der einstecken. Er wollte ihn ein bißchen auf den Arm nehmen, ihm ein bißchen Salz in den Wein reiben, da sie nun eine Insel entdeckten, nur weil jene da beharrlich auf dem Nordkurs bestanden hätten.

„He!" schrie Barents über das auf und ab wippende Boot hinweg, in der Meeresgischt, unter den Wänden. „He, Steuermann der stolzen ‚Amstelredam', stecken wir nicht zu weit im Westen? Was wollen wir an diesem verdammten Felsbrocken? Nach Osten müssen wir, nach Osten!"

Der sommersprossige Utrechter, der ihm schon in der Staatskajüte im

Magen gelegen hatte, ließ sich wirklich aufs Glatteis führen. Er schimpfte. Er entwickelte seine Theorie vom Nordpol. Er schwor auf die Instruktion. Über die sich rhythmisch bewegenden Rücken der Bootsleute starrte er finster auf Barents.

Durch knappe Zurufe stachelte Barents ihn auf. Mit jungen Augen saß er an der Pinne. So was, diese Neuigkeiten vom Steuermann. Der Sommersprossige ließ die Zähne blitzen. Er sah nur das Auf und Ab der Rücken, nicht die Gesichter der Männer.

Barents zugewandt, grinsten sie, kniffen verschmitzt ein Auge zu. Ausgelassen holten sie die Riemenblätter durch die See. Selbst der Junge lachte.

Barents war vom Fieber der Entdeckung gepackt. Natürlich hatte er seinen Plan Nowaja Semlja, sein liebstes Kind, nicht aufgegeben. Aber ebensonatürlich war er kein Dummkopf, der sich guten Gedanken verschließt, nur weil sie von anderen stammten. Seitdem der erste Schimmer der Insel über dem Horizont gelegen hatte, hatte er erfaßt, welch glänzender Gedanke seinem Schiffer Jacob van Heemskerck gekommen war, als er vorschlug, noch einmal fünf Tage nordwärts zu segeln.

Nun gut, man fand eine Insel. Sah man zu, was man außerdem fand. Registrierte man es, vermaß es und brachte es in Karten.

Nach dieser Entdeckung des Fernen Eilands bestand er nicht einmal mehr darauf, nach Ablauf der festgesetzten fünf Tage ostwärts zu segeln. Dieses Eiland war fern, sehr fern. Von ihnen aus gesehen, vom Rande der Alten Welt. Aber es bestand ebenso die Möglichkeit, daß es sehr nahe lag bei anderen Inseln. Daß es ein Vorbote war, der Zipfel einer Inselgruppe. Oder das erste Anzeichen der Polländer.

Der Plan Nowaja Semlja trat für eine Zeit in den Hintergrund zugunsten einer anderen Hypothese, der sie so weit auf der Spur waren, daß sie Wirklichkeit werden konnte. Bestätigung oder Hinwegfegen – sie konnten es klären.

Für eine kleine, kurze Zeit war Barents bereit, sein liebstes Kind hintanzustellen, weil seine Pläne keine starr ausgearbeitete Instruktion waren wie die des Plancius, weil er ihnen niemals blind anhing, sondern sie berichtigte, ergänzte und zurückstellte je nach den gegebenen Umständen.

Es war kein Nachgeben Rijp gegenüber, wenn er jetzt bei sich beschloß, noch weiter nördlich zu gehen. Es war ein Anpassen an die Verhältnisse.

Barents steuerte die von beiden Mannschaften getriebene Pinasse zwischen übergischtete Klippen, erreichte ruhiges Wasser und setzte das Boot auf den Kies.

Die Männer sprangen auf den Strand, wälzten sich, schrien. Duncker grub seine Hand in loses Erdreich. Pfiffig sah er den Jungen an. Sie taumelten ein wenig, gewöhnt, die Schiffsbewegungen mit den Beinen auszugleichen.

Um die Wette liefen sie nach Felsblöcken, die sie erkletterten. Sie nahmen Besitz vom Fernen Eiland.

Jan Hillebrants, Schiffsjunge, jagte inmitten der anderen. Seine Kniehosen waren abgewetzt, der Filz verschossen. Er lachte über Dunckers Späße, der sich neben ihm hielt. Eine Herberge würden sie hier nicht finden, kein Haus, keinen Hafen. Und doch war ihnen die Insel vertraut, von Anfang an.

Ein Schneefeld breitete sich vor ihnen. Sonnenglanz lag darüber, schwarze Felskuppen waren herausgetaut. Tief unter ihnen schon lagen die Schiffe, im grünen Meer, das von Schollen bedeckt war.

Es schien Jan fast ein Wunder, daß sie auf diesen zerbrechlichen Planken so hoch in den Norden gesegelt waren.

Er wandte sich an Duncker. „War es auf der letzten Nordreise auch so?" Als dieser ihn nicht zu verstehen schien, setzte er hinzu: „Als du mit Rijp in der Waigatsch warst."

Duncker nickte wie ein pickender Vogel. Genauso, freilich, Wasser, öde Felsen und Eis. Rijp hätte da eine Bergente geschossen, und sie hätten sich den Bauch vollgeschlagen.

Eine Bergente für das ganze Schiff?

„Wo denkst du hin, Junge. Für Rijp und für mich. Ja, der Rijp, das ist ein Teufelskerl, wirklich."

Von den Felswänden kreischten die Möwen. Sie stürzten zu den Klippen hinunter, jagten um die Grate und stiegen wieder. Eine weiße Wolke von wirbelnden Vögeln hing vor der Steilwand.

Auf den Felsbändern, in den Rissen und Klüften kletterten Bootsleute. Die Männer aus der Pinasse eroberten sich die Höhe.

„Sie suchen Möweneier", sagte Duncker auf Jans fragenden Blick.

Was ein Seemann war, der verstand es zu klettern. Schwindel war ihm fremd. Die Wanten bei Sturm waren nicht minder gefährlich als vereiste Felsen. Hoch hinauf stiegen sie in ihrem Übermut.

Die Neugier des Jungen erwachte. Möweneier hatte er noch nicht gegessen. Er fragte, wie sie schmeckten.

Sein Gefährte schwieg. Das knochige, langnasige Gesicht dem Berg zugewandt, stand er. Das eine Bein hielt er zum Steigen vorgesetzt, gleichsam in der Bewegung erstarrt.

Unwillkürlich schaute auch Jan den Berg hinauf. Das Schneefeld endete unweit ihres Standpunkts. Kantige Felsen stiegen daraus empor. Weiß schimmerten die dem Meer zugewandten Bänder, Vorsprünge, Gipfelplatten.

Es war ein lebendiges Weiß, es spreizte sich, schrumpfte, rückte hin und her, stob in die Tiefe. Raubmöwen waren es. Sie, noch unbedroht, ahnten mit dem Instinkt wilder Tiere die Gefahr, rutschten auf den Gelegen umher und wandten unablässig die Köpfe. Der Kampf in der durch eine Schlucht von ihnen getrennten anderen Wand, das Morden der Eier ihrer Artgenossen versetzte sie in Unruhe.

Es schien Jan ein leichtes, in diese Felsen einzusteigen und wenigstens ein Dutzend Eier zu sammeln.

Er hatte Lehrgeld zahlen müssen seine ersten Wochen auf dem Schiff. In die Fischgeschichte war er hineingeraten, die ihm den Stempel eines Diebs aufgedrückt hatte. Wie eine unsichtbare Wand stand das von Anfang an zwischen ihm und Simon und dessen Leuten. Dunckers Freundschaft hatte er nur durch Zufall gewonnen. Aber er wollte ganz zu ihnen gehören, wie ein Alter, einer, den man achtete, den man für voll nahm, nicht durch Sippschaft, sondern durch eigene Leistung. Legten sie sich in die Riemen, so wollte er dies mit gleicher Ausdauer und Hingabe versuchen. Sammelten sie Möweneier, dann war dies auch seine Sache.

Er löste sich von dem in Schweigen gefallenen Duncker und stieg einen Schritt. „Wir sammeln dort drüben, los!“ Er wollte den Arm vorstrecken und auf den Möwenfelsen weisen. Da stürzte er. Erst als er im nassen Schnee lag, halb auf Dunckers Füßen, kam ihm zur Besinnung, daß Duncker ihn zu Fall gebracht hatte.

Verblüfft schaute Jan zu dem Bootsmann empor, Duncker starrte nach wie vor hangan. Das seltsame war, daß seine Hände zitterten. Jan Hillebrants, sitzend, sah die hornigen, zitternden Hände des Bootsmanns, deren Finger sich verkrampften. Unbewußt flüsterte er. „Was hast du?“

„Ein Bär. Wo die Wand aus dem Schnee steigt.“

Jan erhob sich mühsam. Das Blut hämmerte in seinen Schläfen. Der Eisbär lag dort, wo er hatte den Felsen erklettern wollen.

Seinem Verhalten nach hatte auch der Bär sie erspäht, obwohl der Lärm in der Wand jenseits der Schlucht viel mehr seine Aufmerksamkeit geweckt haben mußte. Der Bär war von ihnen an zweihundert Fuß entfernt.

Duncker schob den Jungen weg. Diesmal glitt Jan nicht aus. Einen Schritt tiefer trat er nur. „Lauf zum Strand, los“, zischte der Bootsmann. „Waffen her. Und noch ein Boot soll landen. Und warne die Männer in der Wand!“

„Was wird mit dir?“ fragte Jan. Auf einmal packte ihn die Angst.

Duncker lachte. Die Haut über seinen Backenknochen spannte sich. „An Duncker ist nichts dran. Keine Faser Fleisch. Ein solches Gerippe wie mich rührt er gar nicht an.“ Da aber der Junge noch immer stand, unschlüssig, schrie er los: „Nun lauf schon, verdammt noch mal!“

Jan Hillebrants jagte den Hang hinab. Er glitt aus, stürzte, überrollte sich. Einmal sah er nach den Schiffen, die ihm schon näher gerückt waren. Er gelangte auf blankes Eis und schlitterte endlich zu Tal.

Die gefrorenen Kanäle, der Wirbel um Kähne, die das Eis eingeschlossen hatte. Das Dahinfegen auf den schmalen Kufen der Schlittschuhe. Die morsche, rattenbewohnte Mühle des Großvaters. Die Mutter, Frau des Hillebrants, verkaufte Steinbutte auf dem Amsterdamer Markt. Der sie bestahl, war der Junge. Simon hatte es entdeckt. Deshalb hing das große Tau von der Rah herab. Und oben stand Duncker ...

Etwas riß Jan vor der Brust. Er schaute auf. Er rutschte nicht mehr. Er blickte in Everts Gesicht.

Stoppeln standen schwarz auf Everts schwammigen Wangen. „Verrückter Kerl", fistelte er, „du brichst dir den Hals." Er zerrte ihn fluchend hoch.

„Ein Bär. Oben", stieß der Junge hervor. „Duncker ist ganz allein." Mit einer Beweglichkeit, die dem dicklichen kleinen Mann keiner zugetraut hätte, hastete Evert mit dem Jungen am Arm zwischen den Felsblöcken hindurch. Der Strand öffnet sich vor ihnen. Die Männer an der Pinasse schauten verwundert herüber. „Ein Bär!" schrie Evert und blieb, nach Luft ringend, stehen.

Bewegung kam in die Männer. Barents, der gerade seine Meßinstrumente ins Boot gebracht hatte, riß eine Muskete hoch. Der Schuß hallte und rollte in den Felsen.

Es war wie ein Blitz, der alles durchzuckte. Auf dem Schiff „Eissee" draußen trieb Hochbootsmann Vos die Simon-Wache ans Spill, um den Bock zu Wasser zu bringen. Jan Cornelis Rijp auf dem Schiff „Amstelredam" schickte vier Männer mit Hellebarden und Musketen in das kleine Beiboot. Die Bootsleute in den Felsen hielten inne, als der Schuß fiel, nahmen die eiergefüllten Filzhüte zwischen die Zähne und stiegen zu Tal. Duncker auf dem Schneefeld vernahm mit Erleichterung den Schuß, diesen Donner in den stillen Wänden. Der Eisbär aber lief los.

Evert schleppte den Jungen vollends zum Boot. Jan fiel auf ein Bankbrett. Blut sickerte aus einem Riß über dem Ohr.

Die Pinasse war schlecht bewaffnet: Zwei Hellebarden, drei Beile und die Muskete, die Barents abgefeuert hatte. Unter Führung des Schiffers Heemskerck erstiegen drei Leute den Berg, Duncker entgegen.

Der Junge sah, wie der Trupp aus dem Felsgeröll tauchte und das Schneefeld erreichte. Langsam beruhigte sich sein Herz. „Bist ganz blutig", sagte einer aus Rijps Mannschaft und drückte ihm ein Tuch über das Ohr. Ein Schmerz durchzuckte ihn, der ihm fast die Besinnung raubte. „Es wird bald besser", tröstete der andere. Rijps Steuermann war es, der sommersprossige Joost. Der Junge versuchte zu lächeln.

Das Schneefeld lag grell in der Sonne. Deutlich hoben sich die Männer darauf ab. Ein einzelner kam von der Höhe herunter. Den Bären erkannten sie von der Pinasse aus nicht. Der Bär war eins mit dem Schnee.

Dieser einsame, winzige Mann da oben bewegte sich rasch talwärts. Der

Junge wußte, was ihn trieb. Zweihundert Fuß vor sich hatte er den Bären gesehen. Ein schreckliches Tier, von dem sich kein Bürger des großen Amsterdam etwas träumen ließ.

Barents schrie: „Boot fertig?“

„Wohl, wohl“, gaben die Männer zurück. Sie saßen hinter den Riemen, bereit, jeden Augenblick abzulegen. Barents trat an die Pinne.

Über den Strand rannten welche, die aus den Wänden gestiegen waren. Sie hoben die Filze mit den Eiern über die Bootswand und schwangen sich hinterher. Jeder wollte aufs neue wissen, was eigentlich – zum Teufel noch mal – los sei.

Der einsame Mann auf dem Schneefeld, winzig vom Tal aus, hatte Heemskerck mit seinen Leuten erreicht. Sie liefen schon alle hangab.

Draußen auf dem Wasser holte Vos die Simon-Wache vom Spill zurück. Schiffer Rijp auf der „Amstelredam“ gewahrte mit Befriedigung, wie sein kleines Beiboot schon auf die ersten Klippen unweit des Strandes zuhielt. Auf dem Schneefeld die Männer waren verschwunden.

Jan stemmte sich am Vordersteven in die Höhe. Er fühlte sich wie gerädert. Schneewasser hatte seine Stiefel duchnäßt. Aber er mußte endlich wissen, ob Duncker es schaffte.

Noch einmal schlug ein Donner von den Felsen hernieder, hallte nach, verebbte. Der Bär mußte den Männern auf dem Fuß folgen, da sie jetzt noch schossen.

Da hetzten die ersten über den Strand. Zwei waren es zunächst, dann kam der dritte mit Duncker. Und dann der letzte. Heemskerck hielt die Muskete schußbereit. Die Hellebarden dem Bären entgegengestreckt, standen der Untersteuermann Andries und de Veer.

Duncker erreichte keuchend die Pinasse. Aber er wehrte ab, als sie ihn hineinziehen wollten. Er wartete, bis die anderen heran waren.

„Ins Boot!“ schrie der Untersteuermann.

„Alles da?“ fragte Barents hastig.

Heemskerck keuchte im Laufen: „Ich bin der letzte.“

In dem Augenblick tauchte der Bär hinter den Blöcken auf. Er schnob böse, richtete sich an einem Stein hoch und zog sich geschmeidig hinauf. Dann setzte er mit vorgestrecktem Hals die Verfolgung fort. Die Muskeln in seinem Nacken spielten.

Die Boote, eines am Strand, das andere noch zwischen den Klippen, waren für den Bären etwas Neues. Er blieb stehen.

„Boot ab“, sagte Barents erleichtert.

Da saßen sie, hastig atmend, erschöpft, glücklich. Andries’ weiches Gesicht war schweißüberströmt. De Veer hustete. Duncker brachte ein Lächeln zustande, als er den Jungen sah.

Die Riemen tauchten ins Wasser.

Plötzlich riß Duncker dem neben ihm stehenden de Veer die Hellebarde aus der Hand und sprang über das Heck, in das seichte Wasser.

Der Bär lief längs des Strandes in Richtung des Vogelfelsens. Er blickte nicht nach den Booten. Er lief vor den Booten davon.

Barents' Kommando stoppte das Boot im Schwunge. Fluchend schwang sich Heemskerck hinaus. Doch ehe die ersten wieder zum Strand gewatet waren, hatte Duncker den Bären fast erreicht.

„Heheee!" schrie Duncker. „Heheee!"

Der Bär wandte sich um, stand, baumelte mit dem Kopf. Auch Duncker blieb stehen. Dann lief der Bär weiter von den Booten weg.

Es hatte den Anschein, als fliehe der Bär vor Duncker. Und doch war es anders. „Hooghwout fehlt", sagte Evert tonlos.

Wieder setzten sie sich in Gang, eilends, mit einer Hellebarde, drei Beilen und der Muskete.

Dem Jungen stockte das Blut. Der Bär und Duncker standen sich gegenüber, unterhalb des Vogelfelsens. Duncker stieß mit der Hellebarde zu, auf die Schnauze des Untiers. Der Bär richtete sich auf, bereit, den Bootsmann in tödliche Umarmung zu nehmen. Duncker sprang leichtfüßig weg, der Bär kippte zur Seite. Da rannte Duncker zurück, auf die Boote zu. Der Bär folgte ihm wirklich. Es schien ein Spiel zu sein, wie leicht Duncker zwischen den Blöcken huschte. Aber er lief um das Leben.

Heemskerck schoß. Er traf nicht, allein der Bär blieb stehen. Duncker gewann an Vorsprung. Wütend drang der Bär gegen die Männer vor. Sie zogen sich auf das Boot zurück, stießen Duncker hinein. Heemskerck sprang als letzter. Die Pinasse legte ab. Schwer platschte der Bär ins Wasser, tauchte und schwamm.

Jäh kam das Tier neben der Ruderpinne hoch und langte nach dem Bootsrand. Heemskerck schlug mit dem Kolben auf die Tatze.

Mit erhobenen Waffen näherte sich das „Amstelredam"-Boot. Heemskerck winkte ab. „Am Vogelfelsen liegt noch ein Mann. Helft dem lieber!"

Den Bären im Kielwasser, strebte die Pinasse den Schiffen entgegen. Vos auf der „Eissee" verfluchte sich, weil er das kleine Boot nun doch nicht mehr ausgesetzt hatte. Ohnmächtig schaute er von der Kuhl aus auf den Kampf im Wasser.

Der Bär tauchte unter der Pinasse durch und griff von der anderen Seite an. Die erste Hellebarde zersplitterte. Das Wasser wogte.

Das Boot von Rijps Schiff erreichte indes ungefährdet den Strand. Sie fanden Hooghwout in einer Spalte zwischen zwei Blöcken. Abseits von den anderen hatte er Möweneier gesucht, verwegener als seine Kameraden. Hoch oben war er gewesen. Lange hatte er gebraucht, die Wand zu durchsteigen. Beim Sprung zwischen den Blöcken war er abgeglitten.

Bis zu den Schultern steckte er im Schnee. Der Witterung des Bären war er dennoch nicht entgangen. Er hatte geschrien. Er hatte sich herausarbeiten wollen. Aber er war in dem lockeren Schnee nur immer tiefer gesunken. Seine Hände fanden keinen Halt. Barhäuptig lag er hier. Der Filz mit den Eiern, derentwegen er so hoch gestiegen war, war ihm entglitten. Die Kälte hatte ihm ans Herz gegriffen, als er merkte, daß der Bär sich gegen ihn wandte. Achtzehn Jahre war er, geboren in der Stadt Schiedam, die durch die Geneverbrennereien berühmt war. Im Jahre des Todes des vierten spanischen Regenten, Don Juan, war er zur Welt gekommen. Wenn er je hier herauskäme, ihn konnte kein Branntwein mehr erwärmen. Einen großen Verschleiß an Regenten hatten die Niederlande gehabt. Viele Menschen waren eines gräßlichen Todes gestorben. Jetzt kam es an Hooghwout, auf der ersten lächerlichen Insel, die sie erreichten und auf die er sich so sehr gefreut hatte.

Irr hatte er geschrien. Und dann war er verstummt. Kein Laut war mehr aus ihm herausgedrungen, als er erkannte, wie Duncker die Aufmerksamkeit des Bären auf sich lenkte.

An den Felsen gepreßt, von dem er sich aus eigener Kraft nicht mehr lösen konnte, hatte er Dunckers Jagd auf Leben und Tod verfolgt. Er hörte die Schüsse und Schreie. Der Kampf geriet ihm aus dem Gesichtsfeld. An den kalten Stein geklammert, lag er wie tot. So fanden ihn Rijps Leute.

Hochbootsmann Vos, gelb und gallig, hatte doch noch endlich den Bock klargemacht. Simon sprang mit seiner Wache hinein.

Zwei Stunden dauerte im Wasser der Kampf mit dem Bären.

Rijps Boot brachte den geretteten Hooghwout an Bord der „Amstelredam", ehe es in den Kampf eingriff.

Der Junge Jan Hillebrants in der Pinasse dagegen, mit seiner Kopfwunde, mußte ausharren, bis der Kampf zu Ende war.

Dann hielten alle drei Boote auf die „Amstelredam" zu. Der Eisbär folgte im Kielwasser der Pinasse. Aber er folgte nur noch, weil er mit einem Tau neben der Ruderpinne festgebunden war. Und er war tot. Schweigend, ausgepumpt saßen die Männer auf den Duchten.

Es war freilich nicht der letzte Kampf des Bären gewesen. Es folgte noch einer, ein ungleicher.

Als der Kadaver in der Kuhl der „Amstelredam" lag, wo er abgehäutet werden sollte, damit man in der Heimat jenes mächtige königliche Tier zeigen konnte, als dieser zwölf Fuß lange Leichnam an Deck lag, sprang ein Schmächtiger, Junger von der Halbdeckstreppe wie ein Irrer unter die Männer, riß dem einen ein Beil aus der Hand und hieb auf den Bären ein.

„Du Mistvieh!" brüllte Hooghwout und hieb und hieb auf das Tier, und seine gelben Zähne traten wie Hauer hervor. „Du Kreatur, Stinkbiest, verdammtes!"

Hooghwout hieb zu mit jener Angst, die jäh in Grausamkeit umschlug.

Jan klammerte sich entsetzt an Duncker. Irr blickten Hooghwouts Augen, die zusammen mit der Stirn gegenüber der Unterpartie des Gesichts zurücktraten.

Duncker, erregt, befreite sich von Jan und fiel Hooghwout in den Arm. Das Beil schlug auf Deck. Wie ein Sack stürzte Hooghwout, von Dunckers Faust getroffen, über den blutenden Bären.

Jan Hillebrants spürte, wie es ihm die Kehle abschnürte. Er griff nach einem Tau, vergeblich, und brach ohnmächtig zusammen.

Sie feierten an diesem Nachmittag in der Kuhl von Rijps Schiff. Bier ging reihum, und sie aßen die Möweneier; sie leckten sich die Finger. Sie feierten die Entdeckung der Insel. Sie begossen den Sieg über das Untier, über dessen Maße sie sich nicht genug verwundern konnten. Nur wenige hatten in ihrem Leben schon Eisbären gesehen. Das waren drei, vier Teilnehmer der Waigatsch-Reise, und die blieben still, abgeklärt, überlegen. Sie ließen auch Duncker leben. Denn die Größe seiner Tat erwies sich in der bewundernden Achtung vor dem mächtigen Raubtier.

Aber der fröhliche Lärm in der Kuhl herrschte vor allem deshalb, weil nach vier Wochen Meerfahrt Niederländer zu Niederländern kamen, Landsleute zu Landsleuten. Getrennt auf den Schiffen die lange Reise über durch die unendliche See, hatten sie bei ihrer ersten Vereinigung wenige Stunden vor diesem kleinen Fest nur das Land im Sinn gehabt. Die Männer von der „Amstelredam" waren mit in das Boot der „Eissee" gesprungen, nicht, weil sie erpicht waren, die anderen zu umarmen, sondern nur, weil sie danach gierten, ihren Fuß endlich wieder einmal auf Land zu setzen.

Jetzt dagegen feierten sie das Zusammentreffen der Menschen. Da sie sich alle auf jenem Schiff befanden, das den Namen ihrer Heimatstadt trug, fühlten sie sich um so mehr wie zu Hause. Sie tranken auf die Errettung Hooghwouts, der blaß zwischen ihnen saß, und sie schlugen ihm auf die Schulter.

Barents, auf einem Feldstuhl an der Treppe, flüsterte mit dem Schiffer Rijp. Der winkte den Koch herbei, der eilends verschwand und mit einem Fäßchen Middelburgher Branntwein zurückkam. Sie ließen Barents hochleben, den Leiter ihrer Expedition, den Obersten Piloten und Navigator. Sie schrien „Admiral!" und lärmten. Wenn ihm schon nicht die Generalstaaten diesen Titel verliehen hätten, der ihm kraft seiner Stellung in diesem Unternehmen zustand, dann würden *sie* ihn ernennen, die vereinigten Mannschaften der Schiffe „Amstelredam" und „Eissee".

Auch auf das Wohl ihres Schiffers Rijp leerten sie die Becher. Der tat lächelnd Bescheid. Heemskercks Wohl war einen weiteren Schluck wert. Er wußte nicht, ob er lachen sollte, wie sie so plump lärmten.

Barents aber erhob sich, ging hin zu Rijp und legte ihm den Arm um die Schulter, der Befehlshaber seinem Kapitän. Da rissen sie die Kannen hoch und brüllten vor Begeisterung. Sie sangen ein freches Lied davon, daß Raufen und Rauben keine Schande sei, weil dies doch ein Handwerk war, dem die Herren nachgingen, „... die besten von dem Lande, daran setzen sie ihr Leib und Gut ..." Und sie nannten Willem Barents Admiral.

Jan Hillebrants, Schiffsjunge, vernahm den Lärm in seinem kleinen Verschlag unter Deck. Er hörte sie rhythmisch auf den Planken trappen. Sie würden tanzen. Er fieberte; es schien ihm den Kopf zu zersprengen, obwohl die Wunde harmlos sein sollte. Vielleicht war Salzwasser hineingekommen. Oder die Kälte. Er sah wieder Hooghwout mit dem Beil auf den toten Bären einhauen, und er biß sich auf die Lippen.

Rijps Arzt hatte ihn verbunden, nachdem er die Haare rings um die Wunde geschoren hatte. Er hatte ihn beruhigt und Rijps Koch mit gebratenen Möweneiern zu ihm geschickt. Nun wußte Jan also auch, wie Möweneier schmeckten. Wie mit dem Beil zerhauener Bär. Er hatte gespien, und Rijps Schiffsjunge war mit Wasser gekommen.

Rijps Arzt, Rijps Koch, Rijps Schiffsjunge ... Und Rijp selber?

„Kann ich den Schiffer sehen?" fragte er Rijps Koch. Der schien ihm von jenen drei von der „Amstelredam", die ihn hier in seinem Verschlag besucht hatten, der sicherste zu sein. Der Koch, ein plattnasiger Rotfuchs, lachte. Der Schiffer soll zum Schiffsjungen kommen, verkehrte Welt.

Da richtete Jan sich auf. Der Schmerz, im Liegen erträglich, durchzuckte ihn jäh; stöhnend ließ er sich auf den Strohsack zurückfallen.

„Na na na", murmelte der Koch. Dann ging er.

Jan hatte sich seit Beginn dieser Reise im Innersten gewünscht, auf Jan Cornelis' Schiff zu kommen. Wenn er auch nicht gerade an ein Ehrengeleit gedacht hatte, das ihn an der Reling empfing, dann doch wenigstens an einen Besuch in der Staatskajüte. Jetzt war er in diesem Verschlag gelandet.

Irgendwo raschelte es. Der Junge lag reglos, unterdrückte ein Ächzen. Er zwang sich, jenes Geräuschs nicht zu achten. Er mühte sich, nicht an die Ratten zu denken. Im knarrenden Gebälk der Mühle hatten sie gelauert. In der Back der „Eissee" hatten sie zum Sprung angesetzt. Nun lag er zwischen diesen Brettern auf modrigem Stroh.

Jämmerlich knarrte das Holz. Es waren nicht Ratten. Es waren nicht die Flügel der Mühle. Die Treppe war es, der Junge seufzte erleichtert.

Rijp saß ihm gegenüber, ruhig, ernst. Sein Gesicht erkannte Jan Hillebrants kaum, da es im Schatten lag. „Jan Cornelis", sagte der Junge.

Jan Hillebrantszoon, dachte dieser, Sohn des Hillebrant.

Rijp legte dem Jungen die Hand auf die Stirn. „Geht es besser?"

Jan nickte.

„Du hast die Männer gewarnt", lobte Rijp. „Das war gut."

Duncker war es ..., wollte der Junge sagen, aber er konnte nicht sprechen. Duncker hatte den Sprung der Ratte verhindert. Und den Bären aufgehalten. Auf sich hatte er die Gefahr gelenkt; keinen Stuiver war Hooghwouts Leben mehr wert gewesen. Und nicht einmal sagen konnte Jan, was Duncker da alles vollbracht hatte.

Der Schiffer saß, die Arme auf die Knie gestützt. Er fragte, wie Jan auf dem Schiff zurechtkomme. Als jener nicht antwortete, merkte er erst, daß der Junge schlief. Von einem Augenblick zum anderen war er eingeschlafen.

Da saß er, Rijp, der höchste auf dem Schiff „Amstelredam", vor dem niedrigsten auf dem Schiff „Eissee". Trotz las er aus dem knabenhaften Gesicht des Schläfers, das schon im Dämmer lag. Auf dem Deck sangen die Leute.

Rijp sah das Fischweib von Amsterdam vor sich, dem er versprochen hatte, ein Auge auf diesen Jungen zu haben. Wie man das so sagt. Mit den Einschränkungen, die man bei sich selber voraussetzt. In dem Maß, das sich stillschweigend aus der Kenntnis der eigenen Pflicht ergibt. Rijp hatte es damals gewußt, in dem Augenblick, da es die Frau aussprach: Für die Frau war er die absolute Garantie für die Sicherheit des Jungen. Sie hatte den Mann hergegeben. Sie wollte den Jungen behalten.

Sein Fehler war gewesen, ihr nicht beigebracht zu haben, daß seine Anwesenheit auf der Fahrt nicht bedeute, daß der Junge Jan Hillebrants zuverlässig geschützt sei. Was wußte sie von den Unbilden, von Eisbergen, Nebel, Stürmen. Was ahnte sie von der Gewalt der Natur, die über die hilflosen Schiffe herfallen konnte.

Das war so einfach gewesen. Der Junge bestürmte die Mutter, Jahr für Jahr. Sie sagt nein. Er sitzt bei den Segelmachern. Sie hat den Tod ihres Mannes vor Augen: Alles Unglück kommt von der See. Jan treibt sich im Hafen herum, unter Engländern, Dänen, Deutschen. Sie bestimmt, daß er den Müllern als Lastesel diene.

Es schneidet ihr ins Herz, sie fühlt, wie es ihn mit aller Macht zur See zieht. Sie liebt ihn, und sie leidet mit ihm, da er doch nie zur See kann.

Da trifft sie den Rijp auf dem Fischmarkt, unversehens. Da zeigt sie jenem vor der Alten Kirche in törichtem Stolz den Jungen. Dieser hat noch eher heraus als sie, daß Rijp Schiffer ist, Schiffer der Expedition, die in der Binnenamstel ausgerüstet wird. Jetzt erscheinen die Bitten des Jungen in neuem Licht. Sie gibt, endlich müde, nicht überzeugt, nach. Ihre Hoffnung klammert sich an Rijp.

Hat Rijp ihren Mann Hillebrant vorm Tod bewahren können, und sie waren doch auf dem gleichen Boot gewesen? Wird der Sturm weniger wüten, das Eis weniger tückisch sein, nur weil Rijp mit dem Jungen fährt?

Rijp hatte versprochen, ein Auge auf den Jungen zu haben. Das war vorsichtig, das war sehr wenig. Aber dies winzige Wort hatte den Ausschlag gegeben, deshalb wog es schwer.

Jan Cornelis Rijp saß vor dem Schlafenden, mit schmerzenden Knien. Er hätte sich gern bewegt, aber er fürchtete, den Jungen zu wecken.

Die Frau war ihm fremd gewesen. Zwölf Jahre waren vergangen seit Hillebrants Tod. Viele andere waren gestorben seitdem, ertrunken, erschlagen, verbrannt, aufgehängt im harten Kampf gegen die Spanier. Hillebrant war einer von vielen. Ein frischer Geselle war er freilich gewesen, ein Draufgänger. Kaum zwanzig, hatte er die Frau geheiratet, auch hier allen voran, wie immer. Siebzig Mann, waren sie tollkühn, in einem Torfschiff versteckt, in Breda eingedrungen. Geführt hatte Hillebrant. Ein zäher, hochgewachsener Mann, dessen flammende Augen ihm heute noch gegenwärtig waren.

Dann hatten sie am Ufer der Schelde gelegen, vier Mann in einem Boot, das aufklären sollte, wie weit Alexander Farnese, Herzog von Parma, den Ring um Antwerpen geschlossen habe. Die Nacht war mondhell gewesen und still, was das unbemerkte Vorwärtskommen auf dem Wasser erschwerte.

In der Nähe des Dorfes Oosterweel hatten sie angelegt, gedeckt von Gebüsch. Hillebrant war mit einem Gefährten im Boot geblieben, Rijp mit dem vierten Mann, einem Antwerpener, zu den Häusern geschlichen. Das Dorf war frei gewesen von Spaniern, aber voll von ängstlichen Leuten. In dieser Julinacht hatten sie von einem Bauern erfahren, daß ihr Befehlshaber und Herr, Wilhelm von Oranien, der erste Statthalter der freien Provinzen, im Prinsenhof zu Delft ermordet worden war.

Es hatte sie kalt angeweht. Vier Jahre zuvor war der Oranier von den Spaniern bereits als vogelfrei erklärt worden. 25 000 Kronen hatten sie auf seinen Kopf gesetzt. Jetzt war er gefallen.

Erregt war Rijp mit seinem Begleiter zum Boot zurückgeschlichen. Es war alles so merkwürdig gewesen, die Nacht, der Mondschein, die Stille. Ein dutzendmal hatten sie sich an den Boden gepreßt, wenn sich im Schilf etwas regte, wenn Äste im Gehölz knackten. Obwohl sie wußten, daß keine Spanier in der Nähe sein konnten, waren sie vorsichtig gewesen. Die Nachricht vom Tod des Oraniers hatte ihre Sinne gereizt.

Endlich waren sie ans Ufer gekommen. Da fehlte das Boot. Sie entdeckten es im Strom, unbeweglich. Der Antwerpener wollte rufen. Doch Rijp preßte ihm die Hand auf den Mund. Das Wasser war hell im Mondlicht. Kein Mann zeigte sich im Boot.

Rijp war ins Wasser der Schelde gestiegen. Geschwommen war er, kaum zwanzig Jahre alt. Die Nachricht hatte ihn bestürzt und die Angst vor neuem Unheil. Die Furcht vor dem Tod. Aber er war geschwommen.

Das Boot saß auf einer Sandbank, halb mit Wasser gefüllt. Als er sich hochzog, sah er Hillebrant darin liegen. Aber nur Hillebrant.

Sie hatten Hillebrant am Ufer begraben. Feldsteine hatten sie aufs Grab gewälzt. Hillebrant, gefallen im Kampf gegen die Spanier.

Der zweite Mann im Boot hatte gefehlt. Keine Spur von ihm. Rijp war noch einmal zur Sandbank geschwommen, als der Antwerpener die Grube aushob. Er hatte das Boot untersucht. Er war getaucht, rings um die Untiefe. Er hatte sich, nach Luft jappend, an die Wand des Wracks geklammert. Hillebrants Gefährten jedoch hatte er nicht gefunden. Die Schelde war breit, die Strömung stark. Das Meer war tief ... Der eine erschlagen, der andere ertrunken, fortgerissen in die Unendlichkeit.

Der Schiffer Rijp, zweiunddreißig Jahre alt, saß vor dem schlafenden Jungen. Der Verletzung Jans maß er keine Bedeutung bei. Was sie schlimm erscheinen ließ, war die Erschöpfung.

Rijp hatte Jan Hillebrants absichtlich nicht auf sein Schiff genommen; freilich hatte er ihm das nie gesagt. Er fuhr das erstemal als Schiffer. Für die Mannschaft war er Gesetz, Autorität. Er konnte es sich nicht leisten, einem Schiffsjungen irgendwelche Vorteile zu verschaffen, nur weil jener ihm ein wenig bekannt war. Er wollte auch nicht, daß der Junge, hätte er auf der „Amstelredam" angemustert, irgendwelche Vergünstigungen von ihm erhoffte. Er wollte es ihm und sich erleichtern.

Es kam ihn bitter an, wenn er an den beschwerlichen Weg dachte, der für ihn als Sohn eines Schneiders in Alkmaar begonnen hatte. An diesem winzigen Städtchen hatten sich vor zwanzig Jahren die Spanier die Zähne ausgebissen. Damals war der Oranier Statthalter geworden. Albas Strafexpedition blieb vor Alkmaar stecken. Der Schneider Rijp war unter den Helden der Stadt. Und unter den Toten. Jan Cornelis konnte das Fischweib von Amsterdam begreifen. In einer Zeit, da die kühnen Handstreiche der Wassergeusen von sich reden machten, wuchs er heran. Auch ihn hatte es zum Meer gedrängt!

„Ich hab ein Auge auf den Jungen." Das war sein Versprechen für jenen, der den gleichen Beginn hatte wie er.

Rijps Mutter starb, als er zwölf war. Dann fuhr er zur See. Dann schlug er sich mit den Spaniern. Alba war der erste. Requesenz kam nach Alba, Don Juan nach Requesenz, Farnese kam nach Don Juan. Er hatte sich mit allen geschlagen. Keiner dieser Regenten hatte verhindern können, daß die Generalstaaten dem zweiten Philipp jegliches Recht auf die Niederlande entzogen und die freien Nordprovinzen eine Republik der Bürger bildeten, die sie Holland nannten.

Die Bürger von Alkmaar bauten ihre Heiliggeistkirche zur Stadtwaage um. Delft bekam eine Stadtwaage. Leiden errichtete sein Rathaus neu. Kaufmann und Ratsherr war eins.

Rijp, als Rudergänger eines Schiffes, rettete durch sein besonnenes Verhalten vor der Maasmündung dem Amsterdamer Kaufmann Carel die Fracht, die der Commis schon verloren gegeben hatte. Jener Kaufmann Carel brachte ihn als Commis auf der Amsterdamer Jacht unter, die mit sechs anderen Schiffen im Vorjahr zur Waigatsch gesegelt war. Und jetzt war er Schiffer.

In Barents' Versuch, wieder nach Nowaja Semlja zu gelangen, sah er Schwäche. Zaudern vor neuen Gedanken, Zurückschrecken vor dem Wagnis. Ein solches Herangehen, fand er, stellte den Erfolg in Frage. So nördlich wie möglich! So war noch kein Schiff gesegelt. Und man wollte ihn wieder zur Waigatsch schleppen, die bekannt war wie die Ridderstraat in Amsterdam. Er empfand wenig freundschaftliche Regungen gegenüber dem Obersten Piloten und Navigator, wiewohl Rijp ahnte, daß Barents hinter seiner Ernennung stand.

Der Junge warf sich im Schlaf herum. Oben tanzten sie noch immer. Rijp beobachtete ihn ernst. War er doch zu starr gewesen? Hätte er den Jungen doch auf sein Schiff nehmen sollen? Darüber nachzudenken war nutzlos. Er hatte sich in Amsterdam entschieden.

Wer den Schiffer Jan Cornelis Rijp in diesem Verschlag vor dem Kranken hätte beobachten können, hätte wahrgenommen, wie alles Achtunggebietende von ihm abgefallen war in dem bitteren, verbissenen Ausdruck seines von wirren Haaren umgebenen Gesichts.

Keine Bresche in seinem Wall, keine Handbreit seiner Autorität preisgeben. Die Reise brauchte eiserne Kräfte, sollte sie zu Ehren ihrer Republik Holland gelingen.

Der Schiffer Rijp erhob sich vorsichtig, um den Jungen nicht zu wecken. Als er an Deck kam, stand die Sonne im Nordwesten. In der Kuhl drängten sich die Männer. Den Bären hatten sie schon unter Deck gebracht.

„Ausgeschlafen?“ fragte Heemskerck spöttisch, mit dem Recht des Gleichgestellten. Barents wies auf die Insel. „Davon liegt noch mehr im Norden. Schauen wir also nach.“ Er blickte Rijp freimütig an. „Bäreninsel haben wir sie genannt.“

Rijp zuckte zusammen wie unter einem Hieb. Finster schaute er auf einen Mann, der, an die Reling gelehnt, den Branntwein aus der Kanne in den Hals laufen ließ, singend und lallend in einem.

„Wer besäuft sich da!“ stieß Rijp hervor.

Begütigend legte ihm Heemskerck die Hand auf den Arm. Bäreninsel, nicht Rijpland, das traf. „Jener Säufer“, sagte Heemskerck, „ist der Mann, der den andern vorm Bären gerettet hat. Laß ihn doch saufen an diesem Tag ...“

Rijp ließ Duncker nicht aus dem Auge, bis man diesen in das Beiboot hinuntergelassen hatte.

Am liebsten hätte Rijp den kranken Jungen an Bord behalten. Er widerstand dem unsinnigen Gedanken und befahl zwei Leuten, Jan Hillebrants zu holen.

V

Vier Tage hatte die Bäreninsel sie aufgehalten. In kaltem, nebligem Wetter reisten sie weiter. Nordwärts. Sechzehn Meilen schafften sie am ersten Tag, am nächsten bereits zwanzig und dreißig am dritten.

Einmal, als die Bootsleute in der Kuhl saßen, sahen sie eine unförmige Masse angeschwommen kommen.

„Ein Schiff", sagte Duncker, der bekannt war für seine scharfen Augen. Der dicke Evert lief davon, um den Hochbootsmann zu holen, ehe sich ein anderer besann. Ein Schiff eines fremden Reiches versuchte wie sie, den chinesischen Kurs zu finden. Simon saß auf der Treppe und bewahrte kaltes Blut. „Ein Schiff ohne Masten?" spottete er.

Duncker konterte. „Ein Wrack. Die Masten sind über Bord gegangen. Da lebt keiner mehr drauf."

Jan Hillebrants stand zwischen den Männern. Duncker und Simon sahen sich zornig an. An dem Wrack da draußen erhitzten sich ihre Gemüter. Eine Rechnung war noch offen, jene für Steinbutte, die in einem blauen Tuch unter den Beibooten versteckt worden waren. Daß sich Duncker bei dem Streit um Rijp in der Back vor den Schiffsjungen gestellt hatte, war deutlicher Beweis für Simon, daß der Junge nie für sich jene Fische versteckt hatte.

Simon schob sich in die Höhe. Der Junge stellte sich unwillkürlich vor Duncker.

„Das ‚Schiff' ist ein Wal", sagte Simon. Es klang versöhnend und sollte die anderen ob ihrer Unwissenheit entschuldigen, jene Warmwasserfahrer, die die Eisgegenden nicht kannten.

Erstaunt ging Jan Hillebrants' Blick von Simon zu Duncker. Der preßte die Kiefer zusammen und starrte auf das Meer.

Dieses Ungetüm war wirklich ein Wal, grauweiß kam er näher. Von der Galion, von der Back aus spähten sie ihm entgegen. Die meisten konnten sich nicht genug verwundern beim Anblick dieses Fleischbergs. Das war jener große Fisch, von dem es in der Bibel hieß, daß ihn der Herr geschaffen hätte, damit er Jona verschlinge. Cornelius, der Duldsame, Ernste, zitierte die Propheten Jona und Jesaja, was diese über den Wal gesagt hatten. Und alle hier sollten Gott danken, daß ihnen der Fischkoloß in einem solchen Zustand begegne. Denn der Wal war tot.

Ganze Scharen von Möwen saßen auf ihm, unbeweglich, die Köpfe nach der gleichen Richtung gewandt. Es schien, als wäre die Stille des Wals auch auf sie geschlagen. Und so war er doch ein Schiff. Lautlos trieb er backbord vorbei. Die Männer sahen aber nicht, was von dieser schwimmenden Insel noch unter Wasser steckte. Allein keiner bezweifelte die Worte der Bibel, daß ein solches Ungetüm imstande sei, einen Menschen zu verschlingen. Keiner allerdings würde wie Jona lebendig davonkommen.

Als sie an dem Wal vorbei waren, merkten sie erst, wie er stank. Der Wind, der ihnen die Segel füllte, überschüttete sie mit den Gasen der Verwesung. Wer nicht an Deck benötigt wurde, der floh. Cornelius, in der Back, seufzte. Das sei das Tier, das die Auserwählten im Paradies essen werden und aus dessen Haut ihnen ein Zelt bereitet wird. Es stänke aber gottserbärmlich.

Bootsmann Simon aber hatte im letzten Jahr einen schlafenden Wal gesehen. Dieser war von dem Lärm des Volks auf dem ansegelnden Schiff munter geworden und fortgeschwommen. Auf der Rückreise dann, als sie vor dem Angriff des Winters von der Waigatsch, der herrlichen Straße von Nassau, flohen, als sie selbst die Gejagten waren, hatte er sich oft einen Wal herbeigewünscht, am Heck des Schiffs im Schlepptau. Manch einer auf den sieben Schiffen hätte sich wirklich im Paradies gewähnt, hätte er seine Zähne in ein Stück frisches Walfleisch schlagen können.

So aber hatten die Zähne gewackelt, von der grausamen Krankheit, die man Scharbock nannte. Sieben Mann des Schiffes „Griffioen“ waren nicht ins Paradies gekommen, sondern in die eisige See, und die letzten Opfer hatten sie noch auf den Dünen von Westfriesland begraben. Die „Hoop“ hatte den Profoß und den Bottelier verloren. Sechzehn Bootsleute der „Griffioen“ waren so krank gewesen, daß sie nicht mehr zum Bedienen des Schiffes eingesetzt werden konnten.

Nur Barents hatte seine Schiffe ohne Verluste nach Hause gebracht. Das sollte ihm erst einer nachmachen! So dachte Bootsmann Simon bei den Reden des düsteren Cornelius.

Duncker aber dachte an seine Fische, die er sich in einem jähen Anflug von Angst vor Vlie hatte kaufen wollen. Schlag dir den Bauch voll, wann du nur kannst! Jetzt lächelte er selber darüber. Es war kein Fisch ohne Gräte und kein Mensch ohne Fehler. Seitdem er diesen Kahn unter den Füßen hatte, war ihm vieles quer gelaufen. Ein ganzes Schiff erwies sich nun als stinkender Fisch.

Verächtlich horchte er auf ihr Geschwätz. Er ahnte, was sie im Eis erwartete. Es war ihm ziemlich gleichgültig. Aber da er auch bei sich aus vielfältigen Gründen den Erfolg der Reise wünschte, sah er die Chance im Nordkurs des Rijp. Immer weiter nach Norden, in warme Gegenden, warm wie in Spanien, über den Pol. Dann war es geschafft.

Nach dem Wal kam der Nebel. Und dann das Eis. Sie hörten, wie es krachte, wie es am Schiffsleib mit einem Geräusch entlangschabte, das sie bis ins Mark erschauern ließ. Und als der Nebel sich endlich hob, sahen sie ein Kap, von dem sie nicht wußten, ob es wiederum Eis sei oder aber die Spitze neuen Landes. Sie lavierten vorsichtig. Sie wanden sich durch Eisfelder. Aber sie gelangten infolge des Gegenwindes nicht hin.

Barents hatte sich in der „Hütte" vergraben. Zeichnungen bedeckten den Tisch. Er brachte das Ferne Eiland zur Karte, die Bäreninsel. Dies hier war seine Aufgabe, Kartographieren, Vermessen, Auffinden von Strömungen und Untiefen, Entdecken unbekannter Küsten und vor allem: das Finden des Seewegs.

Er hatte verboten, ihn zu stören. Es gab eine Ausnahme: das Sichten neuen Landes. Hin und wieder ließ er den Schiffsjungen ein, der ihm Fleisch und Brot brachte und Rostocker Bier. Dann hielt Barents eilig die Hände über eine Schüssel, und der Schiffsjunge, mit verbundenem Kopf, goß ihm Wasser darüber und reichte ihm das Tuch zum Abtrocknen.

Selbst während des Essens schaute Barents nicht auf den Jungen, der stumm dabeistand. Er war auch jetzt allein, bei seiner Bäreninsel, die er weit nördlich der Shetland eintragen konnte, wo wirklich noch kein Mensch gewesen war. Fünf lange Meilen dehnte sie sich in einer nördlichen Breite, die der des Kap Plancius auf Nowaja Semlja entsprach. Bisher ging alles nach Plancius' Wunsch. Bisher.

Barents war es gelungen, die Küstengestalt der Bäreninsel im wesentlichen zu erfassen. Er kaute und trank vor Jan Hillebrants Augen, als sei dieser nicht da. Und so galt auch sein Lächeln nicht dem Jungen, sondern dem Gedanken, wie sich Schiffer, Hochbootsmann, Arzt, Volontär abgezappelt hatten, einen Namen für das Ferne Eiland zu finden. Er spürte sehr wohl die Spannungen unter den Mannschaften. Rijps störrisches Verhalten war nicht unbemerkt geblieben. Probierte man schon, wie man den eigenen Schädel durchsetzen konnte? Wenn es so käme, er würde sie zu nehmen wissen. Rijp gab kein gutes Beispiel. Barents rieb die Hände sorgfältig sauber. Der Schiffsjunge schaute ihn mißtrauisch an.

Barents lächelte, weil es das dümmste gewesen wäre, dem Drängen des Hochbootsmannes Pieter Vos nachzugeben, den Reden des Feuerwerkers Sterrenburgh, die forderten, der einzige Name für das Ferne Eiland sei Barentsinsel. – Wenn er klüger war als Rijp, warum sollte er dann die Kluft künstlich aufreißen. Es ging nicht darum, daß dieser Felsen im Meer ein Denkmal war, das seinen Namen trug. Unvergänglich wurde er, wenn er die Durchfahrt fand. Und dazu brauchte er die gesamte Kraft der Expedition. Auch Rijp.

Er schmunzelte aber vergnügt, weil sie alle endlich den Vorschlag des kleinen Gerrit de Veer für sehr gut befunden hatten. Bäreninsel war der treffende Name für diesen Brocken. Der Bär hatte ihnen wahrhaftig zu schaffen gemacht. Und zumindest Gerrit de Veer, das spürte Barents, hatte noch mehr hinter dem Namen gesehen. Hieß nicht „Barent“ der „Bärenstarke“? War nicht „Barent“ gleich „Bär“? Er lächelte in seiner Bauernschläue. Der Gänsehals bringt es noch einmal zu was, dachte er bei sich.

Kap Plancius auf Nowaja Semlja hatte er also noch nicht wieder erreicht, dafür aber die Instruktion des Plancius gehorsam befolgt. Und er setzte sich aufs neue an seine Karte, mit wohlgesäuberten Händen bei dieser außerordentlichen Arbeit, indes der Schiffsjunge, der für ihn nie dagewesen war, ging. Aber während er zeichnete und seine Messungen verglich, fieberte er innerlich, ob sie nicht bald mit dem Ruf hereingestürzt kämen: neues Land voraus!

Denn in ihm lebte die Erwartung: Kamen sie durch? Über den Pol? Mußte er dennoch umkehren, würde er dennoch Kap Plancius auf Nowaja Semlja erreichen und dafür dessen Instruktion zerfetzen?

Lagen vor ihm die Polländer des Mercator oder die warme Polsee des Plancius? Er zwang sich zu zeichnen, um die eine Arbeit abzuschließen, weil er die neue heranrücken fühlte.

Am 19. des Juni war es endgültig. Was vor ihnen lag, war Land. Es steilte aus dem Wasser über der Kimm. Befriedigt schaute Barents auf die fertige Skizze des Fernen Eilands. Dann ging er hinaus. Die Sonne stand klar am Himmel, und sie dünkte ihm ungewöhnlich warm. „Das neue Land!“ rief er Heemskerck zu, der sich in der Kuhl aufhielt. Er beschattete die Augen mit der Hand. Barhaupt stand er vor dem Besan, und er spürte wirklich keine Kälte.

„Unsere Reise ist von Erfolg, Navigator.“ Heemskerck sagte es als Feststellung. Und doch meinte er es als Frage. Er wollte bestätigt haben, was er gern geglaubt hätte.

„Was ist Erfolg?“ fragte Barents lakonisch.

Heemskerck schwieg. Aber er dachte: nur China.

Willem Barents konnte sich nicht satt sehen an den wachsenden Bergen. Er kannte sie haargenau. Da war sie, die Weltlandschaft. Er hatte sie betrachtet, im Haus seines Amsterdamer Verlegers Cornelis Claes, des gelähmten und verfetteten Onkels, als er mit diesem wegen seines Kartenbuches verhandelt hatte.

In diesem Haus am Wasser hingen Dutzende Leinwände, von Malern kunstvoll mit Farben bedeckt. Oh, Cornelis Claes verstand es, sein Geld anzulegen. Nur mit dem Kartenbuch war er nicht auf die Kosten gekommen. Und so beriet er zwar seine Nichte mit seinem Kunstsinn, wo sie sich preiswert ein Miniaturporträt für ihren Seefahrer malen lassen könne. Zugleich aber hielt er die Hand fest auf der Geldkatze.

Schon bei seinem ersten Verweilen im Haus am Wasser hatten Barents jene Bilder gefesselt, nicht nur, weil er als Fahrensmann einen guten Teil kannte. Sie hatten ihn zunächst aus einem anderen Grund interessiert.

Als der alte Os sein Handelshaus von Haarlem nach Amsterdam verlegt hatte und sein erstes Schiff über die See lief, nachdem er vorher nur Handel mit dem Binnenland getrieben hatte, hatte er eines hohen Schutzes für sein Schiff bedurft. Er griff zum höchsten: zur Jungfrau Maria. Und so ließ sich der vom spanischen Katholizismus zum nüchternen calvinistischen Glauben übergetretene Os ein Marienbild malen, für sein Schiff da draußen auf See, damit es behütet sei. Und der spitzige Maler ging in aller Heimlichkeit in einer Zeit an das Marienbild des Os, da anderenorts nach wie vor die Eiferer Calvins Bilder, Leuchter, Schnitzwerke, Prunk zu Ehren Gottes aus den Kirchen rissen.

Und so entstand die Jungfrau Maria mit dem Jesuskind. Und der Künstler malte zu ihren Füßen den im Gebet versunkenen Fuchs Os, und jener stützte die gefalteten Hände auf den Rücken des Sohnes, des Knaben Dirck, der mit halbem Blick auf den ebenfalls knienden Ziehsohn Willem Barents sah. Gegenüber dieser Dreiergruppe hatte der spitzige Maler eine andere gesetzt: die damals schon verstorbene Frau Os und die zweite Frau Os, die nun ebenfalls nicht mehr lebte, und die Tochter, deren Gesicht bereits vom Tode gezeichnet war.

Der junge Barents hatte mehr als einmal dabeigestanden, als das Bild wuchs, verblüfft, wie es Leben annahm. In den Augen des alten Os aber auf dem Bild las er nicht Inbrunst, sondern Angst um das erste Schiff.

Die Madonna hatte einem Calvinisten nicht ihre Hilfe versagt, der es wagte, sie in jener Zeit des Aufruhrs also zu preisen. Nun hing das Bild im Kontor des jungen Os, des neuen Herrn.

Im Haus am Wasser aber bei Claes hatte Barents Bilder von anderem Charakter gefunden, Landschaft um Landschaft, ferne Meere, merkwürdige Gebirge, so unwirklich wie jener Fakt, daß er als Familienmitglied des Os auf das Marienbild gelangt war.

Gemalt waren diese eigenartigen schroffen Berge, diese Kolosse und diese Zacken vom Maler Patenier und von einem anderen, den sie Pieter den Drolligen nannten, weil es Stücke von jenem gab voll schrecklichen Humors. –

Vor ihm aber, vor dem Bug seines Schiffs, streckte sie sich auf einmal aus, die Weltlandschaft jener Bilder: das eisige, unbezwingbar anmutende Gebirge, die abgrundtiefe See. Er hatte das erreicht, was die Schilderer jener Bilder erahnten.

Eine Bucht öffnete sich, so daß sie nun beiderseits von Land eingeschlossen waren. Und noch immer ging es nordwärts. Als dann das Land auch hier zurückwich, als sich nun auch hier bis zum Horizont wieder Eis und Meer dehnten, schickte Barents den Untersteuermann nach dem Astrolabium. Sie fanden eine gute Reede, konnten sich aber wegen des widrigen Windes wiederum nicht dem Land nähern.

„Wir kriegen es schon", sagte Barents gelassen und lachte aus seinem glatten, straffen Gesicht.

Als die Sonne ihren höchsten Punkt erreichen sollte, nahm er dem Untersteuermann das Astrolabium aus der Hand. Er betrachtete das flache Kupferinstrument, die eingravierten Skalen, die reichen Ornamente, als hätte er es noch nie gesehen.

Cornelis Claes, nicht nur Kunstmann, sondern auch Förderer der mathematischen Wissenschaften, hatte es aus Nürnberg beschaffen lassen. Bilder und Instrumente vereinigten sich bei dem Halbgelähmten in seinem Haus am Wasser zu dem gleichen Zweck: die Herausgabe neuer Karten zu ermöglichen, das Antlitz der Erde zeigen zu können, da er selber auf seinem Stück Boden klebte wie eine Schnecke.

Barents erwartete große Antwort von diesem Gerät. Er drehte probeweise den Zeiger. Mißgelaunt stand der Untersteuermann dabei, weil er glaubte, der Oberste Pilot habe einen Mangel gefunden.

Ein feines Ding war es schon, dieses Astrolabium. Man hatte sich etwas einfallen lassen in den letzten hundert Jahren, um den Seefahrern in den endlosen Wasserweiten einen Wegweiser zu verschaffen.

Es war keine Kunst mehr, die Breite eines Ortes festzustellen. Schlimmer schon stand es mit der geographischen Länge. Da hatte ihnen Plancius einen Längenweiser mitgegeben, den Cornelis Claes sehr gelobt hatte. Aber Barents hatte sich damit nicht anfreunden können.

Eine Garantie für die richtige Ermittlung der geographischen Länge jener vor ihm liegenden Berge konnte Barents nicht geben. Man würde landen. Man würde auf diesem Kap da die Kompaßabweichung festzustellen versuchen und sich ruhig nach Plancius' Längenweiser richten. Was ihn jetzt interessierte, dazu brauchte er keine Länge. Wie weit lag denn dieser Pol noch entfernt, bitte? Das wollte er wissen.

Barents setzte das Astrolabium an und stellte, ein Auge zugekniffen, den Zeiger auf den unteren Rand der Sonne. „Habt ihr die Deklination?" knurrte er dabei.

Heemskerck nannte sie. Er hatte sich selbstverständlich vergewissert, in dem Seefahrtbuch eines Mannes, der unbekannter in Amsterdam war als der Navigator. Aber jener Namenlose hatte einen großen Vorzug gegenüber Barents: Er hatte seine Deklinationstabellen mit dem Kalendarium des neuen Stils abgefaßt. Barents dagegen hielt im „Kartenbuch von der Mittelländischen See" mit einer Hartnäckigkeit am Kalender alten, julianischen Stils fest, die ihm unverständlich war.

Heemskerck, den Gewinn der Gertrud Hasselaer im Auge, konnte nicht fassen, wie einer so töricht handeln konnte.

Der letzte Dreck war dieses Buch. Plancius examinierte nach dem neuen Kalender; jeder, der mit der Zeit ging, rechnete so. Aber bei Barents stand die Sonne am 11. März im Frühlingspunkt. Jeder Dummkopf konnte ihn überflügeln.

Wer heute wirklich Erfolg haben wollte, im Handel wie im Forschen, mußte sich die neuesten Erkenntnisse zu eigen machen und nicht in einem seltsamen Trotz auf alten Ergebnissen beharren! –

„Wir sind", hörte er Barents sagen, „auf 80° 11′ nördlicher Breite."

Das Ergebnis überraschte Heemskerck dennoch. Es übertraf all seine Erwartungen. „Darf ich sehen?"

Es war nicht so, daß er Barents' Berechnung mißtraut hätte. Er wollte mit eigenen Augen diese phantastische Zahl aufnehmen.

Mehr als fünfundzwanzig Breitengrade waren sie von Amsterdam entfernt. Sie standen zehn vor dem Pol. Sie hatten eine Höhe erreicht wie nie Menschen vor ihnen. Das war der Erfolg.

In ein schroffes, wildes Land waren sie geraten. Die Berge blinkten, alle Farben waren klar und die Konturen, selbst in der Ferne, von einer merkwürdigen Schärfe. Die wilde Schönheit dieses Landes beeindruckte sie. Nachts sahen sie nach der Sonne, und am Tag schliefen sie. Oder umgekehrt. Wer konnte noch sagen, was Tag und was Nacht war.

Barents hätte die Männer am liebsten nicht von Bord gelassen. Mit Unmut erinnerte er sich des Kampfes gegen den Bären auf dem Fernen Eiland. Aber die Schiffe mußten Ballast nehmen, da sie zuwenig Tiefgang hatten und folglich beim Kreuzen schlecht im Wasser lagen. Vier Glasen lang pendelten die Boote zwischen Schiffen und Land. Der Schiffsjunge Jan Hillebrants hatte an Bord zu bleiben. –

Jan Hillebrants tappte durch das Artilleriedeck an den auf Lafetten ruhenden Geschützen vorbei. Durch die geöffneten Stückpforten floß Licht ein, was ihn blendete, so daß er das im Schatten Liegende kaum erkennen konnte. Er wollte nicht wieder fallen.

Er ging an der Pumpe vorbei, die am Großmast stand, und dann an der Welle des Spills. Das Holz knackte, alles roch nach Teer und Wasser. Er stieß in der Höhe des Besanmastes, der hier endete, auf die Tür zum Heckraum und klopfte.

Der Chirurg ließ ihn ein. „Sitzt der Kopf noch fest?" fragte er und schob eine Kiste zur Seite, in der er gekramt hatte. „Schmerzen?"

Jan verneinte.

Der Chirurg löste ihm den Verband. Das ruhige, magere Gesicht war dicht vor dem Jungen, von einer Narbe gezeichnet.

„Schaust mir auf den Kratzer?" fragte der Chirurg. Er redete unentwegt.

„Brückensprengung. Ich war ein bißchen zu dicht dran. Aber dadurch ist der Farnese erst zwei Tage später über die Waal gekommen.“ Er lachte leise, sprach aber nicht von seinem Anteil bei der Sprengung der Brücke.

Jan schrie auf. Der Chirurg hatte den Verband heruntergerissen. „Wenn ich dir helfen soll, muß ich dir weh tun“, sagte er. Die Wunde sah gut aus; sie schloß sich. „Wenn erst wieder die Haare wachsen, ist nicht einmal mehr eine Narbe zu sehen. In drei Wochen ist alles vergessen.“

Jan sagte mit Ächzen: „In drei Wochen – sind wir über den Pol.“

Kalt war es im Raum des Chirurgen. Ein Balken schwebte an der Decke; das war die Pinne, die durch das Hennegatt ins Freie zum Ruder stieß. Wenn es noch kälter wurde, konnte Meester Hanns hier nicht mehr bleiben.

Im Schiffsleib dröhnte es hohl. Die Männer brachten Steine zum Kiel hinunter.

„Ich freue mich auf den Pol“, sagte Jan. Er wollte das ergänzen, begründen, doch wurde er jäh unterbrochen. Jemand stieß die Tür auf, ein Bootsmann, der sich fluchend die Hand hielt. Es war Frans van Haarlem.

Seine Finger bluteten. „Die verdammten Steine!“

Der Chirurg ließ den Jungen los. „Schnell das Becken her.“ Er nahm den Arm des Bootsmannes. „Du wolltest wohl mal probieren, was härter ist, Hand oder Stein?“ Die Finger waren gequetscht.

„Wie ist es draußen?“ fragte der Chirurg, während er die Blutung stillte.

„Warm“, sagte Frans und unterdrückte ein Stöhnen.

„Warm?“ fragte verwundert der Junge.

„Gras gibt es da, und winzige Blumen. – Hol der Teufel den Stein!“

Jetzt blickte selbst der Chirurg auf. „Pflanzen, Gräser, Kräuter, frisches Grün für die Zähne?“ Er lachte. Gestern waren zwei gekommen, deren Zahnfleisch geblutet hatte. „Kommen wir jetzt doch raus aus dem Eisland, was?“ lärmte er fröhlich.

Sie waren hindurch. Vor ihnen lag das warme Polgebiet. In glücklicher Stimmung hockten die drei im Heckraum.

Wenn es Wärme gab, dann gab es auch Möweneier wie auf der Büreninsel. Der Junge fragte danach.

„Möweneier?“ Frans lachte. „Gänseeier haben wir gesammelt, sechzig Stück!“

„Gänse!“ Jan riß die Augen auf.

„Rotgänse, Junge!“

„Die leben doch bei uns! Die wilden Gänse am Himmel!“

„Rotgänse!“ Sie konnten sich nicht genug verwundern.

Frans legte die nun verbundene Hand vorsichtig auf sein Knie. „Keiner hat bis zum heutigen Tag gewußt, wo die Brutplätze dieser Gans sind. Wir sind die ersten hier. Na, Jungs, wie war das mit dem schottischen Wunderbaum? Der hängt die Äste über den Fluß, und seine Früchte fallen ins Wasser, und das sind – die Küken unserer Rotgans! Und die schwimmen davon. Die aber aufs Land schlagen, die bersten in Stücke und verderben." Er lachte mit einer Herzlichkeit, die ansteckend wirkte. „Wir wissen's nun besser!"

Der Chirurg meinte gelassen: „Was werden nun die Katholischen sagen? Was beißen sie jetzt an ihren Fastentagen, wenn man ihnen das Holz von der Rotgans nimmt?"

O du lieber schottischer Gänsebaum! Sie verlachten in dem zugigen Heckraum die fetten Mönche, die eifernden Strenggläubigen, die an den vorgeschriebenen fleischlosen Tagen die Gans gebraten hatten. Und jetzt brächten sie mit der „Eissee" die Kunde, wo die Brutplätze der Rotgans seien. Muß dann nicht so ein armes Pfäfflein Hungers sterben?

O du arme verleugnete Rotgans! Nicht faulendem Holz entstammst du. Auch nicht die Entenmuschel ist dein Küken. Holländische Seeleute, rauhe Jungen, geben dir deinen Namen wieder. Sie braten dich zwar, sie vertilgen dich heißhungrig. Sie benagen deine Knochen. Sie schmausen deine Eier. Aber sie geben dir, was dir zusteht: die Ehre, Fleisch zu sein.

Sie huben im Heckraum ein gewaltiges Lachen an. Der Junge war einer von ihnen.

Solch einen Spaß bereitete ihnen auf den Schiffen die Rotgans. Und als sie am Abend ihr Fleisch aßen, schrien sie: „Heute ist Fastentag!"

Jacob van Heemskerck, der Schiffer, aber ließ Meister Hanns, den Chirurgen, rufen, damit er ihm den Bart stutze. Kein Zahnausreißen für dich, Meester Hanns, Balbier, Knochensäger, keine Frostbeulen zu schneiden. Ohne Eis bis 80 ° Nord vorgedrungen. Verschneid den Bart ordentlich, damit er sanft falle, wie Gertrud ihn liebte. 80 ° Nord, verstand das so ein Quacksalber? 80 ° Nord war nördlicher als der nördlichste Punkt des vermaledeiten Nowaja Semlja.

Magalhães hatte den Wärmegürtel Äquator durchstoßen, Heemskercks „Eissee" aber den Kältegürtel Polarkreis. Wem jemals war das vorher gelungen? Ein kleines noch, dann lag die warme Polsee vor ihnen. Geh sanft um, Balbier! Plancius' Kurs war gut.

Mit verschnittenem Bart, gepflegt, als wolle er in einer ihm vertrauten Amsterdamer Straße die Tochter Hasselaers aufsuchen, ging Heemskerck über sein Schiff.

Es kam wieder ein Bär, den sie töteten. Es kam eine neue Bucht, in die sie den Anker senkten. Es kam wiederum die Rotgans. Was aber nicht kam, das war die Durchfahrt. Eis riegelte den Norden ab. Unentwegt stießen die Schiffe vor, probierten, lavierten, hofften auf Wind, auf Rinnen, auf Sonnenwärme, weiß Gott, auf was noch alles.

Heemskerck beobachtete Barents. Noch lachte die Mannschaft. Noch hatte sie Scharbockskraut und Rotgans. Noch saß sie in einem Kahn mit dem Schiffer. Nur ein kleines noch! Er schlief keine Stunde mehr ruhig, weil hier doch die Passage sein mußte.

Einmal fanden sie einen kleinen Bach. Sie liefen hin und wuschen die Hemden, immer sechs von jedem Schiff. Der Schiffsjunge stand dabei als Wache gegen die Bären; man hatte ihm eine Hellebarde gegeben.

Ihr fröhliches Schwatzen erstarb. Duncker hieb auf die Wäsche ein. Als er sich aufrichtete, stand der Hochbootsmann vor ihm. Vos' Mund war wie ein Strich.

Er blickte Duncker mißtrauisch von der Seite an. Dann wandte er sich an alle. „Das neue Land ist zu benennen. Barents als sein Entdecker hat das Recht auf Namensgebung; er kann es von sich aus tun. Aber schlagen wir den Namen vor, dann ehren wir ihn. Nun strengt euern Schädel an."

„Barentsland, wie?" fragte einer von Rijps Leuten giftig.

„Eben." Der Hochbootsmann wurde noch argwöhnischer. Er merkte den zähen Trotz, die jäh erwachte Aufsässigkeit in den Köpfen dieser Männer. Wenn sie nun auch wieder mit den Waschhölzern auf die nassen Hemden losschlugen und ihre Zuber zurechtrückten und eifrig im Feuer stocherten, damit das Wasser koche: Er spürte ihren Widerstand. Sein nacktes, gelbes Gesicht verbarg nicht, was er dachte.

Dennoch richtete Duncker sich auf, schüttelte das Wasser von den Händen und fragte: „Und wie ist es mit Rijpland?"

Die Leute von Rijps Schiff murmelten beifällig. Der Junge mit der Hellebarde stand stumm dabei.

Vos stieg über Geröll zum Wasser hinunter und ließ sich zur „Eissee" übersetzen. Sie wollten den Navigator nicht ehren. Bei dem Fest auf der Bäreninsel hatten sie ihm noch zugejubelt. Ungehorsam keimte auf, Widerstand. Er stieß einen Fluch aus. Die Männer an den Riemen tauschten erstaunte Blicke.

Am Bach aber der Junge hörte Hooghwout fragen: „Warum hast du Rijpland gesagt?"

Duncker antwortete: „Weil Rijp es entdeckt hat."

Barents nannte das neue Land Spitzbergen, in Erinnerung auch an jene kolossalen Bilder im Haus des Cornelis Claes am Wasser mit der wildschönen Weltlandschaft. Dennoch nannte er im Gespräch und in seinem Tagebuch jenes Spitzbergen nur „Das Neue Land", wie er die Bäreninsel meist nur als „Das Ferne Eiland" bezeichnete. Es war, als habe er sich noch für keinen Namen entschieden.

Die Schiffe segelten am Eis entlang. Der Wind kam aus Nordnordost, gerade ihnen entgegen. Barents hatte Befehl gegeben, die Küste im Auge zu behalten. Zwang der Wind sie zur Südreise, zwang das Eis sie zum Abdrehen, dann mußte man eben das Südende des Neuen Landes finden und sich von da aus an seiner Gegenküste wieder nach dem Norden pirschen. Der Schiffer Jan Cornelis Rijp hatte sich mit diesem Manöver einverstanden erklärt.

Einmal, von einem Landgang, brachte der Bootsmann Simon merkwürdiges weißes Gebein mit, das gebogen war und an einem Ende spitz zulief. Das waren die Hauer eines Meerestiers mit Namen Walroß. Auch dieses Tier kannte Simon schon von der Waigatsch her. Der Wal und das Walroß. Der Junge stand vor dem Zahn, als begehre er ihn.

Viele Tiere hatte Simon in der Waigatsch kennengelernt. Und Duncker hatte in der Waigatsch Rijp kennengelernt. Bergente hatten sie gemeinsam gegessen, vom Commis Rijp geschossen, vom Rudergänger Duncker zubereitet. Und Duncker hatte in der Waigatsch Simon nicht kennengelernt? Der Junge klopfte nachdenklich mit dem Knöchel gegen den Hauer.

Später starrte er auf den wippenden Galionslöwen, der sich vor dem unendlichen Meere verbeugte wie ein Höfling vor dem leeren Thronhimmel des spanischen Königs. Nie erreichten die Schiffe das Südende Spitzbergens. Packeismassen zwangen sie zum Abdrehen. Und so waren sie wieder inmitten der See, ohne Land, ohne Durchfahrt.

Der Navigator hatte die Westküste des Neuen Landes Spitzbergen so gut aufgezeichnet, wie er nur konnte. Vom Norden nach Süden hatte er sie erforscht, was ein merkwürdiger Streich des Zufalls war. Ein unwirtliches Land hatte er gefunden, ohne Menschen, ohne Reeden. Was scherte es ihn, ob es nun ein Polland des Mercator war. Es war ein Land, wo es kein Durchkommen gab. Das andere interessierte ihn nicht.

Er erpeilte eine Sonnenhöhe von 38 ° 20′ und fand in den Tabellen eine Deklination von 23 ° 20′. Die Differenz betrug 15 °, die er von 90 ° subtrahierte. Die Schiffe befanden sich folglich auf einer Breite von 75° Nord.

Einen Tag später sang der Mann im Mars wiederum Land aus, südlich von ihnen. Sie erreichten es. Sie gingen vor Anker.

Es war Das Ferne Eiland. Die Bäreninsel.

VI

Wieder lagen sie unter den steilen Wänden. Diesmal hatte Barents es schroff untersagt, daß auch nur einer von Bord gehe. Der Bock, der zu Wasser gelassen wurde, diente dazu, den Schiffer Heemskerck zur „Amstelredam“ zu bringen. Barents verlor keinen Augenblick mehr Zeit. Heemskerck hatte den Auftrag, Rijp an Bord zu holen.

Rijp kam, mit großem Aufgebot. Steuermann, Hochbootsmann und Feuerwerker brachte er mit. Von der „Eissee“ holte Barents die gleichen Ränge zusammen, dazu den Volontär de Veer. Sie drängten sich in die Staatskajüte, quetschten sich auf die Bänke. Die Enge verhinderte jedes Zeremoniell, hätte es geradezu lächerlich gemacht. Barents war es recht.

Der Schiffszimmermann zerlegte mit verschlossenem Gesicht, die Ruhepause nutzend, im Rudergängerraum vor der Staatskajüte mit dem ihm zur Hand gehenden Duncker das Gelenk des Kolderstocks. Er fluchte, als einer nach dem andern über sein ausgebreitetes Werkzeug stieg, als dieser Marsch in die Staatskajüte kein Ende nahm. Der knochige Duncker hielt den abmontierten Kolderstock in der Hand wie einen Knüttel zum Dreinschlagen.

Der letzte, der kam, war der Schiffsjunge Jan. „Bist du im Schiffsrat?“ höhnte Duncker.

Jan, eine Kanne schleppend, antwortete: „Einschenken soll ich.“

Der Zimmermann schnupperte. „Rostocker Bier.“

„Heute wird es billig“, sagte Duncker. „Kein Braten, kein Schnaps. Da geht es drunter und drüber.“ –

Barents machte nicht mehr viel Umstände. Fünf Tage hatte er ihnen geben wollen, siebenundzwanzig waren es geworden. Er hatte keine Zeit für Schlemmermahl, Prunkgewand, Firlefanz. Im einfachen Kittel saß er da, rundköpfig, mit straffen Wangen. Nur den Bart hatte er sich scheren lassen. Seine großen runden Augen streiften die Versammelten mit einem Blick, der enthüllte, mit welcher Beharrlichkeit der Navigator sein Ziel zu verfolgen beabsichtigte.

„Ich kann mir langes Reden sparen“, begann er. „Vor vier Wochen haben wir am gleichen Tisch in großen Zügen unser Vorgehen festgelegt. Das Vordringen in Nordrichtung hat sich als unmöglich erwiesen. Wie für den Fall vorgesehen, wenden wir unsern Bug nunmehr auf Nowaja Semlja zu. Vierundzwanzig Stunden bleiben wir hier liegen. Lassen Sie in dieser Zeit noch einmal Spills, Segel, Ruder überprüfen.“

Rijp, eingezwängt zwischen seinem Feuerwerker und dem Steuermann Joost, bebte innerlich. Der Navigator nickte, als halte er die Beratung schon für beendet. Dafür hatten sie ihn an Bord geschleppt? Er stieß hervor: „Ich bin nicht einverstanden!“

Barents hob die Brauen. „Was wollen Sie noch?“ In dem „noch“ lag alles: Zurechtweisung, Geringschätzung, Abwehr.

„Im Norden muß es weitergehen. Dort muß es die Durchfahrt geben!“

Der Schiffer Jacob van Heemskerck musterte Rijp. Was ist Muß? Was ist Erfolg? Nur China. Streng dich an, mein Graf, leiste was, Graf. Graf sein in den schönen Augen Gertruds und zugleich den Geruch der Segelmacherwerkstatt mit durchschleppen – es war nicht leicht.

Die Mannschaft würde murren, wenn sie umkehrten, zurück in das Eis. Sie wollte hindurch, in die warme See! Aber wenn es keine warme See gab? Wenn es nur hinter der Waigatsch die warme See gab, von der die Archangeler Russen gesprochen hatten? Wenn sie also hier bei dem Neuen Land Spitzbergen immer tiefer in Eis gerieten beim Nordwärtsfahren – würde dann die Mannschaft etwa lachen?

Er begriff Rijp nicht. Ablehnung stand in seinem Blick. Instruktion, ja. Sie war befolgt worden. Bis an die Grenze des Möglichen waren sie gegangen. Schluß, Rijp, laß gut sein. Es war an der Zeit, neuen Kurs zu fahren.

„Wir müssen nach Westen ausweichen und dann nordwärts stoßen", rief Rijp.

Heemskerck sagte mit halbgeschlossenen Lidern: „Müssen ist Teufelsfressen. Die Natur ist dir vorgegeben. Ihr mußt du dich beugen."

Barents schmunzelte. Einer besann sich. Einer hatte seine Vernunft beisammen. Wir raufen uns schon zu Freunden, Heemskerck.

Der fremde Steuermann brauste auf: „Erforscht sein muß die Natur! Habt ihr den Norden erforscht?"

Sein Nachbar, der Hochbootsmann des Schwesterschiffs, stimmte ihm bei. „Kaum hingerochen haben wir, da sind wir schon abgedreht."

Barents stand auf, so gut es ging. Er streckte die Hand auf den Tisch aus. Kalt sagte er: „Wer reden will, überlege sich vorher, was er sagt. Ich habe nämlich keine Zeit mehr, mir hitzköpfiges Gezänk anzuhören." Sie atmeten schwer. Er hieb ihnen den Knochen hin: „Fünf Tage wollten wir nordwärts fahren. Ein Monat ist es geworden. Überlegen Sie sich besser, was Sie sagen, Hochbootsmann der ‚Amstelredam'. Ich verwahre mich dagegen, mir zu unterstellen, ich sei leichtfertig zu Werke gegangen."

In seinem Innern brach es plötzlich auf. Seinen gesamten Vorlauf an Zeit hatte er eingebüßt! Neunzehn Tage eher abgelegt als zur ersten Reise, fünfeinhalb Wochen eher auf Nordkurs gegangen als zur zweiten Reise! Wo war seine Zeit hin?

Mit eiserner, kraftkostender Gelassenheit sagte er: „Der Sommer ist kurz hier, wer das noch nicht weiß. Was in den nächsten vier Wochen nicht erzwungen wird, ist für dieses Jahr verloren. Für ein gesamtes Jahr!" Er drückte Vos zur Seite und setzte sich wieder.

„Wenig Zeit, die uns verbleibt, ja", gab Rijp zu. „Aber die ist im Norden am besten angewandt."

Diesmal kommst du mir nicht durch, mein Junge, dachte Barents.

„Die Bäreninsel hier", sagte Rijp und wies nach der Galerie, „liegt südlicher als das neu entdeckte Land ..." Er vermied den Namen Spitzbergen. „Na und?" zischte Vos. Er hätte lieber draußen die Mannschaft in die Wanten gejagt, als hier herumzusitzen.

„Die Bäreninsel war aber weit schwieriger zu erreichen durch all das Eis als die viel nördlicher gelegene Inselgruppe. Von hier bis 80° Nord sind wir in einem Zug durchgefahren, ohne auch nur einmal durch Eis behindert zu werden."

„Aber dann kam es!" schrie de Veer. Barents rief knurrend den Schiffsjungen herbei, der wie ein Tölpel an der Tür stand, und wies auf die leeren Becher.

„Ich will damit sagen", fuhr Rijp unbeirrt fort, „daß es in dem nördlichen Neuen Land wärmer ist als auf der südlicheren Bäreninsel." Er stieß den Arm des Jungen weg, der ihm einschenken wollte.

„Gräser gab es!" – „Blumen!" – „Nagetiere!" – „Rotgänse!"

Die von der „Amstelredam" brüllten ihre Argumente hinaus, spielten sich gegenseitig die Worte zu. Alles suchten sie zusammen, was als Beweis dienen konnte, daß Spitzbergen ein warmes Land sei.

Der Zimmermann im Ruderraum nebenan griff bei dem Lärm den schweren Hammer und ließ ihn auf das Holz sausen. Duncker saß schweigend am Boden.

„Und Eis habt ihr nicht gesehen?" fragte Barents ruhig dagegen. Da verstummten sie. Nun hörten sie auf das Gehämmer des Zimmermanns. Barents las in Rijps Augen das Verlangen, diesen Störenfried draußen wegzujagen. Er verspürte aber keine Lust, ihnen Ruhe zu verschaffen.

„Das Eis ist nur örtlich vorhanden", schwächte Rijp ab. „Es wird Rinnen geben, Durchfahrten. Und endlich warme See. Einige Schwätzer halten die See mehr als dreihundert Meilen rund um den Pol für nicht befahrbar. Wo stecken wir denn? Vielleicht einhundertfünfzig Meilen vorm Pol. Keinesfalls ist sicher, daß beiderseits des Pols die gleiche Kälte herrscht.

In den Hochgebirgen Spaniens, Frankreichs, Italiens schmilzt der Schnee nie, und die liegen doch der Sonne viel näher als unsere Niederlande. Die hohen Berge halten den Sonnenschein von den Tälern fern, so daß der Schnee dort hoch liegen bleibt.

Genauso ist es mit dem Eis in der Waigatsch, wo wir zweimal gescheitert sind. Die Flüsse schleppen aus Tatarien und Moscovia das Eis nach dem Norden. Und hier kann es in diesen Riesenmengen nicht schmelzen, weil die Sonne nicht so hoch steigt. So bleibt es liegen wie der Schnee in den Hochgebirgen. Und dieses Eis nun macht die Gegend viel kälter, als es am Pol der Fall ist."

„Glaubst du", fragte Heemskerck, „daß die tatarischen Flüsse das Eis bis Spitzbergen schleppen?"

Barents hatte es satt. Sie schwatzten wieder. Sie versuchten neue Hypothesen aufzustellen. Wo stammt das Eis her? Zum Kuckuck, was half ihm das jetzt? Es war da, und es verhinderte das Weiterfahren. Und er wollte weiter! Dummes Gewäsch!

„Unser Navigator", begann Rijp wieder, „war doch an der Nordspitze von Nowaja Semlja."

Hoho, dachte Barents. Er war auf der Hut.

„Gab es an der Nordspitze von Nowaja Semlja Blumen, Gräser, Rotgänse?"

„Zum Teufel, nein!" schrie Barents.

Rijp, leise wie zuvor, schloß: „Und sie liegt doch südlicher als das Neue Land Spitzbergen. Und ist kälter." Er tippte den Zeigefinger auf den Tisch. „Deshalb will ich wieder nach Norden."

Die vier von der „Amstelredam" ließen sich nicht beirren. Fakt auf Fakt führten sie an, und jeden nannten sie Beweis. Sie gipfelten in dem einen: Die Schiffe hätten bei Spitzbergen bereits den Kältegürtel, der mit dem Polarkreis begänne, durchstoßen und kämen nun in wärmere Länder. Sie wollten diesen offensichtlichen Erfolg nicht ungenützt lassen.

„Ihr irrt alle", sagte Barents rauhkehlig. „Ihr versucht zu klären, was in fünfzig Jahren nicht geklärt werden kann. Ich habe nur den einen Sommer. Was ihr wollt, dazu sind ein Dutzend Reisen nötig: Westlich von Spitzbergen, ob dies nicht eigentlich Groenland ist, östlich von Spitzbergen, vielleicht kommt dort Mercatorland. Von beiden Seiten muß es angegriffen werden. Wir haben nicht einmal seine Südspitze entdeckt." Er legte beide Hände auf den Tisch und blickte in die Runde. „Wir sind ausgesandt, nicht, um Spitzbergen zu erforschen, sondern um die Durchfahrt zu finden. Wollen wir dies, muß es jetzt sein, ohne Verzug. Dann sind wir in acht Wochen in China. Segeln wir hier weiter, kommen wir bestenfalls vor Winterbeginn ..." Er stockte, dann sagte er: „... nach Hause."

Sie saßen Stunden in der Staatskajüte, tranken. Mit wild klopfendem Herzen verfolgte der Schiffsjunge, wie Rijp seine Argumente vorbrachte. Und bei jedem sagte er sich: „Jawohl, so ist es."

Während er mechanisch Bier nachschenkte, darauf bedacht, die Becher voll zu halten, lächelte er verächtlich über den Navigator und den Schiffer Heemskerck. Und er sagte sich: Wer Spitzbergen entdeckte, war Rijp.

Vor der Staatskajüte, im Ruderraum, saß Duncker noch immer am Boden, den Rücken gegen den wieder eingebauten Kolderstock gelehnt. Der Zimmermann war längst verschwunden.

Dann ging es um die Instruktion. Rijp brachte vor, daß er sie nicht nur befolge, weil sie Befehl sei, sondern vor allem, weil sie sich als richtig erwiesen habe.

Barents verschränkte die Finger ineinander, um die Hände ruhig zu halten. Instruktion! Gängelei wie mit dem Kartenbuch! Er hatte dem Plancius das Kartenbuch versalzen mit dem alten Kalender. Den Erfolg der ersten Reise nicht genutzt! Die zweite Reise gescheitert an der Instruktion! Jetzt über Bord damit!

Barents sperrte sich zu. Er brauchte sich nicht zu rechtfertigen, nicht vor den Leuten von der „Amstelredam“, nicht durch einen Brief an Plancius und später nach der Rückkehr auch nicht in Amsterdam. Die Instruktion war dem Buchstaben getreu erfüllt. So nördlich wie möglich. Bis 80° Nord war er gefahren, nördlicher als jeder andere auf Gottes weiter Erde. Nördlicher *war nicht möglich!*

Rijps Leute dehnten das „nördlich wie möglich“. Möglich war viel. Vielleicht war es immer noch möglich? Hatte man schon alle Möglichkeiten ins Auge gefaßt? Sie entzogen sich ihm. Barents verspürte es bitter.

An dem leichten Erfolg der so schnell eroberten hohen nördlichen Breite berauschten sie sich und glaubten die Fahrt gewonnen, ohne die Gegebenheiten der Natur zu berücksichtigen. Nach einer mathematisch eingeteilten Vorstellung von der Erde waren sie auf Reisen gegangen. Bis hierher Eis, dann hat offenes Wasser zu kommen. Mit dem Zirkel abgemessen, hatte der Kältegürtel zu enden. Die Natur mochte sich also danach richten. – Das war keine Forschung.

Konnte er denn all dies erklären, mit dem Eis und mit der seltsamen Erwärmung? Er mußte es zurückstellen. Wenn er nicht jetzt seinen Weg über Nowaja Semlja nahm, dann war die Reise verloren wie die beiden der Vorjahre. Dann war die Prämie hin. Und wo segelte das gewöhnliche Schiff auf dem gewöhnlichen Kurs? Die Konkurrenz?

„Nun wohl“, sagte Barents. „Kommen wir zu einem Beschluß.“ Er atmete tief. Nach all dem blieb nur ein einziges möglich. Er zögerte, sann, faßte sie ins Auge, sah auch das Schwere, die Gefahr, den Wagemut. „Nun wohl“‘, sagte er, „nun wohl.“

Es hatte aber für die zweite Nordreise mit den sieben Schiffen zur Waigatsch einen Beschluß gegeben, der im Grunde höhnisch, widerwärtig war. Im Falle der damalige Oberbefehlshaber Nay zur Ansicht gelangte, eine Weiterfahrt sei aus den verschiedensten Gründen unmöglich und er müsse daher den Befehl zur Umkehr erteilen, dann konnten jene Obersteuerleute aus seiner Verantwortlichkeit entbunden werden, die auf eigenes Risiko die Reise weiterführen wollten. Einige Tollköpfige konnten also wider bessere Einsicht des Oberbefehlshabers allein die Reise fortsetzen. Das war ausdrücklich erlaubt in jener Instruktion, und die daheim sitzenden Kaufleute errechneten sich aus der Tollkühnheit, Leichtfertigkeit, Gier nach Ruhm und Geld einiger Steuerleute zusätzliche Chancen für das Auffinden des so begehrten Weges.

„Kennen Sie diesen Punkt?“ fragte Barents.

Rijp bejahte.

„Wenn Sie also auf eigene Gefahr und Verantwortung mit dem Schiff ‚Amstelredam‘ den Seeweg nach China in der Höhe von Spitzbergen suchen wollen, dann entbinde ich Sie, indem ich mich sinngemäß auf die Instruktion für Steuerleute zur zweiten Nordreise berufe, Ihrer Pflicht, unter meiner Kommandogewalt zu segeln." Da hieb er ihm seine verfluchte Instruktion hin! Barents lächelte sarkastisch. „Nehmen Sie an?"

„Ja", sagte Rijp.

Das aber bedeutete die Trennung der Schiffe.

Vielleicht erfaßten sie nicht alle sofort die Tragweite dieses Beschlusses. Keiner hatte geahnt, daß der Oberste Pilot so weit gehen würde. Sie tauschten Blicke, musterten sich, nahmen einen Schluck von dem Bier. Hatte das kommen müssen? Vielleicht stellte er sie nur auf die Probe, mit einem letzten Mittel, Rijp in sein Gefolge zu zwingen?

Rijp, ohne Zaudern, sagte: „Ich nehme an."

De Veer fixierte ihn spöttisch. Wer ist schneller? Wer findet die Durchfahrt? Wer hat Erfolg? Wer siegt in diesem Wettrennen?

„Das ist doch alles Unsinn", warnte Heemskerck. „Das könnt ihr doch nicht tun!" Bei Gott, das ging wirklich zu weit!

Barents sprach abgehackt. „Wir wenden – die Beschlüsse – der Kaufleute an. Was im letzten Jahr gut war, wird in diesem ihren Beifall finden. Wir stehen damit – im Einklang – mit Recht – und Gesetz. Der Beweis dafür ist, daß Jan Cornelis Rijp in anderem Fall keineswegs seine Zustimmung gegeben hätte." Das letzte war beißender Hohn. Alle hörten es heraus.

Heemskerck schaute sich um, zornig, daß keiner einschritt. Sie kauten an ihren Bärten. Keiner von ihnen war in der Waigatsch gewesen außer der unmittelbaren Schiffsleitung und de Veer.

Aber jeder, der hier die Beschlüsse der zweiten Nordreise kannte, mußte sich doch im klaren sein, daß es in jenem nun zitierten um Heimfahrt für den einen Teil der Flotte gegangen war, währenddes der andere eigene Forschungen anstellen wollte. – Bei ihnen aber ging es nicht um Heimfahrt! An ging die Reise erst, jeder getrieben von einem andern Wind. Und jeder allein.

Heemskerck stützte enttäuscht den Kopf in die Hand.

Jeder der sieben Obersteuerleute auf der Waigatsch-Reise hatte sich gehütet, von einer solch verrückten Anweisung Gebrauch zu machen.

Heute brachte Barents den gleichen Artikel zur Anwendung. Er pfiff auf Rijps Mitarbeit. Er schlug sich nicht länger mit der Dummheit herum und verzettelte seine Kräfte. Er befand sich im Rennen mit der Zeit. Und wenn er damals in der Waigatsch seine beiden Schiffe nicht aus Nays Verband gelöst hatte, dann aus dem Grunde, weil man schon weit in den September hineingekommen war. Jetzt dagegen schrieb man den 1. Juli. Jetzt galt es zu marschieren.

„Trennung der Schiffe?" fragte es plötzlich von der Tür, in jenem Ton der Verzweiflung, der unüberhörbar war.

Alle wandten sich dem Schiffsjungen zu, der, die schwere Bierkanne in der Hand, mit einem Ausdruck tiefer Verstörtheit an der Tür lehnte. Er sah aber in dem Augenblick das Schiff „Amstelredam“ vor sich, schrägliegend. Auf der Sandbank hinter Vlie. Und die „Eissee“, mit Segeln wie Flügel, schoß über das unendliche Meer. Eine Möwe nur noch, ein Punkt, der sich auflöste im Nichts.

Der Junge heftete den Blick auf Jan Cornelis Rijp, bis ihre Augen sich trafen. Der Schiffer der „Amstelredam“ schluckte. Er preßte die Knöchel seiner groben Hände gegeneinander und stieß in unerhörter Schroffheit hervor: „Schickt den Jungen weg!“

Hochbootsmann Vos brüllte: „Hat er schon den Unseren Befehle zu erteilen?“ Er hieb die Faust auf den Tisch.

Barents' durchdringende Augen forderten stumm ein Eingreifen Heemskercks, der trotz aller Enge wie ein Kavalier dasaß. Doch der Schiffer wich seinem Blick aus. „Der Junge kann gehen“, befahl da der Navigator selber. „Er wird hier nicht mehr gebraucht.“

Jan Hillebrants setzte die Kanne ab, drückte die Tür auf und wankte hinaus. Rijp schaute noch lange auf die geschlossene Tür.

Es hatte alles so einfach ausgesehen, damals in Amsterdam. Ein Versprechen einer Fischfrau gegenüber, das ihn nichts kostete, das keine Mühe verlangte, weder Aufwand noch Nachdenken. Es war ihm nicht gleichgültig gewesen, als der Junge beim ersten Ankern vor dieser Insel mit blutigem Kopf an Bord seines Schiffes gehoben wurde, als er vor dem fiebernden Jan im Verschlag gesessen hatte. Nicht gleichgültig gewesen, den Jungen wieder herauszugeben!

Er preßte die Hände gegen die hämmernden Schläfen. „Jeder fahre seinen Kurs“, flüsterte er tonlos. „Aber gebt mir den Schiffsjungen auf mein Schiff.“

De Veer konnte einen erstaunten Ausruf nicht unterdrücken. Vos kicherte los. Heemskerck runzelte die Stirn. „Warum?“ wollte Barents wissen.

Rijp bewegte unwillig die Schulter. „Ich habe für ihn gebürgt.“

Stumm saßen sie um den schweren Tisch in der Kajüte, eingezwängt, müde von der verbrauchten Luft. Nachdem endlich alles geklärt schien, stand die Beratung praktisch wieder am Anfang. Und Rijp, hier in enger Berührung mit den anderen, spürte, wie sich allmählich dieses Schweigen gegen ihn wandte. Es drohte, es bohrte, es höhnte. Und das nicht nur von den Befehlshabern der Expedition oder den Männern der „Eissee“. Nun er den Jungen verlangt hatte, spürte er es von den eigenen Leuten.

Barents, rundköpfig, wandte sich schnaufend an den eleganten Heemskerck. „Antworten Sie Rijp, Jacob.“ Das hieß: Du bist der Schiffer, nun entscheide endlich, Junge. Du hast die Mannschaft unter dir. Das hieß: Deine Antwort auf Rijps Begehren wird zeigen, ob du durchhalten wirst bei der Umschiffung Nowaja Semljas, ob du hart genug sein kannst, entschlossen, eisern. Oder ob du der Zauderer bist, mit dem es das beste wäre, direkt nach Amsterdam zurückzukehren.

Heemskerck sagte, ohne seine Haltung zu verändern: „Ich kann Ihnen den Jungen nicht geben."

Mehr als der Inhalt dieses Satzes bestürzte Rijp zunächst das offizielle Sie von jenem Mann, mit dem er aufgestiegen und freundschaftlich verbunden war. Es betonte, daß Heemskerck keinesfalls gewillt war, seine Meinung zu ändern.

Heemskerck wahrte seine Gelassenheit. „Sie sind Schiffer, Jan Cornelis, wie ich. Sie wissen tief in Ihrem Innern, daß ich Ihrem Verlangen nicht stattgeben kann. An meiner Stelle würden Sie genauso entscheiden."

Die Männer nickten. Darin waren sie sich einig. Ein wahres Wort, was der Schiffer da sprach. Ein ganzes Schiff entzog sich der Befehlsgewalt des Obersten Navigators. Das war ein trennender Schnitt am Körper der Expedition. Es würden kritische Tage kommen, bis die Wunde verheilte. Jede Unvorsichtigkeit konnte zum Tod der Reise führen.

Jedes Schiff segelte eigene Wege. Jedes Schiff war nunmehr ein Reich für sich, mit festen Grenzen, mit Gesetzen, die das Leben in diesem Reich regelten. Das Zerwürfnis der Schiffer, der Befehlshaber war eine gewaltige Schwäche. Sie durften sich keine weitere Blöße geben.

Ging der Schiffsjunge, kam der nächste mit seinen Wünschen. Sie konnten nicht die Mannschaften der Schiffe umverteilen, damit jeder reise, wo es ihm am genehmsten war.

Rijp wußte es selber. Er war zu weit vorgestoßen. Er wollte zuviel. Er war offensichtlich im Unrecht.

Der Weggang des Jungen würde unter den Mannschaften das Verlangen nach Freiheiten heraufbeschwören, das einer Meuterei gleichkam. Ein Funken genügte. Er mußte ausgetreten werden. Das Opfer war der Junge.

Der Navigator Barents sprach Jan Cornelis Rijp an. „Ich möchte keinesfalls, daß Sie dächten, wir wollten mit dem Zurückhalten des Jungen einen Druck auf Sie ausüben, doch noch Kurs mit uns auf Nowaja Semlja zu nehmen."

„Ich verzichte auf ihn", preßte Rijp heraus. Er schloß einen Moment die Augen, dann stand er auf.

Auch Barents erhob sich.

So standen sie sich noch einmal gegenüber, der Navigator und der Schiffer Rijp. Und Barents konnte dem anderen seine Achtung nicht verhehlen. Stark ist er, überzeugt von der Unanfechtbarkeit seines Standpunktes, mit dem scheinbaren Recht auf seiner Seite. Ehrgeiz spielte mit und kühle Skepsis und versteckter Trotz, daß der Oberste Pilot als Entdecker eines Landes galt, das eigentlich er gefunden hatte. Sein Land

war das, hieß es tief in seinem Innern. Er wollte zurück zu seinem Land, in einem Taumel, der wenig Raum ließ für nüchterne Überlegungen. – Barents stand und blickte in das derbe, bäurische Gesicht Rijps.

„Leben Sie wohl, Jan Cornelis", sagte er. „Gott schenke Ihnen eine gute Reise."

VII

Duncker Jans saß mit angezogenen Knien im Mars des Großmastes fünfzig Fuß über dem Wasser. Die Wellen rollten schäumend gegen die Steilküste des Fernen Eilandes, an der er sein Leben eingesetzt hatte, um ein anderes zu retten. Der Wind pfiff durch seine grobe Tuchjacke. Er schlug die Kapuze hoch, schaute nach der Nordsonne und blies warmen Atem auf seine Hände.

Einen Steinwurf entfernt lag das andere Schiff, die Segel an die Rahen gebunden wie das ihre. Still lag das andere, friedlich wiegte sich das andere. Keinen Mann sah er im Mars des anderen. Das andere Schiff!

Es war nicht mehr das ihre. Es hatte nichts mehr mit ihnen zu tun. Es war fern, unbekannt, fremd. Duncker belauerte es schon wie einen Feind.

Unverständlich blieb ihm, warum die Schiffe überhaupt noch hier lagen, warum es nicht hieß: „Anker hoch und fort?" Noch wußten die Mannschaften nichts von der Trennung. Noch ahnten die meisten nichts vom Ausgang dieser Beratung, die er unfreiwillig hatte anhören müssen. Laut genug war es ja hergegangen.

Viel hatte sich freilich angekündigt, und wer sehen wollte, der sah. Schiffszimmermann und Feuerwerker hatten sich von Duncker rings um die „Eissee" rudern lassen, hatten am Steven und am Ruder herumgeklopft. Man hatte die Wachen reduziert für diese helle Nacht, diesen ewigen, verfluchten, nie endenden Tag. Zwei Mann nur bis zur Ostsonne, und dann Anker auf, Gott befohlen.

Nun lag Duncker auf der Lauer, nicht, um vor Eisbären zu warnen, sprühende Wale auszumachen, anstürmendes Eis zu melden, Feuersbrunst oder Kaperschiffe. Er beobachtete nur das andere Schiff. Wer an Deck herumstieg, wo seine Wachen lagen. Er kam sich vor wie in jenen Tagen, die er bei sich die spanischen nannte.

Seine Eltern hatten bei Mook eine Herberge gehabt, lange war's her. Da hatte er sich geübt im Feuermelden und Spähen. Vom Giebelfenster des „Gouden Leeuw" aus hatte er gezählt, wieviel Flecken rings wieder aufflammten. Die letzten Gäste dieser Herberge waren in einer Aprilnacht die Spanier gewesen: Reiter, Lanzen, Fußvolk, Wagen, Trommler, Fähnlein. Diese hatten die Grafen Ludwig und Heinrich von Nassau, die Brüder Wilhelm des Schweigers, in einer furchtbaren Feldschlacht geschlagen und erschlagen. Trunken zogen sie durch das Land, und als sie gingen vom „Goldenen Löwen", leuchtete die Herberge ihnen noch lange. Und als sie verschwunden waren, half Duncker seiner Mutter aus dem Kanal heraus, in dem sie bis zum Hals gestanden hatten. Der Vater versuchte auch zu löschen; es war nichts zu machen.

Oft genug hatte er später in Marsen von Schiffen gesessen, auf Bergenfahrt, im Westerfahrwasser. Aber er hatte auch in kleinen Booten gelegen, als Späher, als Kundschafter für die Armee Wilhelms.

Jetzt belauerte er das andere Schiff, das feindliche mit Rijp. Günstig stand es für sein Vorhaben; zwei Mann nur wachten drüben wie auf dem ihren. In dem kalten Wind waren sie nicht in den Mars gestiegen. Sie duckten sich im Lee der Boote, der „Eissee" zugewandt.

Duncker schwang sich über den Rand des Mars und stieg die Großwant hinab. Als er in halber Höhe war, sah er den Jungen liegen.

Hastig griff er in die Webleinen und sprang endlich auf Deck. Die Stufen zur Kuhl hinunter schlich er vorsichtig. Jan lag schlafend unter dem großen Beiboot.

Duncker stieß leise Flüche hervor, beugte sich fröstelnd zu dem Jungen und rüttelte ihn. Er blickte in erschrockene Augen. „Schläfst du auf Wache, wie kann man das tun! Sing, red, lauf, wenn du müde bist, aber schlafen – nie und nimmer!" Duncker zerrte den Jungen hoch.

„Es ist doch nun alles eins", sagte Jan.

„Gar nichts ist eins. Beiß die Zähne zusammen, hoch, los!"

Kaum daß der Junge stand, lief der Bootsmann zum Halbdeck und schaute auf die Sanduhr. Sein Gefühl hatte ihn nicht getrogen. Der letzte Sand rieselte aus dem oberen Kelch.

Dieser Sand hier war ihm ein Sinnbild dafür, wie die Zeit verrann, wie sie ihm wegrannte. Und der Junge schlief!

Er drehte sich um, der Junge stand hinter ihm. „Die Trennung ist endgültig?" fragte jener.

Duncker nickte und kippte den Sandläufer um. Endgültig, was gab es da noch zu rätseln. Schluß mit der Grübelei. Er trat an die Schiffsglocke, schlug zu, dreimal, dämpfte den letzten Schall mit der Hand. Von dem andern Schiff her glockte es wie ein Echo. Das andere Schiff war eine feindliche Stadt, und Bootsmann Duncker belauerte sie. An die Reling tretend, gewahrte er, wie sich die Wache drüben wieder in den Schutz der Boote zurückzog.

Erneut war ihm der Junge gefolgt. Er wankte, nicht, weil er schläfrig war, sondern weil ihn ein großes Unglück geschlagen hatte. Duncker riß ihn mit sich fort.

Sie saßen auf Tauen hinter dem Großmast, in dieser hellen Nacht, diesem Mitternachtstag. Der Junge zog die Hände in die Ärmel. Er hatte Rijp nicht einmal mehr sehen können. Viel Bitternis steckte in ihm. Als er mit verbundenem Schädel im Verschlag der „Amstelredam" gelegen hatte, war Rijp zu ihm herabgestiegen. Da war er gekommen, der Schiffer zum Schiffsjungen. Zu einem Schiffsjungen steigt man nicht herab. Die Trennung war vollzogen.

Es brach aus ihm hervor, er schmähte Rijp, er beschimpfte ihn. Einmal hatte er gegen die ganze Back gestanden, um Rijps Ehre zu verteidigen. Jetzt nannte er ihn einen Mutz, einen Gänsköpfer, einen Krämer.

„Besser du schimpfst, als daß du schläfst", sagte Duncker neben ihm.

„Ist er dein Freund?" schrie der Junge, um den anderen in seine Front einzubeziehen. „Bergenten für dich geschossen in der Waigatsch! Ihr habt miteinander im Eis gelegen. Und jetzt? Hat er dich jemals beachtet? Übersehen hat er dich in elendem Stolz."

Duncker wehrte ab. „Zwischen uns, das ist 'ne andere Sache. Aber Rijp hat von Barents verlangt, daß du auf die ‚Amstelredam' kommst."

Jan griff erregt nach Dunckers Arm. „Und?"

„Barents hat abgelehnt."

„Soso", murmelte der Junge. „Abgelehnt."

„Wärest du denn gegangen?"

Ja, wäre er denn gegangen? Hätte er die „Eissee" verlassen? Warum nicht? Warum hätte er denn nicht die „Eissee" verlassen sollen? Da sich die Schiffe doch trennten! „Ja", keuchte er, „ja, ich hätte sie verlassen. Ich wäre hier nicht weiter gefahren, mit Simon, du weißt doch, und ohne Rijp."

„Bleib sitzen", herrschte Duncker ihn an. Er schlich zur Reling, stieg ein Stück in die Want, kam endlich zurück.

„Wir können nicht lange schwatzen", sagte Duncker rauh. „Die Zeit rinnt. Es ist so, daß Barents vorhat, nach der Hungerinsel zu segeln. Man schleppt uns nach Nowaja Semlja. Bis jetzt sind wir ein bißchen zum Vergnügen gefahren. Aber was nun kommt ..." Er keuchte, dann besann er sich. „Nun gut, wir ertragen's. Aber du kannst verschont sein, Junge. Rijp hat dich verlangt, für seinen Kahn. Rijp ist stark; er hat seinen Kurs durchgesetzt, und das bei Barents." Er lachte leise. „Der Rijp gibt dich nicht wieder her, wenn er dich einmal hat."

„Wie?" fragte Jan tonlos. Alles verwirrte sich ihm.

„Ich bring dich auf Rijps Schiff."

„Geht das denn?"

„Du versteckst dich dort, bis sich die Schiffe getrennt haben."

Jans Wunde fing auf einmal an zu hacken. „Es geht nicht, es geht doch nicht, Duncker. Man erwischt uns, noch ehe wir überhaupt auf der ‚Amstelredam' sind."

„Dummkopf", zischte Duncker. „Wenn du nur endlich mal nicht so viel schwatzen wolltest. Es glückt. Nur muß rasch gehandelt werden. Glaubst du, daß Rijp dich wieder herausgibt, wenn du einmal drüben bist? Oder daß Barents noch fünfzig Meilen der ‚Amstelredam' hinterhersegelt, nur um seinen Schiffsjungen wiederzubekommen?"

Der Junge schwieg. Er war nicht gewappnet gegen Dunckers Plan. Und dieser Plan lockte. Gern hätte er all diesen Dingen geglaubt. Aber es ging nicht, es ging doch nicht. Wie sollte ein Schiffsjunge den Obersten Piloten zum Narren halten können.

Und weil es nicht ging, begann er jetzt, den Navigator, den Obersten Piloten zu schmähen, den Schiffer Heemskerck und den Hochbootsmann. Das waren die, die sich gegen Rijps Verlangen gestellt hatten. Das waren die, die ihn jetzt zur Hungerinsel locken wollten trotz der anders lautenden Instruktion.

„Hör endlich auf", knurrte Duncker. „Du verschwendest unsere Zeit." Dann erklärte er ihm den Plan, den er seit dem Abend entwickelt hatte. Abend, Morgen, Tag – verdammt, es war immer hell, es war unentwegt hell. Wenn es wenigstens dunkel gewesen wäre für seinen Plan. Aber es ging auch so. Lange genug hatte er alles durchdacht. War der Junge nur drüben, war alles gerettet.

Der Plan war ihm gekommen, als ihn der Zimmermann noch einmal geholt hatte, weil er einen Mann am Riemen brauchte. So waren sie um die „Eissee" herumgefahren, hatten die Bänder des Ruders geprüft, die Zapfen geschmiert. Und in Duncker hatte noch alles gebebt über das Gehörte: Trennung der Schiffe. Und: Rijp fordert den Jungen.

Als er dann im Bock gesessen hatte, winzig neben dem mächtigen Leib der „Eissee", da hatte er schon am Plan gebaut. Der Zimmermann war ein schweigsamer Mensch, der hatte nicht erwartet, daß er ein großes Gespräch anfinge. Alles hatte er geprüft, mit der Gründlichkeit des Verantwortungsbewußten, die Ruderaufhängung am Heck und den Zustand der Galion am Bug.

Als sie so den Schiffskörper untersuchten, hatte die „Amstelredam" beigedreht. Da hatte er die leere Öffnung der Stückpforte gesehen, der zweiten von vorn auf der nun von der „Eissee" abgewandten Seite. Ihr Feuerwerker mußte die Eisenschlange auf der Lafette zurückgezogen haben. Vielleicht hatte er sie laden wollen, um einen Ehrensalut abzugeben, wenn die Schiffe sich trennten. Diese Pforte war von einem Boot aus leicht zu erklettern.

Ein anderer Zufall war ihm zu Hilfe gekommen. Nach ihrer Rundfahrt um den Leib der „Eissee" hatte der Hochbootsmann den Bock nicht wieder an Deck hieven lassen. Wer wußte, ob ein Befehl von oben vorlag, ob sich der Schiffer noch einmal vorm Ankerlichten zu Rijp begeben wollte, um ihn endgültig umzustimmen oder um sich von ihm zu verabschieden. Wer wußte es.

„Keiner merkt, wenn wir ablegen", flüsterte Dunker. Wie sollten sie es auch. Jeder war übermüdet. Jeder war froh, daß das Schiff endlich wieder einmal vor Anker lag und man verschont wurde mit der Bedienung der Taue und Takelage. Die Schiffsführung aber hatte jetzt andere Sorgen.

„Aber die Pforte wird zu sein", befürchtete der Junge. Über Dunckers mageres Gesicht huschte ein Lächeln. Dieser Schiffsjunge, für den er all dies riskierte, lehnte es nicht rundheraus ab.

„Wenn der Weg durch die Pforte versperrt ist, kommst du an den Rüsten vom Großmast hoch. Und von dort hangelst du zur Heckgalerie und legst dich lang."

Duncker setzte ihm alles auseinander. Wenn die Wache da drüben ihn fände, dann sollte er unverzüglich nach dem Schiffer Rijp verlangen. Und in einem solchen Fall mußten sie ja den Obersten ihres Schiffes herbeiholen. Ja, der Bootsmann Duncker hatte alles bedacht. Ein glatter Plan war es.

„Ich muß den Sandläufer gleich wenden, schwatz nicht lange, Jung, es werden jetzt schon vier Glasen. Noch einmal vier, dann stechen die Schiffe in See, Anker auf, he rup! Den Singsang am Spill kannst du dir schon drüben anhören. Aber jetzt, verdammt noch mal, ist es Zeit. Ich schlag die Glocke, das Echo von drüben warten wir noch ab. Und dann, wenn sich die Wache auf dem andern Schiff wieder verkrochen hat, dann geht es in den Bock." Duncker lachte leise. „Kannst ja ein Vaterunser beten, wenn du Angst hast, aber noch bevor du beim großen Amen bist, kriechst du durch die Stückpforte und in den Verschlag."

Dann verstummte Duncker, blies sich die Hände warm und schnaubte. Jan Hillebrants saß still. Er fühlte, wie der Bootsmann neben ihm in einer merkwürdigen gehobenen Stimmung war. So sollten also seine letzten Augenblicke auf der „Eissee" anbrechen und er doch noch auf die „Amstelredam" gelangen, wie er es sich von Anfang an gewünscht hatte.

Mitnehmen konnte er nichts, das wußte er von vornherein. Mochten seine paar Kleidungsstücke in der Back liegenbleiben. Ein Büchlein mit Kirchenliedern hatte ihm seine Mutter mitgegeben, ein kleines Messer, mochte alles bleiben. Der Sand rann aus dem oberen Kelch in den unteren, und wenn man den Sandläufer drehte, war Unten wieder Oben. Und hatte er sich eben noch unten gesehen, so war er jetzt hoch obenauf: der Schiffsjunge von Rijp. Alles aber hatte er Duncker zu verdanken.

Wen hatte Duncker an Bord zu Freunden? Mit dem Schiffszimmermann verstand er sich ohne Worte. Evert gehorchte ihm. Hooghwout hing ihm an in einer hündischen Treue. Aber die ganze Reise über hatte Duncker neben Jan Hillebrants gestanden und ihn nicht aus den Augen gelassen.

Jan hatte Furcht vor dem Widersetzlichen, dem Ungehorsam, dumpf ahnte er auch, was all dem folgen könne. Und wenn nicht hier, dann in der Stadt Amsterdam nach der Heimkehr. Der Oberste Navigator würde ihn zu finden wissen.

Doch viel stärker als all dies, mit unbändiger Kraft, mit einem nicht zu unterdrückenden Verlangen trieb es ihn zu Jan Cornelis Rijp. Vielleicht war ihm sogar dessen Schiff gleichgültig. Natürlich konnte er in den Verschlag kriechen und auf die Trennung der Schiffe warten. Aber viel mehr trieb es ihn dazu, den Schiffer Rijp zu sehen, zu sprechen, zu stellen.

Vielleicht gelangte die „Amstelredam" eher nach Hause als sie, und seine Mutter fragte Rijp nach dem Jungen. Und er hatte nicht einmal einen Gruß für sie?

Jan wußte, das Verlassen des Schiffes „Eissee" barg eine große Gefahr. Aber sie wurde gleichsam aufgehoben durch die Stellung und Macht Jan Cornelis Rijp, die sich kräftig darin äußerte, daß er aus dem Verband des Obersten Piloten ausbrach.

Der Junge hob den Kopf. Laut dröhnte es über das Deck. Vier helle Schläge. Der Platz neben ihm war leer. Duncker schlug die Glasen.

Plötzlich fieberte er. Er schlich selber zur Reling, um die Wache drüben auszumachen. Er hörte ihre Glocke. Alles wohl, alles klar, kein Feind, kein Feuer, keine Gefahr. Die Wache drüben kroch wieder hinter das Boot.

Duncker trat heran. „Sie beobachten nicht einmal die Sanduhr." Es klang verächtlich. „Sie schlagen die Glasen, wenn sie die unseren hören. Los, Junge!"

Jan spähte in die Runde. Hell lag das Schiff. Die Sonne stand über dem Horizont, von keiner Wolke verdeckt. Sein Blick glitt über die Schotten des Halbdecks bis zu den dunkel abgesetzten Fenstern der „Hütte". Dahinter ruhte der Navigator.

„Was ist?" drängte Duncker. Er ließ ein Tau über Bord. „Warte, bis ich im Boot bin, dann komm nach!" Alles vollführte Duncker mit Bewegungen, die etwas von der Geschmeidigkeit einer Katze an sich hatten. Er war schon über die Reling. Von den Rüsten der Fock rutschte er hinunter, dort, wo sonst immer der Anker lag, der nun noch tausend Pfund schwer im tonigen Grund der Inselbucht ruhte.

Jan Hillebrants schickte sich an, auf die Rüsten zu steigen. Er griff in die Fockwant und beugte sich vor. Dann stieß er sich ab. In dem Augenblick, über dem Wasser hängend, sah er die Galion.

Dort stand der Bootsmann Simon und schaute ihm zu.

Verzweifelt hing der Junge an dem Tau. Es schnitt in seine Hände. Die Füße sackten wie leblos hinunter und boten dem Körper keinen Halt. Baumelnd hing er da, den Kopf seitwärts gedreht, weil er den Blick nicht von Simon reißen konnte.

Simon stand ruhig, mit einem spöttischen Lächeln um den Mund, höhnisch geradezu, herausfordernd. Er stützte sich auf die Brüstung und wartete gelassen, was der Junge da vorhabe. Die Galion war der Abtritt der Mannschaft. Kein Mensch konnte es einem verwehren, dort hinauszusteigen, auch wenn man keine Wache hatte.

Duncker unten fluchte leise, weil der Junge nicht kam. Er gewahrte, wie dessen Füße in der Luft strampelten, bis sie endlich das Tau griffen. Und dann rutschten sie in geschlossenem Griff wieder hinauf. Der Junge erreichte die Rüsten, steckte den Arm durch die Want und hing keuchend vor der Back. Wie gekreuzigt.

Befremdet von Jans merkwürdigem Verhalten, blickte Duncker, im Bock stehend, in die Runde. Als er Simon auf der Galion ausmachte, hockte er sich wie zerschlagen hin.

Er fühlte, wie Simon ihn im Auge behielt. Jetzt wurde er belauert. Jetzt war er das Wild. Der Streit beim Kartenspiel. Die Entdeckung der Fische. Und nun die Flucht.

Jedem anderen hätte Duncker etwas vorgegaukelt, einen Schaden an der Schiffswand, ein angetriebenes Meerestier, das vom Boot aus beseitigt werden mußte. Nicht so dem Simon. Er saß auf dem Brett, verschränkte die Finger und starrte über die See.

Dann blickte er herausfordernd zu Simon hoch. Was willst du Mutz denn? Was weißt denn du von mir? Was schert mich dein Gaffen. Was kann denn noch kommen. Seine Augen flammten.

Da trat Simon von der Brüstung zurück und ging gebückt in die Back.

Duncker stieß ein Knurren aus wie ein bis zum äußersten gereiztes Tier. Er griff unter das Brett, auf dem er saß, zog ein Bündel hervor und kletterte mit ihm an Deck. Alles hatte er dem Jungen zusammengepackt, Strümpfe und Schuhe, das Gesangbuch, das Messer. Nun schleppte er es wieder hinauf.

Er fand den Jungen ausgestreckt auf dem Halbdeck hinter dem Großmast, und er legte sich dazu wie ein Wolf, der sein Junges bewacht.

VIII

Zur Ostsonne hoben die Schiffe die Anker. Sie dippten die Flaggen voreinander und gaben jeder einen Schuß Salut, daß es von den Felsen des Fernen Eilandes widerrollte. Der einzige Schuß auf ihrer bisherigen Reise.

So ehrten sie einander, ehe sie sich trennten. Aber keiner der Schiffer hatte den anderen noch einmal besucht. Keiner hatte mehr versucht, den anderen umzustimmen. Der Bock wurde unverzüglich an Bord geholt.

Angetreten stand die Mannschaft, hatte das Urteil vernommen, blickte hinüber, sah die drüben genauso stehen, stumm und ernst. Dann ging jeder an seinen Platz.

Die „Amstelredam“ begab sich auf Nordkurs und die „Eissee“ nach dem Süden. Der Wind kam Ostsüdost, und sie machten wenig Fahrt.

Schnell verlor die „Eissee“ das Schwesterschiff aus den Augen. Die Wände des Fernen Eilandes dagegen blieben noch lange über der Kimm.

Dort hatten sie gelegen, nebeneinander, einträchtig nach dem gemeinsamen Sieg über den Bären. Gefeiert hatten sie, gejubelt, als Barents seinen Arm um Rijps Schulter legte. „Admiral“ hatten sie Barents genannt, weil ihm der Titel gebühre.

Nun war er ein Admiral ohne Flotte. Nun hatte er als Oberster Pilot weniger Schiffe, Kräfte, Hilfsmittel zur Verfügung als zur ersten oder zweiten Reise. Das Fest der Einmütigkeit auf Rijps Schiff war ein Gaukelspiel gewesen.

Duncker, Hooghwout, Evert begehrten auf, in den Wanten, am Spill, im Mars. Drei Sonnen hatten am Himmel gestanden, ein möwenbesetzter Fleischberg war stinkend an ihnen vorbeigetrieben. Unheil genug, was da angezeigt wurde: Die Schiffe waren getrennt.

Hochbootsmann Vos sprang besonders scharf mit den Männern um. Hinter jeder Bemerkung witterte er Aufruhr. Herum ging das leise Gerücht, daß ihr Oberster Navigator zuwider den Amsterdamer Befehlen handele.

Zufrieden war der Bootsmann Cornelius, den der Pol schreckte. Einverstanden waren aber auch Simon, Laurens, Frans. Hatte Rijp nicht das Schiff auf Grund laufen lassen und die Ausfahrt um nochmals zwei Tage verzögert? Hatte Rijp nicht gegen den Obersten Piloten aufgemuckt und ihre Reise so hintertrieben, daß noch einmal vier Wochen verlorengingen?

Holla, über Bord mit dem Rijp! Weg mit dem Ballast, und auf Fahrt gegangen! Laurens holte seine Flöte hervor und spielte das Lied von den Herren, die im Rauben und Raufen ihr Heil sahen. Aber Frans, der so schön von den Rotgänsen zu erzählen verstanden hatte, wußte einen anderen Text dazu:

„He, Barents ist unser Steuermann,
der beste von dem Land,
der geht Kap Tabin an.
Darum wagt er sein Leben und Gut,
bis daß er China finden tut...“

So gellte es über die Kuhl. Und Simon und Cornelius sangen mit.

Das Singen reizte Duncker, zumal Frans einen Schmähvers auf Rijp folgen ließ. Er hätte gern wüst dagegen geschrien. Aber er konnte nicht.

Er stand unter Deck am Kolderstock und versuchte das Schiff so in den Wind zu bringen, daß bei diesem Kurs noch die meiste Fahrt herauskam. Vor sich hatte er den kleinen Ausguck. Die Masten, die Back sah er. Die Männer in der Kuhl saßen zu tief. Sie konnte er nicht wahrnehmen. Aber ihr Gesang genügte ihm, beim Schwanze des Teufels!

Mechanisch wiederholte er die Befehle des für ihn unsichtbaren Hochbootsmannes, der über den Wind fluchte und über das Lied lachte. Er drehte auch die Sanduhr, sah den Sand rieseln, dachte an die Mitternachtswache, an die taghelle Nacht. Alles war ihm fehlgeschlagen. Er konnte das Singen nicht mehr ertragen.

„Anluven!" schrie der Hochbootsmann draußen. Er fluchte, weil das Schiff den Wind verlor. Duncker bewegte den Kolderstock. Wo sollte er Wind hernehmen?

Das Schiff lag wieder recht. Aber der Wind kam so ungünstig für diesen Kurs, daß es ein Jammer war. Weit nach Süden mußten sie ausbiegen, weil Eis sie bedrängte.

Bootsmann Duncker stand am Ruder, bis Untersteuermann Andries ihn ablöste. Dann ging er in unbändigem Zorn durch den Ruderraum, trat durch die Tür in die Kuhl hinaus und spuckte auf Deck. Er verfluchte sich, daß er sich hatte von dem Stinkgeld verleiten lassen, auf diesen Windjammer zu gehen, daß er wie ein blöder Tropf dem Rijp nachgerannt war. Barents – ein unentschlossener Mann. Heemskerck paßte besser an die herrschaftliche Tafel. Der Hochbootsmann – die Galle selber. Simon – ein Knecht. Hooghwout – eine Kreatur, die sich an ihn klammerte. Auch der Junge mußte ihm noch über den Weg laufen in dieser gottverlassenen Einöde. Das andere, was noch auf dem Schiff herumkroch, zählte nicht, wahrhaftigen Himmels.

Duncker stieg auf die Back und sprang von hier hinunter auf das schmale Dreieck der Galion. Der Bug war rund, plump und die Galion vor ihm angesetzt wie ein Balkon, ein winziger, schwankender Platz über dem Meer. Duncker legte sich lang, ganz vorn an die Spitze. Die Galionsfigur, der Löwe, trug ihn. Über sich hatte er das Focksegel. Vor der Nase des Löwen, vom Bugspriet hernieder, baumelte die Blinde, das langgezogene Rechtecksegel. Die Blöcke im Gewirr des Vorgeschirrs knarrten, aber nicht vom Wind, sondern von der Schiffsbewegung. Die Blinde würde mehr Wasser schöpfen als Wind aufnehmen. Eine klägliche Fahrt.

Der Löwe verbeugte sich vor dem König Meer wieder und wieder.

Duncker hörte den Hochbootsmann rufen, ab und zu auch die Stimmen Simons und des Jungen. „Die Blinde weg!" schrie Vos.

Es wurde Zeit. Die Blinde bremste mehr, als daß sie vorwärts half. Simon schwang sich über die Back und tastete sich dann auf der Galion vor.

Duncker sah Simon kommen. Er hatte auch das Kommando gehört.

Die Gordings der Blinde, die die Masse des Segeltuchs an die Rah heranholten, waren in der Höhe seines Knies belegt. Funkelnd starrte er auf den Gegner. Er versuchte vergebens, die Erregung zu dämmen. In seinen Ohren rauschte das Blut. Er hörte nicht mehr, wie noch ein anderer diesen schwankenden Balkon betrat.

Simon war so groß, daß er fast das Focksegel streifte. Er blickte nach oben und stieg dann über das Bugspriet.

In dem Augenblick, da Simon den zweiten Fuß nachzog, trat Duncker gegen sein Knie. Von wahnsinnigem Schmerz durchzuckt, stürzte der Angegriffene vornüber und schlug gegen das Geländer. Es fehlte nicht viel, er wäre ins Meer gestürzt. Nach Luft ringend, lag er unter dem Baum.

Duncker hatte in einem Moment zugeschlagen, da all das Angesammelte, Angestaute sich einen Weg bahnen mußte. Ein Hieb für die Fische und das Kartenspiel, ein Hieb für das spöttische Gesicht auf der Galion. Herausforderung: Nun zeig, was du willst. Nun spiel du mit offenen Karten. Nun lauf doch zum Schiffer, du Verstecker, du Gänsköpfer, Landsknecht. Bring es doch an! Ah, so ein Hieb tat gut.

Als Simon lag, ächzend, rappelte Duncker sich hoch.

„Schwein, du!" keuchte einer vor ihm. Er starrte in Laurens' großes, zorniges Gesicht. Wie herausgemeißelt standen dessen Jochbögen, die schmalen braunen Augen darunter zuckten verächtlich.

Duncker stand abwartend. Auf einmal lachte er los. Die Spannung löste sich bei ihm. Er lachte Laurens ins Gesicht.

Da holte Laurens mit der Faust aus. Er traf Duncker am Kinn. Duncker fiel gegen die Nagelbank. Der Himmel wankte unversehens über ihm. Er wollte nach vorn, aber er verhedderte sich im Tauwerk. Sein Schädel dröhnte.

Er bekam eine Hand frei, da schrie es von der Back: „Hunde, ihr! Wollt ihr auseinander!" Der Hochbootsmann Vos sprang von oben direkt gegen Laurens. „Das nennt ihr Festmachen der Blinde!"

Seine Augen waren herausgequollen wie bei einem Frosch. Er schnaubte ihnen Atem ins Gesicht. Das war er, der Aufruhr!

„Es ist schon vorbei", dämpfte Laurens.

Vos fuhr hoch. Nichts war vorbei. An ging erst die Sache. Seine Züge verzerrten sich. Strichförmig die Brauen, spärliche dünne Augenwimpern, kein einziges Barthaar in diesem Gesicht, das der Zorn noch mehr entstellte. Er stieß mit der Fußspitze nach Simon. „Steh auf, du, los!"

Von schmächtiger Gestalt, stand Vos, sich auf der eng anliegenden Kappe kratzend, gegen die Back gelehnt, bis Simon und Laurens das Segeltuch der Blinde gegen die Rah gebunden hatten. Dann schleppte er sie zum Schiffer.

Untersteuermann Andries als Rudergänger vor der Staatskajüte sah mit einer gewissen Melancholie, wie sie ankamen, wie sie murrten, wie ein winziger Anlaß genügte, daß sie aufeinander losgingen.

Hochbootsmann Vos redete drinnen mit dem Schiffer. Dann mußten sie einzeln hinein.

Heemskerck saß hinter dem Tisch, ein Barett auf dem Kopf, die Ärmel spitzenbesetzt, der Bart gepflegt. In vornehmer Ruhe saß er da, schaute mit einer Spur Neugier auf die Männer, wie sie einzeln vor ihn traten, blickte in die aufgewühlten Gesichter. Hochbootsmann Pieter Vos stand am seitlichen Fenster. Jetzt war Heemskerck nicht Schiffer, nicht Commis. Jetzt war er Richter.

Das war der Beginn, er fühlte es. Die Mannschaft wollte nicht. Es war kein Zufall, daß er in jenen, die vor ihn traten, die Männer vom „Verlorenen Sohn" sah. Noch senkten sie die Augen. Noch dämpften sie die Stimme, wenn sie sich an ihn wandten. Noch nannten sie ihn in aller Ehrerbietung Schiffer. Welches Boot würden jene sich aussuchen, um ihn zu greifen. Pinasse oder Bock? Wann würden sie den Streit um den Kurs auf ihre Art durchsetzen, mit dem alleinigen Ziel Heimat? Einheitlichkeit der Leitung! Gut gesagt, wenn ein Schiff aus dem Verband ausbrach. Jetzt prüften sie, wie weit sie gehen durften.

Es war eine große Neugier in Heemskerck; feiner Spott stand um seinen Mund. Er fühlte, wie er sie noch beherrschte. Seit der Trennung der Schiffe war unerwartet eine seltsame Zufriedenheit über ihn gekommen. Der Brausekopf Rijp war fern. Man segelte – wenn auch nicht zur Waigatsch – so doch nach Osten, nach Nowaja Semlja, hinter dem die warme See der Archangeler liegen mußte. Was er als Commis nicht geschafft hatte, vollbrachte er als Schiffer. Selber hatte er es in der Hand. Sein Wille übertrug sich auf das Schiff. Seine Stimme galt. Von ihm hing es ab, wie der Kampf geführt wurde. Als Commis war er nicht mehr auf dem Kahn gewesen als eine tote Fracht. Der Gewinn China rückte dadurch, daß er Kommandant des Schiffes war, in greifbarere Nähe als im Vorjahr.

Er dachte auch an die Frau, der er – verfluchte Schwäche – verfallen war. Sie hatte in einem Maße von seinem Denken Besitz ergriffen, daß sie in allem war. Ihr Hochmut – ihm gegenüber war er gebrochen. Ihr Stolz – dem kleinen Commis hatte sie sich unterworfen. Ihr hatte er es zu verdanken, wenn er Mut gefaßt, das unerhörte Wagnis unternommen hatte, auszubrechen aus der kleinen Welt, aus dem geraden, alltäglichen, kleinen Kurs. Klein all dies, was hinter ihm lag. Sie hatte es ihm gezeigt.

Fünfmal ihrethalben geankert auf der Reede unterhalb des Erzengel-Klosters St. Michael, fünfmal mit dem Handelsvolk in Archangel herumgeschlagen, jedesmal mehr bewandert im Feilschen und in der russischen Sprache. Ihn hieben sie nicht übers Ohr. Jeder Gulden mehr für Hasselaers Tasche war im Grunde schon für die eigene.

Er war gut wie nur einer, der seinen Bug in die Eissee gewendet hatte. Er war besser als der legendäre Schiffer des „Verlorenen Sohnes", der gegenüber der geringen Mannschaft nicht seine Autorität hatte behaupten können. Ein steiler Aufstieg. Der Gipfel war nahe.

Daß Rijp allein nach Norden fuhr, war Besänftigung der Kaufleute. Der Instruktion wurde bis zuletzt Genüge getan! Nowaja Semlja war das zusätzliche Eisen im Feuer. Unversehens hatte seine Macht sich gefestigt, auch gegenüber dem Obersten Navigator.

Nur Heemskerck ermöglichte es Barents, nach dem Osten zu gelangen. Ohne ihn war der Navigator aufgeschmissen. Er war nicht mehr der Zauderer, sondern der Entschlossene. Er hing nicht mehr trockenen Buchstaben an, sondern richtete sich nach der Situation.

Diese Verhandlung in der Staatskajüte gegen die Schläger bot auch ihm Gelegenheit zu prüfen, wie weit er gehen durfte, gegen die Mannschaft und gegen Barents: Er ließ nicht vor dem Schiffsrat verhandeln. Er verhandelte selber.

Es war nicht ausgeschlossen, daß es ihm sogar gelingen konnte, noch im letzten Augenblick seinen Waigatsch-Kurs durchzusetzen. Weit genug im Süden war man ja.

Er ließ jeden lange stehen, schweigend. Er versuchte in ihren Gesichtern zu lesen. Was verbarg sich hinter diesen Stirnen?

Er ließ den ersten sprechen, Simon Reyniers, Bootsmann, fünfundzwanzig Jahre alt, Fischersohn aus Seeland.

Ein guter Bootsmann der. Einer der wenigen Eisfüchse in dieser Mannschaft. Ein verflixt erfahrener Rudergänger, der in den Fingerspitzen hatte, wie man die Segel mit Wind füllte, der Augen im Eis hatte und Ohren im Nebel. Der Retter des Schiffes „Winthont", auf dem Heemskerck nur als Commis mitgefahren war. Mit Mann und Maus wäre die „Winthont" abgesoffen damals wegen des verfluchten Vizeadmirals, wenn dieser Simon Reyniers nicht mit einer zauberischen Gewandtheit das Schiff noch herumbekommen hätte.

„Was hat es gegeben?"

„Nichts."

„Du hast doch aber auf der Galion gelegen, als der Hochbootsmann gekommen ist."

„Ich bin gefallen."

„Gefallen?"

„Ja. Über die Zurring am Bugspriet."

Heemskerck tauschte mit dem Hochbootsmann einen Blick. Der lächelte mit herabgezogenen Mundwinkeln.

Der zweite kam, Duncker Jans. Aus einer Schenke bei Mook, zweiunddreißig Jahre, Bootsmann. Der hatte einen Mann seiner Wache gerettet, als der Bär kam und keiner mehr wußte, daß noch einer fehlte. Da hatte dieser Mann da das Untier auf sich gelenkt.

Heemskerck mochte dieses Gesicht nicht, das ihn an einen Vogel erinnerte, dicke, halb über die Augen gezogene Lider, dieser Schnabel von einer Nase. Aber Heemskerck war gerecht. Er gab nichts auf äußeren Schein, auch wenn er sich selber pflegte.

„Na, nun schildere den Fall.“

Duncker blieb vorsichtig, tastete sich vor. Was hatte Simon schon gesagt?

Heemskerck, düster, fragte genauer. „Hast du den Bootsmann Laurens Willems geschlagen?“

„Das nicht.“

„Was dann?“

„Ich habe gelacht.“

„Gelacht?“ Heemskerck gestattete sich selber ein Lächeln, dem Retter des Hooghwout gegenüber. Gegen diesen Mann mußte er jedes Mittel, jedes Wort abwägen. Er brauchte noch entschlossene, kaltblütige Männer.

Der Hochbootsmann Vos fluchte innerlich. Gelacht! Ja, es war lächerlich. Es war ein Theaterspiel hier. Es ging ihm gegen den Strich. Schon auf Spitzbergen, dem Willem-Barents-Land, bei Gott! hatte er Dunckers Aufsässigkeit gespürt, als die Männer die Hemden wuschen. In Duncker saß der Keim des Aufruhrs, und der Schiffer streichelte ihn!

Der letzte vor Heemskerck war Laurens Willems, Bootsmann, zweiundzwanzig, Sohn eines Schmieds bei Amsterdam.

„Bursche, du hast den Bootsmann Duncker mit der Faust geschlagen?“

„Ja.“

„Aus welchem Grund? Laß dir nicht jedes Wort herausziehen!“

„Duncker hat Simon einen Hieb versetzt.“

„Du lügst doch.“

„Fragen Sie Simon, Schiffer.“

Dann standen sie zu dritt vor dem Richter Heemskerck.

Simon: „Ich bin über die verdammte Zurring gestolpert.“ – Duncker: „Ich habe gelacht.“ – Laurens, in zornigem Trotz: „Ich habe geschlagen.“ Der Hochbootsmann kochte vor Wut.

Heemskerck fällte den Spruch nach Artikel 14 der Schiffsgesetze. „Wer einen anderen an Bord schlägt mit der Faust oder flachen Hand, soll in Eisen geschlagen werden und bei Wasser und Brot sitzen, solange es dem Schiffer gut dünkt. Dann soll er sein Schließgeld bezahlen, ein Offizier zwölf Stuiver, ein Bootsmann deren sechs ...“

Es dünkte aber dem Schiffer Jacob van Heemskerck gut, den Bootsmann Laurens Willems, der als erster das Ruhmlied auf Barents mit der Flöte geblasen hatte, vier Tage vor den Fockmast ins Eisen zu stecken.

Laurens knirschte mit den Zähnen. Simon senkte den Kopf. Duncker kribbelte ein Lächeln um den Mund. „He, Barents ist unser Steuermann, der beste von dem Land ..." Sollten sie es nun dem Laurens singen, wenn er gebunden am Fock saß, dieser Schnurrpfeifer!

Das Schiff segelte, in einem trüben Meer, unter grauem, schwammigem Himmel. Sicher bot es auch jetzt noch einen prachtvollen Anblick. Es gab aber keine Betrachter von außen mehr.

Laurens' Kettenlegung hatte mit einem Schlag aufgerissen, was sich schon lange allmählich im stillen herauskristallisierte. Es gab zwei sich erbittert gegenüberstehende Lager. Simon und Duncker. Diese Gegnerschaft, wie ein Schwelbrand, begann in der Back und breitete sich schließlich über das ganze Schiff, bis zur winddurchpfiffenen Kammer von Meester Hanns am Heck aus. Nicht mehr aber hier Simon, da Duncker, die Wurzeln lagen tiefer. Für den neuen Kurs – gegen den neuen Kurs hieß das. Für oder gegen Barents.

Die Grenzen zwischen den Lagern waren nicht eindeutig, die Situation war kompliziert. Zu welcher Gruppe gehörte jener, um den der Streit entbrannt war, Laurens Willems im Eisen? Für Simon hatte er sich geschlagen, voll gerechten Zornes. Aber der Schiffer Heemskerck, ein Verfechter des neuen Kurses, hatte ihn in den Kerker geworfen.

Auf wessen Seite stand der Zimmermann? Oder der Bootsmann Evert?

Schiffer Heemskerck befahl alle Leute an Deck. Sie standen beiderseits der Boote zwischen Back und Halbdeck und hörten mit Unwillen, was ihren Gefährten Laurens getroffen hatte. Heemskerck hieß den Hochbootsmann, das Urteil zu verlesen. Die Simon-Wache schaute düster zum Großmast, an dem ihr Laurens stand, flankiert vom Feuerwerker und dem Chirurgen.

Barents, urplötzlich vor die Tatsachen gestellt, beobachtete Heemskerck mit unverhohlener Abneigung. Der Zauderer mauserte sich. Er war bei weitem nicht überzeugt, daß da alles rechtens gelaufen war. Selbst der vertrocknete Nay auf den vergangenen Expeditionen hatte die Leute im Rat reden lassen. Eine verdammte Selbstherrlichkeit trat da zutage. Und das nach der Trennung der Schiffe, da alles schon schwankte. Wo war Heemskercks bisherige Diplomatie in diesem Urteil? Barents, da er jetzt der unsinnigen Zeremonie beiwohnen mußte, fühlte in wacher Aufmerksamkeit, daß dies noch nicht alles war. Auf ihn luden sie es ab, wenn da einer im Eisen saß.

Barents ahnte nicht, daß all dies auch aus dem Grunde geschah, weil Heemskerck noch immer mit dem Waigatsch-Kurs liebäugelte.

Der Schiffszimmermann hatte Laurens abzuführen. Heemskerck bestimmte den Bootsmann Evert zu dessen Gehilfen bei dieser schändlichen Aufgabe.

Nacheinander kletterten sie in den Schiffsleib hinein, Evert als erster, dann der Gefangene. Der Zimmermann beschloß den Zug. Evert, Bootsmann aus Leiden, ging schwankend durch die Dämmerung des Artilleriedecks, ohne sich darum zu kümmern, ob ihm der Delinquent auch folge. Klein, dick wackelte er an den Lafetten vorbei, an die hundsgroßen Ratten denkend, die in jenem Pestland aus den Wäldern gekrochen sein sollen. Wenn sie aber eine Heimat hatten, dann war es dieses Gewässer hier, Pestilenz und Tod! Er hatte sich bekreuzigt, als sie den Kältegürtel durchstoßen hatten. Er, dessen verschlagen blickende Äugelchen rauchende Berge gesehen hatten, Wunder der Welt, er hatte sich vor den ersten Blumen Spitzbergens verbeugt. Jetzt segelten sie in die Kälte zurück. Der Navigator war nicht bei Troste.

Er hatte wenig Bildung, er konnte nicht viel mehr schreiben als seinen Namen. Dumpf und roh hatten ihn seine Erlebnisse gemacht. Er hatte ätzenden Spott für Schwächere und war unempfindlich für Schmerzen anderer. Daß jener Laurens hinter ihm ging und wozu er ging, das berührte ihn nicht. Er hatte mit kindlicher Neugier dabeigestanden, als Hooghwout das Beil in den toten Bären hieb. Als der Junge mit blutendem Kopf den Gletscher heruntergeschlittert kam, hatte er ihn vor dem ärgsten bewahrt. Aber nicht bedauert. Jenem Laurens hinter ihm geschah sogar recht, hatte er doch seinen Freund Duncker zusammengeschlagen.

Allein daß Evert für Schiffer und Navigator den Henker zu machen hatte, das wurmte ihn. Und so stieg Evert in sonderbarem Zwiespalt durch den aus dem Rauchfang strömenden Küchendunst zum Bug vor. Für Evert war Laurens in dem Augenblick, da ihn jener Schiffer, der den neuen Kurs fuhr, verurteilt hatte, sein Mann, sein Freund. Er schnob böse, als er endlich doch an dem Verschlag ankam, und hockte sich auf den Balken, über den die Ankertaue liefen.

Der Zimmermann trieb Laurens an. Er hatte mehr zu tun, als einen in Eisen zu legen. Das Amt war ihm gleichgültig. Es war eine Arbeit wie jede andere. Ordnung muß sein auf dem Schiff, und einer muß es tun. Er fühlte, daß er bei der Mannschaft nicht beliebt war. Und sprach er schon keine drei Worte am Tag, dann sprach er diese erst recht nicht zu den Bootsleuten. Brauchte er einen Mann, dann holte er sich den Schiffsjungen. Oder er nahm sich Duncker. Am liebsten hätte er auch jetzt Duncker bei sich gehabt. Aber Duncker hing mit drin in der Sache, und der Zimmermann ahnte, daß sie nicht geheuer war. Er war sicher, die Mannschaft liebte ihn jetzt noch weniger. War er ihnen bisher gleichgültig gewesen, wie in einer geheimen Feindschaft, ohne daß ein Grund zu nennen gewesen wäre, dann würden sie jetzt sagen: Das ist der Jämmerling, der unseren Laurens in Eisen gelegt hat. Unrecht ist in der Welt, dachte der Zimmermann. Wie hätte er sich denn weigern können.

„Mach schon, mach“, knurrte er und riß den Verschlag auf. Es war ein winziges, dumpfes Loch, sechs Fuß im Geviert zwischen Fockmast und Kiel. Das Bugspriet schrägte die Decke ein, so daß hier keiner stehen konnte. Evert höhnte giftig, und Laurens' Gesicht war schweißig. Die Ankerklüsen, stark wie Männerarme, spendeten das einzige Licht. Sie waren noch halb zugestopft durch die hinausführenden Kabel. Es klopfte von draußen gegen die Planken; das Wasser brach sich am Bug.

Laurens kroch in den Verschlag. Es ging nicht in seinen Schädel, daß er hier hocken sollte und nicht Duncker. Er ließ alles mit sich geschehen. Ein Lied auf ihren Ruhm hatte er geflötet!

Der Zimmermann schleppte die Kette herbei, knurrend, weil da der Dicke so untätig saß. „Pack mit an, los!“ Er stieß Evert. Der zog die Knie an den Leib.

„Hab geglaubt, daß du ein ehrsamer Zimmermann bist, und machst nun den Henkersknecht für den Schiffer.“

Der Zimmermann fluchte über den Tölpel da, der leicht reden hatte. Er schlug die Kette am Fockmast fest und zwängte Laurens Handgelenke in die Eisen. Er sah kaum etwas dabei, und es gelang ihm erst nach mehreren Versuchen. Unentwegt aber zischten die höhnischen Sprüche aus Everts Mund zu dem Zimmermann.

Mach dir nichts draus, Laurens, wir sind alle Gefangene. Liegst du im Eisen, dann nur an sichtbarerer Stelle. Wenn sie den Profoß, den Büttel, in der Mannschaftsliste gestrichen hatten, dann nur, weil sie einen solch guten Zimmermann an Bord hatten, der auch jenes andere Amt glänzend auszuüben versteht. In Amsterdam zimmere er Galgen und hänge die Leute gleich selber. Und wenn du in Ketten liegst, dann eilt er zum Schiffer, um sich das Schließgeld auszahlen zu lassen, das dem Henker zusteht. Deine sechs Stuiver in des Zimmermanns Tasche. Reich wird er werden auf diesem Jammerkahn.

Wie vordem saß Evert auf dem Ankerbalken. Keinen Finger rührte er, um Laurens ins Eisen zu bringen. Der Delinquent selber, Bootsmann Laurens Willems, geschunden an den Handgelenken, höhnte schließlich bei der miserablen Arbeit des Zimmermanns: „Ich würde dir ja helfen. Ich hab nur keine Hand frei.“

Dann lag er im Bugraum vor dem Fockmast, angekettet wie ein tollwütiges Tier.

Es schwebte etwas Besonderes über dem Schiff, das den nördlichen Ozean durchfurchte, als sie nun einen Gefangenen an Bord hatten. Keinen Spanier etwa oder einen fremdländischen Tataren, der scharf auf ihre Ware gewesen wäre. Einer aus ihren Reihen war es, ein Aufsässiger, Widerspenstiger, Miesmacher. Ein Rebell. Denn wer in dieser Notzeit die Hand wider einen anderen erhob, der schürte gleichzeitig Widersetzlichkeit.

Als der Schiffsjunge Jan Hillebrants einmal mit dem Teertopf hinter einer Lafette hockte, weil der Feuerwerker unbedingt der Meinung gewesen war, dort müsse gepinselt werden oder sie verfaule, huschte einer durch den Mittelgang nach dem Bug. Beim Bug, bei den Ketten, bei dem Manne Laurens waren ohnehin seine Gedanken gewesen.

Er war erstaunt und erschrocken zugleich über die merkwürdige Macht des Bootsmanns Duncker, der einen Mann niederschlug und nicht nur straffrei ausging, sondern es auch noch verstand, einen anderen Widersacher in Ketten zu bringen. Sein Gerechtigkeitssinn bäumte sich dagegen auf. Kein Schritt mehr mit Duncker, seitdem der Mann in Eisen gelegt worden war! – Duncker holt Fische an Bord, reißt den Mann Hooghwout dem Bären aus den Zähnen, will dem Jungen vom Kahn helfen und geht aus der Schlägerei hervor ohne einen Kratzer. Dunckers Bekanntschaft mit Rijp: in der Waigatsch Bergente gemeinsam gejagt und gegessen. Und doch konnte sich der Junge nicht erinnern, daß Rijp dem vogelköpfigen Bootsmann Duncker auch nur einen Blick geschenkt hätte. Simon und Duncker: Gemeinsame Gefahren bestanden auf jener Eisreise – und doch waren sie die erbittertsten Gegner.

Manchmal, wenn dem Jungen all dies einfiel, dachte er an alte Geschichten der Mutter, die vom Leibhaftigen berichteten. Der Gottseibeiuns, der Satan selber – machte jener sich an ihn heran, hier auf diesem Schiff? – Der Junge verspottete sich selbst. Aber doch nagte in ihm das Mißtrauen gegen den merkwürdigen Bootsmann.

Als der Mann durch den Mittelgang huschte, preßte sich Jan in den Schatten der Lafette. Dann kroch er ihm nach zum Bug. Es zog ihn, alles mit eigenen Augen zu sehen, den Schleicher und den Unschuldigen bei Wasser und Brot. Schwer war es nicht, unbemerkt nach vorn zu kommen, das Holz des Schiffes stöhnte und knarrte.

Und der Angekettete dort hatte doch damals in der Back als erster ein Tau zur Hand gehabt, um dem Jungen eins überzuziehen. „Rijp, Rijp!" Er hörte noch ihr Gekrächz.

Er schob sich auf den Ankerbalken, da sah er den Verschlag. Er hörte auch leises Sprechen. Jemand stand gebückt an der Lattentür, einen dunklen Gegenstand in der Hand. Als sich der Fremde wie lauschend nach dem Artilleriedeck wandte, dem Jungen zu, erkannte dieser, daß es Simon war.

Jan atmete leichter. Er hatte gefürchtet, Duncker zu entdecken, wie er sein Opfer betrachtete.

Noch litt er unter den stummen Anschuldigungen Simons, ein Fischdieb zu sein. Noch fürchtete er jenen, der beobachtet hatte, wie er von Bord fliehen wollte. Jetzt zog er gleich. Jetzt waren die Rollen vertauscht. Jetzt war der Junge der Späher. Er sah Dinge, die für niemandes Auge bestimmt waren. Simon steckte dem Gefangenen Kost und Trank zu. Leise zog sich Jan Hillebrants zurück und versteckte sich hinter seiner Lafette, bis der Bootsmann Simon Reyniers das Artilleriedeck verlassen hatte.

Vier Tage lag Laurens im Eisen, bei Wasser und Brot und dem, was Simon ihm zuschob. Barents studierte die Karten, und Heemskerck nahm die Sonnenhöhe. Sie gelangten aber in diesen Tagen von 74 auf 72 Grad nördlicher Breite.

IX

Willem Barents hatte sich nach der Trennung der Schiffe in die Arbeit vergraben. Nur wenig dachte er an den trotzigen Jan Cornelis Rijp, und dann mit einem zornigen Lachen. Ihm war eine Last abgenommen. Er beobachtete genau Wind, Strömung, Meerestiefe. Mit dem Schiffer Heemskerck kam er im täglichen Einerlei der anfallenden Arbeit besser zurecht, als er geglaubt hatte. Dessen plötzliche neue Festigkeit und Entschlossenheit gefiel ihm, wenn Heemskerck sie auch am unrechten Objekt demonstriert hatte, als er bei der Verhandlung gegen die Schläger den Schiffsrat ausschaltete.

Er wußte, die Lage auf dem Schiff nach der Trennung war nicht einfach. Heemskercks Sicherheit und Entschiedenheit freuten ihn um so mehr. Er glaubte, daß der Schiffer mit seiner Aufgabe wachse.

Zwei Tage mit Nebel kamen, an denen sie die Sonnenhöhe nicht nehmen konnten. Als er aufriß, rief der Mann im Mars unverhofft ein Schiff Richtung Süd aus. Besorgt stieg Barents selber die Wanten hinan. Wenn sie so weit nach Süden gelangt waren, daß sie sich der skandinavischen Küste näherten, dann gnade ihnen Gott: Jede dem Norden abgetrotzte Meile verloren, weil Eis sie bedrängte.

Er kniff die Augen zusammen, die angestrengt die Weite durchforschten. Schwach hob sich vom Wasser ein tanzender Punkt ab. Es konnte nur ein Schiff sein, das auf der alten Route der Kauffahrer von dem Weißen Meer kam oder dorthin wollte. In einem solchen Falle waren sie der Küste wirklich nahe.

Barents stieg in die Kuhl, wo Heemskerck stand. „Halten Sie uns auf dem laufenden“, befahl er dem Hochbootsmann. Dann wandte er sich an den Schiffer: „Ich empfehle abzudrehen.“

Heemskerck preßte die Lippen zusammen.

Barents, dem Stummen gegenüber, begründete seinen Vorschlag. Das unbekannte Schiff vor ihnen barg Gefahr. Nur sehr gering war die Chance, daß es ein Holländer war. Nicht ohne Grund hatten sie die Steinstücken und die Eisenschlangen an Bord. Es war aber dennoch ratsam, sich nicht auf einen Tanz mit einem spanischen Schiff einzulassen. Niemand brauchte etwas von ihrer Anwesenheit hier zu wissen. Denn wurde jene bekannt, dann blieb auch das Vorhaben nicht verborgen. Noch mußte die Straße geheim bleiben, um die Konkurrenz auszuschalten.

Heemskerck schaute seinen Navigator mit wachsender Aufmerksamkeit an. Verwundert hob er die Brauen. Er hatte nicht erwartet, Barents so für die Interessen der Kaufleute sprechen zu hören, nachdem er die Instruktion über Bord gefegt hatte. Ein Gefühl des Einverständnisses wallte jäh in ihm auf. Wie ein Sohn war Barents doch beim alten Os erzogen worden, hatte einen leichteren Start gehabt als er. Barents' gesellschaftliche Stellung war von Anfang an höher als die seine. Heemskerck hatte von dem Marienbild im Kontor des Os gehört, wie der Navigator da kniete neben dem alten und dem jungen Chef, wie er eingereiht war unter die engsten Mitglieder der Familie. Aber fast stand er ihm nun gleich.

„Warten wir noch", sagte Heemskerck. „Vielleicht – ist es Rijp." Äußerlich war er ruhig. In Wahrheit aber drückte ihn der Gedanke an die vier Reiter. Ritt da der zweite über das Wasser, der Krieg?

Er gab dem Untersteuermann einen Wink, dem Feuerwerker an den Geschützen zu helfen.

Nun musterten sie beide das sich aus Dunst herausschälende Schiff.

Manchmal sahen sie es nicht mehr, und sie glaubten, einer Täuschung zum Opfer gefallen zu sein. Sie hatten von Luftspiegelungen gehört, die Dinge zeigten, welche in Wirklichkeit hinter dem Horizont verborgen lagen. Vielleicht jagten sie einem Phantom nach, wenn sie noch immer ihren Bug auf jenes Schiff richteten.

Es konnte nicht Rijp sein. Wie hätte Rijp schneller nach Süden gelangen sollen als die „Eissee"? Hatte er sie im Nebel überholt? War er zur Einsicht gelangt, daß sie die Expedition aufgeben konnten, wenn die Schiffe sich trennten? Heemskerck und Barents wußten sehr wohl, es konnte nicht Rijp sein. Aber sie hofften es mit einer Inbrunst, die sie einte.

Zwei Glasen später gelangten sie zur Gewißheit. Für ein russisches Schiff war jenes da zu groß. Es hatte die Masten anders angeordnet als die Dänen oder Spanier. Es besaß eine plumpere, steiler aufragende Galion als ein Engländer. Das Schiff war wirklich ein Niederländer. Später erkannten sie auch die Flaggen: die drei Kreuze Amsterdams. Noch einmal flammte gewaltig die Hoffnung auf, daß da Rijp vor ihnen kreuze. Heemskerck ließ mehr Tuch setzen und rief den Feuerwerker von den Geschützen zurück. Alles an Bord fieberte. Und wenn es nicht Rijp war, dann war das dort doch die Heimat.

Das Schiff war der „Engel" aus Amsterdam und gehörte dem Kaufmann Hasselaer.

Heemskerck berührte – eine ungewohnte Geste, die seine Bewegung verriet – den Navigator an der Schulter. Der „Engel", auf dem er fünfmal im Auftrag Hasselaers nach Archangel geschwommen war! Er stieß einen Pfiff aus.

Was entbehrlich war, drängte sich an der Reling. „Es lebe Holland!" schrien sie. „Es lebe Amsterdam!" – Segel fielen, als sich die Schiffe auf Rufweite genähert hatten. Die See war bewegt. Heemskerck stellte Simon Reyniers an den Kolderstock. Nur keine Havarie, nur nicht rammen!

„Pieter Rudt!" schrie Heemskerck, als er den Schiffer drüben ausmachte. „Pieter Rudt!" Jener lachte, mit einem Gesicht, das aus der Ferne sehr einfältig wirkte. Heemskerck hob grüßend die Hand. Rudts Commis war er gewesen, ihm untergeben auf fünf langen Reisen. Jetzt befehligte er ein größeres Schiff als jener, der auf ausgefahrenen Kursen alt geworden war. „Den Bock zu Wasser", befahl er knapp.

Es war ein gewagtes Unternehmen bei der unruhigen See, aber keiner riet ab.

Barents ging kurzentschlossen in die „Hütte". Jetzt mußte er ihn schreiben, den Brief. An Plancius, an Os. Berichten mußte er von Spitzbergen und der Trennung der Schiffe. Aber konnte er alles in wenigen Worten begründen?

Während er noch sann, griff er nach einem Bogen, tauchte den Gänsekiel ein und schrieb: „Liebe Anna, liebe wartende Frau. Ich bin gesund, und ich zwing die Passage, so mir Gott hilft. Ich küsse die Kinder ..."

Als er so weit war, öffnete der junge de Veer sanft die Tür. „Admiral, das Boot liegt zu Wasser."

Barents siegelte das Schreiben, schrieb den Namen seiner Frau darauf und blickte auf die leeren anderen Bogen. Wieder den Kaufherren keine Rechenschaft gegeben. Es sollte nicht sein.

Mit energischem Schritt ging er an Deck. Dann begab er sich mit dem Beiboot an Bord des „Engel".

Pieter Rudt, der Schiffer, empfing sie herzlich. In seiner Kajüte ließ er das Beste auftafeln, was er an Bord hatte. Er schloß Heemskerck in die Arme. „Junge, Jacob, du hier! Du kommst nicht los vom ‚Engel'!"

Heemskerck lächelte zurückhaltend. Nein, er wollte nicht los von seinem in lachsrote Seide gekleideten Engel in Amsterdam.

Sie aßen lebhaft und tranken Branntwein. Sie lärmten in ihrer Fröhlichkeit, einmal wieder auf heimatlichem Boden zu sein. Der alte Rudt, ein wettergegerbter bärtiger Mann Anfang der Sechzig, nötigte sie zuzulangen. Er hatte schon das einzige Geschütz klar gehabt, um den Feind in den Grund zu bohren, wie er schmunzelnd verriet. Er konnte es noch immer nicht fassen, daß er Freunde getroffen hatte.

„Schnell zur Hand bist du mit dem Schießen", stichelte Barents munter.

Heemskerck, gelöst, spottete: „Er hat immer noch Angst. Vor sechs Jahren ist er einem Dänen durch die Lappen gegangen, der Zoll von ihm gefordert hatte."

„Geld ist Geld." Pieter Rudt lachte vergnügt. „Gezittert hast *du.*"

Heemskerck wehrte lachend ab.

Barents lächelte. „Und bezahlt habt ihr nicht?"

Rudt zwinkerte in glücklichem Einvernehmen Heemskerck zu. Ja, sie waren verbunden durch tausend Abenteuer, Schliche, Listen! „Keiner hat bezahlt. Der Däne hat einen Prozeß angestrengt gegen unseren Kaufherrn. Gewonnen hat – Hasselaer."

Er nahm einen großen Schluck und prustete.

Heemskerck ergänzte: „Es war der glücklichste Tag unseres Alten. Ein Mann gegen ein Reich. Und Hasselaer gewinnt." Die vertraute Umgebung des „Engel" löste ihn. Er fühlte sich sehr wohl.

Pieter Rudt, überaus fidel, begehrte von der Durchfahrt zu hören. „Habt ihr sie?"

„Bald, bald."

„Und Rijp?"

„Steckt noch im Norden. Aber der ‚Engel'? Was treibt der hier? Erfriert er sich nicht die Flügel?"

Eine riesige Nebelbank hatte am Nordkap gelegen. Weit war der „Engel" ausgewichen. Regen und Sturm dort. „Hier schwimmen wir besser." Der alte Rudt kicherte. Er zwinkerte Heemskerck vergnügt zu. Was, Archangel, das kannten sie! Füchse waren sie hier, die sich durch alle heimtückischen Fallen schlugen, die ihnen die Natur stellte. „Na, trinkt doch!"

Barents fragte: „Wann habt ihr abgelegt in Amsterdam?"

„Vor vierzehn Tagen." Rudt flocht den Bericht ein. „Ach, dieser Abschied, dieses Geflenne, Teufel!"

Heemskerck und Barents tauschten einen Blick. Was waren vierzehn Tage! Viermal so lange waren sie nun entfernt von zu Hause. „Da gibt es doch sicher einen Haufen Neuigkeiten. Steht die Alte Kirche noch?"

„Steht, steht. Amsterdam vergeht nicht, nie und nimmer."

Ja, das war ihr Amstelredam. Und sie tranken Branntwein.

„Plancius?"

„Der bibbert um die Durchfahrt."

„Antonio Portugees, ist er zurück?" – Das gewöhnliche Schiff auf gewöhnlichem Kurs ...

„Portugees? Nein. Wo soll der stecken ...?"

Barents rieb sich die Hände. Wie sollte Portugees auch schon heimgekehrt sein. An einem Tag kommen wir an, Antonio Portugees. Im nächsten Jahr. Du von Cathay, ich von Cathay. Du um das Kap der Guten

Hoffnung, ich um das Eiskap von Nowaja Semlja. An einem Tag kommen wir an. Doch ich bin ein Jahr schneller.

„Was macht der junge Os?" Barents sagte noch immer „der junge", obwohl der alte längst tot war und der junge so viele Jahre auf dem Buckel hatte wie Barents selber.

„Der junge Os?" Rudt betonte das „junge" listig. „Heiratet."

Barents und Heemskerck lachten. „Zeit wird es, was?"

„Wen?" wollte Barents wissen. Dieser Gauner, dieser Os, dieser Heimliche. Er wiegte den Kopf. Doch seine Frage ging unter in Heemskercks Worten: „Was macht Hasselaer?"

„Verlobt seine Tochter dem Os."

Heemskerck, aschfahl, stieß den Stuhl zurück. Er wollte sprechen, doch die Lippen zitterten. Das Glas zerklirrte ihm zwischen den Fingern.

„Was hast du?" drängte Rudt. Der Braten war nicht verdorben, der Branntwein gut, aber zuviel wohl für den Schiffer Heemskerck. „Keinen Schluck geb ich dir mehr", schalt er. „Bist nichts Gutes gewöhnt."

Barents beobachtete argwöhnisch Heemskercks verfallenes Gesicht. „Wir müssen gehen", entschied er.

Rudt schaute verdrossen auf. „Der Teufel steckt im Branntwein; süß getrunken, sauer bezahlt."

„Leb wohl, Pieter Rudt", Barents griff seine beiden Hände. „Grüß Amsterdam. Und – bestell mir den Brief hier." Er zog ihn aus dem Wams. – Liebe Anna, liebe wartende Frau ... Er sah sie vor sich, wie sie ging, wie sie die Kinder umsorgte, mit rotgeränderten Augen.

Heemskerck stand noch immer in seiner Erstarrung. Unwillig befreite er sich von Barents' mahnender Hand.. Er stürzte. Tief stürzte er. Graf Heemskerck, Graf, mein Graf. Er erwachte auf den Lumpen des Segelmachers. Wie im Rausch ging er vor Barents durch die Tür nach der Treppe.

Der Navigator verhielt den Schritt; sein Blick folgte Heemskerck. Dann wandte er sich noch einmal an Rudt: „Wann heiratet der junge Os die Gertrud Hasselaer?"

„Im Winter. Zu Weihnachten ..."

„Nun dann ... gute Reise, euch vom ‚Engel'."

Zwei Glasen danach lagen schon Meilen zwischen den Schiffen. Einen Tag später waren es Meere.

Der Schiffer Jacob van Heemskerck lag in ohnmächtiger Erschöpfung in der Staatskajüte. Er starrte auf die Kassettendecke, auf die Ansicht Amsterdams, vom Ij aus gesehen. Er hörte die Wanduhr ticken. Er hatte das Ungeheuerliche nicht sofort fassen können. Zunächst war es ein Schlag gewesen, der ihn betäubt hatte. Bewußt wurde es ihm erst später.

Was für ein Narr war er gewesen; der Segelstichler greift nach dem Haus Hasselaer! Er schnaubte vor Wut, wie sie ihn an der Nase herumgeführt hatte. Sind Sie verwandt mit den Grafen van Heemskerck? Der Schalk in ihren Augen, Witz, Spott, Ironie. Wie sie sich rekelte, wie sie ihn abschätzte mit schläfrig-wachem Blick. Ihren Grafen, der sie anbetete.

Er verfluchte sie, wie sie Schindluder mit ihm getrieben hatte, jahrelang. Nur ein kleines noch. Nur noch die Chinareise. Dem vereinigten Handelshaus Os-Hasselaer eine neue konkurrenzlose Schiffahrtslinie zur Hochzeit! Das Gräflein fährt, das Gräflein steigt in den Kahn. – Er war noch stolz darauf gewesen, daß der alte Hasselaer noch immer nichts geahnt hatte von dieser Liebe. Er hatte sie tief hinabgezwungen und selbst vor dem Schiffer Pieter Rudt geheimgehalten. Der Navigator Barents hatte nicht das leiseste davon gewußt. Fein verborgen hatten sie alles.

Die andere Seite nicht minder. Als das Gräflein auf weiter See war, als er mit Eis und Nebel rang, um den Weg für den Alten zu suchen, bewerkstelligte jener die Hochzeit seiner Tochter. Den jungen Os als Tochtersmann! Junger Os... Er hatte sich schon die sauren Reden des Navigators angewöhnt. Anfang Vierzig war dieser aufgeschwemmte Fleischberg! Und dazu Gertrud, zwanzig Jahre jünger. Die Tochter des Os hätte sie sein können. Nun schleppte er sie in sein Haus.

Als der Schiffer Heemskerck an ihre Jugend dachte, an ihren Liebreiz und Charme, schwankte er wieder, ob sie nicht auch ein Opfer sei, ob sie nicht ohne Wissen zu allem gezwungen worden war. In diesen Augenblicken bedauerte er sie, dachte an die Laube, an ihren Mund. Vielleicht lag sie in ihrem Amsterdamer Haus in der gleichen Verzweiflung wie er. Und er war gefangen im Wasser, meereweit entfernt. Er pfiff auf das Geld des Hasselaer. Er wollte die Tochter. Aber Hasselaer pfiff nicht auf das Geld seines Schwiegersohnes.

Heemskerck saß schlimmer als jener im Eisen in seinem wasserumspülten Gefängnis. Weit weg war er von den Ereignissen. Die Ansicht Amstelredams, die tickende Uhr, das Schnitzwerk – herunterreißen wollte er es, Ausdruck seinem Zorn verleihen. Doch er lag stumm, mit geweiteten Augen.

Gertrud Hasselaer, zweiundzwanzig Jahre, anmutig, grazil. Sie geht mit dem Hund durch den Garten; ihr Kleid raschelt. Sie setzt sich unter den mächtigen Ahorn. Zu ihren Füßen liegt hechelnd das Tier. Ein Knabe bringt ihr Saft, weil sie Durst hat. Eine Schöne, wie sie dasitzt und trinkt. Ein halbes Kaufmannsschiff mit ihren Perlen und Armreifen. – Drei Kaufmannsschiffe hinter sich, darunter den „Engel", ein hoher Anteil an der „Eissee", eine neue zollfreie Passage in Aussicht. Nach Cathay, nach Cathay. Der Stapel in Archangel, die unbezahlbaren Verbindungen, die Lager! Was saß da alles unter dem Ahorn, verkörpert in dieser Frau.

Der Alte – die Junge, dachte er. Der Reichtum zum Reichtum, das wiegt alles auf. Er drehte die Worte in seinem Hohn. Der Os die Hasselaer. Holland kommt hoch. Holland wird groß. Wer eine gute Heirat macht, macht eine gute Reise. Eine sicherere Reise als die in das Eismeer. Sie heiratete nicht für die Augen, das war ihr Verstand. Sie hatte die Liebe dort, wo das Geld lag. Die erste Frage: Was hat er? Freien ist wie Pferdekauf. Landleute heiraten nach Land, Kaufleute nach Geld. Freien geht vor Tanzen, sagte das Mädchen und nahm einen Lahmen. Wer sich aus Liebe verheiratet, krepiert aus Wut.

Er lästerte wild, er berauschte sich an seinen Worten. Er bespie sie der Reihe nach: Os, Hasselaer, Gertrud. Mit ungeheuerlichen Reden. Er kämpfte den Kampf in sich. Er bekämpfte seinen Zorn, die ohnmächtige Wut.

Zehn Stunden blieb er eingeschlossen in der Staatskajüte. Dann stand er wieder an Deck, hohlwangig, mit großen Augen.

Am 8. Juli schlug der Wind um. Alle Segel ließ Heemskerck setzen. Der Wind machte wett, was er bislang versäumt hatte. Kälte überfiel sie, hüllte das Schiff ein in Reif und Frost. Aber der Wind schob das Schiff nach dem Osten.

Barents in der „Hütte“ atmete auf. Jetzt galt es, dem Winter Tag um Tag abzuringen.

Die geplante Heirat des jungen Os verwunderte ihn nicht. Ja, rückblickend schien es ihm, es habe Anzeichen gegeben. Die Handelshäuser Os-Hasselaer schickten gemeinsam den Portugees auf dem gewöhnlichen Afrikakurs nach Cathay. Das hatte sie gut und gern einhunderttausend Gulden gekostet. Das versprach schon für die Zukunft weitere Zusammenarbeit. Jetzt warfen sie ihren Laden zusammen. Nun denn, meinen Segen habt ihr.

Barents hatte einen faden Geschmack im Mund. Er hatte genug gesehen, als er die Beine unter ihren Tisch steckte. Nichts verwunderte ihn. Aber es wurmte ihn. Es wurmte ihn, wie da Geld gemacht wurde, wie sie rechneten nach Tausenden Gulden. Wie sie schon mit dem noch nicht vorhandenen Ergebnis arbeiteten. Hat Barents die Durchfahrt, damit wir die Kähne beladen können?

Sie wußten nicht, wie der Eiswind weht.

Nun konnte der junge Os sein Marienbild übermalen lassen. An Stelle des jungen, naiv-gläubigen Ziehsohns Willem Barents die schöne Gertrud, wie sie neben dem Herrn des Hauses dann kniete, wohlwollend betrachtet von dem Begründer der Firma, der das Bild als Schutz für sein erstes Schiff hatte malen lassen. Wie sie dann knieten gegenüber den Toten, den beiden Frauen des alten Os und der todblassen Tochter. Sie konnten auch gleich das Gesicht der Maria übermalen und ihr die Züge jener Gertrud geben, denn deren Geld bot einen besseren Schutz für das Handelshaus als eine wolkenferne Heilige. Nur wäre dann der Platz neben dem jungen Os frei geblieben. Denn Barents war es vergällt, auf ihrem Bild weiter zu knien.

Diese Nachricht des „Engel“ von der bevorstehenden Vermählung der Handelshäuser bewirkte bei Barents anderes als beim Schiffer Heemskerck, von dem er nicht wußte, wie eng jener darin verstrickt war. Auf einmal kam ihm alles klein vor, was da in Amsterdam vor sich ging, klein, gering, banal, alltäglich. Wie sie traten, wie sie zappelten, wie sie gierten.

Er hier war auf dem wild-schönen Meer. Er hatte das Neue gesehen: Spitzbergen. Die Weltlandschaft der Maler war Wirklichkeit. Ihr Genie hatte sie erahnt. Was erreichte der menschliche Geist noch? So viel wartete in diesem Spitzbergen auf ihn. Rijp tat recht daran, wenn er es sich anschauen fuhr.

Die Zeit hatte ihn gehetzt, das Drängen der Kaufleute nach der Passage. War Spitzbergen Insel oder Mercatorland? War es Anhängsel Groenlands? Gebar es diese ungeheuren Eismassen? Später, später – die Augen abgewandt und die Durchfahrt gesucht.

Jetzt, da er diese Nachricht vom „Engel“ kannte, war er ruhiger. Tut ihr das Eure, ich tu das Meine. Jetzt freute er sich auf Nowaja Semlja, seine Insel. Ein ungeheurer Drang erfaßte ihn, diesem Kleinen da in Amsterdam das Große entgegenzusetzen.

Es war ihm fast, da er nun schon auf der Länge von Kap Candinaes segelte und die Mündung des Weißen Meeres weit hinter sich hatte, als führe er auf eigene Rechnung, mit eigenem Auftrag.

Er wußte, er hatte sein Kartenbuch von der Mittelländischen See verdorben mit dem alten Kalender, weil er dem alles an sich reißenden Willen des Plancius etwas Eigenes hatte entgegensetzen wollen. Für billige Selbstbestätigung hatte er dem Plancius den Triumph und sich das Geschäft versalzen. Er hatte dadurch den Verleger Claes gegen sich aufgebracht und alle, die da herumvernünftelten. Auch Anna. Aber er hatte freier geatmet.

Jetzt fühlte er das gleiche wie damals. Der Wind wehte frischer. Und war es noch Widersinn gewesen, das alte Kalendarium in das Kartenbuch zu schmieren, so folgte er schon der eigenen Vernunft, als er ihre Instruktion über Bord warf. Der „Engel“ des Pieter Rudt bestätigte ihn. Was wollt ihr mich denn lehren ... Zwei Tage bei diesem Wind, und da würde es endlich liegen, ausgestreckt wie eine kolossale Mauer in dem gischtenden Nebelmeer: sein Nowaja Semlja.

Barents gönnte sich einige Stunden Ruhe, befahl den Schiffsjungen mit Speise und Trank herbei. Der kam mit Brot und Fleisch und stand in ehrerbietiger Haltung an der Tür.

De Veer ließ er kommen, ließ sich den Tisch mit Kartenwerken bepacken, saß grübelnd und starrte auf die gemalten Meere, die Ungeheuer mit den geringelten Schwänzen, die Tritonen und Nereiden zwischen gezackten Küsten.

Er schob de Veer einen Hocker zu und knurrte, als dieser sich setzte. Er trieb ihn hinaus, den Schiffer zu holen. Verwundert ging der junge Mann, kam mit Heemskerck zurück. „Ich stehe zur Verfügung, Navigator", sagte Heemskerck, mühsam beherrscht.

Navigator, ah! Admiral war er nicht mehr. Hol der Teufel den Rijp. Jetzt ging ihre Reise erst an. „Ich bitte", Barents verschränkte die Hände, „um vier Mann mehr an Deck für die nächsten vierundzwanzig Stunden."

Heemskerck durchforschte das ruhige Gesicht des Obersten Piloten. Barents' Forderung war nicht einfach zu erfüllen. Er spürte die leise Widersetzlichkeit in der Mannschaft, in ihren Reden, wie sie gingen, wie sie Befehlen nachkamen. Als der eine im Eisen saß, hatten die anderen dessen Wache mit zu verrichten. Jetzt vier Mann mehr! „Worum geht es?" fragte er geradezu.

Barents deutete auf das Kartenblatt. „Wir segeln auf 72° Nord. Auf dieser Breite, Nowaja Semlja zu, soll Willoughby-Land liegen. Die Sicht ist klar, die Situation günstig. Augen auf!"

„Ich werde mein möglichstes tun", versprach Heemskerck kühl, neigte den Kopf und ging. Man sah ihm nicht mehr an, welch furchtbaren Kampf er hatte in der Staatskajüte bestehen müssen.

Pfiffe hallten über das Deck draußen, die See rollte ruhig. Kein Sturm bisher; ein glattes Meer. Barents schnaufte zufrieden. Zwei Jahre hatte er warten müssen auf sein Nowaja Semlja, diese kolossale steinerne Robbe im Meer. Fast wäre es ihm auch diesmal schiefgelaufen. Aber jetzt gewann die Reise an Konturen. Er stellte sich an das schräggeschnittene Fenster und schaute auf das Wasser, als wollte er sich selbst an der Suche nach Willoughby-Land beteiligen. Er lachte leise und sang dann ein wildes Lied, das sie in den Schenken beim Umtrunk grölten. „Was tut der Bootsmann, wenn er Land sieht..."

Gerrit de Veer schaute dem Navigator verwundert zu. So hatte er Barents noch nie gesehen. Ein junger Mann war er, wie er dort am Fenster stand und das knorrige Lied sang. Fest lag das Fleisch auf diesem Gesicht, straff das Haar nach hinten. Nur die Schläfe umging es in weitem Bogen, und rings um das kleine Ohr zeigte es einen Schimmer, als wenn es ergraute.

Gerrit, wie er den Singenden so betrachtete, war sich im klaren, daß der Navigator seine Anwesenheit vergessen hatte. Nicht sehr wohl war ihm, Zeuge dieses Gesanges zu werden. Er trat zur Tür, um ungesehen zu gehen. Da drehte sich Barents um. In seinen Augen stand noch immer das Lachen. Er war keine Spur verlegen oder mißmutig, als er de Veer sah.

„Setz dich doch endlich!" rief er.

De Veer schob sich auf den Hocker. Dieser Mann da war sein Lehrmeister. Ihm hatte er sich verschrieben. Seinen Ruhm wollte er künden. Er würde zu loben wissen, wie Barents sich gegen alle Feinde und Zweifler behauptet hatte. „Soll ich einen Trunk bringen lassen?“ fragte er.

Barents nickte leutselig. Trinken, ja. Warum nicht? Lustige Tage waren selten. Das letztemal hatte er auf dem „Engel“ getrunken.

Dann überlegte er, hielt de Veer zurück. Nach der Umschiffung Nowaja Semljas konnte man trinken. Warte man noch, was die steinerne Robbe einem abverlangte. Warte man, was mit Willoughby-Land war. Barents klopfte dem jungen de Veer begütigend die Schulter, als wollte er ihn trösten, daß er ihm den Branntwein noch vorenthielte.

Barents setze sich dem Volontär gegenüber, breitbeinig, die Unterarme auf die Schenkel gestützt. Wie ein Bauer hockte er da, mit listigem Blick. „Gibt es Willoughby-Land?“ fragte er.

De Veer hob zweifelnd die Schulter.

„Schau auf die Karte“, sagte Barents. Er tippte selbst darauf, als de Veer zu suchen begann. Das Blatt, eine Darstellung Europas, zeigte eine Hauptkarte und eine Beikarte. Barents wies auf die Detailkarte in der Ecke. „Hier haben sie eine Insel hingeschmiert, die es nicht geben wird. Wir werden sehen.“ Er fuhr mit dem Finger darüber.

Die Umrisse dieser Insel westlich Nowaja Semljas waren nicht durchgezogen, sondern gestrichelt dargestellt. So viel Charakter hätten die Kartenzeichner wenigstens bewiesen, äußerte Barents launig.

Sir-Hugh-Willoughby-Land, las de Veer. Diese winzigen beiden kleinen gestrichelten Inseln schauten wie Augen aus der Karte heraus.

Auf einmal dämmerte es de Veer, von wem diese Karte stammte. Sie war von Doetecum graviert und herausgekommen 1594 vor der ersten Reise der Schiffe. Bei der zweiten Ausfahrt hatte de Veer sie mehrmals in der Staatskajüte gesehen. Dieses Blatt, das nicht einmal den halben Tisch bedeckte, gehörte zu jenen, die der berühmte seefahrtkundige und fette Claes herausgegeben, aber Plancius entworfen hatte.

Plancius. Darum ging es! Der Navigator wollte mit grimmiger Freude, nun er die Instruktion des Plancius in die See geschmissen hatte, auch das Fehlerhafte seiner Karten beweisen. Er war der Praktiker, Plancius der Mann der Theorie. Die Instruktion „Quer über den Pol“ taugte nichts, und das Willoughby-Land gab es nicht. Der Beweis des Nichtvorhandenseins dieser Inseln wurde zum Kriterium, ob Barents recht daran getan hatte, die Trennung der Schiffe zuzulassen und den Plancius-Kurs bei Spitzbergen aufzugeben.

De Veer schaute in Barents’ offenes, rundes, energisches Gesicht. Eine Ahnung berührte ihn, was dieser Mann da sich auf die Schulter gepackt hatte.

„Nun betrachte Nowaja Semlja." Barents trat hinter de Veer und stützte sich auf ihn. „Nun was?" fragte er rasch.

De Veer musterte die Karte. „Es ist eine Insel?"

„Nun wohl, eine Insel. Und nun betrachte die Hauptkarte."

De Veer rückte sich das Blatt näher und hob dann den Kopf. Auf der Hauptkarte war Nowaja Semlja das südliche Ende eines Pollandes des Mercator. Hier Insel, da Polland! „Was soll das?" fragte de Veer.

„Du hast schon recht. Sie wissen nicht, was sie glauben sollen, und sie glauben nicht, was sie wissen. Zwei Auffassungen auf einem einzigen Kartenblatt. Das sind die Leute, die sich nicht entscheiden, die nicht Partei nehmen wollen, die alle Türen offenlassen, ach!" Er machte eine wegwerfende Bewegung und trat vom Tisch zurück.

Rijp glaubte nicht, daß Nowaja Semlja eine Insel ist. Plancius zweifelte. Und Barents hatte doch das nördlichste Kap erreicht. Oh, er hatte auf einer kommenden Karte viel zu berichtigen. Das Ferne Eiland. Das Neue Land. Willoughby-Land, ja oder nein. Der Inselcharakter Nowaja Semljas ...

Auf seiner Weltkarte in zwei Halbkugeln hielt Petrus Plancius es für möglich, daß eine offene Polsee bestehe. Allein wie äußerte er das? Er trug Polinseln ein, etwas kleiner vielleicht als die Polländer des Mercator. Gleichzeitig aber hob er diese gezeichneten Polinseln auf mit der Anmerkung, daß er nicht an sie glaube, aber sie angebracht habe, damit niemand denke, er habe sie vergessen. – Keine Entscheidung, keine eigene Auffassung, Absichern nach allen Seiten.

„Es werden noch viele ausfahren müssen, Gerrit. Vielleicht können wir ein bißchen hinter den Schleier schauen, der hier über der Welt liegt."

„Und China?" fragte de Veer.

Es kam keine Antwort. Barents stand wieder am Fenster. Er sang auch nicht mehr. Da ging de Veer wirklich.

Das Schiff segelte mit unvermindertem Fortgang. In jedem Mars saß ein Mann. Barents lag ausgestreckt auf seinem Lager.

Er dachte aber an Sir Hugh Willoughby, dessen Land er nun für immer von der Karte tilgen wollte. Der Sturz eines Denkmals ...

Als er geboren wurde, war Willoughby durch diese Wasser gesegelt, mit drei Schiffen, auf der Suche nach der Durchfahrt wie er. Nicht weniger hoffnungsvoll, kühn, beharrlich. Im Auftrag der Gesellschaft, der damals gerade erst gegründeten „Merchant Adventurers", waren sie ausgezogen, mit Waren für China und dem Segen der englischen Kaufleute und versehen mit den Ratschlägen des großen Seefahrers Cabot. Willoughby, Gefferson, Durforth, Chancellor – wo waren sie? Oh, Chancellors Schiff kam in das Weiße Meer und landete an der Dwina. Keiner aber gewann die Durchfahrt.

Vielleicht erblickte Willoughby die öden Felsenriffe von Nowaja Semlja, es war nicht ausgeschlossen. Wer von ihnen wollte noch Kunde bringen. Das einzige, was sie entdeckt zu haben glaubten, wollte er ihnen nun nehmen. Schicksal der Forscher!

Willoughby, Gefferson, Durforth gelangten auf dem Rückweg, auf der Flucht vor Sturm, Eis, Nebel mit Mühe an die rettende Küste. Die Kälte schnitt ihnen die Glieder ab. Der Scharbock riß ihnen die Zähne aus. Dreiundsechzig Mann, lagen sie in den beiden Schiffen vor Kolas Küste in Lappland. Kein einziger überstand die Polarnacht.

Grüß dich, Sir Hugh Willoughby, sann Barents auf dem Lager in der „Hütte". Will dir eine Insel entdecken, eine dauerhafte, unvergängliche, die man nicht wieder von der Karte kratzen muß.

Ein Menschenalter später als sie suchte er das gleiche: Seeweg nach China. Noch nicht weiter war man nach einem Menschenalter als der unglückliche Willoughby. Und er wollte es schaffen? „Gott gebe es", murmelte Barents und faltete die Hände.

Am nächsten Tag holte der Schiffer die Bootsleute aus den Marsen. Keiner hatte Land gesichtet. Keine Insel erstreckte sich in den Fluten des Meeres. Es gab kein Willoughby-Land.

Heemskerck selber brachte die Nachricht dem Navigator in die „Hütte". Er fand ihn beim Essen. Barents hatte einen Fisch vor sich und schnitt sich Brot in Stücke, während der Schiffsjunge Jan an der Tür harrte, weiterer Befehle gewärtig.

Barents lachte und schmatzte und leckte sich die Finger. Sorgsam hob er die weißen Gräten aus dem Fischfleisch und vertilgte das Meerestier. Dann war es verschwunden, als hätte es den Fisch nicht gegeben. Wie Sir Hugh Willoughbys Land.

„Wasser", befahl Barents, die Hände vorstreckend. Jan Hillebrants schob die Schüssel darunter und griff dann zum Kupferkrug. Das Wasser spülte die letzten Spuren des Fischs von Barents' Händen.

Während er sich abtrocknete, ließ er den Tisch räumen. Geschirr, Fischknochen, hinaus damit! „Ist alles sauber?" fragte er.

Der Junge wieselte. Heemskerck sah ihm schweigend zu.

Kein Willoughby-Land, welch ein Erfolg! Festzustellen, daß es ein angenommenes Land nicht gab, war auch eine Entdeckung. Willem Barents setzte sich behaglich hinter die ausgebreitete Karte. Ja, er nahm die Kupfergravüre des Doetecum, die Plancius entworfen hatte. Die Hauptkarte und darin, in eine Ecke geschachtelt, die Beikarte.

Hast schon Absonderliches verlegt, lieber Oheim Claes, dachte er sarkastisch. Nicht nur das Kartenbuch mit dem kuriosen Kalendarium, das wir besser doch nicht hineingeschmiert hätten. Laut sagte er: „Nun gib mir die Feder."

Der Junge holte Gänsekiel und Tinte vom Regal. Als er dem Navigator die Feder reichte, hob dieser den Blick. Der Junge Jan erschauerte unter den forschenden Augen.

„Du kannst gehen", drängte Heemskerck.

Barents kam eine Erinnerung, jäh, ohne Zusammenhang. Fern lag es, sehr fern. „Hattest du nicht einmal – eine Wunde am Kopf?"

Jan blieb überrascht stehen. „Ja, hier." Er strich das Haar über der Schläfe zurück. Noch nie, solange er auf der „Eissee" fuhr, hatte der Navigator ihm gegenüber etwas anderes geäußert als Befehle.

„Es war der Bär?" wollte Barents wissen.

„Nein, das Eis. Auf der Bäreninsel."

Heemskerck ergänzte rasch: „Er wollte die Männer vorm Bären warnen und stürzte."

Barents forschte im Gesicht des Jungen. Das Antlitz eines Knaben, rund, die Lippen blutvoll, alles sehr weich. Das ist doch ein Kind, dachte er.

Er betrachtete ihn, der in demütiger Haltung mit hängenden Armen und leicht geneigtem Kopf vor ihm stand. Es war ein Kind, um das der Streit entbrannt war. Ein Kind hatte der Jan Cornelis Rijp vor der Trennung für sein Schiff gefordert. Was mochte den Querkopf Rijp dazu bewogen haben? „Wie alt bist du?"

„Vierzehn. Herr!"

Vierzehn, nun, immerhin. Mit vierzehn war auch er schon zur See gefahren, in den Ostgewässern bei Rügen und Bornholm auf Narwa-Kurs. Barents lächelte. Und dieses Lächeln übertrug sich auf das Gesicht des Jungen.

„Wie heißt du?"

Jan sagte es.

Wie einer meiner Jungen, dachte der Navigator. Amsterdam, Amstelredam. Dirck, Jan, Martin, Neeltgen, Symentgen ... Und Anna. Auf einmal waren die sechs Namen wieder gegenwärtig, die er so lange hinabgezwungen hatte.

Er schaute die Karte an, als besänne er sich auf seine Pflicht. Das straffe Haar strich er zurück, dann griff er zur Feder.

Und vor den Augen des Schiffers und des Schiffsjungen, des Ersten und des Letzten auf dem Schiff, fuhr er die gestrichelten Konturen des Sir-Hugh-Willoughby-Landes nach, mit breitem, kräftigem Strich. Und als er herum war, war es der Leib eines Schiffes, mit Back und Kuhl und auch der „Hütte" am Ende. Und er setzte Masten auf das Schiff und bestückte es mit Segeln und Wimpeln. Und mit kräftigen Strichen ließ er das Wasser schäumen vor der Galion des Schiffes.

Und da das Schiff hier segelte, gab es kein Willoughby-Land mehr. Und das Schiff segelte ostwärts, nach Nowaja Semlja.

X

Die gewaltige Insel kündigte sich an, abweisend, feindlich. Sie war wie eine trutzige Burg, die Ausfälle unternahm, noch bevor sie vom Schiff gesichtet wurde. Sie schickte das Eis aus, damit es einen Riegel vor die Festung lege und das Schiff umklammere. Sie sandte, wie Kundschafter, Bären auf Schollen. Sie legte Nebelschleier. Und doch drang Barents' Schiff unaufhaltsam vor. Es war de Veer, der als erster dünn über der Kimm Nowaja Semlja erspähte.

Nowaja Semlja! Das Neue Land. Auch ein neues Land. Wieviel neue Länder harrten noch ihrer Entdeckung? Nowaja Semlja. Sie sprachen ungelenk diese russischen Worte auf dem Schiff. Sie klammerten sich in die Wanten.

Russische Fischer hatten das Land benannt. Russische Händler waren an seine Küsten verschlagen worden. Konstantin hatte versucht, seine Fjorde zu ergründen. Stephen Burrough lernte seine südliche Küste kennen, als er die Karische Pforte passierte. Pet und Jackman wiederholten seinen Erfolg einige Jahre später.

Und jetzt kam Barents. Nicht als erster. In der Spanne zwischen den Toten, Verschollenen, Vergessenen und den Jungen, Künftigen kam er. Und es war seine Insel.

Dreißig Meilen segelten sie an dem Felsenwall entlang, drei Tage. Vorbei zogen die Kaps, die Schneefelsen, die Riffe. Die Lummenbai. Kap Plancius; dippt die Flagge, Männer! Die Admiralitätsinsel. Das Schwarze Kap. Felsen auf Felsen passierten sie. Und dann gelang der Festung ein Sieg.

Vor der Kreuzinsel, am vierten Tag, lauerte das Eis. In Wällen, in Riffen, in Klippen, in Zacken, in Bergen lag es. Es trieb auf dem Wasser, es nistete im Grund, es quoll aus den Buchten. So weit das Auge blicken konnte, bedeckte es das Meer. Wie die Schale einer Nuß lag das Schiff davor. Das Schiff hieß die „Eissee", aber die eisige See duldete das Schiff nicht. Sie zwang es vor Anker.

Die kleine, der Küste Nowaja Semljas vorgelagerte Insel war flach, unwirtlich. Zwei kreuzartige Landzeichen standen auf Kuppen. Barents war hier im Sommer 1594 gewesen. Aber auch er hatte die Kreuze schon vorgefunden. Menschliche Spuren, wo keiner sie vermutete.

Der Navigator ließ die Pinasse aussetzen. Wer nicht an Bord gebraucht wurde, mußte mit auf die Insel. Er wollte keine Trübsal aufkommen lassen, keine Furcht zeigen vor den Eismassen. Es war alles in Ordnung, so wie es war. Es war alles eingeplant. Zwangspause? Nein. „Streckt euch, Jungs!" Die Pinasse gischtete durch die See.

Am Eiskap, der nördlichsten Spitze Nowaja Semljas, hatten die Männer damals Steinchen gefunden, goldglitzernd und seltsam, die gleichen wie auch auf der Staateninsel in der Straße von Nassau-Waigatsch. Wertvoll schienen sie in ihrem Gefunkel. Die Männer damals hatten sich auf die Steinchen gestürzt, gierig und wild, hatten das Murren vergessen und das Eis und die vielen, vielen Meilen, die sie von Amsterdam trennten. Was die Mineralogen in der Heimat, was die in Amsterdam eingewanderten portugiesischen Juden, die Diamantschleifer, zu den Steinchen sagten, war eine andere Sache. Vielleicht waren sie Plunder. Aber Barents waren sie Gold wert. Sie brachten die Männer auf andere Sinne. Mochten sie Steine suchen, hier auf der Kreuzinsel.

Zwei Kreuze trug die Insel, zwei Landmarken auf den rauhen, felsigen, nackten Kuppen. Wie pfiff der Sturm hier, wie preßte das Eis, wie sackte der Himmel den Schnee herab, wenn erst die Polarnacht anbrach? Wie standen die Kreuze durch? Es war ja nicht auszudenken, wenn in zehn Jahren wieder einmal ein Schiff hier vorbeikam und eines der Kreuze fehlte! Mochten die Männer ein drittes Kreuz dazustellen. Bewegt euch, Jungs, denkt nicht an das Eis. Ein drittes Kreuz ist nützlich. Baut es dauerhaft, und nehmt euch Zeit.

Das dritte Kreuz baute Duncker mit seinen Leuten. Darüber hinaus hatte der Schiffer den besten Bootsmann, Simon, dazugegeben, damit es auch eine solide Arbeit werde. Simon und Duncker gingen umeinander herum wie zwei feindliche Tiere, die beim Gegner eine schwache Stelle erspähen wollen.

Zu fünft standen sie auf einer der Kuppen. Der Wind wehte beständig und kühl, trug die Kälte des Eises mit, das er an die Insel preßte.

„Solange Westwind weht, kommen wir hier nicht fort", sagte Duncker und hob den Balken zum Absägen auf einen Stein. Der dickliche Evert, mit der Brechstange einen Spalt erweiternd, keuchte: „Aber nach Süden zu ist alles noch offen."

Duncker setzte die Säge an. „Meinst du, Barents will wieder nach Süden?" Grimmig sagte er es, mit einem Seitenblick auf Simon, und winkte den Schiffsjungen herbei, der an der Kapuze herumnestelte. „Der fährt erst wieder nach dem Süden, wenn es in seine Straße von Anian geht. Und die gibt es in der Hölle." Mürrisch begann er zu sägen. „Zieh gerade, Junge!" Er fluchte, die Sägezähne waren stumpf. Und ihre eigenen Zähne, die würden sie bald in das Eis spucken können. Zieh, Junge, hol durch! Nowaja Semlja, verschling es dieser und jener. Eine Eisinsel war es fürwahr, eine Hungerinsel. Sie sollten sich nur einmal diese öden Kuppen anschauen. Nicht Löffelkraut, Sauerampfer, Rotgans, Lemming. Stein und Eis! Und sie waren immer noch vier Grad südlicher als auf Spitzbergen. Duncker trat knurrend den abgeschnittenen Klotz mit dem Fuß weg.

Evert hob den Klotz auf und hielt ihn vor der Brust. Dieses Holz war etwas lebendig Gewachsenes. Viele Meilen hatten sie es aus dem Süden heraufgeführt. Der Süden, der Süden. Er hatte keinen Finger krumm gemacht, um Laurens in Eisen zu schlagen. Aber er half das Kreuz errichten. Auf Golgatha hatten drei Kreuze gestanden. – Sie richteten das dritte auf. Sie hatten es in den Norden getragen, und sie würden selber darangeschlagen und ihre Leiber den Bären zum Fraß dienen. Er preßte, die kalten Finger ineinander verschränkt, den Holzklotz gegen den Leib und betete. Aber sein Gebet war ein endloser Fluch.

Als sie die drei Balken in die Spalten gerammt und mit Steinen verklemmt hatten, verschnauften sie. Die Balken trafen sich in der Spitze und standen wie eine Pyramide, ein luftiger, winddurchpfiffener Turm.

„Der Norden ist Gift", fluchte Duncker und schlug gegen das Holz. Wer Gott versuchen wolle, der fahr ins Eis. Und wer schwach sei, der greife nach der dicken Heuer. Diese Fahrt kuriere wohl jeden. Einmal und nie wieder! Wer klappert mit den Zähnen, wer zittert vor Frost! Ohne Grund zahlt kein Herr das viele Geld. Zwei Jahre hatte er Zeit gehabt, sich im Süden aufzuwärmen. Aber so viel Wärme kann keiner aufnehmen, wie du hier herausfrierst. Kennst du den Süden, wo es Palmen und Zypressen gibt und kein Eis? Wo die Berge weiß sind, aber nicht von Schnee, sondern weil sie aus Salz bestehen? Und die Sonne streichelt dir den nackten Rücken, und du fängst schon an die Hitze zu verfluchen. Kann man sich das noch vorstellen? Weiß einer, wie schön Spanien ist und wie angenehm kühl der Wind vom Mittelmeer beim lieblichen Barcelona? Und wer hier nicht glaubt, daß ein Berg weiß sein kann und doch nicht aus Eis bestehe, der fahre nur hin nach Cardona und schaue sich's an. – Und alles, was Duncker sagte, glich einem Lied auf den Süden.

Die Hände unter die Jacke geschoben, stand blaß der Junge.

Evert höhnte: „Was machst du uns das Maul wässrig?"

Auch Simon spottete, an den Balken gelehnt. „Dunckers spanische Reden. Wir wissen, du warst Kammerdiener beim zweiten Philipp und hast freundlicherweise für die Republik im Auftrag des Oraniers die Schubladen deines Königs durchgeschnüffelt und an den Türspalten gehorcht, damit deine Berichte nach Flandern gut werden."

Es war ätzender Spott, und die Lachlust kam sie an, wenn sie sich Duncker als Kammerdiener vorstellten. Simon schüttelte sich und wandte sich von dem vor Wut zitternden Duncker ab. „Was doch der Mann zusammenschwätzt."

Duncker ächzte, doch wagte er keinen Angriff wie noch auf der Galion. Der verfluchte Norden hatte ihn gelähmt.

Simon sagte: „Der Norden ist etwas für Männer." Ohne Kampf kein Erfolg, und ohne Erfolg keine Freude. Allerdings wird dein Geldsack nicht fett durch diese Freude. Die Falschen schreiben ihre Namen in die Karten des Nordens. Viele Inseln, viele Vorsprünge. Viel war benannt worden auf vielen Reisen. Vergessen, abgetan, die Nachfolgenden benannten um. Wie war das doch in der Waigatschstraße gewesen? Neuholland hieß das Land Tatarien, Enkhuizener Eiland die gegenüberliegende Küste, von der man nicht wußte, ob sie noch eine Insel oder schon Nowaja Semlja sei. Und fährst du hinein in die Nassau-Straße, hast du steuerbord die Jan-Huyghens-Spitze und backbord die De-Moucheron-Spitze. Und kommst du weiter, gelangst du zum Strickbollenpunkt und schließlich zum Maelson-Eiland. Und so geht das weiter. Große steinerne Denkmäler, für die Jahrtausende gebaut, von der Natur erschaffen. Denkmäler für wen? Etwa für die Männer in den Wanten?

De Moucheron hatte die „Zwaan" ausgerüstet, Maelson die „Mercurius" finanziert. Strickbolle war Steuermann auf dem einen Schiff und Jan Huyghens Commis auf dem anderen. Alles schön verteilt.

Aber wenn Duncker das letzte Jahr mit in die Waigatsch gefahren wäre, statt sich in Spanien zu verliegen – vielleicht gar als Steuermann mitgefahren, denn alt genug wäre er bei Gott –, dann könnte es sicher dort auch ein Dunckerkap geben, bei so viel Schwachköpfen, die ihre Namen schon an die Landmarken gehängt hatten.

Duncker ging wortlos dem Strand zu.

Simon spie aus und kletterte auf dem schrägen Balken zur Spitze der Pyramide. Evert reichte ihm die Stange hinauf. Und während Simon das Kreuz in die Spitze nagelte, murrte der Dickliche: „Wenn hier eine schäbige Insel Evert-Land hieße, ich glaub, dann segelte ich hier lieber."

Simon aber, hoch oben, hieb stumm die Nägel in die Stange und schwieg, bis das Kreuz fertig war.

Die Bären kamen, als Simon sich anschickte hinunterzuklettern. Er gewahrte sie rechtzeitig, als er nach dem Eis schaute. Er bemühte sich, auf den Boden zu gelangen, ohne Hast zu zeigen. „Rasch zum Boot", zischte er. „Der Schiffer winkt."

„Der Schiffer?" fragte Hooghwout.

„Ich hab ihn von oben gesehen."

Evert wollte das Werkzeug einsammeln, der Junge bückte sich auch nach dem Holz.

„Laßt das alles jetzt liegen", sagte Simon in einem Ton, der sie aufhorchen ließ.

Da irrten Hooghwouts Augen plötzlich umher; sein Gesicht verzerrte sich. „Bären!" stieß er hervor, „Bären!" Bevor jemand eingreifen konnte, rannte er wie gehetzt die Kuppe hinunter auf den Strand zu und schrie gellend: „Bären, Bären!"

Simon packte den Jungen, der hinterher wollte. „Nun werde nicht auch noch verrückt!"

Spanien und das Eisland, dachte Jan, vielleicht wird man doch verrückt.

Langsam gingen sie die Kuppe hinunter, den Blick nach den Bären, die das neue Kreuz berochen und sich daran aufrichteten. Evert wankte mit verschlossenem Gesicht. Ein Kreuz genagelt und von Bären gefressen. Kein Kap für Evert, keine Insel. Aber wenigstens ein Kreuz. Das hatte nicht jeder aufzuweisen, der gegen die Spanier gefallen oder auf den Meeren geblieben war. Ein gequältes Lächeln stand um seinen dünnen Mund.

Der Schiffer Heemskerck am Boot sah, wie da einer wie irr die Kuppe beim neuen Kreuz herunterjagte. Er griff einen Bootshaken und ging dem Mann entgegen. Die Steinsammler und Hemdenwäscher hörten das Gebrüll: „Bären!" Sie keuchten wie Hooghwout auf die Pinasse zu, voll von panischem Schrecken.

Die Bären lockte das flüchtige Wild. Sie setzten sich in Gang. Simon beeilte den Schritt. Das Boot war endlos weit.

Auch der Schiffer Heemskerck rannte. Aber er rannte gegen die Männer los. Er schrie: „Wer nicht stehenbleibt, dem jag ich den Bootshaken in den Leib!" Sie lasen in seinen Augen, daß es ihm furchtbarer Ernst war.

Die ersten stutzten, stockten. Der Anblick des Schiffers gab ihnen Mut. Hooghwout, mitten im Rennen, stürzte. Als er aufschaute, in die Augen des Schiffers, war sein Gesicht ein einziger Ausdruck des Hasses.

„Schreit, brüllt!" rief der Schiffer. „Damit sie erschrecken. Ihr seid Wunder für sie. Sie kennen keine Menschen. Neugierig sind sie. Keine Angst zeigen! Sie haben mehr Furcht als ihr!"

Während er so redete, ging er schon wieder ein Stück auf die Bären zu, mit den mutigsten unter den Männern. Sie nahmen Simon, Evert und Jan in die Mitte.

Der Schiffsjunge Jan Hillebrants aber sagte, als sie endlich im sicheren Schiff standen, unvermittelt, ohne Übergang zu dem Bootsmann Duncker: „Du warst nie im Eis, nie, nie! Du warst nie in der Waigatsch! Du kennst weder Wale noch Walrosse. Du hast nie Bergente mit Rijp gegessen! Nicht einen Tag *mehr* warst du im Norden als ich!"

Der Junge stürzte in die Back und warf sich auf die Koje. Das entsetzlichste aber war ihm, daß Duncker kein Wort dagegenzusagen wußte.

An der Kreuzinsel lagen sie siebzehn Tage. An jedem sahen sie Bären. An einem holten sie ein Boot mit Steinen von der Insel als Ballast für das Schiff. An einem nahm der Schiffsjunge Jan Hillebrants all seinen Mut zusammen, lief zum neuen Kreuz auf der Kuppe und schnitt mit dem Horngriffmesser seinen vollen Namen in den Balken. Jan Hillebrants aus Amsterdam, Anno 1596 im Monat August. Und so gab es nun vor der Küste von Nowaja Semlja auf einer Insel das Jan-Hillebrants-Kreuz. Jenes, an dem er Duncker verloren hatte.

An einem dieser vielen, durch keine Nacht getrennten Tage aber öffnete der Oberste Navigator und Pilot Willem Barents das Medaillon und schaute auf das stille, feine Gesicht seiner Frau. St.-Anna-Tag war es. Wie geht es dir, Liebe, was machst du, was sorgt dich? Wie erträgst du das denn, Anna, Liebe, das Hoffen und Hoffen und Hoffen?

XI

Hundertmal wechselten die Wachen, achthundertmal schlugen sie regelmäßig die Glasen. So lange, wie sie von Spitzbergen herübergefahren waren, so lange lagen sie nun schon fest. Was waren die fünf Tage hinter Vlie dagegen. Fünf gegen siebzehn!

Dann drehte der Wind, dann pfiff er von Nordnordost. Dann trieb er das Eis in die See. Die Festung öffnete das Tor. Weit dehnte sich freies Wasser entlang der Küste. „Anker auf!" befahl der Schiffer Heemskerck.

Weiter mußte er, es mußte durchgestanden sein, weg von diesen zähen Tagen der Untätigkeit, die ihn aussogen. Er hielt sich mehr zurückgezogen als zu jedem anderen Zeitpunkt seit ihrer Abreise. Aber er ertrug nicht mehr den Anblick des Bildes von Amsterdam in seiner Kajüte.

Wenn die Glasen tropften, wenn die Tage sich breiteten, ohne sich auch nur im geringsten voneinander zu unterscheiden, erfaßte er deutlich, wie es unter den Bootsleuten schwelte. Seit die Schiffe getrennt waren, mißtraute er ihnen in allem. Einen hatte er zur Warnung ins Eisen gesteckt. Das trieb ihnen noch mehr den Pfahl ins Fleisch. Sie hatten den „Engel" gesehen, die Heimat. Sie hatten sich an der Reling herumgedrückt, selber aber keinen Vorteil von der Begegnung gehabt. Der Schiffer und der Navigator waren an Bord des anderen Schiffes gegangen, begleitet von ihren aufsässigen Reden. Die da, ja!

Keiner wußte, daß gerade ihm der „Engel" einen Traum zerstört hatte. Sie dachten nicht weiter als bis zu ihrem Rockärmel.

Das Schiff da hatte noch vor kurzem in Amstelredam gelegen. Das Schiff da bleibt im Süden, wenn es nach Archangel reist. Dann fährt es stracks zurück. Sie aber sollten immer noch nach China; der Schwung ihrer Ausfahrt aber war ausgelaufen im spitzbergischen Eis. Der „Engel" da hatte keine Grüße von den Ihren für sie gehabt und würde kein Wort von ihnen nach Hause tragen. Der „Engel" da erinnerte die Mannschaft nachdrücklich daran, daß sie einmal zwei Schiffe gewesen waren, die sich tölpelhaft getrennt hatten.

Wieviel hatte die Mannschaft des „Verlorenen Sohnes" ertragen, bevor sie ihren Schiffer im offenen Boot aussetzte? Viel mehr?

Sie spürten sein Mißtrauen, das war ihm bekannt. Er liebte sie nicht, und sie hatten vielleicht noch Furcht vor ihm, keinesfalls aber Verehrung wie für den Navigator. Rijp hatte es einfacher gehabt auf seinem Schiff; ohne Barents' Anwesenheit war er Gott gewesen.

Kein Schiff lief mit zwei Großmasten. Einer davon war zuviel. Einer mußte gekürzt werden ...

Was sie da in Amsterdam getrieben hatten zwischen den Häusern Os – Hasselaer, es demütigte ihn. Um so mehr mußte er Schiffer sein.

In den langen Tagen des Stilliegens an der Kreuzinsel, das aussichtslose Unternehmen vor Augen, das sinnlose Warten auf eisfreie Passage, war er versucht, sich selbst zuzurufen – wie damals an der Bäreninsel dem Schiffer Rijp: Laß es gut sein, kehr nun um.

Er fühlte genug Kraft in sich und auch Haß, der es ihm ermöglicht hätte, sofort auch gegen den Willen des Navigators die Umkehr zu erzwingen. Denn Barents würde nie umkehren, wenn er vor seiner Insel lag. Der nie!

Wenn etwas Heemskerck davon zurückhielt, dann dies, daß er nicht wußte, wohin er umkehren sollte.

Er hatte in den Tagen mit den größten Anstrengungen eine seltsame Befriedigung verspürt: Je härter es zuging, desto wohler – nicht glücklicher – fühlte er sich. Von Glück konnte er nicht mehr sprechen. Je mehr ihm abverlangt wurde, desto ruhiger schlief er vor der Ansicht Amsterdams in seiner Staatskajüte. Wie tot fiel er dann auf die Koje.

Jetzt brach das Eis, jetzt, bei Gott, mußte er weiter.

Schwer schritten die Männer ums Spill. „Stemmt euch, Jungs", sang Duncker mit Fistelstimme. „Hojaho!" keuchten sie.

„Noch einmal!"

„Hojaho!"

„Rundum geht's!"

„Rundum geht's!"

„Anker auf!"

„Hojaho!"

„Und ...!"

„Rundum, los!"

So knarrten sie den Anker herauf. Es ging rundum, ja, rund um Nowaja Semlja. Doch hinter dem Singen steckte kein Schwung.

Jeden Tag ließ der Schiffer Heemskerck einen Mann die Namen der Vorgebirge, Inseln, Buchten ausrufen, damit jeder mit offenen Augen sehe, welchen Fortschritt das Schiff mache. All dies habe ihr ehrenwerter Herr und Navigator Willem Barents, der berühmte Pilot, schon vor zwei Jahren erreicht und zu Ehren ihres Landes benannt.

Nur de Veer begriff den spöttischen Unterton.

Das hieß, meinte Heemskerck, laßt es euch nicht verdrießen. Unser

Barents kennt den Weg. Allein die Leute verstanden es so, daß sie trotz aller bisherigen Plackerei noch nicht das geringste erreicht hatten. Siebzehn Tage Stilliegen hinter der Kreuzinsel, aber kein Aufatmen. Ein Kreuz errichtet, einen Bären getötet, einen Blick auf ein Medaillon geworfen – aber kein Kräftesammeln. „Kap Nassau!" schrie de Veer im Auftrag des Schiffers am ersten Tag ihrer Weiterreise. „Kap Trost!" schrie er am zweiten Tag. Aber Nassau war weit und Trost gering.

Bereits hinter Kap Trost fiel Nebel über das Schiff. Die Sonne war eine milchige Scheibe, dann löste sie sich in der schwammigen Luft auf. Wie in einem Nebelsack saß das Schiff. Weiß war der Nebel und weiß das Eis und weiß das an die Klippen schäumende Wasser.

Der Schiffer ließ alles Tuch aus den Masten nehmen, dann trat er zu Barents. Strömung trieb das Schiff gegen die Küste. Sie standen am Großmast, und das Vorschiff versickerte im Dunst. Der Fockmast war ein hauchdünner Faden. „Wie tief ist der Grund?" fragte Barents. Es ergab sich, daß unter ihrem Kiel noch mehr als Masthöhe Wasser lag.

„Steuerbord Land", schrie der Mann von der Galion weit vor ihnen aus der Unendlichkeit des weißen Nebels.

Heemskerck gab kurze schnelle Befehle. Langsam drehte der Bug vom Land ab. Dann erwies es sich, daß es nicht Land, sondern Eis war, ein Berg mit steilen Wänden, zerschrundet, vom Wasser umbrandet. Einen Steinwurf vom Schiff entfernt, ruhte er in der See. Er saß fest auf dem Grund. Welch ein Koloß, wenn er bei dieser Tiefe mit dem Meeresboden verwachsen war.

Den Bootsleuten Simon und Frans gelang es, mit dem ausgesetzten Bock den kleinen Werfanker hinüberzubringen. An dem Ankerkabel holte sich das Schiff langsam heran. So lag die „Eissee" an das Eis gekettet. Die Eiswand lag neben der Schiffswand, ein Fußbreit Wasser gluckerte dazwischen. Der Berg erreichte die Marse des Schiffes. Diesmal nicht zwei Schiffe nebeneinander wie „Engel" und „Eissee", wie „Amstelredam" und „Eissee", diesmal Eis und Schiff, Kälte und Wärme, Tod und Leben. Wer in die Koje kroch, der behielt die Kleider auf dem Leib.

Der Bootsmann Simon stand unter Deck an der Großmastpumpe, als der Schiffsjunge Jan Hillebrants von der Küche heraufstieg. Der Junge prallte auf ihn, und der Armvoll Holz, das er trug, polterte auf die Planken. Jan Hillebrants bückte sich mit rotem Kopf. Einige Scheite klapperten die Stiege in die Küche hinab. Simon wollte Sickerwasser aus der Bilge pumpen, wo es sich sammelte. Aber jetzt ließ er den Schwengel los.

Mißtrauisch verfolgte der Junge, wie sich Simon auf die Knie ließ und das Brennholz zusammenschob.

Simon sagte: „Wenn du zur Stückpforte hinauslangst, kannst du das Eis greifen. Das Schiff hat sich selbst angekettet."

Der Junge hob den Kopf, aber Simon sah ihn nicht an. Er sprach beiläufig, als sei der Junge nicht da. „Hat einer im Eisen liegen müssen auf dem Schiff und hat es nicht verdient. Wurmt dich denn das nicht, Jung, was bist du für einer. Hat einer im Eisen gelegen, weil ein anderer nicht mit Pein an seinem Leib gestraft werden durfte. Dann wären wir heute nämlich nur noch sechzehn." Er hockte über dem Holz und schlug mit einem Scheit auf die Planken. Der Junge starrte ihn an.

Simon erwartete nicht, daß jener redete. Er sprach selber. „Wer für die Reise bestellt ist und Geld empfangen hat, und wenn er nur der Schiffsjung ist oder ein Bootsmann, und danach aus dem Dienst scheidet oder wegläuft ohne Abschied und Passeport, der wird ohne Gnade mit dem Galgen gestraft. Wer mit dem Boot heimlich vom Schiffsbord fährt, um Land oder ein anderes Schiff aufzusuchen, dem geht es an den Leib. Hätt ich dem Schiffer flüstern sollen, Jung, daß mir dein Duncker eins gegen das Knie versetzt hat, daß ich lang hinschlug, und warum? Denn das Warum kommt. Es kommt immer, Jung. Wenn man einmal an dem Kabel anfängt zu zerren, dann kommt der Anker ans Licht. Dann rollt es, dann geht die Fahrt an. Heißa! Und was dann, he?"

Simon sah sich um, scharrte Holz herbei, stieß den Jungen an. „Bist doch kein Kind. Hättest an Land bleiben sollen, wenn dich das Eis ängstigt. Dein Vater hat gegen die Spanier gekämpft, sagt man. Auge in Auge, was? Und du? Bist du schlechter als er, feiger? Schämst du dich nicht vor ihm?"

Ein Druck saß Jan auf der Brust, als sie beide am Boden des Artilleriedecks knieten.

Der Koch schrie von unten herauf, wann nun der Junge endlich die hinabgefallenen Scheite wegräume.

Mit wirrem Kopf kletterte Jan in die Kombüse hinunter. Oben quietschte die Pumpe los und schöpfte den Kiel frei. Das Wasser schoß durch das Speigatt gegen das Eis.

Der Nebel wich den ganzen nächsten Tag nicht. Der Junge ging durch die milchige, undurchdringliche Luft zwischen Back und „Hütte". Er verrichtete, was er zu tun beauftragt war. Er dachte an Rijp und wo dieser etwa läge mit seinem Schiff, durchgekommen oder an Klippen gerammt, eingefroren oder im Nebel, auf Heimreise oder ...?

Simon hatte eine empfindliche Stelle des Jungen angerührt. Daß Duncker nach der Schlägerei auf der Galion alle Schuld dem Laurens zugeschoben hatte, schien ihm als etwas so Heimtückisches, daß es ihn schmerzte.

Einmal, als er sich auf der Koje ausstreckte, hörte er ein großes Geschrei vom Deck her, und als er eilends mit den anderen hinaussprang, konnte er erst nichts gewahren in dem großen Nebel. Dann spürte er, daß es schneite.

Schnee fiel auf das Schiff!

Durch den Schnee und den Nebel schrie einer, ein Bär käme über das Eis. Hoch über dem Deck, sprungbereit, stand das Untier auf dem Berg. Der Feuerwerker hob die Muskete. Laut rollte der Schuß. Im Schneetreiben verschwand der Bär.

Bären – wieviel schon hatten sie gesehen. Den ersten auf der Bäreninsel, da noch voll Schrecken. Und dann die vielen, vielen anderen. Das Bärenland war dies. Wie oft schon waren sie angegriffen worden, wieviel Felle und Bärenzähne lagen schon im Gerätegatt! Immer neue schickte die Insel aus. Überall liefen sie, tückisch, leise.

Es blieb nicht beim Festliegen. Das Eis setzte zum Angriff an. Das Meer schwemmte es heran, so daß es ihnen den Rückzug abschnitt. Es drohte, sie gegen die Insel zu klemmen, unentrinnbar.

Heemskerck ließ Segel setzen. Das Eis splitterte um den Bug und schob sich krachend zur Seite. Kein Ende nahm das Eis. Mit Mühe holten sie den Werfanker ein. Wenigstens der Nebel war gewichen.

Da erschien alles weniger schlimm. Man sah den Feind. Man konnte ihm ausweichen. Eine Landzunge vor dem Schiff, die sich streckte wie ein Hundekopf, hielt das ärgste ab. Nur nicht hinaus müssen in den Aufruhr, wo die Schollen krachten, an ein schweres Gefecht erinnernd, wo sich vor ihren Augen Berge zusammenschoben, die sich landwärts bewegten.

„Bock klar!" schrie der Hochbootsmann mit kältestraffen Wangen. Wieder sprangen Simon und Frans ins Boot und pullten durch die Gischt. Abermals befestigten sie den Werfanker im Eisgrund eines mit dem Meeresboden verwachsenen Klotzes. Eine Eismasse, größer als ihre Alte Kirche zu Amsterdam und sie, die Nußschale, in der wippenden See, die den beiden im Bock die Kleider tränkte.

Im Kampf gegen das Eis war das Eis die Rettung. Unberührt lag der Eisberg in dem Tosen. Es zog aber den Navigator zu einem viel gewaltigeren Berg, der den Namen des Eises trug: zum Großen Eiskap.

Still, verschnaufend, mit zitternder Hand führten sie ihre Suppe zum Mund, zur Westersonne, schmeckten das würzige Fleisch, verbrannten sich die Zunge und sogen gierig die Wärme in sich hinein. Zum Großen Eiskap! Auf 76° hatten sie schon bei der Kreuzinsel gelegen. Das Große Eiskap streckte sich bei 77° in die See. Hatte nicht ihr Navigator durch seine erste Nordreise bewiesen, wo dieses Kap lag? Nicht zwischen 80 und 90°, wie andere Piloten geglaubt hatten. Nur einige Meilchen noch Nordost, bis sie das Kap passierten. Und dann?

Wer fragt da: und dann? Dann würde es nach dem Süden gehen, in die Straße von Anian, nach Cathay und Japan und auch nach China. Menschen, Bäume! Stellt euch das vor! Palmen vielleicht? Palmen auch. Gewürze. Und die Reise gewonnen.

Frans sagte es. So wie er die Rotgans gerühmt hatte, so lobte er jetzt

Cathay. Laurens rieb sich schweigend die Handgelenke, als spüre er noch die Ketten. Aber die meisten wollten von China nichts hören. Es war ein Märchen, ein Traum, auch wenn Houghwout von der großen Heuer schwärmte. Waren sie ohnehin zur doppelten Heuer einer gewöhnlichen Reise angenommen, so erhöhte sie sich noch einmal um ein Drittel, wenn sie die Fahrt mit der Entdeckung des Seewegs krönten. Evert brummte, dann habe er so viel, dann könne er sein Geld auf Reisen schicken. Dann kriege ihn keiner mehr aus Amsterdams Schenken.

Er hängte einen Fluch an; sie lachten trotz allen Ungemachs, weil auch mit doppelter und dreifacher Heuer nicht einer von ihnen fett würde. Fünf Gulden im Monat für den Schiffsjungen, was, Jan Hillebrants? Und einhundertzwanzig für den Schiffer. Ja. ja. Ihr Lachen war bitter.

So löffelten sie rasch die Suppe, die zu heiß war zum Essen. Und sie hatten solche Eile, weil sie sie so heiß wie möglich in den Magen bekommen wollten. Sie träumten vom Großen Eiskap wie vom Paradies, während sie hier an dem Eisfels verankert lagen. Und doch mußten sie hindurch.

Simon sagte: „So ist das: Wir haben im Volkerak gelegen zwischen dem brabantschen Land und der Insel Flakkee mit dem ‚Lamm Gottes' – ein kleiner Kahn, aber wendig. Da kommen die Spanier aus dem Hollandsch Diep im Rücken und aus dem Keeten von vorn. Und wir Segel gesetzt und weg. Zwischen Goeree und Schouwen hofften wir, das offene Meer zu gewinnen. Sie schießen auf dich aus allen Rohren, und sie feuern, und du denkst, wenn der Mast nun über Bord geht, was dann. Du bist noch nicht bei Philipsland, da siehst du die Wasser vor dir voller Segel, eins an dem anderen, spanische Segel, hol sie die Hölle. Und da gab es nichts für uns wie durch und die Zähne zusammengebissen und mitgeschlagen, mitgerauft. Und du siehst schon die lockende See. Dorthin mußt du, und bald hast du es geschafft."

Sie löffelten schneller, während Simon erzählte, weil sie aus der gemeinsamen Schüssel aßen. Sie nickten aber und stießen zwischen dem Löffeln ein „Wahr, wahr!" heraus, weil es stimmte, was da der Kamerad sagte. Nur ein kleines noch. Am Eiskap war alles gut. Wärme, Südreise, Belohnung für die Mühe.

Der Schiffer Heemskerck, der die Unruhe in der Mannschaft fürchtete, wußte nicht, daß die Hoffnung auf das nördlichste Kap der Insel die Männer besänftigte.

Es donnerte, das Schiff bebte wie von Geschossen getroffen. Sie stürzten ins Freie, die Schüssel rollte vom Tisch. „Anker los", gellte der Schiffer. Der Eisberg barst, rammte gegen die Reling, überschüttete die Kuhl. Schäumend schlug das Wasser um die Galion.

Das Schiff lag mit dem Vordersteven auf dem Eis, doch der Koloß schüttelte es ab, als wollte er es nicht dulden. Es war wie eine Drohung:

Seht, was ich vermag!

Sie fierten das Tau und kriegten den Anker los und rollten mit kleinem Segel über die Bucht. Um sie herum war das Wasser übersät mit den Trümmern des Eisbergs.

Das war die Schlacht, die sie schlugen, die Umschiffung zu erzwingen. Sie räumten das Deck von Schnee und Eis, sie nahmen abermals einen ruhenden Eisklotz als Ankerplatz und tauschten ihn bald mit dem nächsten. Die Glasen hallten, der Sand rann, die Tage wechselten. Sie gingen näher an Land, weil das Eis auf das Schiff eindrang, und sie warfen den Anker auf den nächstliegenden Eisberg. Sie schossen einen Bären und häuteten ihn ab. Und sie nannten den hundeartigen Felsvorsprung, wo all dies geschah, das Kleine Eiskap. Dies war ein Kap des Eises, ja.

Als sie später segeln konnten, in offenem Fahrwasser, um endlich dieses eine Grad nördlicher Breite der Insel noch abzutrotzen, schrieb de Veer in sein Tagebuch: Wir haben sechs volle Tage am Kleinen Eiskap verloren. All die Zeit aber war der Himmel eine einzig graue Masse, mit Schnee, mit Nebel. Auch wenn sich der Nebel hob, wenn der Schneefall versiegte, blieb er grau und bleiern.

Und dann tauchte er aus dem Wasser, der gewaltige Felsabsturz. Die Wachen hakten sich mit klammen Armen in die Wanten. „Das Große Eiskap, die Nordspitze!" Die anderen krochen aus den Kojen und standen mit müden Augen an der Reling und starrten auf den Fels wie auf ein Heiligtum.

Inseln lagen vor dem Kap, die sich mit Eis sperrten, aber die Männer lachten. Die Oranien-Inseln waren das, wie de Veer ausrief. Endlich hatte er wieder etwas auszurufen. Der Name war ihnen heimatlich, als würden sie hier wie Gäste empfangen. Mochte all dies benannt sein nach dem Hause Nassau-Oranien, so waren es doch die Ihren, die sie im Kampf gegen die Spanier geführt hatten. Wilhelm der Schweiger hatte sein Leben drangegeben für die Republik, und Wilhelm Barentszoon führte sie in den Norden zu Ehren der Republik. Sie brachten ein Hurra aus auf ihre Heimat Holland und auf den Navigator. Aber keines für Heemskerck.

Auch die Sonne brach durch an diesem Augusttag. Dem Bären, der sie am Betreten der Oranien-Inseln hindern wollte, zogen sie das Fell über die Ohren. Dann setzten sie mit zehn Mann in der Pinasse auch das letzte Stück noch über und erstiegen Nowaja Semlja beim Großen Eiskap.

Alles, was auf dem Schiff entbehrlich war, zog auf Wunsch des Navigators mit. Sie sahen von der Höhe aus, daß er ihnen nichts vorgeschwindelt hatte. Das Land bog ab nach Südosten und einige Meilen entfernter nach Südsüdosten. Und dann endlich nach Süden.

Aneinandergedrängt standen sie auf dem Felsen. Sie sangen, die Augen nach Süden gewandt, dem entfliehenden Land nach:

„Barents ist unser Steuermann, der beste von dem Land..."

Allein Barents stand abseits von den Leuten; er schaute nicht nach Süden sondern nach Westen. Dort stand ein unheimliches Himmelszeichen, schlimmer als drei Sonnen und vier Regenbögen. Aber dieses Himmelszeichen war so, daß kein anderer seine Warnung verstand.

Er sah im Westen nach zweieinhalb Monaten Fahrt nördlich des Polarkreises die Sonne zum erstenmal untergehen. Der Polarsommer neigte sich dem Ende.

„Darin setzt er sein Leben und Gut, bis daß er China finden tut..." So sangen die Männer. Sie hatten Grund dazu.

Dies war die erste Schlacht des Schiffes „Eissee" im Polarsommer 1596, die Umschiffung des Großen Eiskaps zu erzwingen.

Es hatte die Schlacht gewonnen.

XII

Barents stand am nördlichsten Punkt Nowaja Semljas. Er war außerordentlich zufrieden, auch wenn er das bisher Gewonnene schon vor zwei Jahren erreicht hatte. Amsterdam war weit, die „Amstelredam" mit dem störrischen Rijp fern, der „Engel" davongesegelt, sechs starke Trossen gekappt, die ihn an die Stadt an Amstel und Ij ketteten. Es war nicht leicht, aber es war nun ein wunderbares Gefühl in ihm wie vor etwas Hoheitsvollem, Heiligem, was ihm nun begegnen sollte. Jetzt kam das Neue. Jetzt ging es nach Süden. Jetzt erst stand er am eigentlichen Anfang.

Ein unbeschreiblicher Forschungsdrang hatte ihn gepackt, das Gesicht des Nordens endlich zu entschleiern. Tausend Widerwärtigkeiten hatte er bestanden, um an diesen einen Punkt zu gelangen. Er hatte sich behauptet.

Es bereitete gewisse Schwierigkeiten, das Schiff auf den neuen Kurs zu bekommen. Gewaltig trieb die Strömung das Eis gegen den Bug. Es rutschte über die Haltetrossen, und als sie diese endlich lösten, hätten sie um ein Haar den Anker aufgeben müssen. Aber es glückte. Frischer Mut beseelte sie. Jetzt hatte Bootsmann Evert das, was er sich an der Kreuzinsel ersehnt hatte: die Südreise.

Der Wind kam Südwest, das Wetter war günstig, das Eis unterwarf sich. Ein neues Kap tauchte auf, namenlos. Jetzt waren sie die Benenner. Hoeck van Begeerte nannten sie den Vorsprung. Wunschkap. Oh, sie wünschten viel. Jeder trug seine Wünsche in der Brust verborgen. Neben diesen persönlichen hatten sie große, gemeinsame. Wunschkap, ja! Kein Kap Carel oder Hasselaer oder Os! Sollten jene herfahren und ihre Namen hier in den Granit hauen, wenn sie ein Kap haben wollten. Wunschkap war gut.

Sie stachen in See vier Meilen Kurs Südost, um freizukommen von der Insel, und segelten zurück zu ihr, als die See geronnen war zu einem einzigen Eis. Sie fanden eine neue Spitze, die alle anderen überragte. Hauptspitze, was? Hauptspitze. – Sie fuhren Süd zu West drei Meilen und fanden das nächste Kap. Etwas Heimatliches? Vlissinger Hooft dann. Vlissingen verdiente es. Ihre erste niederländische Stadt, die die Fahne der Freiheit aufgepflanzt hatte. Vor vierzig Jahren hatte sich der spanische Karl dort einschiffen müssen, der es zum Kaiser gebracht hatte. Wenige Jahre später mußte dort auch sein Sohn Philipp II. das Schiff besteigen; nie wieder hatte er seinen verfluchten Fuß auf niederländischen Boden gesetzt.

Wir grüßen dich, Vlissingen, auch wenn dich jetzt die Engländer besetzt halten: Wir vergessen dich nicht.

Vom Vlissinger Hooft segelten sie die Formen der Küste nach Ostsüdost und Südwest zu Süd drei Meilen bis zum nächsten Vorgebirge. Inselspitze. Kap auf Kap zackte sich aus der Riesenrobbe Nowaja Semlja, und hinter einem weiteren öffnete sich eine große Bucht, und sie nannten sie Eishafen. Es war dies aber der 19. August, da sie den Eishafen zum erstenmal sahen.

Sie segelten vorbei an der Bucht, die hinter neuen Vorsprüngen verschwand, Westsüdwest vier Meilen, und gelangten endlich an ein Offenwasser, das tief ins Land schnitt. Stroombay.

So gaben sie dem Unbekannten Namen, um es nennen zu können, wenn sie wieder bei Menschen wären. Barents peilte die Richtungen, in denen die Küste sich dehnte, und trug die Namen in seine Karte. Es war aber unter diesen vielen Namen nicht ein einziger, den sie zu Ehren eines Mannes verliehen hätten.

Das war die Festung Nowaja Semlja. An der Kreuzinsel hatten sie sie belagert. Am kleinen Eiskap hatten sie sich durchgeschlagen. Am nördlichsten Punkt hatten sie ihren Sieg gefeiert, glücklich darüber, daß die Festung die Pforte geöffnet hatte. Sie wußten noch nicht, daß es kein Tor, sondern die Falle war.

Die Falle aber lag auf 76° Nord wie jene Insel, auf deren Kuppe sie das dritte Kreuz errichtet hatten. Nun lag jetzt der Rücken der steinernen Robbe dazwischen. Die Falle war der Eishafen.

Das war die zweite Schlacht im Sommer 1596, jene um die Existenz des Schiffes.

Südlich der Stroombay dehnten sich Eisfelder; sie kreuzten, um Rinnen aufzuspüren. Wind kam, Strömung. Sie brauchten einen Ankerplatz. Sie erinnerten sich der stillen Bucht wenige Meilen nordwärts.

Rasch gelangte das Schiff in die Bucht, in die sie ein großes Stück hineinfuhren. Sie lagen vortrefflich geschützt. Das Vorgebirge fing die Nordwinde ab, und sie nannten es Kap am Eishafen. Sie waren glücklich über den Hafen, der gut war wie lange keiner. Ein Quartier lang lagen sie auf der günstigen Reede, sie schliefen seit langem wieder einmal ruhig.

Die Falle entließ sie, doch als das Schiff aus der Bucht kam, traf es ein solch harter Wind aus Südwest, daß sie sich abermals nicht nach Süden wenden konnten. Sie lavierten lange mit kleinem Tuch und knallenden Flaggen; doch sie gewannen nicht eine Meile. An einem winzigen Eiland suchten sie Schutz vor dem aufkommenden Seegang. Als sie aber die Insel betraten, um Möweneier zu suchen, sahen sie, daß sie aus blauem, mit Gestein und Erde überschüttetem Eis bestand. So lagen sie wieder an das Eis gekettet. Und so wie ein Erfrierender die Kälte nicht mehr empfindet, so bedeutete ihnen jetzt das Eis Ruhe und nicht Gefahr.

Sie lagen, bis der Sturm vorüber war, dann fuhren sie nach Süd. Aber der Sturm hatte die Schollenfelder zerrissen, zerschlagen. Zahllos waren die Eistrümmer, die das hochgehende Wasser bedeckten. Es waren Äxte, die gegen die Planken hieben, Rammböcke, die den Bug auffetzen wollten, Geschosse, die das Ruder aufs Korn nahmen. Im Eis tanzte das Schiff. Sie glaubten nicht anders, als daß es berste.

Das Deck lag übersät mit den Trümmern. Die tiefliegende Kuhl erstickte im Eis. Mit Mühe gelang es, das Schiff zu wenden und zum zweitenmal den Eishafen anzulaufen. Der Sturm nahm wieder zu, aber diesmal kam er aus Nordnordwest; das Eis hieb das Ruder der Pinasse in Stücke.

Aufatmend lagen sie in der Bucht, das Wasser war ruhig. Aber es war ruhig, weil das Eis eine Barriere vor die Bucht legte. Dann kroch es langsam herein. Die Wachen meldeten den Abstand, den das Schiff noch vom Eis habe. Jede Wache sah es deutlicher. Alle Mann waren eingesetzt, um die Kuhl vom Eis zu räumen. Der Zimmermann besserte mit Duncker die Pinasse aus. Keine Ruhe gab es, kein Aufatmen. Das Krachen war um sie. Der weiße Tod bedeckte die See. Die Wellen, die der Sturm gegen die Küste schleuderte, waren kantiges Eis.

Am anderen Tag besserte sich das Wetter. Sonne schien, die Luft war kalt. Das Eis stand.

Zusammen mit dem Schiffer stieg Barents aufs Eis. Und wie den letzten Abend vor der Bäreninsel der Zimmermann mit Duncker das Schiff umrundet hatte, so tat es jetzt der Oberste Navigator. Nur ging er zu Fuß.

Er kletterte, von Heemskerck gefolgt, über das Eis, übersprang Spalten. Es schmerzte ihn tief in seinem Innern, wie er das gefesselte Schiff sah. Unter den letzten Stückpforten steuerbord quirlte noch einiges freies Wasser, ein schmaler Streifen umgab die Backbordseite. Aber das Ruder saß eingeklemmt. Vor dem Bug hatten sich die Schollen getürmt bis zum Galionslöwen, der mit roter Zunge gegen das Eis leckte.

Heemskerck biß die Lippen zusammen. Mit bloßen Händen stemmte er sich gegen eine Scholle, als könne durch die Berührung dieser erstarrten Masse alles verschwinden wie ein böser Spuk. Es war sein Schiff, die „Eissee". Trotz allem.

„Alles aufs Eis!" befahl er karg.

Da stiegen sie hinunter, sieben Bootsleute, der Schiffsjunge, der Volontär, der Zimmermann, der Feuerwerker, der Chirurg, der Untersteuermann. Hochbootsmann Vos teilte sie ein.

Mit Brechstangen, Äxten und Bootshaken gingen sie gegen das Eis vor, schweigend, bitter. Nichts war mehr jetzt mit Steinchen suchen und Hemden waschen und ein Kreuz errichten aus liebem langem Spaß. Nichts war mehr damit, der Mannschaft vom Berg aus das nach Süden entfliehende Land zu zeigen: Seht, es ist volllbracht! – Das zwischen das Eis gezwängte Schiff war furchtbarer Ernst. Duncker hielt die schwere Eisenstange und wuchtete sie zwischen die Klötze, monoton, immer wieder derselbe Schlag. Kein Felsspalt wurde erweitert, um ein Kreuz zu errichten. Er hatte es kommen sehen. Rijp hatte den rechten Kurs befahren. Sie aber waren die Hammel, die sich hatten zu dieser Hungerinsel locken lassen. Er stemmte das Eis weg, das splitterte, feine Körner bedeckten Leib und Beine. Ihr Schnurrpfeifer, ihr Barentskriecher, ihr Diener, ihr Kreaturen! Er stieß zu in ohnmächtiger Wut; er hatte schon den Kolderstock wie zum Dreinschlagen gehalten, als der Schiffsrat die Trennung der Schiffe beschloß.

Acht Glasen lang hieben sie gegen das Eis. Als der Hochbootsmann sie zum Essen an Deck ließ, lag das Schiff fest wie vorher. Sie hatten nicht das geringste vermocht.

In der Back saßen sie auf den Kojen, eingehüllt in Kälte, bestäubt vom Eis, und aßen hastig. Und als er fertig war, sang der dickliche Evert los. Nicht das Lied vom guten Steuermann Barents, nicht vom Rauben und Raufen sang er und nicht vom Seemann, der Land sieht. Er sang aber ein Lied, das die Berittenen gesungen hatten, wenn sie ihre Straße gegen die Spanier zogen.

> Der Reif und auch der kalte Schnee,
> der tut uns armen Reutern weh.
> Was sollen wir nun beginnen?
> Was haben wir denn zu verzehrn,
> wenn wir die Straßen nicht reiten
> können, ja können ...

Keiner sang mit. Aber es war auch keiner unter ihnen, der noch ein Fünkchen Hoffnung gehabt hätte, daß sie ihre Straße fänden.

An der Hoffnung auf das Große Eiskap hatten sie sich gewärmt. Der Rückschlag traf sie um so stärker.

Müde warteten sie, daß der Hochbootsmann sie wieder hinuntertriebe zu neuerlichen vergeblichen Versuchen, das Schiff freizubekommen.

Allein als einer kam, rasch die Tür hinter sich schließend, damit das bißchen Wärme nicht aus dem Raum weiche, da war es der Volontär Gerrit de Veer. Lang aufgeschossen stand er vor ihnen, das Gesicht abgezehrt unter der Pelzmütze, seine Augen blickten müde.

„Geht es weiter?“ knurrte Frans.

„Bleib uns vom Hals mit dem Eis!“

Duncker höhnte. Hooghwout fegte die Schüssel vom Tisch. Im Nu saß der Aufruhr in der Back. Brüllen und Schreien. Sie reckten drohend die Fäuste. Sie zeigten ihre erfrorenen Finger. Sie schnitten Grimassen, um ihre gelben, vom Zahnfleisch entblößten Zähne zu weisen.

Simon stieß Evert in die Ecke. Aber auch das brachte der Back keine Ruhe. Sie trat endlich ein, als de Veer mit heiserer Stimme schrie: „Das Eis treibt weg!“

Sie hoben den Blick. „Weg?“

„Das Ruder ist schon frei ...“

Vorgebeugt, die Köpfe aufgestützt, saßen sie. So so. Das Ruder war frei. Auf einmal waren sie zu müde, sich zu freuen.

„Barents läßt sagen“, verriet de Veer, „wir fahren nun heim.“

„Nach Amsterdam?“

„Ja.“

Amstelredam, du Schöne, Geliebte! Du Stadt am Wasser, mit den Grachten und Türmen, wie du dich hinstreckst am Ij. Und deine Frauen und Mütter stehen mit hoffnungsvollen Gesichtern auf der Buitenkant, und der Schreierturm zu ihren Häupten hatte schon genug Wehklagen gehört, weil das unendliche Meer ein Schiff nicht wieder hergab. Aber jetzt kommen sie. Jetzt kommen sie mit der „Eissee“. Und Hasselaer kriegt sein Zinn wieder und Os sein Sammet. Hol China der Teufel! Und die Mutter kriegt ihren Jungen wieder.

Und wie vordem die Zuversicht auf das Eiskap sie zum Durchhalten veranlaßt hatte, so jetzt die Kunde von der Heimfahrt. Ja, das war der rechte Kurs. Jetzt hatte man ihren Kurs gewählt. Jetzt ging es nicht mehr um Polland oder Straße von Nassau. Jetzt gab es den einzigen, den heiligen Kurs. Nicht für eine neue Schiffahrtslinie, nicht für Forscherruhm – jetzt hatte man sich für sie entschieden.

Ja, Barents war ihr Steuermann, der beste von dem Land.

Vorgebeugt, mit aufgestützten Köpfen saßen sie und starrten auf die Planken. Was sie sahen, war Amstelredam.

Zum zweitenmal verließ das Schiff den Eishafen und segelte südwärts zur Strombay, um an der Südostküste der steinernen Robbe nach der Waigatsch zu kommen. Nicht um die Umrundung der Insel ging es jedoch mehr, sondern um den kürzesten Heimweg. Sie hofften nur, daß Nowaja Semlja eine Insel war.

Hinter der Bay aber erstreckte sich festes Eis, ohne Rinnen, ohne Durchschlupf, da flog das Schiff wieder nach Norden. Doch sein Kurs, seine Fahrten, seine Bewegungen hatten nichts Stolzes an sich. Sie erinnerten an ein Huhn, das hin- und herflatternd versucht, der Hand des Schlächters zu entgehen.

Die Kälte war gering, aber sie kreuzten lange, um gegen den Nordwest wieder nördliche Breite zu gewinnen. Sie fuhren erneut am Eishafen vorbei, nordwärts nun gewandt, und wollten zum Hoeck van Begeerte. Zum Wunschkap. Alle anderen Wünsche waren zurückgestellt bis auf den einen: Sie begehrten nach Hause.

Doch schon hinter dem Kap am Eishafen lauerte das Eis und griff nach dem Schiff. Es zog sich südwärts zurück, ein angstvolles Huhn, mit einem letzten Flattern. Immer weniger Bewegungsfreiheit hatte es. Ein Kurs nur blieb offen, die Fahrt in den Eishafen. So schwamm es zum drittenmal hinein. Da schlug die Falle zu.

Es war dies aber der 26. August, an dem eine gewaltige Kälte herrschte. Das Schiff zog sich auf die Westseite des Eishafens zurück; das Eis folgte. Nicht heranlassen wollten sie es. Sie sprangen auf die Schollen, um den Bug frei zu halten. Mit Eisenstangen und Haken schlugen sie los. Und auf einmal bekamen die Schollen Fahrt, während das Schiff festlag.

Jan Hillebrants auf dem Eis schrie. Zuerst glaubte er, das Schiff schwämme davon. Aber es war seine Scholle, die sich bewegte. Duncker streckte den Bootshaken vor, um ihn irgendwo am Schiff festfahren zu lassen. Evert stand sprungbereit an der Spitze der Scholle.

Einer an Deck schrie: „Unsere Leute treiben weg!“

Rasch trudelte die Scholle mit den drei Männern bugwärts. Auf dem Schiff sprang Laurens, die Gefahr erkennend, in die Großwant und stieg wie eine Katze bis zu den Rüsten hinab. Er streckte den Arm aus. „Springt doch!“

Duncker auf der Scholle trieb Jan Hillebrants an. Der stieß sich ab und hing zwischen den Stückpforten an den Rüsten. Aber Laurens oben hielt fest. So hing der Junge an Laurens’ Händen, um die man einmal Eisenketten geschlungen hatte. Duncker und Evert retteten sich an der außenhängenden Fockschot. Von diesem Tag an kämpften sie unablässig unter Einsatz ihres Lebens.

Am vierten Tag fuhr Sturm über den Eishafen und schüttete Schnee herab. Und das Eis kam und schob das Schiff und preßte es mit seinen Riesenkräften in die Höhe. Dieser ganze kunstvoll gezimmerte Leib hob sich allmählich unter Ächzen und Knarren. Die Wasserlinie trat zutage, die Rostköpfe der Nägel und dann die graugelbe Schwefelfärbung des

Teils, der ständig unter Wasser lag. Wie ein Fisch auf dem Trocknen, mit gelblichem Bauch, lag das Schiff. Nur einmal hatte es so gelegen, weit über dem Wasser, aus dem es jetzt herausgepreßt wurde unter jämmerlichem Knarren. Es hatte so gelegen, als die Zimmerleute an der Binnenamstel es auf Kiel gelegt hatten, als es langsam entstand. Sein Anfang glich seinem Ende. Hoch packte die Insel Nowaja Semlja das Schiff und reckte es in den Himmel.

Noch einmal sollte es ins Wasser tauchen, in der Flut ruhen, als könne es sich noch nicht geschlagen geben. Die Insel spielte mit der sicheren Beute.

Heemskerck ließ die Boote auf das Eis setzen. Der Zimmermann richtete zum zehntenmal das Ruder. Am Sonntag, dem 1. September, hielten sie einen Gottesdienst ab. Denn nur der Allmächtige noch vermöge zu helfen. Untersteuermann Andries sprach die Gebete. Barents stand mit verkniffenem Mund. Der Wind orgelte ihnen dazu; statt der Glocken hatten sie das Krachen des Eises. Noch ehe Claes am Ende war, ruckte das Schiff in die Höhe und legte sich über. „Die Boote an Land!" schrie Barents.

Die Boote waren beweglich. Das Schiff konnten sie nicht an Land schleppen. Allein die Boote an Land halfen noch nicht viel. Dreizehn Fässer mit Brot und zwei Fäßchen Wein schleppten sie über das krachende Eis.

Einen Tag später drückte es die Galerie an der Staatskajüte weg. Der Kranbalken zersplitterte. Noch hielt der Schiffsleib.

Dann kam ein ruhiger Tag, das Schiff lag todwund und die Mannschaft wie tot. Wieder einen Tag später, als sie zu Abend gegessen hatten, griff es das Schiff mit einem solchen Ruck, daß alles vornüber stürzte. Es lag wieder hoch auf dem Eis wie ein Ungeziefer, wie ein Dreck, der aus einer Wunde herauseiterte.

Da ließ Barents alle an Deck kommen. Sie standen, sich anklammernd, auf den wankenden Planken. Er sagte: „Wir müssen an Land eine Hütte bauen und das Ärgste abwarten. Wer weiß, wie lange das Schiff uns noch trägt. Wenn wir an Deck bleiben, fahren wir am Ende alle mit ihm in den Grund." Wort für Wort rang Barents sich ab, mit düsteren Augen, die Schläfen ergraut. Sechs starke Anker gekappt, eine Instruktion über Bord gefegt, vom zweiten Schiff getrennt. Und China verloren.

Heemskerck teilte schroff die Männer ein. Die Mannschaft setzte nicht den Schiffer aus. Der Schiffer setzte die Mannschaft aus. Das erstemal war er als Schiffer gefahren. Mehr als Graf sein! Das Schiff war sein letzter Trumpf gegen sie. Nun hatte er es verspielt.

Der Hochbootsmann Vos klammerte sich an das Schiff. Was war er ohne es? Was galt sein Wort an Land?

Duncker schleppte Segel hinunter, zerrte sie über Eis. Er hatte Unheil gewittert, fürwahr. Aber nie dies.

Der Schiffsjunge Jan schleppte schweigend. Nicht die Back war die Falle gewesen. Ratten im Eis...

Rijp – wo war er?

Laurens – in Eisen gelegt für nichts und wieder nichts.

Frans – das Lied angestimmt vom guten Steuermann Barents. Aber: Was sollen wir nun beginnen, wenn wir die Straßen nicht fahren können, ja können...?

Evert – das dritte Kreuz errichtet.

Hooghwout – einem Bären aus den Zähnen gerissen.

De Veer – sein großes Buch von den merkwürdigen Begebenheiten im Königreich China und Cathay.

Alle zogen sie von Bord, mit Musketen und Rohren und Tauwerk, Brot und Wein, mit Pulver und Blei und dem Werkzeug des Zimmermanns. Sie hatten an die Hütte zu denken, die sie errichten mußten, wenn sie ihr Leben behalten wollten. Und dachten doch an das Schiff.

Der Bootsmann Duncker schaute auf die Eisberge, die unbeweglich lagen, wie für die Ewigkeit verankert. Er dachte an den mächtigen Steinsalzberg von Cardona bei Barcelona in Spanien. Dort hatte er Straßen gebaut für Philipp II., siebenhundert Tage den Steinsalzberg vor Augen, den man in einer Stunde nicht umwandert hätte. Siebenhundert Tage Gefangener des Königs Philipp am Steinsalzberg von Cardona, weil ihr kleines Boot auf der Schelde von den Spaniern geentert worden war.

So trugen sie das Gut aus dem Schiff, am elften Tag, da es eingefroren war. Und die „Eissee“ lag nackt auf der Eisterrasse wie ein geopfertes Tier.

ZWEITES BUCH

Das Haus

I

Diese nördliche Bucht der Insel Nowaja Semlja glich seltsamerweise – wie Barents empfand – der Reede von Vlie, auf der sie fünf Tage günstigen Wind abgewartet hatten. Nur lag hier ihr Schiff umklammert von Eis. Vielleicht bewirkte gerade dies die Ähnlichkeit mit der westfriesischen Insel. Rijps Schiff hatte so gelegen, fest auf dem Sand, unempfindlich gegen den Anprall der Wellen, schräg. Ein herbes Lächeln huschte um Barents' Mund. Rijp, dachte er, Freund, was wird erst mit dir sein.

Barents saß jetzt in der Staatskajüte. Der Globus stand vor der Tür zur Heckgalerie, die keiner mehr brauchte. Die Truhe mit den Kartenwerken verbaute Heemskercks Koje. In wirrem Durcheinander lagen seine Kleidungsstücke auf Tisch und Bank, Utensilien dazwischen, Petschaft und Siegellack, die Streusandbüchse umgekippt und ihr Inhalt verschüttet, breit über das Tagebuch.

Er hatte die Staatskajüte nicht gewollt, das Eis hatte ihn hineingestoßen. Nichts war mehr zu spüren von ihrer früheren Eleganz: die Teppiche beschmutzt, die Kassettendecke, die mit Intarsien bedeckten eingebauten Schränke in ihrer Pracht im krassen Gegensatz zu dem übrigen Bild.

Barents stemmte die Beine gegen das Fußbrett des Tisches und blickte zum Fenster hinaus, hinter dem Dämmerung lag. Kein richtiger Tag mehr, keine richtige Nacht. Schnee und Eis dafür, und der Wind pfiff.

Heemskerck lag hinter ihm, hinter der Kartentruhe, mit müden offenen Augen, die Arme verschränkt unter dem Kopf.

Eine Kajüte, mit der man keinen Staat mehr machen konnte. Die Tür im Heck sinnlos, da sie ins Nichts führte, seitdem die Galerie fehlte. Die „Hütte" oben mit eingedrückten Wänden, unbewohnbar. Aber noch war das Schiff seetüchtig; er hatte sich am Abend durch einen Rundgang davon überzeugt.

Es war ein ruhiger Tag gewesen, mit Sonne, still erst, dann war Westwind aufgekommen, guter Segelwind. Segeln, hin über das Wasser, möwengleich.

Barents war ein nüchterner Mann; er wußte genau, auch wenn die „Eissee“ noch seetüchtig war: Es war nichts mehr mit Segeln. Es war vorbei mit der Reise.

Die Mannschaft indes hoffte noch, er spürte es deutlich. Heemskerck hatte sie wieder an Bord gelassen, als der Sturm sich gelegt, als das furchtbare Eispressen nachgelassen hatte. Nun waren sie nirgends zu Hause, nicht auf dem Schiff und nicht auf dem Land. Jedoch die Mannschaft lag in der eisigen Back, als könne sie jederzeit an die Taue gerufen werden.

Barents ließ unwillig die Faust auf den Tisch fallen.

Heemskerck hinter ihm lachte auf. „Gehen Sie hinaus bei dem Wetter, Admiral. Lassen Sie den Anker hieven!“

Admiral – offener Hohn! Anker hieven auf Befehl des Navigators, auch das war Vlie! Barents furchte die Stirn. Zu dem Mißerfolg trat nun die Bosheit, das Lächerliche. Er hatte eine scharfe Entgegnung auf der Zunge, besann sich aber. Er konnte keinen Streit gebrauchen. Eindringlich sagte er, um den anderen in die Schranken zu weisen: „Du bist immer noch der Schiffer. Und ich der Navigator.“

„Ein Wrack habe ich, aber kein Schiff!“ Heemskerck hing einen Fluch an. Rijp gestrandet hinter Vlie, die „Eissee“ bei Nowaja Semlja ...

„Das Haus muß her, in dem wir überwintern können”, drängte Barents.

Dann bin ich Häusler und wieder nicht Schiffer! schrie es in Heemskerck. Die Last der Verantwortung drohte ihn zu erdrücken. Er preßte die Hände gegen die Schläfen. Der Narr da hatte sich festgerannt. Jetzt schob man ihm die Suppe zu. Auf den Kurs hatte er nie Einfluß gehabt. Aber das durch den falschen Kurs entstandene Unheil sollte er abwenden. Hinter der Waigatsch lag die warme See der Archangeler. Er hatte ausholen wollen zum Schlag, nachdem er einen in Eisen geworfen hatte, um sich vorzutasten. Da war ihm der „Engel“ dreingefahren. Verfluchter Satansengel! Drei Männer, drei Kurse. Und gerade sein richtiger Kurs war nicht gewählt worden.

Du bist doch der Falsche auf dem Kahn, dachte Barents beim Anblick dieser verzweifelten Untätigkeit. Er packte die Fellmütze, stülpte sie sich auf den Kopf und verließ wortlos die Kajüte. Eisige Luft drang vom Ruderraum herein.

Wie abwesend starrte der Schiffer auf die Ansicht jener Stadt Amsterdam, von der er so voller Hoffnung ausgefahren war. Er blieb endlos allein und schrak auf, als die Tür erneut geöffnet wurde.

Barents schob den Zimmermann herein. „Der Schiffer will was von dir wissen.“

Der Schiffszimmermann stand vor ihnen, ruppig, mißmutig, ungelenk. Barents ließ sich durch dessen leise Abwehr nicht verdrießen.

„Kannst du ein Haus bauen?“ fragte er ohne Umwege, weil Heemskerck keine Anstalten traf zu reden. „Dauerhaft. Kannst du das?“ Er zählte die Anforderungen auf, die an solch ein Haus gestellt werden, das nicht an einer Gracht in Amsterdam stünde, sondern auf einer Insel im Eismeer. Dabei durchforschte er das kühle, verschlossene Gesicht des Zimmermanns. Jener hörte sich an, was der Navigator da vorbrachte. Wie groß das Haus sein müsse, damit sich siebzehn Mann einen langen Winter über, eine einzige Nacht!, nicht gegenseitig auffräßen. Gleichzeitig müsse es genügend erwärmbar sein, dicht gegen Schnee und Kälte und standhaft gegen Eisdruck. Denn von diesem Haus hinge ihr Leben ab.

Der Zimmermann streifte das Gesicht des stummen Schiffers. Auf dessen Befehl hatte er den Bootsmann in Ketten gelegt. Allein das Schließgeld hatte er sich nie geholt. Dieses Stinkgeld, verdammte, wem nützte jetzt noch ein Stuiver. „Ja“, sagte er, „das Haus kann ich machen. Nur gebt mir Holz.“ Er lächelte verkniffen.

Holz in dem Eisland, Bäume in der Schneewüste. Alles andere hatten sie eher als dies. „Dann gebt mir das Schiff“, sagte der Zimmermann.

Kalt fertigte Heemskerck ihn ab. „Wenn du Gefangener der Insel bleiben willst, dann geb ich dir das Schiff.“ Es waren die ersten Worte, die er sprach. Sie klangen sarkastisch und bitter.

Schweigend standen sich die drei gegenüber.

Sie mußten wieder fort von hier, mit dem Schiff, wenn auch erst nach dem Winter. Sie konnten nicht durch die Luft reisen wie die Geister oder über Land ziehen bis nach Holland. Das Schiff hatte sie hergetragen. Sie brauchten es für den Rückweg, seetüchtig.

„Reißt die Back ab“, entschied Barents, „und auch die ‚Hütte‘ ... Das muß genügen.“ Er wandte sich schroff ab. In dieser „Hütte“ hatte er gezeichnet und gemessen. China hatte er von der „Hütte“ aus finden wollen. Nun würden sie einen Verschlag daraus errichten können auf dem Land, eine ärmliche Behausung, nicht viel mehr Platz für siebzehn Menschen als für ebensoviel Särge.

„Wie lange brauchst du für das Haus?“ fragte Barents mit belegter Stimme. „Zehn Tage, vierzehn Tage“, gab der Zimmermann zur Antwort. Dann stapfte er mürrisch hinaus.

Am nächsten Tag schickte Barents fünf Mann an Land, den Zimmermann, die Bootsleute Duncker und Evert, den Volontär de Veer und den Schiffsjungen. Das Schiff lag ärger eingeschlossen als zuvor. Nicht einmal eine Pütz voll Wasser hätte man rings neben der Bordwand schöpfen können.

Der Junge hatte erst im letzten Augenblick mit Hooghwout getauscht, der hinter jedem Eisriff einen Bären lauern sah. Sie hatten den Auftrag, das Gelände zu erkunden und einen günstigen Platz für die Hütte ausfindig zu machen. Gegen Bären waren sie bewaffnet mit Musketen und Hellebarden. Sie sprangen durch die bizarre Eiswelt, bis sie den Strand erreichten.

Sie waren freilich noch nicht weit, als sie auf den Schiffer Heemskerck und den Hochbootsmann stießen. Heemskerck herrschte sie an, was sie hier umherspazierten. Er hatte entdeckt, daß die Pinasse festgefroren lag. „Zwei Mann zum Schiff zurück, Werkzeug holen, die anderen mit mir ans Boot", befahl er.

Duncker sah den Zimmermann an, der stand wie ein Klotz. Evert schob den Schnee mit den Füßen zur Seite, und der Junge zog die Hände in die Ärmel. Duncker widersetzte sich. „Wir haben Befehl vom Navigator, einen Platz für das Haus zu suchen."

Heemskerck betrachtete aufmerksam den Bootsmann mit dem Vogelgesicht. Er fror und fühlte sich schmutzig und unrasiert. Nichts unterschied ihn von jenem, der seinem Auftrag nicht Folge leistete. Kein Spitzenkragen mehr, kein spitzenbesetzter Ärmel. Ein frierender, um sein Schiff gebrachter Kapitän. Einer wie jeder andere hier.

Heemskerck hatte Mühe, sich nicht durch Dunckers Ablehnung hinreißen zu lassen. „Wenn euch der Navigator ins Land schickt", preßte er heraus, „dann sollt ihr gehen. Aber nicht alle. Zwei müssen zurück zum Schiff, um Werkzeug zu holen und Leute."

Jene aber, die er zurückschickte, waren Duncker und der Schiffsjunge. Gerade du gehst, du Aufsässiger, der du gegen den Schiffer sprichst.

Fluchend arbeitete sich Duncker, gefolgt von dem Jungen, durch das Eis zum Schiff.

Hüh und Hott, hin und her, räumt das Schiff, schlaft auf dem Schiff, Barents kommandiert, Heemskerck befiehlt. Und jeder entgegengesetzt.

Mit Simon und anderen wuchtete er dann die Pinasse los. Simon fluchte über die unnütze Arbeit, ein Boot loszueisen, wenn es kein Wasser gab, in dem es schwimmen könne. Bald läge es ohnehin wieder fest.

Duncker hörte es mit grimmigem Lächeln, daß jetzt auch Simon schon wider den Stachel leckte, jener, der es ihm sauer genug gemacht hatte, Tag für Tag. Und während sie das Eis zerhieben, rings um das Boot, brach es aus Duncker heraus. „Na, merkt nun jeder endlich, wie ihr aufs Eis geführt worden seid? Rijp, der war unser Mann, und sonst niemand."

„Geh mir weg mit Rijp", höhnte Frans.

Duncker ließ sich nicht beirren. „Von Anfang an hat er es gewollt."

„Na wer?" – „Na was?" hetzten sie.

„Barents", sagte Duncker. „Die Überwinterung", sagte er. „Von Anfang an hat er die Überwinterung eingeplant."

Sie glaubten es nicht, stemmten das Eis weg, sprachen dagegen. Eine Erklärung forderten sie.

„Erklärung", höhnte Duncker. „Er will seinen Ruhm!"

Cornelius begann zu beten. Hooghwout warf das Brecheisen weg, schrie: „Die Prämie will der Navigator. 25000 Gulden für das Finden der Durchfahrt. Für jeden, der hier verreckt, kriegt er noch 'ne Zulage!"

Simon stützte den Arm auf die Pinasse. „Laßt euch nicht irremachen, Jungen, nicht von dem da." Er wies auf Duncker. Der hob knurrend das Eisen und stand doch unter Simons Reden seltsam hilflos.

Simon stellte es ihnen vor. „Glaubt ihr denn, der Navigator hätte die Überwinterung geplant und nicht zugleich auch das Haus und den Platz für das Haus? Nein. Ich möchte sagen, Jungen, wenn Barents die Überwinterung ins Auge gefaßt hätte, dann wären wir besser dran als jetzt. Dann hätten wir 'nen Unterschlupf. So liegt die Sache. Nun helfe uns Gott!"

Der Riese Laurens aber trat an Duncker heran. „Für dich Lump habe ich im Eisen gesteckt, sonst hätten dich schon die Möwen von der Großmarsrahe gepickt. Wenn du nicht willst, daß dich mal einer mit eingeschlagenem Schädel auf dieser Hungerinsel findet, dann rat ich dir: Wiegel die Leute nicht auf!"

Er blies Duncker seinen Atem ins Gesicht, drehte sich weg und hieb wieder auf das Eis los.

Duncker aber schwieg, und der Schiffsjunge Jan Hillebrants griff sich mit eisigen Fingern an den Hals.

Sie hieben die Pinasse los, die unsinnigste Arbeit, die es geben konnte.

Die drei Männer aber, die weitergegangen waren, in Barents' Auftrag das Land zu erkunden, fanden Spuren von Rentieren.

Und einen Süßwasserfluß.

Und Holz.

Vier Tage lang konnte Barents die Kunde nicht nachprüfen lassen: Holz auf Nowaja Semlja, auf der Hungerinsel, der steinernen Robbe. Steifer Nordostwind trieb Eis herein. Die Männer bangten wieder um ihr Schiff, das ihnen Haus war, da ihnen jenes noch fehlte. Das Eis hob das Wrack mehr als vier Fuß, die Aufbauten am Achtersteven krachten. Als das Wetter sich beruhigte, in einer kurzen Nacht, kamen Bären zum Schiff. Der Feuerwerker Sterrenburgh blies die Trompete, so daß sie, sich überkugelnd, das Weite suchten. Da kam den Männern ein bitteres Lachen. Und nicht weniger als acht hieß endlich der Navigator Barents an Land gehen, damit sie auskundschafteten, was mit dem Holz war.

Weit über eine Stunde liefen sie südwärts, immer den Strand im Auge und die Eisbrüche, immer durch Schnee, über nackte Kuppen. Dann kamen sie an den Fluß.

Nicht kümmerliches Geäst aber fanden sie vor, nicht verkrüppelte Weiden oder abgestorbene Zwerglärchen. Riesenstämme waren das, die sie nicht einmal erst umzuhauen brauchten. Wo hatte der Sturm geweht, der sie gefällt, entwurzelt hatte? Über das Meer waren sie geschwommen, über jenes, das den Männern die Reise verwehrte.

Aber auch da, am fernen Ufer, hatten nicht ihre Kronen gerauscht. Tief aus dem Innern des Landes Tatarien stammten sie, waren von den Strömen gepackt und ins Meer gerissen worden. Die Ströme Ob und Jenissei, die sie versucht hatten zu erreichen, hatten ihnen das Holz für das Winterhaus geschickt. Halb unter dem Schnee lagen die Stämme, mit eisiger Kruste, die Wurzeln vorsintflutlichen Rädern gleich.

Die Männer rannten nach dem Holz, stäubten die Stämme frei, durchstießen die Kruste, scharrten mit dem Finger die Rinde bloß. Ja, das war Holz!

Da sie aber das Holz greifbar vor sich hatten, ging in den Männern eine seltsame Wandlung vor. Sogar Duncker fühlte sich erleichtert. Zu viel Schläge hatte das Schiff „Eissee" in den letzten Wochen vor Nowaja Semlja hinnehmen müssen. In den Himmel war es gestoßen worden und in die Tiefe. Gepackt, gepreßt, geschüttelt war es worden. Jeder Tag hatte ihnen aufs neue vor Augen geführt, wie brüchig dieses schwimmende Haus war. Und liebten sie das Schiff, so hatten sie es doch auch fürchten gelernt. Furcht vor dem Verbleiben auf diesen splitternden Planken. Wenn sie schliefen, lagen sie sprungbereit. Wenn sie aßen, lauschten sie dem Krachen von Holz und Eis. Das Schiff war ihr ein und alles, und doch scheuten sie bereits die Begegnung mit ihm, wie in Pestzeiten Söhne die Berührung ihres vom schwarzen Tod gezeichneten Vaters fürchten.

Und jetzt gab es das Holz. Ja, mit dem Holz konnten sie überwintern. Hier lagen die Stämme für den Sockel und die Pfosten für die Wände. Hier in diesen tatarischen Fichten steckten die Träger des Daches und in all den Wurzeln und Abfällen der Bäume das Brennmaterial, das sie wärmen würde.

Da die acht von der „Eissee" vor den halb im Schnee begrabenen Baumstämmen standen, träumten sie schon von dem Haus. Kein Krachen, kein Splittern, kein Schwanken mehr; keine schreckliche Angst mehr, daß eines Tages das Schiff mit ihnen in die Tiefe fuhr.

Das Haus verhieß ihnen Ruhe.

„Het Behouden Huys", sagte der Bootsmann Frans mit weicher Stimme. Das behütende Haus.

Jener aber, der das Holz gefunden hatte, der das behütende Haus zu bauen verstand, der ihnen also dieses Haus eigentlich schenkte, das war der Zimmermann. Sie traten neben ihn. Sie legten ihre behandschuhten Hände auf seine Schultern. Sie berührten seinen Arm. Er war der ihre. Vor den Stämmen Tatariens fiel alles Trennende von ihnen ab.

Der Zimmermann stand inmitten der Männer vor dem Holz. Hier an der öden, wüsten, menschenfernen vereisten Küste war der glücklichste

Tag seines Lebens. Sie brauchten ihn; er galt etwas bei ihnen. Er hatte sich abgekapselt von den anderen, deren Treiben ihm närrisch erschien, roh und wüst. Ein fleißiger, nie untätiger Mensch, immer unterwegs, schien er nie zu schlafen. Mit seinen Werkzeugen war er wie verwachsen, ein wahrer Künstler im Umgang mit Holz. Dreißig Jahre zählte er und schien doch in seiner verschlossenen, kühlen Art, mit dem fremden Ausdruck seines Gesichts älter als selbst ihr Oberster Navigator zu sein. Er lachte leise, hier vor dem Holz, und schwor sich, ihnen das Haus zu bauen. In kürzester Zeit.

Ihn erfaßte ein unbändiger Drang nach Tätigkeit. Zehnmal hatte er der Pinasse ein neues Ruder gebaut. Ebensooft war es zersplittert. Nun galt es, Neues zu schaffen, schöpferisch zu wirken für jetzt und immerdar.

„Das Holz muß zusammengetragen werden zu Haufen", riet er. „Wenn es schneit, dann weht es uns alles zu, und wir finden nicht einen Stamm mehr." Obwohl er aber keineswegs in der Form eines Befehls gesprochen hatte und auch nicht ohne weiteres befugt war, Befehle den Bootsleuten zu erteilen, stürzten sich die Männer auf die Stämme, packten sie und zerrten sie unter unsäglichen Anstrengungen aus dem Schnee. Das Holz war das Kostbarste, was sie hatten, ihnen teurer als die glitzernden Kristalle von der Kreuzinsel.

Und wieder stand bei ihrem Treiben der Schiffsjunge Wache mit der Hellebarde. Er fror. Er stapfte hin und her. Er sprang über die Stämme. Die Glasen vom Schiff hörten sie nicht. Die Sonne sahen sie nicht. Der Holzberg wuchs; es war ihnen ein prächtiger Anblick. Dann aber erkannte der Junge bei seinem Rundumspähen nicht einmal mehr den Eisbruch der Küste.

„Nebel kommt", warnte er. „Nebel!"

Der Zimmermann befahl, unverzüglich die Arbeit abzubrechen. Sie stapften hinter ihm her.

Ein Stechen fühlte der Zimmermann in der Brust, dort, wo sein Herz war, es klopfte seltsam schnell. Ein Angstgefühl saß ihm beklemmend in der Kehle, während er doch anscheinend ruhig vor den Männern ging. Wenn Bären kommen, dachte er. Keiner sieht die weißen Bären im weißen Nebel. Du stehst vor ihnen, und sie umarmen dich schon. Sie riechen dich. Sie brauchen sich nicht auf ihre Augen zu verlassen, um dich ausfindig zu machen. Sie packen dich und fressen dich. Und du willst doch das Haus bauen. Im Bärenland.

Allein im Gehen über Eis, über verborgene Spalten, über im Nebel verschwommene Kuppen wußte er nicht, ob ihm sein stechendes Herz die Gedanken an die Bären einjagte oder aber ob die Furcht vor den Bären sein Herz schmerzen ließ.

Endlich sah er die Umrisse des Schiffes. „Wir sind da", keuchte er.

Barents hatte sich in dem Zimmermann nicht getäuscht. Er wußte den Hausbau, nun das Holz gesichert war, in guten Händen. Darüber hinaus war ihm dieses Holz ein Beweis für seine Theorie von der Inselgestalt Nowaja Semljas. Ja, Rijp, nun staune! Kein Anhängsel eines Mercatorlandes, sondern Insel im Eismeer! Denn da das Holz nur aus bewaldeten Gebieten kommen konnte und diese weit im Süden liegen mußten, stammte es nur aus dem Lande Tatarien, vom Strome Ob. Also trennte ein Meer die Ostseite Nowaja Semljas vom Festland.

Für Heemskerck dagegen war das Holz ein völlig anderer Beweis. Wenn die Baumstämme über jenes tatarische Meer geschwommen waren, von dem die Leute in Archangel und die Männer von der Lodija in der Waigatsch gesprochen hatten, dann hätten auch die Schiffe durch die Waigatsch über Meer schwimmen können. Sarkastisch dachte er, nun er im Eis lag, daß die Waigatsch doch die richtige Straße gewesen sei.

Der Zimmermann kam zur Staatskajüte, ungerufen. Er klopfte nur kurz an, und er wandte sich dann auch an Barents, nicht an Heemskerck. Rauh und mürrisch sprach er, in einem Ton der Bestimmtheit, der seiner Erkenntnis entstammte, daß nur so und nicht anders gehandelt werden müsse. „Wir brauchen Schlitten", knurrte er. „Warum sollen die Leute im Nebel untätig herumsitzen? Für die Schlitten langt das Holz auf dem Schiff. Und sie können auf dem Eis bauen."

Es war aber so, daß sie ohne Schlitten das Holz nicht zum Bauplatz des Hauses bringen konnten.

„Wählen Sie das geeignete Material aus", bestimmte der Navigator. „Und nehmen Sie die Leute, die Sie brauchen." – Er ging selber hinaus, um den Bootsleuten den Befehl zu bringen, beauftragte nicht den Hochbootsmann damit und nahm auch nicht de Veer als Boten.

Der Zimmermann kroch durch das Schiff und suchte Holz für die Schlitten zusammen. Eine Zwischenwand am Heckende des Artilleriedecks ließ er niederlegen. Breite Bohlen brauchte er für die Kufen. Sie hämmerten am Strand, zwei Tage lang, fügten grobe Bretter ein und hobelten die Kufenspitzen rund. Drei Schlitten bauten sie; jeder davon mußte mehrere Stämme aufnehmen können.

Als alles nach seinem Begehren lief, winkte der Zimmermann dem Schiffsjungen. Sein linker Arm war taub, wie von der Kälte, und in der linken Brustseite saß ein leiser, immerwährender ziehender Schmerz.

Jan Hillebrants folgte verwundert. Sie liefen allein durch das verschneite Land. Das ewige Weiß stach dem Jungen in die Augen. Kein offenes Wasser mehr in der Bucht des Eishafens. Nur weit draußen auf der See zeigte sich ein dunkler Streifen. Der Wind beugte, der Schnee behinderte sie. Sie gerieten in Schweiß und eilten später über freigefegte Flächen.

Der Zimmermann blieb stehen, mitten auf einer kleinen Erhebung, die sich landeinwärts zog. Felsen schlossen sich an mit vergletscherten Wänden, durchzogen von einem Gewirr von Spalten. Weit im Innern der Hungerinsel erkannten sie steile, schroffe, scharfkantige Berge in der unendlich klaren Luft.

Immer sahen sie aber, wenn sie ihren Blick nach der Bucht wandten, das Schiff liegen. Es war ferner dem Wasser als sie.

„Ist das der Platz für das Haus?“ wollte der Junge wissen.

Der Zimmermann nickte.

Jan Hillebrants schaute mit vor der Grelle schmerzenden Augen über das Schneefeld. Es gehörte schon viel Mut und Phantasie dazu, sich hier ein Haus vorzustellen. Nackter Stein, über den der Schnee fegte. Zweifel nagten in dem Jungen, daß je ein Haus hier entstände. Niemals hatte er sich so sehr auf Rijps Schiff gewünscht wie jetzt.

Urplötzlich knallte ein Schuß in die Stille. Jan Hillebrants sprang erschrocken neben den Zimmermann. Sie spähten zum Schiff. „Die ‚Eissee‘ treibt ab!“ sagte der Junge tonlos. Er wollte schreien, doch die Stimme versagte ihm. Das Schiff trieb weg, mit allen Mann an Bord, trieb südwärts, heimwärts? Amstelredam, du schönes. Und der Junge kehrt nie zurück?

Wieder rollte ein Schuß. Dringlicher Alarm. „Sie schießen nach Bären“, knurrte der Zimmermann. Das Schiff lag fest wie vordem.

Auch den Zimmermann drängte es zurückzugehen. Raubtiere streunten über die Insel; er hatte keine Waffe. Wenn ihn einer gefragt hätte, was ihn bewogen habe, den Standort des künftigen Hauses aufzusuchen, er hätte verzweifelt nachgedacht und keine Antwort gewußt.

Er hatte das Haus wachsen sehen auf dem Schneefeld. Hier kam der Eingang hin, und da mußte die Feuerstelle sein. Fenster brauchten sie keine, dafür aber vielleicht einen Windfang. Er hatte das Haus schon in seinen Gedanken gebaut.

Als der Schuß in sein Bauen schlug, war er ihm wie ins Herz gefahren. Jäh war dieser ziehende Schmerz wieder da. Nun ging er zurück, langsam, damit ihn der Schmerz nicht übermanne.

Endlich trafen sie auf die Schlittenbauer am Ufer. Alle befanden sich noch in großer Aufregung. Drei Bären waren gekommen. Wie ein Wächter war der eine hinter einem Eisklotz liegen geblieben, die anderen waren geschmeidig zum Schiff vorgedrungen. Die Leute hatten sich rechtzeitig an Bord begeben können. Aber das Eis lag so getürmt beiderseits der Schiffswände, daß es einem Bären keine Mühe verursacht hätte, sich auf das Deck zu schwingen.

Ein Faß mit Fleisch, beim Herunterlassen vom Schiff zerschlagen, hatte sie davon abgehalten.

Schon der erste Schuß, der den Schiffsjungen so bestürzt hatte, hatte den größeren Bären getötet. Der andere war entflohen.

„Nun baut die Schlitten weiter“, drängte der Zimmermann.

Als er zum Schiff ging, sah er den toten Bären stehen. „Wir bringen ihn nach Holland“, erklärte Frans. „Einen solchen Koloß hat dort noch keiner gesehen.“ Der Bär, ausgeweidet und steinhart gefroren, stand wie ein Bildwerk.

Es sprach aber eine große Zuversicht aus den Worten des Bootsmannes Frans. Das Schiff wird flott, hieß das: Mit dem Schiff tragen wir das Untier nach Hause.

Am nächsten Tag herrschte eine grimmige Kälte. Als sie nach der See spähten, sahen sie selbst dort kein offenes Wasser mehr. Eine Eisfläche von hier um die Welt.

Und wieder stand der Zimmermann vor Barents. Es wäre gut, vier Mann oder sechs auf das kleine Plateau zu schicken, wo das Haus entstehen sollte, um dort Schnee und Eis zu beseitigen und Pfostenlöcher zu schlagen. Sechs andere Männer aber sollten einen Schlitten nehmen und ihn ausprobieren, wie er sich bewähre im tiefen Schnee und belastet mit den Stämmen.

Auch jetzt stimmte Barents allem zu.

Am Abend, als er mit Heemskerck in der Kajüte saß, als die entsetzliche, zehn Stunden währende Dämmerung anbrach, trat der Zimmermann ein. Das erste, was den beiden Männern in der Staatskajüte auffiel, war sein freudiges, wie von innen erleuchtetes Gesicht.

„Nun?“ fragte Barents.

„Es geht. Es geht leicht. Vier Stämme haben wir geholt. Sie liegen schon beim Haus.“ – „Beim Haus“, sagte er, obwohl es erst in ihren Träumen bestand.

„Ich danke Ihnen“, sagte Barents und ließ den Mann gehen.

Der Navigator zog fröstelnd die Schultern ein. „Sie haben sich geschunden“, brach es aus ihm. „Vier Männer am Schlitten wie Zugochsen, achttausend Schritte bis zum Haus, und manchen Schritt dreimal, weil der Schlitten stockt, weil das Holz rutscht, acht Glasen für vier Stämme!“

Der Atem stand als Wolke vor seinem Mund. Das war die Kälte, die sie umgab und bleiben würde als ihr treuester Begleiter, zehn lange Monate.

Heemskerck schaute zu der im Kerzenlicht lebendig scheinenden Kassettendecke hinauf. Gute holländische Bildschnitzerarbeit, Kunstfertigkeit und Mühsal wie für das ganze Schiff. Von weit her mußte er seine Gedanken rufen. Faßte er die Reise in dem Spruch „Drei Männer, drei Kurse“ zusammen, so verstärkte sich in ihm seit Beginn ihrer Gefangenschaft immer mehr ein anderer Gedanke: „Ein Schiff mit zwei Großmasten.“ Ein untüchtiges Schiff also, weiß der Himmel.

Hatte ihn die Nachricht des „Engel“ in dumpfe Verzweiflung gestürzt, so hatte er sich wiedergefunden durch das Schiff, das ihn bestätigte. Um so mehr traf ihn dessen Verlust, weniger gewappnet war er, schon angeschlagen. Seine alten Ziele waren zerstört. Gelähmt hatte er zugeschaut, wie der Navigator die ersten Maßnahmen einleitete. Fremd klangen ihm die Worte „Das behütende Haus, die Überwinterung". Seine ersten Entscheidungen und Befehle waren nicht mehr auf ein Ziel gerichtet, waren zufällig, ohne Plan und Logik. Die Eiswüste erdrückte ihn. Der alles Leben vernichtende Frost lähmte seine Kraft. Er war der im Eis ausgesetzte Kapitän, mitsamt der Mannschaft in Ketten.

Die Ruhe des Navigators verdroß ihn, da er sie selber nicht besaß. Mit Willem Barents in die Staatskajüte gepfercht, hatte er jenen ständig vor Augen.

Und doch keimte in ihm in diesen ersten Wochen der Gefangenschaft schon das neue Ziel, zunächst ihm noch unbewußt: Die Mannschaft durch den Winter bringen, das Leben eines jeden aus dem Eis zerren, alle zurückbringen in jene Stadt am Ij, deren Bild seine Kajüte schmückte.

Wieviel Schiffe auf wieviel Reisen waren im Eis verschollen? Ungezählte Opfer der Passagen, namenlose Schicksale. Der Schiffer des „Verlorenen Sohnes" mit dem Kind. Stelle sich einer vor, wie sie im offenen Boot getrieben sein mußten, noch das Schiff in Sicht. Dann entflieht es, verschwindet. Der Hunger wühlt in ihnen, die Kälte beißt nach ihnen, sie schwimmen hilflos, ziellos. Auch das Ende einer Expedition. – Oder Willoughby in Lappland. Dreiundsechzig Mann überwintern. Keiner überlebt. Auch das Ende einer Expedition. – Oder Brunel, der doch am Ob gewesen sein sollte. Verschollen. Und immer wieder im Eis zermalmte Schiffe.

Wieviel Schiffe dagegen waren zurückgekehrt, nachdem sie im Eis überwintert hatten? Nicht eines!

Aber Heemskerck kommt mit der „Eissee", mit der vollen Mannschaft! Er schwor es sich an dem Abend in der Staatskajüte, als die Schlitten ihre Probe bestanden hatten. Welch eine Aufgabe für einen Schiffer! Nichts war dagegen, was Herkules zu verrichten hatte. Jedes Zurückweichen bedeutete Schwäche. Zupacken mußte er!

Am nächsten Tag befahl er selber dreizehn Mann zum Holz, unter Führung des Zimmermanns. Nur den Koch ließ er da und den Schiffsjungen Jan Hillebrants.

Er besprach sich – mißtrauisch – mit Barents, wie lange der Winter dauern könne. Vor Juni–Juli kämen sie nie frei. Eine erschreckende Antwort. Er ließ den Koch die Tage zusammenrechnen und aufteilen, was sie an Lebensmitteln hätten, siebzehn Leute dreihundert Tage lang, Fisch und Fleisch, Bier und Wein. Und dann die Reserve für die Heimreise. Er ordnete als Commis der Kaufleute die Warenballen, verglich sie mit den Listen. Jeden Fetzen sollte er wiederhaben, der krummnasige Hasselaer.

Vom Feuerwerker Sterrenburgh ließ er sich am Abend vom Zustand der Waffen berichten. Ein ganzes Deck voll sinnloser Artillerie, sechs Eisenschlangen und vier Steinstücke. Der Chirurg Meester Hanns – kennt er sich aus bei Erfrierungen, Scharbock, Amputationen? – So ging der Schiffer durch sein Schiff.

Nun schleppten sie Tag für Tag das Holz, bis das Äquinoktium kam. Herbstanfang. Bei ihnen war lange Winter.

Dieser 23. September war sehr klar nach einer Nebelnacht, und die Kälte war schlimm. Sie gingen schon früh hinaus, die Sonne stand noch keine Stunde über dem Horizont. Die Männer fluchten, weil Neuschnee schon die leeren Schlitten behinderte. „Es ist der letzte Tag", ermutigte der Zimmermann. „Laßt es euch nicht verdrießen." Und er griff zu, wo er gebraucht wurde.

Drei Glasen brauchten sie bis zum Holzplatz. Eine Furche deutete an, wo der Süßwasserfluß mündete. Aber die Stämme lagen über dem Schnee.

Die Männer hockten verschnaufend auf dem Schlitten. Der Zimmermann sprang über die Stämme, hieb mit der Axt hinein und zerrte sie hervor. Er schwitzte und lachte. „Diesen hier nehmt auch noch. Der ist gut." Er stemmte sich mit ihnen gegen den vereisten Boden, um die Stämme auf die Schlitten zu bringen, und bestimmte drei, die zurückbleiben sollten, Astwerk und Wurzeln abzuschlagen, damit sich das Gewicht verringere. Je fünf, spannten sie sich vor die Schlitten, legten sich in die Siele und rutschten los, der Zimmermann allen voran.

Sein Holz war es, für sein Haus!

Die schwer beladenen Schlitten krochen über das wellige Land. Simon zerrte neben dem Feuerwerker, neben diesem de Veer, davor der Riese Laurens und am längsten Zugseil der Zimmermann.

Er versuchte, das Schneetreiben zu durchdringen. Die Kälte biß in die Augen. Das Mundtuch gefror am Bart. Unablässig trat er die Spur in dem weichen Schnee. Felsblöcke umging er und Spalten, Kuppen erstieg er an der günstigsten Stelle. Und hinter ihm die anderen im Gespann und hinter diesem Schlitten der zweite.

Mit traumwandlerischer Sicherheit kroch er durch den Schnee, an das Holz gefesselt, das sie für die Hütte brauchten. Er erkannte eine Felsnase. „Ein Viertel haben wir!" schrie er. Er ließ jedoch nicht rasten, weil er die Männer nie mehr vor den Schlitten gebracht hätte. Er merkte, wie ihn das Zugseil trotz der Felljacke in die Schulter schnitt. Immer mehr spürte er, daß er auch nicht mehr gehen konnte. Es war ihm, als schleppe er nicht nur das Holz, ganz allein vor dem ungefügen Monstrum des Schlittens. Er zerrte zugleich alle, die hinter ihm kamen, ihre unbeweglichen Leiber zerrte er vorwärts. Er vernahm ihr Fluchen und Stöhnen. Gebete hörte er murmeln. Er schaute sich nicht um. Schritt um Schritt rang er diesem furchtbaren Weg ab. Jedes Irren hätte ihn um Hunderte Schritt verlängert. Jede Spalte konnte die Last vom Gefährt schleudern und es selbst zertrümmern.

Unablässig wankte der Zimmermann durch das Schneeland. Zuletzt wußte er nicht mehr, daß er überhaupt an einem Schlitten zog, daß noch andere da waren außer ihm. Ihn lockte nur noch das Haus.

Er schrie noch Entfernungsangaben in das Schneetreiben hinein, mehr aber schon, um mit sich selbst zu sprechen, sich selbst zu ermuntern, gleich, ob es die anderen aufnahmen.

Sie erreichten den Bauplatz, fielen am Seil in den Schnee. Der Zimmermann, mit schmerzender Schulter, stieß sie an. Keiner durfte hier liegenbleiben. Er gewann einen Helfer in Simon. Laurens stand auf. Als sie zum Schiff gingen, stützten sie de Veer.

Ein großer Jubel schwang in dem Zimmermann. Kein Schlitten war umgestürzt, kein Weg verfehlt, kein Schritt verschenkt. Das letzte Holz lag am Bauplatz. In diesem Taumel der Freude lief er auf den Strand zu, der im Eis erstickte. Wieder vor den anderen lief er, als zerrten sie noch am Schlitten. Das Schiff lag auf dem Hügel aus Eis. Scharf zeichnete sich in dem dämmrigen Himmel, aus dem keine Flocke mehr fiel, die Takelage ab. Unwirklich lag es dort, ihr Schiff „Eissee“, unerreichbar.

Der tote Bär stand im Eis wie ein Wegzeichen, stand bereit, nach Holland verladen zu werden, und war selber zu Eis geworden.

Der Zimmermann ging an dem toten Bären vorbei auf das Schiff zu, und auf einmal breitete er die Arme aus, als wollte er es umfassen, als wollte er dieses Eisschiff an seine schmerzende Brust pressen.

Drei Schritte ging noch der Zimmermann, dann brach er tot zusammen.

II

Es war ein grauer, schneeverhangener Tag, als sie den Zimmermann begruben. Auf dem Schlitten zogen sie ihn am Bären vorbei zum Hausplatz; eine leichte Last, verglichen mit den Stämmen, die auch er geschleppt hatte. Der Schlitten rutschte vorbei an dem Holz, das jener Stumme, Leblose, den sie zogen, zu einem Haus hatte zusammenfügen wollen. Er selber brauchte es nicht mehr. Sie bogen ein, nach den Felsen zu. Eissäulen hingen daran, Wächten. Da hoben sie ihn vom Schlitten und trugen ihn unter den Wänden in eine Schlucht hinein. Paarweise folgten die Männer.

Sie betteten den Zimmermann unter einem Überhang, eingenäht in cin altes Focksegel, als wäre er an Bord gestorben, irgendwo auf dem Ozean.

Aber das Meer vermochte seinen Leib genausowenig aufzunehmen wie die Erde.

Sie verneigten sich vor ihm, als er unter dem Überhang lag, und Cornelius bekreuzigte sich. Eng aneinandergedrängt sangen sie, Schulter an Schulter, den Blick auf die Höhlung. „O Welt, sieh hier dein Leben am Stamm des Kreuzes schweben, dein Heil sinkt in den Tod ..." Und der Junge dachte an den Namen, den er in das Kreuz geschnitten hatte, und Evert daran, wie sie das Kreuz errichteten. Und als ihr Schiffer Heemskerck ehrende Worte zum Gedenken für ihren lieben Kameraden, den Zimmermann Joris Christoffel, sprach, hob Simon beim Nennen des Namens den Kopf. Wieviel hatten sie von jenem da in der Eisschrunde gewußt? Nicht einmal den Namen.

So standen sie, eingezwängt zwischen den schroffen Felsen, im beißenden Wind, der den Schnee von den Wänden stäubte. Doch als sie sich wenden wollten, um Steine zum Schließen der Höhlung herbeizuschleppen, trat Cornelius einen Schritt vor die anderen. Plump stand er da, der Düstere. Und er sprach vom Pilger Esra, der nach Jerusalem ausgezogen sei, dem Herrn zu opfern, silberne Gefäße und goldene Becher, tausend Gulden. Und trotz aller Feinde und Fährnisse habe er sich auf seinen langen Weg ohne irdischen Schutz begeben, allein auf Gott vertrauend. „Denn ich schämte mich, vom König Geleit und Reiter zu fordern, uns wider die Feinde zu helfen ..."

Die heiligen Worte bekamen eine gehässige Färbung in Cornelius' Mund, als er jene merkwürdige Predigt für den Zimmermann hielt.

Die Männer schauten nicht mehr auf die Höhlung, sondern auf den kleinen, frierenden Obersten Navigator Barents. In ihren Augen stand die Frage: Warum hast du auf das Geleit verzichtet, auf das Schiff Rijps?

Sie schleppten die Steine. Sie setzten die Öffnung zu. Barents stand stumm neben Heemskerck.

Barents war weit weg mit seinen Gedanken, in der Alten Kirche zu Amsterdam stand er, in der Schlucht der Halle zwischen den Säulen. Kerzen flackerten und tropften wie Eis, und von der Orgel dröhnte eine Motette des Chormeisters Obrecht, den er mochte. Plancius, mit dem Priesterkäppchen, hielt die Predigt. Und da saßen sie alle, Anna, der Stadtschreiber, der fette, lahme Claes, der alte Os und der junge Os.

Er sah auch den Schlitten, den der Zimmermann gebaut, gezogen und von dem aus sie ihn in die Felsspalte getragen hatten. Zugleich aber war Barents am Voorburgwal, wo einer Haus hielt, der nicht fror, wo einer saß, den ihre Reise nicht mehr bekümmerte: der junge Os.

Jener beschäftigte sich jetzt mit dem Geld der Gertrud Hasselaer, und auch jenen würde Plancius trauen. Jener vermißte nicht die „Eissee", weil deren Ausbleiben lange nicht besagte, daß sie verloren sei. China war weit.

Und dann war Antonio Portugees unterwegs, auf dem gewöhnlichen Kurs, sechzehn lange Monate schon. Da mußte sich bald Erfolg zeigen.

Vor der Waigatsch-Reise dagegen hatte jener junge Herr Os noch gebangt, ob ihm die Schiffe die Kostbarkeiten Cathays ins Haus schwemmen werden. Ein Jahr, zwei Jahre warten oder gar drei und mit immer längerem Warten zur Gewißheit kommen, das Geld ist vertan, das Schiff verloren, ein Gebet für die Mannschaft?

Wenn die Schiffe das nördlichste Kap Asiens, Tabin, passierten, so sollte die Meeresstraße, das Nadelöhr Waigatsch, der einzige Zugang zum Kap und folglich nach Cathay, von Soldaten besetzt und befestigt werden. Denn anderenfalls würden die umliegenden Reiche die Passage einfach schließen. Und der Profit, den der junge Os und die anderen Kaufleute Hollands zu genießen dächten, schwämme ihnen davon. Denn unzweifelhaft werden die Dänen, Russen, Engländer Wind bekommen, daß den Holländern die Reise gelungen sei. Geleit mit Waffen, die Reiter des Königs! Der junge Os hatte es begehrt, bevor sie die zweite Reise aufgenommen hatten.

Kriegsgelder der Generalstaaten hatte er für die Finanzierung gefordert. In einem Brief an die Deputierten, den er Barents klug lächelnd und Beifall heischend vorgelesen hatte unter seinem Schutzbild der Maria, hatte er den Abgeordneten die Rechnung aufgemacht. Zweihundert Mann, die die Waigatsch besetzen, kosten, die Offiziere inbegriffen, 34 000 Gulden, die Befestigung der Straße 12 000 Gulden, summa summarum der ganze Spaß um die sechstausend Gulden mehr als die Ausrüstung zweier Schiffe. Eine genaue Aufstellung hatte er beigefügt. War es nicht besser, zwei- oder dreitausend Gulden mehr dranzusetzen, als die Straße unsicher zu lassen? Was scherten sie die Moscoviter, denen das Land gehörte, die Samojeden, die darin wohnten? Selbst gegen eine fünffache Übermacht wäre die Straße leicht zu verteidigen. Kein Herrscher konnte Heere dorthin führen, kein Proviant für diese herangeführt werden. War die Straße befestigt, dann war sie sicher, in Ewigkeit, Amen.

Und wenn Kap Tabin wirklich nicht passierbar sei, dann gelange man doch an den Ob und könne jenen gewaltigen Strom hineinsegeln und daselbst Stapelplätze anlegen wie an dem Weißen Meer. Denn das Land war doch voller Zobel und Marder und anderen wilden Tieren. In der gewaltigen See aber schwämmen die Wale und Seehunde und in ihnen tonnenweise der feinste Tran.

All das würde in kurzer Zeit aufwiegen, was die Garnison in der Waigatsch koste. –

Es war ein langer Brief gewesen, den der junge Os damals verfaßt hatte, der Bittbrief an die Regierung, seinen Waigatsch-Feldzug zu unterstützen und ihm das Geleit nicht zu versagen.

Und Os hatte doch zugleich auch den Gedanken gehabt, jenes Schiff auf den gewöhnlichen afrikanischen Kurs auszuschicken, das dann Antonio Portugees übernommen hatte.

Das Geleit und die Schlitten. Wenn Barents damals mehr und mehr einen widerwärtigen Geschmack verspürt hatte, als der junge Os mit wohlklingender Stimme diesen Brief herunterlas, dann vor allem wegen der Schlitten.

Ein wunderbares Mittel hatte der junge Os da gefunden, wie man Nachricht erhalten könne, daß die Schiffe endlich auch Kap Tabin erreicht hätten und auf Südkurs gegangen wären.

Zehn oder zwölf Gefangene, die den Tod verdient hätten, sollten am Kap Tabin mit Schlitten ausgesetzt werden und die Rückreise über Land nach der Waigatsch antreten und der Besatzung der Meeresstraße die Kunde vom Erfolg der Reise bringen.

Zwölf Männer hatten zum Aas für den jungen Os werden sollen, geopfert, um sein Warten abzukürzen. Und sie schleppen sich vom Kap Tabin, dem Skythenkap, dem nördlichsten Kap Asias, durch das Land Tatarien, zerren die Schlitten mit Nahrung, mit Feuerung, mit Zelten, dann mit Kranken, mit dem ersten Toten, den sie dann doch bestatten, zerren die Schlitten westwärts, zehn noch, sechs, zwei sterben wieder, queren die Eisbrüche der großen Strommündungen, gejagt von den Stürmen, von Wölfen und Bären, von der Erinnerung an jene, die schon verreckt sind. Kommt einer durch? Bringt wenigstens einer die Nachricht nach der Waigatsch: Die Schiffe segeln nach Cathay?

Glück zur Hochzeit, mein Lernbruder!

Barents in der Schlucht sah, wie die Männer die Steine schleppten, wie sie einen Wall vor der Öffnung errichteten, wie sich das Grab schloß.

Die Regierung hatte wohlweislich den Privatfeldzug des jungen Os nicht unterstützt: Die Niederlande standen im dreißigsten Jahr ihres Kampfes gegen die Spanier.

Barents preßte die Lippen zusammen. Noch immer stand er barhaupt, Schnee hing in seinen Brauen. Zwölf oder siebzehn, da war kein großer Unterschied. Sie von der „Eissee“ durften nicht die zum Tode Verurteilten sein, die in den Sielen vor den Schlitten sterben! Ein Moment der Schwäche überfiel ihn, und er sah einen nach dem anderen hinsinken, wie die Mannschaft Willoughbys, wie jene zwölf Gefangenen, denen der junge Os dieses Schicksal zugedacht hatte.

Er sah in die Runde. Wer von ihnen überlebte und brächte Nachricht nach Amstelredam? Es war hart, den Zimmermann da zu begraben.

Auch als er wieder auf dem Schiff war und Befehle gab, als sei er noch Navigator, als lägen sie nur ein paar Tage auf Reede, dachte er unablässig an die Schlitten des jungen Os.

Denn auch er hatte doch einen Plan gehabt, der dem des Handelsherren verdammt ähnelte. Das war die Überwinterung.

Vor zwei Jahren war ihm der Gedanke gekommen, als sie am Großen Eiskap Nowaja Semljas umkehren mußten. Gleich hierbleiben können, hatte es in ihm gearbeitet, es muß doch wieder Sommer werden. Warum die gewonnenen Meilen verschenken? Lebten nicht an den Küsten des Eismeeres die Samojeden? In weniger festen Häusern lebten sie, als die Holländer sie zu bauen verständen. Mit Weibern und Kindern hausten sie hier. Überwinterten nicht russische Fischer und Händler mit ihren Lodijas in den Flußmündungen? Hand und Fuß hatte sein Plan.

Den jungen Os hatte er dafür zu gewinnen versucht, als dieser mit seinem Hirngespinst vom „gewöhnlichen Kurs" herausrückte. Und nun, auf dem Wrack, wenn er über Schlitten und Geleit nachdachte, schien es ihm, daß der junge Os die Besetzung der Waigatschstraße erst dann ins Auge gefaßt hatte, nachdem er durch Barents' Plan der Überwinterung angeregt worden war.

Was hast du aus meinen Plänen gemacht, dachte der Navigator. Sein Winterhaus fand er in dem Brief des Os an die Abgeordneten von Holland und Seeland wieder. Die vorgefertigten Teile, die er vorgeschlagen hatte mitzunehmen, damit sie das Haus um so schneller errichten konnten, hatten sich aber im Brief des Os verwandelt in hölzerne Einfriedungen, das Expeditionshaus zum Kriegshaus. Der Stützpunkt der Forscher war zum Fort geworden.

Und jetzt in seinem Wrack „Eissee" wußte Barents auch, daß sein endgültiges Abwenden von dem jungen Os jener Brief hervorgerufen hatte, jener teuflische Plan des Geldmachens, des Festnistens in fremdem Land, wenn Os auch Gott im Mund geführt und die Samojeden der Schonung empfohlen hatte.

Bestürzt war er damals aus dem Kontor getreten, wortlos. Ein Dutzend Mann zum Tod durch Erfrieren in den Schlittensielen verurteilen. Ein Winterhaus in eine Festung verwandeln. Den Krieg in die Waigatsch tragen ...

Mit einemmal war ihm deutlich gewesen, was Os unter der Chinareise verstand.

Es war nichts Merkwürdiges daran, daß er sogar noch für diese Reise das Kommando angenommen hatte. Da war er lange nicht mehr Os' Mann gewesen. Nicht um die Schätze des Os ging es ihm, sondern um das Abbild der Erde. Er war nicht der Soldat des Os, sondern der Kosmograph seiner Niederlande. Um so bitterer, daß es vorbei war.

Nach diesem Brief des Os hatte Barents sich gescheut, jemals den Gedanken der Überwinterung in die Tat umzusetzen.

Barents hatte vor Os das Winterhaus nicht mit Leib und Seele verfochten.

Er war der Zauderer. Wer im rechten Augenblick zögert, anzugreifen, war der Geschlagene. So stand er ungewappnet dem Ereignis gegenüber, das er doch herbeigewünscht hatte.

War noch die Überwinterung, planvoll vorbereitet, ein sicheres Unternehmen gegenüber einer Schlittenwanderung zum Tode verurteilter Gefangener, so unterschieden sich beide Unternehmen in der Situation, in der sich die „Eissee" jetzt befand, kaum noch voneinander. Die Reiter des Königs als Geleit hatte er nicht gebraucht, wie sie immerhin der junge Os noch verlangt hatte. Ein Haus zum Schutz hatte er gebraucht. Da lag das Holz. Und in der Eisschrunde der Zimmermann.

„Das Haus muß gebaut werden", sagte er zu Heemskerck. „Jeder Tag zählt."

Der Schiffer ging in die Back.

Es war schwer, die alten Gewohnheiten abzulegen. Er stand vor einer unbewohnbaren Ruine. Die Männer fand er im Artilleriedeck. Längst hatten sie die Geschütze auf den Lafetten zurückgezogen und die Stückpforten geschlossen. Die Gitter waren zugedeckt mit Persennings.

Und hätte er in der Back sonst nur die Bootsleute angetroffen und den Schiffsjungen, so stieß er unter Deck auch auf Arzt und Koch, Untersteuermann, Hochbootsmann. Sie hockten dicht gedrängt, um einander zu wärmen.

Heemskerck empfand fast körperlich die Depression, die tiefe Niedergeschlagenheit dieser Männer. Geduckt saßen sie, schemenhaft im Dämmer, die Knie angezogen, die Hände vor dem Mund, als beteten sie. Aber sie hauchten nur ihren Atem auf die Hände, um sich das Gefühl zu suggerieren, sie würden so wärmer. Es roch nach Teer und Fäulnis in diesem Deck, obwohl doch die Kälte alle Verwesung verhinderte.

Es war eine grausame Ironie des Schicksals. Der ihnen das Haus bauen wollte und konnte, war gestorben. Het Behouden Huys war in Gefahr. Wenn es schon einen hatte treffen müssen, als Bauopfer gewissermaßen wie in heidnischen Zeiten, warum dann nicht den oder jenen? Und sie streiften sich mit feindseligen Blicken.

Andere saßen gleichgültig. Der Einsatz lohnte nicht mehr. Hausbau, Schinderei vor Schlitten – es hatte keinen Sinn, da der Tod ohnehin nach ihnen griff, um so furchtbarer, da er lautlos, ohne Anzeichen kam. Wer wird der nächste sein?

Heemskerck näherte sich unbemerkt; sie sahen ihn erst, als sie die Köpfe wandten, weil da noch einer die Treppe heruntergepoltert kam. Ehe der Schiffer sprechen konnte, schrie der ankommende Evert mit Fistelstimme: „Die See ist frei! Das Wasser ist offen!" Da rappelten sie sich hoch und sprangen an dem bestürzten Schiffer vorbei nach oben. „Zurück!" brüllte er. „Narr, du!“ Er stand machtlos in diesem Strom von Leibern, wurde gegen eine Lafette gestoßen und dann zur Treppe gedrängt.

Sie standen in der geneigten Kuhl im Eiswind, der von West kam, und starrten nach der Mündung der Bucht. Ihre Augen glänzten. Der Wind trieb das Eis davon. Die Schollen türmten sich. Ein Dröhnen war in der Luft wie ein verspäteter Salut für den Zimmermann. Schwarz quirlte das Wasser hoch, einen Kanonenschuß vom Schiff entfernt. „Anker auf“, sang einer.

Der schwarze Saum vor der Bucht verbreiterte sich rasch. Sie spürten das Zittern des Schiffes, glaubten, es sinke schon ein ins Wasser, es schwebe, es schwimme. Aber es lag verwachsen mit dem Grund durch einen einzigen gewaltigen Eisblock.

„Aufs Eis, los!“ schrie Duncker. „Holt euch Brechstangen, Jungs!“

„Halt!“ Heemskerck vertrat Duncker den Weg. „Keinen Schritt weiter!“ Gelassen blickte er den Bootsmann an. Der drückte sich ohne Antwort in einer eisigen Mißachtung an ihm vorbei. Heemskerck packte ihn am Arm. „Sie bleiben.“

Ein Knurren drang aus Dunckers Kehle.

Der Hochbootsmann Vos stellte sich neben den Schiffer. „Verdammter Hund!“ zischte er Duncker zu. „Rühr dich nicht vom Fleck!“ Eine große Hoffnung lebte in ihm. Er sah das Schiff wieder schwimmen.

De Veer trat zum Schiffer, der Chirurg, der Untersteuermann. Einer Mauer von Leibern sah sich Duncker gegenüber. „Gebt den Weg frei!“ schrie er und spähte nach Evert.

„Laß uns aufs Eis, Schiffer“, bat Cornelius. Hooghwout drückte sich hinter dem Mast herum. Der Schiffsjunge starrte Heemskerck an.

„Was gibt's?“ dröhnte eine rauhe Stimme. Auf dem Halbdeck stand Barents.

Als er den Navigator sah, brach es aus Duncker hervor. „Ihr habt die Überwinterung geplant und uns alles verheimlicht. Ihr treibt uns in den Tod!“ Er wollte nicht Gefangener sein, weder der Spanier noch des Eises! Er drohte zum Halbdeck mit der Faust. Ein Schrei ging durch die Menge.

Evert brüllte: „25 000 Gulden – wer bekommt die Prämie? Der Schiffer oder der Schiffsjunge?“

Cornelius zischte: „Mit dem Pilger Esra war Gott, was brauchte er irdischen Schutz? Mit uns ist der Teufel!“

Hooghwout lispelte: „Kein Warnzeichen beachtet, den Wal nicht und die drei Sonnen nicht!“

„Wir wollen aufs Eis!“

Evert riß sich los, sprang zur Großwant und stieg im Nu über Bord. Hooghwout stieß de Veer weg; da draußen gab es freie See!

Beifällige Rufe stachelten Duncker an. Er griff nach der Brechstange. Der Schiffer Heemskerck holte mit der Faust aus. Barents, über das Geländer springend, riß ihn zurück. „Das Schiff wird nicht frei“, sagte er mit einer Ruhe, die ihn viel Kraft kostete. „Gebt euch keinen Hoffnungen hin. Träumt nicht, wie schön es wäre ... Geht das Haus bauen.“

„Was wollte Ihr noch?“ höhnte Duncker, auf die Stange gestützt. „Von Euch kommt das Unglück. Rijp hat gewarnt. Die Instruktion habt Ihr umgestoßen. Ihr habt Euer Recht auf das Kommando verspielt. Ihr habt uns hierhergeschleppt, damit wir krepieren! Wo ist der Zimmermann? Wer ist der nächste Tote? Ich wollte, bei Gott, er hieße Heemskerck oder Barents!“

Dunckers ungeheuerliche Worte brachten schlagartige Stille.

Der Schiffer musterte die Männer. „Nehmt ihn fest“, befahl er.

Der Hochbootsmann packte Duncker am Arm. Auf der anderen Seite stand der Feuerwerker. So war Laurens abgeführt worden aus der Kuhl. Nur hatte da noch der Zimmermann die Ketten geschlossen.

Duncker sah sich um. Schweigen umgab ihn. Er senkte den Kopf, dann ging er. Der Junge lehnte in dumpfem Schmerz am Mast.

Simon sprach den Navigator an: „Den Zimmermann macht uns keiner wieder lebendig. Aber darf das Haus mit ihm sterben?“

Barents hob den Kopf. Die Frage bohrte. Der Mann forderte etwas von ihm. Nüchtern sagte er: „Wir bauen, so gut wir's nur können. So ehren wir den Zimmermann am besten. Kommen Sie mit zum Haus.“ Und statt unter Deck zu gehen, wie er beabsichtigt hatte, stieg der Navigator über die Bordwand. Als er am Ufer war, folgte ihm ein halbes Dutzend Männer, nicht aber, um das Eis zu zerschlagen, sondern um das Haus zu bauen. Barents, an den tatarischen Stämmen, wußte, wo er den Bootsmann Simon gesehen hatte: am Kolderstock, als die „Hoop“ die „Winthont“ zu rammen drohte.

Der Schiffsrat tagte wie in alter Zeit. Barents und Heemskerck, auch der Hochbootsmann und der Untersteuermann Andries.

Gegen Laurens hatte Heemskerck allein verhandelt. Er hatte an Kraft eingebüßt, seitdem sie eingeschlossen lagen. Nie vorher wären die Schmähreden des vogelgesichtigen Bootsmannes möglich gewesen. Obwohl er den Vorsitz führte in der schrägliegenden Staatskajüte, bestimmte der Navigator mit seiner kraftvollen Persönlichkeit den Verlauf.

„Sie verweigern also den Gehorsam“, stellte er kalt und sachlich fest.

„Wenn wir segeln, niemals!“ gab Duncker rasch zur Antwort.

„Aber wenn wir bleiben, wie?“

„Ich habe einem Schiffer geschworen auf 'nem Schiff“, sagte Duncker mit raschem Blick auf Heemskerck. „Nicht 'nem Mann in einem eingeschlossenen Haus, der genauso Gefangener ist wie ich.“

Heemskerck verfärbte sich. Selbst jetzt lohte der Aufruhr in jenem

Bootsmann. Jetzt brach sie aus, die Meuterei, verderblicher als die Pest. Der Schiffer soll nicht Herr im Winterhaus sein, keine Schiffsartikel haben mehr Geltung. Anarchie herrscht, Willkür. Keine Ordnung garantiert mehr ihr Überleben. Jetzt bootete die Mannschaft den Schiffer aus ...

Er atmete leichter, als Barents sprach. „Sie pochen auf die Amsterdamer Instruktion, Bootsmann, die wir mißachtet hätten. Mit dem jedoch, was Sie sprechen, stellen Sie sich selbst dagegen."

Sie ließen Duncker hinausführen und besprachen den Fall gründlich. Unruhig schritt Heemskerck auf und ab, setzte sich, erhob sich wieder. Sein Gesicht wirkte verfallen.

Barents sagte karg: „Er verdient den Tod." Er sprach aus, was alle dachten. Der Untersteuermann Claes Andries erbleichte dennoch.

Barents strich sich über die Stirn. Einer war schon gestorben, und nun sollte noch einer sterben. Das Sterben des Zimmermanns entweiht durch das schmähliche Sterben des Aufrührers. Und über wieviel Unschuldige auf diesen Planken war das Urteil schon gesprochen?

Barents sagte: „Er verdient den Tod. Aber er hat einen Bootsmann gerettet vorm Bären auf dem Fernen Eiland ..."

Heemskerck gab eisig zurück: „Er verdient dreifach den Tod; er hat wohl einen gerettet, allein er bringt einem Dutzend den Tod durch seine Anarchie während der Überwinterung."

„Er verdient dreifach den Tod", sagte Barents, „und er soll dazu verurteilt werden, weil er weder Schiffer noch Schiffsgesetze mehr anerkennen will. Aber das, dessen Vorhandensein er abstreitet, kann sich vor allem der Mannschaft gegenüber kräftig durch ein Recht äußern, das während einer Reise nur der Schiffer hat: das Recht der Gnade."

Heemskerck verengte die Augen. Er sah den Aufsässigen vor sich, wie oft er schon den Zwiespalt der Schiffsleitung ausgenutzt hatte. Er mühte sich, das Zittern seiner Hände zu verbergen.

Der Hochbootsmann sprach sarkastisch gegen diesen Widersinn „Gnade".

Der Untersteuermann Andries, mit aufkeimender Hoffnung, unterstützte den Navigator.

Und wenn er begnadigt wird, dachte Barents, die Hand auf der pulsenden Stirn, wenn er begnadigt wird durch meinen Rat, dann bin ich immer noch nicht besser als der junge Os, der einem Dutzend zum Tode Verurteilter das Leben schenken wollte, damit sie sich bei Kap Tabin vor die Schlitten spannen. Begnadigung hier war weniger als ein Atemhauch, Begnadigung hier war keine Gnade.

Am 25. September wurde Duncker Jans vor versammelter Mannschaft zum Tode verurteilt, aber, weil er auf dem Fernen Eiland einen Mann vorm

Bären gerettet hatte, vom Schiffer Jacob van Heemskerck begnadigt zu vier Tagen Eisen und dem Abzug eines Monatsgehaltes.

Laurens, mit zusammengekniffenen Lippen, rieb sich die Handgelenke, die um viel weniger Eisenbänder getragen hatten.

Nicht einmal kielholen kann man ihn, fluchte der Hochbootsmann Vos innerlich. Kielholen, wenn das Wasser zwischen Kiel und Grund ein einziges Eis war!

Selbst Duncker verwunderte das Urteil. Wie benommen hockte er auf einer Lafette. Es hatte nicht gelohnt. Erschüttert durch den Tod des Zimmermanns, die neue gräßliche Gefangenschaft vor Augen, hatte er sich hinreißen lassen. Irr waren seine Reden gegen den Schiffer gewesen, verrückt, unsäglich dumm. Er hatte den Jungen vergessen.

Jetzt war er froh über das wiedergeschenkte Leben. Als Evert kam, seine Ketten zu lösen, sprach er zu dessen Verwunderung kein Wort des Hohnes gegen jene, die sich als so schwach erwiesen hatten, daß sie ihm nicht einmal ans Leben konnten.

Das Schiff blieb eingeschlossen. Das offene Wasser war fern. Jene, die am Haus zimmerten, schauten oftmals zur See. Jene, die mit den Schlitten Brennholz schleppten, dachten an die Steinkohlen im Schiff. Ohne Murren schuftete Duncker bis zum Umfallen, als erprobe er sein wiedergewonnenes Leben. Wenn die andern jammerten bei jeder Truhe, jedem Ballen, den sie aus dem Schiffsleib herausschleppten, weil die Hoffnung auf Abreise in gleichem Maße abnahm wie das Gut in den Laderäumen, blieb Duncker doch stumm mit einer Verachtung für alles, was um ihn herum vorging.

In der schon wachsenden Nacht entstanden wirre Pläne, von Evert ausgeheckt, von Hooghwout weitergetragen. Cornelius lauschte begierig. Sogar der Chirurg schien nicht abgeneigt zu sein. Der Feuerwerker Sterrenburgh spann die Pläne weiter. Wie eine ansteckende Krankheit grassierten sie unter Deck.

Man solle sich des Schiffes bemächtigen. Man solle das Eis sprengen mit der ungenützten Kraft des Pulvers. Man müsse die Lebensmittel und die Waffen in die Hand bekommen. Oder laßt doch das Schiff liegen, mit allem, was bleiben will, wandert ab, westwärts, über die Felsen der steinernen Robbe. Schmal war die Insel Nowaja Semlja, wie durch die Umschiffung der Nordspitze bewiesen wurde. Marschiere man also los, von einer Küste zur anderen. Fünf Tage Fußmarsch, dann wäre es überstanden. Und dort wartete Rijp.

War Rijp ein Mann, der seinen Beistand verweigerte? Sicher sei er ihnen nachgesegelt, läge vor Anker, vom Eis bedroht, und könne nicht zu ihnen gelangen. Westwärts nur mußten sie wandern. Dort, wo sie das dritte Kreuz errichtet hatten, auf der Kreuzinsel, dort lag Rijp auf Reede. Dort las Rijp schon den Namen des Jungen, eingeritzt in das Holz.

Je mehr sie davon sprachen, desto sicherer schien es ihnen, daß das Schiff „Amstelredam" vor der Kreuzinsel ankere. Und sie nahmen das Erträumte als Wirklichkeit.

Auch die Schonung von Duncker schien manchem Schwäche; sie versicherten ihm ihr Einverständnis mit ihm. Er aber zog sich knurrend zurück, ein alter Wolf, ein Einzelgänger. –

Das Haus war wie eine zarte Pflanze, die durch den Schnee bricht. Kamen sie morgens an den Bauplatz, lag eine einzige Schneefläche vor ihnen. Sie schaufelten keuchend das Fragment der Wände frei und legten wiederum Balken auf Balken. Neun Tage nach dem Tod des Zimmermanns ragten die Wände über den Schnee.

Willem Barents lag fiebernd in der Staatskajüte. Sein Gesicht war naß und fleckig, die Wangenknochen traten spitz hervor. So lag er, seitdem der Schiffsrat über Duncker zu Gericht gesessen hatte. Hektische Traumbilder huschten ihm durch den Sinn. Die Kinder umtollten ihn. Ihr Lärmen hallte durchs Haus. Sie schirrten ihn an, er war ihr Zugtier, er lachte noch, keuchte, keuchte unter der Last, als zerre er einen Schlitten voll Holz durch den Schnee.

Er lachte im Fieber. Der Volontär de Veer wischte ihm die Stirn.

Er schlief wieder, wachte, träumte. Drachen baute er für die Kinder, für drei nur, das vierte kam später. Und dann das fünfte. Fünf Locken und ein Medaillon, der Lederbeutel schweißnaß, das Medaillon in der verkrampften Faust. „Da bist du endlich", sagte Anna.

Sie saß am Fenster mit einer Stickerei. Und draußen dröhnten die Glocken der Alten Kirche und die Orgelklänge des Obrecht. Und das war nicht mehr seine Stube, mit den Regalen und Zetteln, mit den Akten und Geschäftsbüchern. Eine Schere zum Brieföffnen, eine Dose mit Goldstücken. Das war nicht mehr sein Tisch, auf dem sie stand. Das war das Kontor des Os.

Hinter der Schranke wartete Anna, den Kopf in ein Tuch gehüllt, damit man die Augen nicht sah, die glanzlosen, trüben, die keine Tränen mehr hatten. Mit stummer Geste stand sie da und wartete. Der junge Os, das Doppelkinn auf der Brust, legte ein Goldstück nach dem andern aus der Dose auf die Waage und lachte, lachte und warf die Münzen seinem Hund hin, der sie fraß. Das aber war kein Hund mehr, sondern ein Fisch, ein Riesenfisch, der stinkend über das Meer zog. Er schluckte in einem fort das Gold in einem widerwärtigen, langsamen, unaufhaltsamen Schlucken. Der junge Os saß lachend auf seinem Rücken, und der krummnasige Hasselaer schwirrte heran. Und sie stießen dem Fisch das Messer in die Seite. Da quollen sie heraus, Fische, Fische, ein Meer von Fischen, aus Maul und Bauch quollen sie, glitschig, stinkend. Aus ihren Mäulern ragten die Schwänze anderer Fische, an denen sie erstickten.

Barents erwachte, er lächelte matt, als er de Veer sah. Er erkannte ihn auch. Der Gänsehals, der seine Tagebücher der ersten Reisen studiert hatte, der vorhatte, über die Länder Cathay, China, Japan zu schreiben. Er lächelte bitter. Wie viele Träume endeten hier im Eis.

Er erzählte de Veer seinen Traum, in seltsamer Klarheit, nur die Stimme klang brüchig.

De Veer, das Tuch in der Hand, schwieg verlegen, weil der Admiral nun wohl eine Deutung erwarte, eine Auslegung. Die aber konnte er ihm nicht geben.

Allein Barents wurde, während er sprach, bewußt, wo er dieses schreckliche Bild der Fische gesehen hatte. Im Haus am Wasser, bei seinem Verleger Cornelis Claes. Die großen Fische fressen die kleinen. Die kleinen Fische locken die großen an. Pieter der Drollige hatte es gezeichnet, in seinem teuflischen Humor.

Er lachte auf, zur Verwunderung des jungen de Veer, sah die Bilder vor sich, die Cornelis Claes zusammengetragen hatte, die Weltlandschaften, die fressenden Fische, das Schlaraffenland.

Er stützte sich auf die Unterarme. Ja, das andere Freßbild des drolligen Pieter, das Schlaraffenland! Der Pilger Esra ausgezogen, um das Schlaraffenland zu suchen!

Eine Milchsee begrenzte es, eine Breimauer umgab es. Friß dich durch, beiß dich durch, dann kannst du unter der gedeckten Tafel liegen. Unförmige Wänste, aufgequollen von der Völlerei. Die Spanferkel mit dem Messer im Rücken laufen sorgsam um dich herum. Durch die Luft segeln die Hähnchen, ohne Federn, knusprig braun, schon auf Tuch und Teller. „Das Schlaraffenland, Gerrit", murmelte Barents, und der Schreiber dachte: Er spintisiert, Gott steh uns bei.

Es klopfte an der Tür, de Veer steckte den Kopf hinaus, Barents hatte es gar nicht gehört.

Heemskerck schob de Veer zur Seite, rasch, mit fahrigen Bewegungen. Er brachte die Frische des Winters mit. Trotz der dicken Kleidung wirkte er schmal. Leise erkundigte er sich: „Wie geht es Ihnen?"

Barents winkte ärgerlich ab, ließ sich zurückfallen und schaute auf den Schiffer. „Wie steht es mit dem Haus?"

Er las in Heemskercks Gesicht, daß diesen etwas beunruhigte. Und so direkt gefragt, konnte der Schiffer nicht ausweichen.

Heemskerck war bemüht, seiner Stimme einen leichten Klang zu geben. „Die Wände sind hoch ..." Er öffnete den Pelz, schlug die Kapuze zurück, schaute auf de Veer, ob der nicht endlich verschwinden wollte.

„Sprechen Sie", drängte Barents.

„Die Wände entsprechen den Maßen des Zimmermanns. Das Haus war abgesteckt, die Pfostenlöcher waren fertig. Jetzt kommt das Dach. Der

Bootsmann Frans, der den Hausbau übernommen hat, bringt da verschiedene Vorschläge ..."

„Ein Kissen!" befahl Barents. An der Tischkante zog er sich in die Höhe, ächzte, stieß aber de Veer zurück. Nur keine Schwäche zeigen.

Verschiedene Vorschläge für die Dachkonstruktion? Sie konnten nicht experimentieren. Mit welcher Überzeugungskraft dagegen war der Zimmermann aufgetreten: So ist es und nicht anders.

Barents zwang sich zur Konzentration. „Haben Sie Zeichnungen davon?" Heemskerck nahm eine Rolle vom Tisch. Barents kniff die Augen zu, ließ sich das Licht zurechtrücken. Der Rücken schmerzte ihm, da er unbequem hockte. Er schwenkte die Beine aus dem Bett heraus. Prüfend betrachtete er die rohen Zeichnungen. „Soso", murmelte er. Spitze Dächer mit Giebeln wie ein holländisches Haus. Tiefgezogene Hauben mit kleinem Walm. Unsicherheit in der Angabe für die Auflage der Balken. Barents schob das Blatt von sich und sank in das Kissen zurück.

Heemskerck beobachtete ihn besorgt. Er vernahm kaum, was Barents flüsterte. „Wie hoch sind die Wände?"

„Sieben Fuß", sagte er. „Man könnte gerade aufrecht darin stehen."

Sieben Fuß? Verdammt wenig für sein Winterhaus, wie er es sich erträumt hatte, damals auf der ersten Reise beim Großen Eiskap, damals auf der zweiten Reise unterhalb des Zwistkaps beim großen Streit mit dem Admiral. Sieben Fuß, ein Grab im Schnee für sie alle. Doch der Schnee war gut, er wärmte im Winter die heimatlichen Saaten, er half dem nordischen Schneehuhn, das sich bis zum Hals eingrub, nicht zu erfrieren. Ihm kam ein Gedanke. „Ist der Mann draußen?"

„Hol ihn herein", sagte der Schiffer zu de Veer.

Frans kam. Versonnen, nachdenklich schaute er aus seinem grobflächigen Gesicht auf den Kranken. Die Kappe trug er in der Hand, und sein dichtes braunes Haar fiel ihm in die Stirn, als er sich verneigte.

„Du baust das Haus gut", lobte Barents.

Ein Lächeln zuckte um Frans' dünne Lippen. Er glaubte seinen Vater auf dem Lager liegen zu sehen, der in Barents' Alter sein mußte. Der Alte hatte ihm keinen krummen Nagel verziehen. Boote zu bauen, ja das verstand Frans, der Schwung des Kiels, die Rundung der Planken. Aber: Bau ein Haus! Es sieht so viel einfacher aus als der Bau eines Bootes. Doch das Haus steht im Eisland, und es ist eine belagerte Burg, eine Zufluchtsstätte, von der das Leben von siebzehn Menschen abhängt. Nein, von sechzehn nur noch. – Er lächelte, als Barents ihn lobte.

„Setzt die Wand noch ein bis zwei Fuß höher", sagte Barents leise, „und gebt dem Dach nur eine geringe Neigung." Er ließ sich Feder und Tinte geben und deutete mit einigen Strichen an, wie er das meinte. Zwischen Dach und Wänden fügte er auf allen vier Seiten als Übergang eine schräge

Fläche ein. Und wie ein kleiner Turm ragte der Schornstein aus dem flachen Dach heraus.

„Das Dach muß den Schnee aufnehmen. Der Schnee wärmt uns. Aber der Schornstein muß durch den Schnee stoßen ..." Er hustete trocken.

„Nun geh", sagte Heemskerck eilig. Da nahm Frans die neue Zeichnung an sich.

„Woher bist du?" fragte Barents.

„Aus Haarlem." Frans wartete einen Augenblick, aber als der Navigator nichts mehr sagte, ging er mit einer knappen Verbeugung.

Willem Barents lag mit geschlossenen Augen. Haarlem war seine Geburtsstadt.

Diese Nacht hindurch schlief er, ohne einmal zu erwachen, ohne Träume.

Am zweiten Tag des Oktober ging Barents über das Eis. Er lehnte de Veers Arm ab. Der Schnee lag tief und zu Wällen beiderseits eines Pfades gehäuft, der sich durch den Eisbruch schlängelte. Die Luft war still, aber von einer scharfen Kälte. Von dem toten Bären schaute nur noch der Nacken aus dem Schnee. Der Schiffer ging zehn Schritt hinter ihnen.

Schon von weitem sah Barents den gezimmerten Dachstuhl, den First und die Sparren. Sein Gesicht hellte sich auf; er trat zu den Männern. Der Schnee war zerstampft und gelblich vom Sägemehl. Aber alle Späne, alle Abfälle lagen gesammelt auf einem Haufen. Sechzehn Mann, so standen sie hier. Nicht einer war mehr auf dem Schiff. Auch ihr Gut lag im wesentlichen auf dem Land. Nun gehörten sie der Insel schon mehr als der See.

Wie in der Schlucht, so waren sie wieder alle versammelt. Dort hatte der Tod sie zusammengerufen; jetzt aber war es ganz anders.

Barents sprach leise, aber dennoch vernehmlich in der stillen, kalten Luft. „Etwas Lebendiges ist das Haus. Es lebt und es stirbt. Und heute wird es geboren." Es war ein Leib voller Wärme, der sie aufnehmen sollte, ein Wesen, das atmete, ein Freund, der sie schützte. Kathedralen waren gebaut worden und Waagen, Stadttore und Brücken gab es, Rathäuser und Handelshöfe.

Nichts war das alles gegen das Behouden Huys. Kein Steinmetz konnte mit so viel Liebe seine Treppengiebel hochgezogen haben wie Frans und die anderen diesen armseligen Dachstuhl. Barents dankte ihnen. Er war der Navigator. Und er dankte auch dem Zimmermann.

Dann nahm er einen Spaten, ging hinüber zu einem Fleck unberührten Schnees, der krustig gefroren war, und stach einen Würfel aus. Sorgsam legte er den Spaten nieder, bückte sich und hob keuchend den Würfel aus der Grube. Froh hielt er ihn vor der Brust.

„So grüß ich das Haus, so grüß ich die Leut'", sagte er den uralten Spruch, wie ein Bauherr zu den Bauleuten. Als stünde hinter ihm ein Schloß. Unter ihrem Schweigen ging er auf den Bootsmann Simon zu und übergab ihm den Schnee.

Simon blickte sich um, zunächst verwirrt wie alle. Dann lachte er. „Hinauf, Junge!" Er stieß Jan Hillebrants an. „Frans, auf die Wand!"

Der Junge, in plötzlicher Freude, begriff. Er trat auf die Leiter, turnte schon auf dem obersten Balken und schwang sich in die Sparren. Wie in der Takelage kletterte er. Behend erreichte er den First. Unter ihm saß Frans auf der Wand, und ganz unten stand Simon mit dem Schnee.

Feierlich, wie eine Reliquie, trug Simon den krustigen Schneewürfel auf die Wand zu und stemmte ihn zu Frans empor. Der nahm ihn, faßte nach und hob ihn nun weiter in die Höhe zu Jan Hillebrants.

„Der Maibaum!" rief einer von unten. „Der Richtbaum!" Der Baum, der in ihren heimatlichen Dörfern aufgerichtet wurde, wenn das Leben in der Natur wieder begann, der aufgepflanzt wurde, wenn ein neues Haus sein Gesicht in das Land erhob. Einer begann zu singen. Selbst in der Eiswüste wuchs ein Maibaum für sie. Der Schnee, der sie wärmen würde, schmückte wie eine Krone den First des Hauses.

Der Koch schenkte aus einer dickglasigen Flasche Middelburgher Branntwein in Becher; sie nahmen jeder einen Schluck, kosteten ihn ganz aus, ehe sie ihn endlich die Kehle hinunterrinnen ließen. Oben saß der Junge.

Duncker sah ihn sitzen, als er trank. Und er sah, wie glücklich der Junge war. Es riß etwas in seinem Innern, weil er begriff, daß er nach dem Zimmermann Joris Christoffel nun auch Jan Hillebrants verloren hatte.

Auch der Schiffer Heemskerck sah den Jungen, als er der Schneekrone zutrank. Und er dachte an das Schiff „Der verlorene Sohn".

Der Navigator Barents hingegen sah in dem Jungen hoch auf dem First plötzlich sein eigenes Kind.

Der Schneebatzen, der Maibaum, bewirkte, was auf Spitzbergen die Rotgans vermocht hatte. Ihr holländisches Land rückte ihnen nahe. Es war noch nicht gar so lange her, daß der Schiffsjunge zum Maienfest Schweinsblasen aufgeblasen und Windspiele aufs Wasser gesetzt hatte. Er kannte das Stelzenlaufen und Reifenschlagen. Er war der Trommler gewesen, der einen Zug mit Speeren bewaffneter Jungen angeführt hatte. „Hurra Holland!" schrie er, dann sprang er hinab.

Hier vor dem Maibaum ahnte Barents noch einen Unterschied zwischen einer erträumten Überwinterung und nun der tatsächlichen. Die erträumte ging darum, eine erstklassige Ausgangsposition für die Weiterreise zu gewinnen. Hier aber galt nur, den Winter zu überstehen.

Er kannte das Eisland. Alles Bisherige war nur ein Anfang. Wollten sie vollbringen, was noch keinem gelungen war, nämlich hier zu überwintern, dann erreichten sie das nur durch eiserne Disziplin. Was an Bord Gesetz war, hatte nun an Land Gültigkeit. Verwandelte das Land einen Hochbootsmann wie auch einen einfachen Bootsmann gleichermaßen in Holzschlepper, so hatte doch das Gesetz zu bleiben. Es genügte keineswegs, einen zum Tode zu verurteilen und dann zu begnadigen. Ein für allemal mußte selbst der Gedanke unmöglich werden, einem Schiffer auf Land schulde man nicht Gehorsam. Unmöglich werden durch die uneingeschränkte Stellung und Macht des Schiffers.

Den Maibaum hatte er ihnen noch gegeben. Nun war er am Ende. Er fühlte sich stumpf und zutiefst ermattet, als habe er die Krankheit noch nicht überstanden. Zum drittenmal geschlagen vor Nowaja Semlja.

An diesem Tag noch rissen sie die Back ab und begannen mit den gewonnenen Planken das Dach zu decken. Eine Gruppe unter Führung des Hochbootsmannes zog mit den Schlitten zum Holzplatz. Nicht Bauholz mehr – Feuerholz war nötig! Als sie aber zur See blickten, war sie offen, so weit sie sehen konnten.

Heemskerck befahl nun auch die Reste der „Hütte“ abzureißen, Barents' Wohnung, in der er gearbeitet hatte, um den Kurs zu finden. Schnickschnack mit dem Kurs, die „Hütte“ fiel. Mit Werg kalfaterte ein Trupp die Ritzen zwischen den Stämmen des Hauses. Da begann schon das Schneetreiben.

Sie hängten die Türöffnung mit einem alten Segel zu. Es schneite ohne Unterlaß, doch keine Flocke fiel mehr ins Haus.

Der Wind kam dazu, die Böen. Der Koch beaufsichtigte das Beladen der Schlitten mit Brotfässern und mit Wein. Die Böen wuchsen zum Sturm. Mit Mühe nur konnten sie sich den Weg zurück zum Schiff bahnen.

Barents hockte frierend in der Staatskajüte. Das Jaulen des Sturmes ging ihm durch und durch.

Heemskerck trug mit klammen Fingern die Begebenheiten des Tages in sein Journal. „Er ließ einen Maibaum auf den First setzen“, schrieb er. „Er ...“

Sie tranken Bier, das Faß war gefroren gewesen, und nach dem Auftauen hatte sich die ganze Würze auf dem Grund abgesetzt, das übrige war blankes Wasser. Es schmeckte schauderhaft.

Der Sturm peitschte um das Schiff. Die Dämmerung brach an, die endlose, nun schon zwei Drittel des Tages währende Dämmerung. Noch immer gab es keine Nachtstunden.

„Das Haus ist dicht“, sagte Barents, um eine Brücke zu dem anderen, Schweigenden, herzustellen. Er trat vom Fenster zurück, hinter dem die Flocken trieben, und setzte sich zum Schiffer. Warum verschließt du dich, dachte er.

Am Abend noch war das Gerücht zu ihnen gedrungen, Duncker, Evert und einige andere hätten vorgehabt, quer über Nowaja Semlja zur anderen Küste zu wandern, weil sie dort Rijp zu finden hofften.

Beide wußten, daß nicht nur das schlimme Wetter die Männer von ihrem aus der Verzweiflung geborenen Plan Abstand nehmen ließ. Es war das Haus. Handgreiflich stand es ihnen nun vor Augen, dieses Wunder von einer Herberge. Aber sie wußten noch mehr, am Tisch in der Staatskajüte, bei dem ekelhaften Biere. Das Haus bedeutete bisher den Männern Plakkerei, die Zunge aus dem Hals schinden mit dem Holz, eisige Luft in den Lungen, Angst vor den Bären, der Tod eines Menschen, der in der Eisschrunde lag. Und immer ein Blick nach der See, ob das Wasser sich öffne; immer nur halb bei dem Haus, das Denken, das Trachten auf Flucht gerichtet.

Daß das Haus von einer Stunde zur anderen ihr Freund wurde, hatte niemand anderes bewirkt als Barents mit dem Maibaum. Er hatte das Haus mit der Heimat verbunden.

Später trat de Veer ein, außer Atem, doch Ruhe vortäuschend. „Ein Mann fehlt", berichtete er.

Heemskerck hob den Kopf. „Habt ihr richtig gezählt?"

Der junge de Veer nickte. „Duncker fehlt."

Barents stand auf. „Wie weit ist die Sicht draußen?"

„Eine Schiffslänge weit."

Der Navigator stützte sich auf den Tisch. Duncker ... War er schon unterwegs zur jenseitigen Küste, dieser Tollkopf? Auf der Bäreninsel hatte auch einer gefehlt. Duncker im Boot hatte es rechtzeitig bemerkt, war hinausgesprungen und hatte dem Verunglückten das Leben gerettet. Duncker, der Abenteurer, wie oft stieß er auf ihn. Zweimal vor dem Schiffsrat gestanden, einmal als Zeuge wegen einer Schlägerei. Das andere Mal als Rebell.

„Duncker fehlt", wiederholte de Veer, als deute er das lange Schweigen der Schiffsführung als Unglauben.

„Durchsucht das Schiff", befahl Heemskerck, „alle Winkel, rasch."

De Veer ging stumm. Er hätte es als unpassend empfunden, dem Schiffer zu sagen, daß dies schon getan wurde.

Sie zählten noch einmal genau. Sie leuchteten jedem ins Gesicht. Sie suchten Kabelgatt und Küche ab, stiegen durch die Räume mit den Viktualien, die schon halb geleert waren. Sie gelangten zu den Stapelräumen. Das Linnen der Kaufleute. Sie schoben die Ballen zur Seite. Sie kamen auch in den Heckraum, in dem der Chirurg den Jungen verbunden hatte. Durch das Hennegatt hatte sich eine Schneewächte hereingeschoben, auf der sich Flocke um Flocke niederließ. Die Ruderpinne glitzerte von Eis.

Es fehlte einer, und es war Duncker, und er befand sich nicht auf dem Schiff.

Es war im ersten Quartier, die Dämmerung erträglich, doch schien es Barents, als er an Deck kam, daß das Schneetreiben zugenommen habe. Der Frost schnitt ihm in die Lungen. Er stellte sich gegen den Wind, dann hörte er die anderen heraufsteigen. Der erste Suchtrupp ging auf das Eis. Barents, müde, zog die Handschuhe fester. Als er sich über die Reling schwingen wollte, hielt ihn eine Stimme zurück. „Sie bleiben", gebot Heemskerck.

Barents fuhr herum, überrascht, fragend, dann ging er ohne ein Wort unter Deck.

Die Männer fanden Duncker im Eisbruch an der Küste, in der Nähe des toten Bären.

III

Der Sturm siebte den Schnee durch die Takelage, preßte ihn an die Masten, brachte die Besanrute zum Zittern und schüttete die Kuhl zu. Es war ein fortwährendes Winseln um das Schiff, ein Heulen und Ächzen in der weißen Dämmerung. Wer die Nase zur Luke hinaussteckte, konnte den Großmast nicht sehen. Alles war zugehangen von den unablässig wehenden Schneetüchern.

Sie hatten Duncker in jenen Verschlag geschleppt, in dem der Zimmermann gehaust hatte. Der Artilleriesaal war lang und schwer erwärmbar. Durch die Stückpforten pfiff die Luft, drangen die Eiskristalle, obwohl die Lukendeckel gut schlossen. Im Heckraum unter der Ruderpinne war es nicht besser. Keine „Hütte", keine Back stand mehr auf dem Deck. Die Grätings ließen Kälte und Schnee hindurch trotz der Persennings. Der Verschlag des Zimmermanns war der wärmste Ort im ganzen Schiff.

Evert schaute zu Duncker herein, bestätigte ihm, er habe Glück gehabt. Wenn er jetzt noch draußen wäre ... Evert hielt sich die Ohren zu, um den Sturm nicht zu hören.

Duncker lag mit wächsernem Gesicht. Glück gehabt, höhnte es in ihm. Was war Glück? Seine Augen brannten. Beim Sturz auf das Eis hatte er sich das rechte Bein gebrochen, den Unterschenkel. In der Kälte hatte er gelegen, gekrochen war er. Der ganze Leib schmerzte ihn. In seinen Lungen lohte ein Feuer.

Die Schiffsleitung kam. Sie begehrte zu wissen, weshalb er unbemerkt zum Haus zurückgekehrt sei. – Er antwortete unwillig. Sein Zugseil vom

Schlitten, er hatte es vergessen. Er brauchte das Seil, will man morgen nicht schleppen, wie? Ein Fuchs war gekommen, er hatte ihn beobachtet. Füchse müßte man fangen, Pelze gäbe das, Kappen, Handschuhe... Er lachte leise und erschauerte. Sein Körper schien ihm wie mit Eis gefüllt.

Diesen Sturm vergaß keiner, dieses Schiff, wie es jammerte, wie es mit dem Tode rang. Ein Haus war etwas Lebendiges, ja. Aber wieviel lebendiger noch war ein Schiff. Ein Haus stand fest, ein Schiff schwamm durch die ganze Welt. Das ihre tänzelte nicht mehr über die Wellen, es trug sie nicht mehr über die Wasser. Es hatte keine Wärme mehr für sie. Es war nur noch eine Höhle aus Eis.

Einer stieg einmal zur Bilge hinunter. Da fand er Wasser im Kielraum. Feucht, naß war das Holz, nicht gefroren in der ungeheuren Kälte. Also war das Wasser soeben erst eingedrungen.

Einer hieb gegen die Geschütze los, diese schweigenden Feuerschlünde.

Dann klopfte es, hallte wider im Artilleriedeck durch das Ächzen und Knacken. Ein hartes, rhythmisches, unaufhörliches Hämmern. Simon und Frans zimmerten aus den Planken der „Hütte" die Tür für das Haus.

Einer schrie. Mit dumpfem Kopf fuhren sie hoch. Eine Glocke schepperte, die Schiffsglocke, die Glasen. Der erste wankte zur Treppe. Als sie die Luke aufstießen, lag rot der Widerschein der Sonne auf dem Schnee. Die Luft war still, sie bahnten sich hinaus.

Alles Tauwerk war armdick, die Masten verdoppelt im Umfang durch den Rauhfrost. Als sie zur See schauten, war diese offen, ein Büchsenschuß von ihnen entfernt. Offene See, schwarzes, quirlendes Wasser, zum Greifen nahe. Sie drehten sich um und schleppten die Tür für das Haus herauf, keinen Blick mehr für den Ozean. Sie wußten, nie hatte der Winter das Schiff fester gepackt als in diesem Augenblick.

Die Tür wurde gesetzt, das Haus stand. Noch fehlten die Kojen und der Schornstein. Da ließ Heemskerck den Koch in die Staatskajüte kommen. Sämtliche noch im Schiff befindlichen Lebensmittel mußten bis zum Abend nach dem Haus gebracht werden. – Den Hilfscommis de Veer rief er. Die letzten Ballen der Kaufleute waren auf Schlitten zu verladen und im Haus sicher zu verstauen. Nach Brennholz schickte er aus. Und jeden Auftrag schloß er mit dem einen Satz: Heute abend ziehen wir ins Haus. Dabei schaute er auf Barents, als würde der anderen Sinnes sein und dessen Widerspruch ihn gerade zu diesem Entschluß reizen.

Barents aber schwieg.

Heemskerck tat noch ein übriges. Er ging zu der Mannschaft. Er sagte ihnen selber, daß sie nun übersiedelten. Im Artilleriedeck stand er ihnen gegenüber. Hatte Barents das Haus gekrönt mit dem Maibaum, so befahl Heemskerck den Umzug. Er sah, wie ihre Gesichter sich aufschlossen. Nach dieser Sturmnacht auf dem Schiff trugen sie kein Verlangen, eine weitere hier auszuharren. Sie brachten keine Hochrufe auf den Schiffer aus. Doch das Lächeln, das sich um ihre aufgesprungenen, trockenen blauen Lippen stahl, war ihm mehr.

Einer trat vor, plump in den Kleidern und frierend. „Schiffer", sagte er.

Heemskerck hob erstaunt die Braue. Erst an der bläulichen Narbe über dem Auge erkannte er in dem Manne den Chirurgen. „Was willst du?"

Meester Hanns stützte sich auf eine Lafette. „Der Kranke kann nicht vom Schiff", murmelte er. „Er stirbt uns auf dem Weg zum Haus."

Heemskerck senkte den Kopf. Hart und nüchtern hatte der Chirurg ausgesprochen, wie es um Duncker stand. Mit spröder Stimme sagte er: „Duncker bleibt auf dem Schiff, bis er transportfähig ist."

„Gestatten Sie, daß ich bei ihm bleibe", bat der Chirurg.

Heemskerck lehnte ab, schroff, um jede Bitte von vornherein zu erstikken. Ein unerklärliches Gefühl sagte ihm, der Chirurg müsse mit übersiedeln, vom ersten Tag an, weil er ihn für alle brauchte, nicht nur für einen wie Duncker.

„Ein anderer bleibt", bestimmte er kurz. Er blickte in die Runde, in die Gesichter, kam zu dem Hooghwouts, sah in dessen blaue, dünnbewimperte Augen.

Hooghwout konnte dem fordernden Blick des Schiffers nicht ausweichen. Er fühlte, wie sich seine Stirn mit Schweiß bedeckte. Es verschloß ihm die Kehle, obwohl alles in ihm nach einem einzigen Schrei drängte. Seine Kiefer setzten sich in eine seltsame kauende Bewegung. Warum denn ich? fragten seine Augen. Warum ausgerechnet ich? mit dem Kranken, der ohnehin verrecken wird, mit dem halben Leichnam Duncker auf dem Wrack des Schiffs, gewärtig, jeden Augenblick in die Tiefe zu fahren, oder noch schlimmer, unaufhaltsam hinausgetrieben zu werden von den Wellen in die offene See, mit dem leeren Schiff „Eissee", ohne Nahrung, Kleidung, Feuer, unfähig, das Schiff zu bedienen. Eines war so schlimm wie das andere. Warum verurteilt ihr mich? fragten seine Augen, und die Stirn glänzte naß.

Und Heemskercks Blick sagte: Du stündest nicht hier, wäre Duncker nicht. Sein Leben – für dich hat er's eingesetzt.

Alles schwieg und sah, wie sich der Schiffer und Hooghwout Auge in Auge gegenüberstanden. Verächtlich zuckte Heemskerck mit den Lippen. Was Duncker dem Bären entrissen hatte, war eine Laus.

„Ich bleibe bei Duncker", sagte da Jan Hillebrants, der Schiffsjunge. Heemskerck musterte die schwache, knabenhafte Gestalt. Es erging ihm genau wie vor dem Haus, als der Junge den Schneeblock auf den First gesetzt hatte. Der Knabe, Sohn des ausgesetzten Kapitäns, in dem offenen Boot war hilflos gewesen. Dieser da rührte sich. Er sagte zu Jan: „Laß dir Decken geben, damit du nicht frierst."

Als es Abend wurde, als die Mannschaft das Schiff „Eissee" verlassen hatte, saß Jan Hilllebrants im Verschlag bei dem schlafenden Duncker. Das Schiff war eine leere dröhnende Höhle mit wirren Gängen und Kammern, unendlich groß. Zwischen dem Jungen und dem Kranken auf dem Schiff und den vierzehn Männern im Haus gab es die Bären und die Füchse, den Eisbruch, den Wind und den Schnee. Jedem wäre diese Nacht der unerträglichen Verlassenheit wie die Hölle erschienen, ärger noch als jene, in der der Schneesturm toste.

Jan lehnte den Kopf gegen einen Balken. Auch er hatte Furcht. Er mühte sich, nicht an die Verlassenheit des Schiffs zu denken. Er sah auf den Kranken, der hörbar atmete. Wie in der Kuhl saß er, die Wandung des Beibootes als Kopfstütze, die harte Gräting als Bank. Auf Nachtwache mit Duncker saß er, bei Mitternachtssonne und klarer Sicht. Das war die Nachtwache an der Bäreninsel, unmittelbar vor der Trennung der Schiffe. Und das Beiboot liegt schon im Wasser, um ihn auf Rijps Schiff zu bringen.

Duncker hatte viel gewagt. Er hatte ihn nicht einem Bären entrissen wie den wirren Hooghwout. Er hatte ihn dem Schiff entreißen wollen. Und war jenes geglückt, so war dieses fehlgeschlagen. Dennoch war dies nicht weniger als der Kampf mit dem Bären.

Oder eine der ersten Wachen mit Duncker, Mitternacht wie immer, schwarze Nacht, weil man noch nicht im Polarland gewesen war. Drei Nächte hinter Vlie, der westfriesischen Insel. Alles fiebert der Abfahrt entgegen. Und Duncker kauft Fische ...

Jan stützt den Kopf in die Hände. Er war nicht allein. Er war auf Mitternachtswache mit Duncker, im zweiten Quartier. Acht Glasen mußte er ausharren, im gleichen Dienst wie der Bootsmann. Und das Schiff lag ruhig wie immer.

Und daß sich Duncker in der Back vor den Jungen gestellt hatte, damals, als sie Rijps Stranden verfluchten, auch das zählte nicht geringer als ein Kampf mit Bären.

Duncker und er, sie waren zusammengekettet, wenn er auch versucht hatte, sich von jenem zu lösen. Heimtückisch dessen Anschlag auf Simon im winzigen Dreieck der Galion. Schamlos dessen Lügen vor dem Schiffsrat, die Laurens ins Eisen brachten.

Heiß überlief es den Jungen. In ihm hallte jene Drohung, die Laurens beim Loseisen der Pinasse ausgestoßen hatte: Paß auf, daß man dich nicht mal mit eingeschlagenem Schädel findet!

Wozu war ein Mensch fähig, der unschuldig verurteilt worden war?

Selber hatten ihn doch Dunckers Lügen getroffen. Widerwärtig jene eine Lüge von der Waigatsch-Reise mit Rijp, entsetzlich dadurch, weil sie ihn gefangen hatte. Als Duncker zum Tode verurteilt worden war, hatte es Jan nicht mehr gewundert. Die Lüge war der erste Schritt zum Galgen.

Hin und her hatte es ihn gerissen, von dem Zeitpunkt an, da sie das Kreuz errichtet hatten. Nicht Zorn jedoch hatte der Junge verspürt, sondern vielmehr eine grenzenlose Enttäuschung.

Jetzt auf dem verlassenen Schiff war er Duncker wieder nahe.

Duncker lag mit geschlossenen Augen, obwohl er erwacht war. Mit einem halben Blick hatte er ihn sitzen sehen, den Jungen Jan Hillebrants. Er lag in einem Gefühl der Schwerelosigkeit, in dem er kaum Schmerzen verspürte. Doch er ließ sich nicht täuschen. Gesträubt und gesträubt hatte er sich, nach Nowaja Semlja zu kommen, weil er das Ende vorausgeahnt hatte. Nicht das des Schiffes, sondern das seine. Er hatte nicht in erneute Gefangenschaft gewollt.

Für Jan Cornelis Rijp, den Schiffer der „Amstelredam", war er ein Dreck gewesen. Der Zimmermann war ihm gestorben, der Junge entglitten. Und er hatte doch verdammt sein wollen in alle Ewigkeit, wenn einer den Jungen anrührte. Gegen das Eis hatte er verloren. Er war verdammt, jawohl.

Ein ruheloser Weg war das gewesen, der bei jener verbrannten Schenke an der Mooker Heide begonnen hatte. Jetzt lag er hier, er war es zufrieden: Der Junge saß da.

„Jan Hillebrants", flüsterte er.

Der Junge fuhr überrascht aus seinen Träumen. „Du schläfst nicht?"

Duncker winkte unwillig ab.

„Hunger?" fragte Jan. „In der Küche sind Suppe und Brot."

„Ich kann jetzt nichts essen." Er sah den Jungen mit einem forschenden Blick an. „Das Schiff ist verlassen." Er fragte es nicht. Er sagte es als sachliche Feststellung. „Dank dir der Himmel, daß du geblieben bist."

Am schmerzlichsten hatte er gespürt, wie weit sich der Junge von ihm entfernt hatte, als dieser den First des neuen Hauses mit dem Schneemaibaum krönte, jauchzend vor Glück. „Jetzt sitzt du hier", murmelte er.

Er stützte sich auf, sank jedoch stöhnend zurück. Jan beugte sich über ihn. Doch der Kranke lag wieder ruhig.

„Viel Suppe und Brot braucht der Duncker nicht mehr", sagte er kaum vernehmlich, doch dann, mit großer Anstrengung, sich deutlich auszudrücken: „Hör, Junge, will dir was sagen, aber bitt dich zu schweigen. Bin gestraft genug, wie ich dalieg. Schweigst du, Jan, bitte?"

Jan hüllte sich, plötzlich erschauernd, in die Decke. Auf einmal hatte er Angst. Er wußte nichts zu sagen.

Aber Duncker schien nicht damit zu rechnen. Er sprach mit geschlossenen Augen. „Der Hunger wird dich beißen, Jan, Junge. Zehn Monate Winter. Du bist jung, du brauchst was zwischen die Zähne. – Wo der Zimmermann begraben liegt, weißt du. In der gleichen Schlucht linkerhand, da ragt ein Felsen, der hat die Form einer Flasche. Dort, Junge, hab ich ein Fäßchen mit Brot versteckt. Ich brauch es nun nicht mehr ..." Das letzte stieß er hervor.

Er sah den Jungen wieder an; betäubt hatte es das Kerlchen, aber wie sollte er es ihm beibringen? Für dich hab ich es versteckt, nie für mich. Duncker preßte die Lippen zusammen. Ihn lockte es, verdammt, zu schwatzen. Altes Weib, schalt er sich im stillen. Beiß dir die Zunge ab, Duncker, aber schweig.

Er hatte das Fäßchen versteckt, nachdem der Junge auf dem First mit dem Maibaum gesessen hatte. Um den Jungen wiederzugewinnen, hatte er es getan. Tag für Tag ihm ein Stück Brot bringen, ihn satt machen den Winter über, das war sein Gedanke gewesen. So war es nicht einmal gelogen, wenn er sagte, für sich, für sich selber habe er es getan.

„Hol dir das Brot, wenn dich hungert." Laß mich nicht so betteln, dachte er.

Jan Hillebrants war erschüttert, weniger aber, weil ein Fäßchen Brot in der Zimmermannsschlucht lag. „Dort bist du abgestürzt", zischte er. „Als du das Faß versteckt hast, bist du in die Tiefe gestürzt!" Er sah das stille Lächeln auf Dunckers bleichem Gesicht. Das sagte ihm genug. Nicht das Zugseil hatte Duncker aus dem Haus holen wollen. Nicht die Füchse hatte er beobachtet. Das Fäßchen hatte er in die Schlucht geschleppt, vorbei am Grab des Zimmermanns bis zum Flaschenfelsen. Und dann, nach dem Absturz, hatte er sich herausgeschleppt, war er im Schnee gekrochen mit dem unbändigen Willen, aus der Schlucht herauszukommen, um das Versteck nicht zu verraten.

Duncker, in seinem Fieber von der Sorge erfüllt, der Junge könne nun erst recht sein Opfer ablehnen, drängte leise: „Nimm das Faß von mir an, bin es dir schuldig." Die Hände des Kranken zitterten, sein Gesicht glänzte naß, und die flackernden Augen konnten sich nirgends festhalten.

„Schlaf jetzt", flüsterte Jan.

Duncker zuckte mit der Braue. Nichts mit Schlaf, die Ewigkeit war lang genug. Es mußte gesagt werden, und es mußte jetzt gesagt werden, ohne weiteren Verzug.

„Hab dich nicht haben wollen, hier im Eis. Hab dich nicht sehen wollen, ganz am Anfang, hab nicht wissen wollen, was du für einer bist, Jan Hillebrants. Hast mir Unruhe gebracht Tag für Tag. Das war mir sehr lästig, wirklich. Dein Vater ist tot. Ich kenne ihn besser als du."

Und hier, auf dem von der Mannschaft verlassenen Schiff „Eissee", als er Wache hielt bei dem kranken Bootsmann Duncker, erfuhr der überraschte Junge, wie sein Vater gestorben war.

Vier Mann, waren sie gerudert, in einem Boot auf der Schelde, in der mondhellen Nacht in der Nähe Antwerpens. Festzustellen, ob der Farnese den Ring um die Stadt schon endgültig geschlossen habe, das war ihre Aufgabe. Oosterweel hieß das Dorf, ja, dort hatten sie angelegt. Duncker war an Bord, und Rijp – der Junge kenne doch Rijp – und Hillebrant, sein Vater, den er weniger gut kenne, so sei das. Und der vierte, ach, ein Mann von Antwerpen, wer weiß seinen Namen. Jan Cornelis Rijp ging mit jenem Antwerpener nach dem Dorf, von dem sie die Hunde hörten. Hillebrant hatte das Boot mit wenigen Schlägen unter das Blätterdach einer Weide getrieben und den Fluß beobachtet. Sie waren müde gewesen, wirklich, drei Nächte hatten sie kaum geschlafen. Sie hatten gelost, wer Wache hielte. Duncker wachte, Hillebrant schlief. Duncker schaute über das Mondwasser der Schelde in dieser stillen Nacht. Hillebrant lag ausgestreckt im Bug. Duncker nahm einen Schluck Branntwein, weil ihn doch so fror. Als hätte er damals schon gewußt, was Kälte ist. Nur einen Schluck, wirklich. Er nickte ein. Er schlief auch.

Wie die Spanier das Boot unter dem Weidengezweig ausfindig gemacht hatten, würde er niemals erfahren. Er fuhr hoch, als sich der erste in das Boot schwang. Wie erstarrt, ließ er den Augenblick ungenützt, da er noch die Leine hätte kappen können. Er sprang zurück, als ihn einer packen wollte. „Wir ergeben uns!“ schrie er. Hillebrant, zu seinen Füßen, hieb den einen mit der Faust über Bord. Duncker, kopflos, umklammerte eisern Hillebrants Arme. „Nicht, nicht!“ Da drang ein spanischer Degen in Hillebrants Brust.

Die Reiter des Farnese hatten Duncker gefesselt in ihr Lager geschleppt und ihn dann, als nichts mehr aus ihm herauszuholen war, Brücken bauen lassen mit anderen Gefangenen. Später war er nach Spanien gekommen. Siebenhundert Tage lang den weißen Steinsalzberg von Cardona vor Augen als Gefangener Philipps II. Siebenhundert Tage, und du willst dich freuen und lebst in Fron; du siehst die Berge, doch dein Leib wird in Ketten gehalten.

Nun auf Nowaja Semlja war er wiederum Gefangener ...

Schweigend lag Duncker. Eine große Ruhe war über ihn gekommen. Jene Nacht an der Schelde war das Ereignis gewesen, das ihn aus der Bahn geworfen hatte. Was vorher war, war alles klar und richtig, das Spätere dagegen wirr, verschlungen und so gleichgültig. Als sich der Schiffsjunge in der Back bei der Insel Vlie vor Rijp stellte, hatte er aufgehorcht. Was hatte der Junge mit Rijp zu schaffen? Nach und nach hatte er dann begriffen. Der Schiffsjunge war Hillebrants Sohn. In diesem Jungen sah Duncker sein Schicksal sich vollenden.

Die Hände, die Hillebrant wehrlos gemacht hatten gegen den Todesstoß, hatten sich für dessen Sohn zu rühren. Für Hillebrants Sohn das Fäßchen in der Zimmermannsschlucht. Möge Hillebrant, der Vater, wissen, daß er es sich nie leicht gemacht hatte, seitdem er den Jungen kannte.

Der Kopf schien dem Schiffsjungen zu bersten, als er Dunckers Bericht vernommen hatte. Er drückte den Nacken gegen den Balken und blickte nach der Laterne. So war das also gewesen, hämmerte es in ihm. So war das also gewesen. Keine Sturmnacht auf der Schelde, kein heldenmütiger Kampf mit spanischen Schiffen. Ein kleiner, nichtsnutziger Anlaß. Einer schlief auf Wache, der andere starb deshalb. Entwaffnet von dem eigenen Gefährten, war der Vater verreckt. Keine heroische Schlacht, die irgendwelche Chroniken verzeichneten.

Dieser ruhmlose Tod seines Vaters erschien ihm noch tragischer als jener, wie er ihn sich vorgestellt hatte. So fügte sich also alles zusammen. Nicht zufällig hatte Duncker ihn beschützt.

Er lauschte den Geräuschen des Schiffes, schielte nach Duncker, der endlich schlief. Jetzt konnte jener schlafen, jetzt ja.

Der Junge zog seine Knie an den Leib und kroch unter die Decken. In dieser Nacht dachte er an seine Mutter, an Rijp und an die Ratten in der Mühle. Er fror trotz der zusätzlichen Decke, die ihm der Volontär im Auftrag des Schiffers ausgehändigt hatte. Jetzt, nach dem Bericht des Duncker, war er wirklich allein, weit entfernt von allen menschlichen Wesen, in Eis und Schnee und bedrängt von Bären und Füchsen.

Nach langer Zeit, als er ein Poltern hörte, dachte er auch an Bären, die sich an der Luke zu schaffen machten. Die Ratten in der Mühle hatten ihn verschont, und jene auf dem Schiff waren lange erfroren. Unerträglich war dieses Poltern, es kratzte, es schürfte. Dann schien es sich wieder zu entfernen.

Unruhig wälzte sich der Junge, das Stöhnen des Kranken im Ohr, bemüht, das schmerzhafte Denken zu unterdrücken. Alles auslöschen, vergessen können ...

Was war ihm sein Vater? Eine Sagengestalt, ein Held mit Riesenkräften, der alles Gute der Welt zu vollbringen vermochte. Die Worte der Mutter: Wenn Vater noch wäre ... Mehr Licht für die langen Winterabende, ofengerechte Scheite zum Wärmen eines Zimmers, das nicht den Stempel des Verfalls trug. Wenn dein Vater noch lebte ... Nicht barfuß laufen müssen bis zu den ersten Frosttagen, ein größerer Fisch in der Pfanne, Feder und Papier zum Schreiben, gelehrte Magister. Eine frohe, jüngere, gesündere Mutter. Die alte Zauberformel eines Märchens. Wenn dein Vater noch lebte, gäbe es all die tausend schönen Sachen und noch viel mehr. Jan Hillebrants wußte nicht, wie sein Vater und was ein Vater war. Er war unsichtbar und allmächtig. Wie Gott.

Auf einmal bedrängte ihn die Stille. Krankheit und Tod rings. Das Gemetzel auf der Schelde, der Tod in den Sielen vor einem Schlitten, Absturz von vereisten Felsen, Bären, die nach einem Mann schnappten. Er ertrug die Stille nicht mehr, dieses ganze mörderische stille Schiff.

Mit scheuer Bewegung griff er die Laterne, schob leise den Riegel zurück und schlüpfte hinaus in das Halbdeck. Ratten und Bären hinter Masten und Spill, widerwärtiges Getier, das sich täppisch und doch behende auf ihn zuwälzte. Er floh schweigend, er blickte nicht links und rechts. Mit jagenden Pulsen hetzte er durch den Mittelgang, ohne Zauberformel, ohne Hoffnung, erfüllt von Angst, die ihn zu ersticken drohte.

Und dann geschah doch das Wunder. Als er die Treppe betreten wollte, sah er das Licht. Es brach durch die Tür des Ruderraumes. Wie hypnotisiert schritt Jan darauf zu. Er riß die Tür auf, ging an dem im Licht glänzenden Kolderstock vorbei, immer weiter angelockt, bis an den offenen Eingang der Staatskajüte.

Willem Barents, überrascht herumfahrend bei jenem Geräusch an der Tür, konnte den Jungen auffangen, ehe er niederglitt. „Gott sei Dank! Ihr seid da", flüsterte Jan Hillebrants. Heemskerck nahm ihn aus Barents' Armen und trug ihn zum Lager in der Ecke. Hier fiel der Junge in einen tiefen Schlaf.

Jacob van Heemskerck, hager und frierend, las einen stillen Vorwurf in den Augen des Navigators, weil er zur Nachtwache bei Duncker den Jungen bestimmt hatte. Der Junge mußte ja verrückt werden, allein in dieser Eishöhle von Schiff, wie schon lebendig begraben. Heemskerck sagte sich das selber. Deshalb auch wollte er Barents' Vorwürfe nicht. Er hatte schon eine scharfe Entgegnung bereit, wenn der Navigator nur erst redete.

Barents jedoch dachte, seit der Junge eingetreten war, an ganz andere Dinge. Der da hätte gerettet sein können! Dieser Junge da war von Rijp angefordert worden vor der Trennung der Schiffe. Ein Wort von ihm hätte genügt, und der da wäre allem entgangen. – Er zog sich mit dem Fuß einen Schemel heran und ließ sich schwer darauf nieder. Ein Rad zurückdrehen, die Sandkörnchen der Uhr wieder in das obere Glas bringen, es war unmöglich. Er ächzte, der Frost hackte in seinen Zehen. Was recht und was falsch gewesen war, darüber nachzudenken erhielt er genug Zeit. Viele Wochen, in denen Denken die einzige Beschäftigung sein würde.

Er war Schiffer gewesen im Mittelmeer, dann Leiter einer Abteilung auf zwei Expeditionen, dann Oberster Navigator und Pilot einer selbständigen Expedition, Admiral praktisch, wenn ihm auch die Herren den Titel noch verweigert hatten. Ihre Instruktionen hatte er zerfetzt, ein Schiff schon dadurch verloren. Das zweite Schiff nun ein hilfloses Wrack im Eis. So hoch er gestiegen war, so tief war er gestürzt. Admiral Willem Barents, ausgesandt, einen neuen Seeweg nördlich von Asia nach China zu finden, hat seine beiden Schiffe verspielt. Er lächelte düster.

Heemskerck musterte den Navigator von der Seite. Was will er nun? dachte er. Heemskerck hatte noch einmal allein zum Schiff gehen wollen, an dem Tag, da sie es endgültig verlassen hatten. Er war der Schiffer; das

Schiff war ein Teil von ihm, nicht nur ein ihm anvertrauter toter Gegenstand. Sank ein Schiff, so harrte der Schiffer bis zuletzt auf ihm aus. – Er hatte Abschied nehmen wollen, noch einmal durch die Räume streifen, die Masten hinaufschauen, in die Wanten greifen.

Barents hatte sich ihm angeschlossen, vielleicht mit dem gleichen Wunsch wie er. Heemskerck wäre lieber allein gegangen. Wer läßt sich gern bei einem Abschied zuschauen. Auch mit Gertrud Hasselaer war er am Ende nicht allein gewesen.

Nun saßen sie in der Staatskajüte, der Behausung des Schiffers, dem Sitz des Schiffsrats. Hinter ihnen fieberte der Junge. Barents hob den runden Kopf. „Ich muß mit Ihnen sprechen."

„Bitte." Heemskerck strich sich den Bart.

„Wir sind ins Haus gesiedelt. Das schafft neue Situationen."

„Zum Beispiel?"

„Keine Wachführer mehr, keine Rudergänger. Hochbootsmann und Feuerwerker – wer braucht diese Ämter noch?"

„Keiner."

„Holzhacker, Wasserschlepper, Wächter am Feuer, das wird gebraucht."

„Einer wird wie der andere sein", erklärte Heemskerck.

„Sie sind entschlossen?"

„Es ist die einzige Möglichkeit."

Barents lächelte still. „Das ist gut, Jacob. Sei eisern. Immer."

Die Herzlichkeit von Barents' Worten berührte Heemskerck tief. Beide wußten, die neue Situation war nicht einfach. Alle Unterschiede von Rang und Stand löschte sie aus. Und dennoch hatte die Schiffsordnung zu gelten.

Duncker in seiner schweren Krankheit war zwar kaum mehr in der Lage, ihnen ernsthaft gefährlich zu werden. Aber er hatte Anhänger. Würden sie nicht um so eher hervortreten mit Aufruhr, als Duncker krank lag? Hatte nicht auch der in Eisen gelegte Bootsmann Laurens Duncker gedroht? Und die Abgesetzten, die Gleichgeschalteten, die Erniedrigten: Vos, Sterrenburgh, Gerrit de Veer, Meester Hanns, Andries – wie verhielten sie sich?

Heemskerck blickte aufmerksam in das ruhige Gesicht des Navigators. Eisern sein, gerade jetzt. Barents hatte recht.

Die Übersiedlung ins Haus hatte eine neue Lage geschaffen; sie würde vor allem für die ersten Tage und Wochen kritisch sein.

Willem Barents blieb nun noch ein letztes. Nicht ohne Sinn hatte er das Todesurteil gefordert und zugleich die Begnadigung. Töten konnten viele. Suchte einer aber Gnade in seiner letzten Not, dann wandte er sich an den Höchsten. Der Statthalter, der Fürst, der König, der Kaiser – er allein hatte das Recht zu begnadigen. Das war der tiefere Sinn, weshalb Barents diesen Gnadenbeweis zu einem Zeremoniell vor der Mannschaft hatte werden lassen. Dunckers Tod hätte keine Regung erzielt. Seine Begnadigung aber diente dazu, Stellung, Macht und Ansehen des Schiffers zu festigen. Des Königs von Nowaja Semlja.

Vor dem Schiffsrat hatte er es bei sich beschlossen, vor dem Maibaum hatte es ihn gemahnt, jetzt endlich mußte er selber die Schlußfolgerungen ziehen; es war unsagbar schwer.

Willem Barents sagte ruhig, aber mit belegter Stimme: „Wenn du keinen Volontär mehr brauchst, der dir hilft, mit den Chinesen Handel zu treiben, dann brauchst du auch keinen Navigator mehr. Denn der kann dich nicht mehr nach China bringen." Er winkte ab, als er sah, daß Heemskerck ihn unterbrechen wollte. „Sie sind der Herr auf der Insel. Ihnen unterstehen alle Leute. Sie geben die Befehle und vertreten hier Recht und Gesetz. Mein Amt ist erloschen."

Heemskerck begriff, als er Barents' graues abgezehrtes Gesicht sah, welch unsägliche Anstrengung es Barents kostete, so zu sprechen. Das Eingeständnis, daß er gescheitert war. „Sie neben mir, Navigator", sagte er bewegt, „so bringen wir die Leute sicher in die Heimat."

Barents schwieg. Dann sagte er leise: „Jederzeit will ich versuchen, Ihnen zu raten. Die Entscheidung aber wird bei Ihnen liegen."

Heemskerck erhob sich, leicht taumelnd, wollte sich Zeit schaffen, Herr seiner Gedanken zu werden. Er nahm die Laterne des Jungen und ging nach Duncker schauen. Er fand den Kranken in dem knarrenden kalten Schiff schlafend, und er saß eine Weile bei ihm. Dieser Mann hatte durch sein Auftreten ihn stets bewogen, auf der Hut zu sein.

Heemskerck empfand keine Freude, seinen Feind Duncker so liegen zu sehen. Nicht einmal Beruhigung. Wenn er nun auf einmal voller Gewißheit in die Zukunft sah, dann hatte auch dies Barents vermocht.

Willem Barents hatte für sich selber die Konsequenzen gezogen, die die Übersiedlung ins Winterhaus mit sich brachte. Willem Barents, indem er den Schiffer anerkannte als den ersten Mann auf der Insel, bot die Sicherheit und gab den anderen das Beispiel.

Das aber war mehr als das Abschiednehmen von einem Schiff.

IV

Je mehr das Schiff dem Tode verfiel, desto mehr erwachte das Haus zum Leben. Umschlichen von Bären, stand es als Fremdling fünfhundert Schritte vom Strand, hineingebaut in die Wildnis der Eisinsel. Seine Wände bildeten tatarische Fichten. Sein Dach streckte sich nach den Angaben des Obersten Navigators. Wie ein chinesisches Türmchen ragte der Schornstein empor, ein Erinnern an jenes Land, das sie nicht gefunden hatten.

Das Haus nahm auch den letzten auf, an einem stillen, tiefwinterlichen Oktobertag, den kranken Bootsmann Duncker. Auf dem Schlitten des Zimmermanns fuhr er, und seine Hände griffen in den Schnee. Er schaute weit über die Insel, hin zur offenen See. Er wußte, daß er jenes Haus nicht mehr lebendig verlassen würde.

Im Haus gab es nur einen Raum. Er entsprach in seinen Abmessungen der Kuhl des Schiffes, in der sechs Geschütze in gehörigem Abstand Platz gefunden hätten und die Beiboote gelagert hatten. Er war mehr ein Saal als ein Zimmer. Und doch wirkte er erdrückend eng.

Das Haus war vollgestopft mit den verschiedensten Gütern und Geräten, mit allem, was sie vom Schiff herübergeschleppt hatten. Längs der Wände standen die Kojen mit den Seemannskisten davor. In der Mitte, unter dem Rauchfang, brannte das offene Feuer. Schemel hatten sie davorgestellt und Kisten. Und bot der vordere Teil des Hauses noch einigermaßen freien Raum, weil nur der Tisch dort stand, so türmten sich zwischen dem Feuer und der hinteren Wand die Güter der Kaufleute: Fässer, Lebensmittel, Segelmacherzeug, die Gerätschaften des Kochs und ein Vorrat an Holz. Die Wärme des Feuers hatte es schwer, durch dieses Gebirge bis an die Rückwand zu dringen.

Streit war aufgeflammt. Jeder wollte am Feuer liegen. „Teil du auf, Navigator!“ hatte Evert gebrüllt.

Barents, wie unter einer widerwärtigen Berührung, war zusammengezuckt. Er sagte leise und deutlich: „Unser Herr ist Jacob van Heemskerck. Ihm unterstehen wir, sein Wort ist Gesetz. Gott segne ihn zu seinem schweren Werk.“

Erstaunt hoben sie den Blick. Evert duckte sich, jemand murrte. Am betroffensten blickte de Veer; Willem Barents war der Held seines Buches über die absonderlichen Begebenheiten auf der Meerfahrt und in den exotischen Ländern. Und dieser Mann gab seinen Führungsanspruch auf, unterwarf sich, trat ab. Den jungen Gerrit de Veer traf es tief, mit dieser Handlung Barents’ einen Beweis für die Schwäche, Verzagtheit, Unfähigkeit des Obersten Navigators zu erhalten. Das Eingeständnis seines Versagens. Er wußte noch nicht, daß auch dies die Mannschaft retten half.

Barents hatte den Leuten immer ferner gestanden als der Schiffer. Heemskerck hatte sich mit ihnen im täglichen Einerlei auseinanderzusetzen. Barents stand über allem, über den Dingen. Er war der Gegenstand ihrer Verehrung mit jenem jäh entstandenen Lied, das ihn als den besten Steuermann der Welt bezeichnete. Ihn traf ihr Haß, als er Rijps Schiff ziehen ließ und dessen Kurs nicht folgte. Aber auch nur in dem Maße, wie man Gott in einer ausweglosen Situation verflucht, ohnmächtig und zähneknirschend. – Jetzt war er wie sie selber. Kein Mehr und kein Weniger an Kost, kein besserer Schlafplatz. In der gleichen Hütte wie sie lebte er.

Barents war vom ehrfurchtgebietenden Hinterschiff zu ihnen in die Back übergesiedelt. Ohne Kompromisse.

Sie staunten. Sie faßten es nicht auf einmal. Sie mußten sich erst mit der neuen Lage abfinden. Wie sollten sie sich dazu stellen? Wer hatte noch Pläne, gegen die Schiffsleitung vorzugehen, der sie dieses Unglück zu verdanken hatten? Da doch der Schuldige selber zurücktrat? Der Zorn jener Gruppe, die wirre Pläne geschmiedet hatte, verpuffte plötzlich im leeren Raum. Sie warteten ab, wie es nun mit Heemskerck weiterging.

Unter dem dumpfen Raunen der Leute, in dem Gewirr von Schiffsinventar und Kaufmannsgut teilte Heemskerck die Kojen ein. Er tat es gelassen, mit Gebärden, die keinen Widerspruch duldeten.

An die Stirnwand, auf die schlechten Plätze hinter den Vorrat von Holz und das Lager der Warenballen und Lebensmittel legte er den Kaufmannsgehilfen de Veer und den Koch Hendricks. Du bist Kaufmannsgehilfe, mein Lieber, auch wenn du jetzt im Dreck steckst. Du hast ein Auge auf die Waren zu haben. Du denkst, du liegst hier, ein halbes Jahr und noch länger und kannst faulenzen, weil du nicht Handel treiben kannst mit den Chinamännern. Bewach das Gut des Hasselaer und des Os. Denn deren Hochzeit wird Geld fressen; sie freuen sich über jeden Fetzen. Keinen chinesischen Fächer für die schöne Gertrud. Ihr eigenes Gelump bekommt sie zurück. Mit unermüdlicher Ausdauer mußt du, Gerrit de Veer, die Monate währende Winternacht hindurch wachen. Das ist unsäglich schwerer als der Handel.

Und du, mein lieber Hendricks, bist Koch. Wenn einer von uns allen hier überhaupt, dann bist du es, der im Amt geblieben ist. Du kochst deine Suppen, ob auf dem Schiff oder im Haus, du hältst die Schöpfkelle nicht anders. Mehr sparen mußt du, mehr rechnen, insofern wird mehr von dir verlangt als auf der „Eissee“: Das muß dich ehren. Lieg in der schlechten Koje an der Hinterwand. Wenn du deinem Amt am Kupferkessel nachgehst, kannst du dich genug wärmen. Und bewacht de Veer das Kaufmannsgut, dann liegst du in jener Koje, um die Viktualien vor Diebstahl zu bewahren. Denn davon hängt unser Leben ab. Selbst im Schlaf brauch ich dich, deshalb liegst du an dem schlechten Platz. Du bist mir jetzt dreimal mehr wert als auf dem Schiff.

In die Koje im rechten Winkel zu der Hendricks' kam der Chirurg Meester Hanns, dann, nun türwärts, der Hochbootsmann Pieter Vos, alle noch hinter dem Berg aus Fischfässern und Sammetballen. Und dann schließlich der Schiffer Heemskerck selber. Davor, nun schon dem offenen Feuer gegenüber, legte er Barents, denn der sei der Älteste.

So hatte Heemskerck die lebensnotwendigen Güter rings umgeben von Leuten, denen er vertraute. Barents bewunderte die Diplomatie, mit der der Schiffer vorging. Selbst die Tatsache, einigen schlechte Plätze geben zu müssen, verwandelte er in Ehre, Geschenk, Belohnung und bekam so die Mannschaft in die Hand.

Vor Barents lag Andries, der Untersteuermann, der seit einigen Tagen sehr leicht ermüdete. Und dann, als letzten auf dieser Längsseite, an der Tür, legte der Schiffer den Konstabler Sterrenburgh, den Feuerwerker. Auch ein kalter Platz an der zugigen Tür, gewiß, und das Feuer, Sterrenburgh, steckt nur in der Bezeichnung deines Amtes. Aber an die Tür gehörst du, denn du hast die Waffen unter dir, die Hellebarden und Musketen. Sie müssen hinter deiner Koje stehen, damit sie griffbereit sind, wenn Bären an die Tür klopfen. Aber wer von den Bootsleuten ohne Erlaubnis an die Waffen will, muß auch über dich hinweg. Und hier, an der Tür, liegst du weit von den anderen entfernt. Also auch dich brauch ich, auch dich in deinem Amt. Du liegst in Ehre, wenn du an der Tür frierst.

An die andere Längswand, weit von den Waffen, legte der Schiffer die Bootsleute, in die hintere Hälfte des Raumes, hinter dem Holzvorrat, die Simonwache und vorn den Aufrührer Evert und als letzten den kranken, bettlägerigen Duncker. Hooghwout kam an die Stirnwand und der Schiffsjunge Jan Hillebrants in die verkürzte Koje an der Tür.

So legte der Schiffer Jacob van Heemskerck die Leute in das Haus. Wohldurchdacht hatte er alles, und nicht einer murrte.

Die immerwährende Anspannung ließ Heemskerck nicht zur Ruhe kommen. Er befand sich im Wettlauf mit dem schwindenen Tageslicht und dachte, nun das Haus stand, schon nicht mehr an die Überwinterung, sondern an die Heimreise. Was dann, wenn er sein Schiff liegen lassen mußte, wenn das Eis es nicht freigab? Es blieben nur die offenen Boote.

Sollte er mit diesen neuen Zweifeln zu Barents gehen? Sollte er jetzt schon, da vor der Mannschaft der Polarwinter stand, mit neuen Schrekkensnachrichten kommen: Rückkehr nach Holland ohne Schiff? Gewöhnt euch an diesen Gedanken! – Er hatte es liegen sehen wie für tausend Jahre verankert. Es war für ihn verloren, da er es verlassen hatte. Mit dem Tag der Übersiedlung ins Haus war es ihm untergegangen.

In diesen Tagen ließ er die Beiboote in die Nähe des Hauses schleppen, in unsäglicher Arbeit durch den Eisbruch. Kieloben lagen sie im Schnee, der sie bald bedeckte wie Grabhügel. Und wiewohl das Schiff abgetan war für ihn, ging er wieder und wieder zur „Eissee", umlief sie und durchschritt ihre Räume. Aber hatte vordem sein Herz beim Anblick dieses Wracks gezittert, so war er jetzt kalt und mitleidlos. Er registrierte nicht mehr die Schäden, um Mittel und Wege für deren Behebung zu ersinnen. Er überprüfte, was er noch abreißen konnte von diesem Trümmerhaufen. Stengen für die Boote, Masten für die Boote, Segelgut und Tauwerk des Schiffes für die Boote. Die „Eissee" war das Magazin, aus dem er die Boote ausrüsten mußte. Für die Reise im Sommer.

Die Schlitten rutschten mit den Lasten zum Haus.
Bei einem dieser Gänge stieß er auf den Werfanker, der im Eis lag. Er gab ihn dem Schiff wieder. Trieb es fort, oder sank es, mochte der Anker mit verloren sein. Es war dies aber nicht gedacht als Opfer für die Meeresgötter, für die Naturgewalten, um den Männern in den Booten eine glückliche Heimkehr zu sichern. Das Zurückbringen des Ankers auf das Schiff war der Ausdruck einer großen Hoffnung, die Heemskerck tief in sich hinabzwang, unterdrückte. Der Anker sollte nicht verlorengehen unter dem Schnee, im Eis. Er sollte an Ort und Stelle sein, wenn das Eis im Sommer das Schiff dennoch hergab.

Als all diese Arbeiten verrichtet waren, fühlte sich Heemskerck frei. Schiff und Leute mußten überwintern. Aber die Rettung der Leute hing nun nicht mehr allein vom Schiff ab.

Diese Arbeiten waren nicht zu früh abgeschlossen. Der Feuerwerker Sterrenburgh, der mit einer Schlittenkolonne nach Holz unterwegs gewesen war, brachte einen geschossenen Eisfuchs mit und die Nachricht von dem Ring um die Sonne. Und während sie den Fuchs aßen, erinnerte einer an das dritte Himmelszeichen über dem Meere, drei Sonnen und vier Regenbogen, und die hundsgroßen Ratten in dem Pestland und der stinkende Fleischberg auf der See. Jetzt sei das Unglück da.

Der Himmel hatte den Schneesturm angezeigt, den ersten, seit sie im Haus waren, er jaulte, rüttelte und riß an den Planken. Der Oberste Navigator saß stumm. Der Sturm schaufelte das Haus zu. Jetzt hatte der Schnee sie zu wärmen. Als sie den Fuchs aßen, wußte Barents, daß sie nach dem Schneesturm die Sonne kaum wieder zu Gesicht bekommen würden. Die Polarnacht brach an: Da zogen sich die Bären zurück, und es kamen die Füchse.

Der Sturm hatte sie zusammengetrieben, keiner zog mehr nach Holz aus. Zum erstenmal lagen sie alle auf ihren Kojen. Das Feuer loderte. Die Hütte kam ihnen warm vor, als sie das Tosen durch die Wände vernahmen. Ein Bärenfettlämpchen verbreitete ein wenig Licht, in dem sie sich sehen konnten, wie sie lagen, wie sie lauschten.

Heemskerck hatte noch etwas vom Schiff gerettet, die Zeit selber. Aus der Staatskajüte hatte er die große Räderuhr herübertragen lassen. Hinter de Veers Koje hingen nun ihre Gewichte herunter. Der Volontär war nicht nur Hüter des Kaufmannsgutes, sondern auch der Zeit. Wollte er der Chronist sein, dann mochte er nur auch die Zeit bewachen und die Uhr regelmäßig aufziehen.

Der Schneesturm vermittelte ihnen eine erste Anschauung, wie dieser Winter verlief. Eingeschlossen wie Jona im Fischleib, würden sie in der Hütte liegen, ohne Sonne, ohne Licht, ohne Gefühl für Tag und Nacht. Wie wollte man die Tage zählen, wie wollte man ein Ende der Nacht absehen, eine Hoffnung wärmen können bis zur Wiederkehr der Sonne, wenn man nicht wußte, wann sie wiederkehrte, wenn man nicht diesen gleichförmigen, erschöpfenden Strom des Wartens einteilen konnte, um seine Strecke sichtbar zu machen.

In diesem Schneesturm schlugen zum erstenmal im Haus die Glasen, leise, behutsam tönte die Schiffsglocke. Das Warten bekam Gesicht. Der Koch gab die Suppe nach den Glasen aus, die Männer hackten Holz nach den Glasen. Der Winter ließ sich gut an. Über de Veers Koje tickte die Uhr. Auf dem Tisch vor dem Lager des Schiffsjungen rann der Sand aus dem oberen Kelch in den unteren. Nach sechsmal acht Glasen bezifferten Barents, Heemskerck, de Veer die Eintragungen in ihren Journalen neu. Als der Schneesturm endete, kam die Sonne noch einmal für eine winzige Zeitspanne über den Horizont, ein goldener Streif, ein rotes Auge. Dann blieb sie weg. Es war dies der dritte November.

Die Glasen aber schlugen. Sie waren dem Weg der Sonne auf der Spur.

In einer dieser ersten Nächte, der Hunderte im Haus folgen sollten, schreckte der Schiffsjunge Jan Hillebrants aus dem Schlaf. Alles lag still in doppelter Müdigkeit, da Meester Hanns zuvor ein leeres Weinfaß mit Schmelzwasser hatte füllen lassen, in dem sie gebadet hatten.

Von der Tür her zog es, obwohl sie kalfatert und doppelt beplankt war. Der Junge hatte von der Mühle geträumt, den Ratten und dem Umschlagen der Lampe. Nach diesem Gepolter die erschreckende Stille, bis ihn der Großvater im Mahlgang fand.

Auch jetzt noch, da er wach lag, vernahm er ein Kratzen, ein Rascheln über ihm, als sprängen die Ratten im Gebälk. Zugleich empfand er die Stille. Er tastete sich hoch, obwohl ihn fröstelte, sann nach, was eigentlich diese ungeheure Stille bewirkte. Er zog die Knie an, etwas sprang auf das Dach, Späne rieselten herunter. Die Lampe brannte mit dünnem Docht, das Feuer glimmte, der Mann daran schlief.

Der Junge hob die Beine aus der Koje. Jäh überflammte ihn die Erinnerung an das Boot im Wasser der Schelde, an die Wache, die ihre Pflicht vergaß. Er schlich über den kalten Fußboden.

Der Mann am Feuer war Evert, der kleine, feiste, mönchartige. Als Jan Hillebrants ihn anstieß, wurde ihm auch der Grund für die Stille bewußt: Die Uhr stand. Die Gewichte hingen reglos. Jan nahm ein Scheit und hieb es Evert an den Kopf. Der fuhr brüllend hoch.

Auf einmal, schlagartig, war alles munter. An der Tür stand Sterrenburgh mit der Muskete. Heemskerck sprang aus der Koje, Barents fuhr in die Stiefel. Rufe und Wirrwarr. Vom Dach flohen die Füchse.

Der Junge mit dem Scheit Holz in der Hand stand vor dem aufgesprungenen Evert, dessen Fellmütze den Schlag abgeschwächt hatte. „Er hat geschlafen!“ schrie er heraus; seine Schultern zuckten.

Evert lächelte verzerrt. „Es war nicht Absicht ..." Er sah den Schiffer an. „Bestimmt, mir fielen die Augen zu ..." Hilfesuchend blickte er sich um.

Der Chirurg drückte Everts Kopf in das Licht und tupfte das Blut von der Schramme. Er begütigte: „Es macht das Bad. Ich hätt ihn nicht in das Faß lassen sollen."

Heemskerck saß, die Blicke auf dem Bootsmann, vor dem Feuer, das Simon wieder entfachte. Verächtlich musterte er Evert. Er kam jedoch nicht dazu, etwas zu äußern. Jetzt hatte auch Frans festgestellt, daß die Uhr stand.

De Veer, schlotternd vor Kälte, begann nun ebenfalls sich zu verteidigen. Er hatte das Werk aufgezogen, noch nachdem er aus dem Bad gestiegen war. Er könne es beeiden. Dieser neue Umstand führte dazu, daß die Männer verstummten.

Einer nach dem anderen kroch in seine Koje und schlang die Decke um den Leib und fror bis ins Mark. Nur Simon ging zum Tisch, an dem Jungen mit dem Scheit vorbei. „Wo ist der Sandläufer?" fragte er. Jan Hillebrants ließ das Holz fallen. Der Tisch war leer.

Dumpf saß der Schiffer Heemskerck auf der Koje. So ging es los in diesem Pferch, Gefängnis, Sarg. Ein Schiffsjunge hieb einen Bootsmann nieder, ein Mann schlief auf Wache. Einer vernachlässigte die ihm anvertraute Uhr. Einer stahl den Sandläufer vom Tisch. – Er raffte sich auf.

„Wer hat die Sanduhr?" fragte er streng. Die Antwort blieb aus. In der Stille hörten sie die Füchse wieder über das Dach huschen. Der Schiffer hob den Kopf, die Uhr tickte. Ein leises, vertrautes Geräusch. „Sie geht", ächzte de Veer zufrieden.

Sie ging aber nur zehn Takte, dann erstarb das Ticken. Die Stille war fürchterlich. „Es ist zu kalt", sagte de Veer. „Das Fett ist steif, die Gewichte können das Werk nicht in Gang halten."

Der Winter griff in die Hütte. Er wollte ihnen die Zeit stehlen. „Verdoppelt die Gewichte", sagte der Schiffer Heemskerck.

Er trat ans Feuer. „Der Sandläufer muß her. Keiner rührt sich aus seiner Koje." Den Untersteuermann Andries trieb er heraus und den Feuerwerker Sterrenburgh. Zwei weitere Lampen ließ er anzünden. Der Feuerwerker stocherte mit einer Hellebarde unter den Kojen. Andries suchte am Feuer, blickte in den Kamin. Das Suchen verdroß ihn sehr, es widerte ihn an, sich die Schiffskisten öffnen zu lassen. Die Knie waren ihm weich, der Kopf dröhnte. Auf allen Kojen lauerten sie, was er begänne.

Andries schaute Sterrenburgh an, der zuckte mit der Schulter. In der Ecke röchelte der kranke Bootsmann Duncker, der schon seit Tagen in einem Zustand der Apathie lag.

Heemskerck trat ans Feuer, das wieder heller brannte. Auch die Uhr, nun mit vermehrten Gewichten, tickte. Wieviel Zeit aber war verlorengegangen, die sie nicht hatten registrieren können? Wie lange hatte der Posten Evert geschlafen? Wie lange sie selber nach diesem erquickenden Bad im Weinfaß, vier Stunden, vier Tage? Er stand gebückt halb unter dem Kamin und spähte nach oben, wußte aber nicht, ob das, was den Himmel erhellte, das Licht des Mondes oder der Abglanz der Sonne war, die um die Mittagszeit dicht unter den Horizont kommen mußte. Er erkannte nur zu gut, wie unschlüssig der Feuerwerker und der Untersteuermann durch den Raum gingen.

Wo sollten sie mit der Suche beginnen, in diesem Warenlager, in dieser Anhäufung von Gegenständen. Andries der Weichherzige ging sogar zu dem Kranken, der in der Ecke stöhnte.

Dunckers Gesicht war gedunsen. Früher hatte es mit seinen scharfen Zügen an einen Vogel erinnert. In dieser verquollenen Miene ähnelten nur noch die Augen dem alten Duncker. Speichel stand um seinen Mund, und der Atem ging hastig.

Andries lockerte ihm das Halstuch, um ihm Erleichterung zu verschaffen. Er schlug auch die Decke zurück. Einen Augenblick schloß er die Augen. Auf der Brust, unter den gefalteten Händen, hielt Duncker den Sandläufer.

Als Andries Dunckers Hände auseinanderkrallte, bekamen die Augen des Kranken einen lebendigen, aufmerksamen Ausdruck. Er stieß einen Fluch aus.

Von allen Kojen sahen sie, wie der Untersteuermann den Sandläufer wieder auf den Tisch stellte, vor das Lager des Jungen. Auf einmal schwebte ein leiser, märchenhafter Ton durch den Raum: Laurens spielte ein holländisches Lied, das erstemal wieder auf der Flöte, nachdem seine Hände im Eisen gelegen hatten.

Der kranke Duncker aber sah mit großen Augen den Sand rinnen, aus dem oberen Kelch in den unteren. Er hatte den Sand nicht aufhalten können. Es war sein Leben, was da auf dem Tisch verrann. Einmal noch drehst du das Stundenglas um und noch einmal, und einmal schon langsamer, und wievielmal noch. Sollte es aufhören. Schluß mit dem Sandrinnen! Aber auch als der Sandläufer tot an seinem Herzen lag, schlug dieses noch weiter.

Barents jedoch, von der Koje aus, hatte in dieser Nacht wieder seinen Jungen gesehen, den zweitältesten, Jan. Mit dem Scheit hatte jener am Feuer gestanden, hatte sie alarmiert. Es folgte aber diese Gleichsetzung seines Sohnes Jan mit dem Schiffsjungen der „Eissee“ das drittemal, seitdem sie abgelegt hatten vom Kai in Amsterdam, und doch erst, nachdem sie gestrandet waren im Eishafen, das drittemal kurz hintereinander. Der Junge auf dem First des Daches mit dem Schneemaibaum. Jan Hillebrants, als er hinsank im ächzenden Schiff an der Tür der Staatskajüte, weil er die Krankenwache bei Duncker nicht ausgehalten hatte. Und sein Sohn Jan unter dem Kamin mit dem Holzscheit am Feuer. Der da hätte gerettet sein können! sagte er sich. Doch er hatte ihn nicht retten dürfen.

Diese Verwandlungen des Schiffsjungen in seinen zweitältesten Sohn bewirkten, daß er ihn nun hier im Winterhaus beobachtete. Wie er dem Koch zur Hand ging, wie er dem Chirurgen half, Duncker zu betten.

Aufmerksam gemacht auf den Jungen hatte ihn Rijps Forderung, den Schiffsjungen Jan Hillebrants vom Dienst auf der „Eissee" zu entlassen und auf das Schiff „Amstelredam" zu geben.

Und bohrte es nun in ihm, während er auf der Koje des Winterhauses lag, dieser da hätte gerettet sein können, so kam er doch zu keinem anderen Schluß wie damals. Selbst wenn ihm damals bereits diese merkwürdige Gleichsetzung des Jungen mit seinem Sohn begegnet wäre, er hätte nicht anders handeln können. Nicht den eigenen Sohn hätte er vom Schiff gelassen! Weil er dann den anderen praktisch ins Gesicht geschleudert hätte: Ihr also seid verloren.

Nach dem Schiffbruch konnte man leicht sagen: Dieser da wäre gerettet gewesen. Wer wußte aber zu sagen, ob es nicht gerade andersherum gekommen war: daß er gerettet war, weil er im Winterhaus lag, während Rijps Schiff an einem Riff des neuen Landes Spitzbergen zerschellte?

Die Glasen zerteilten die unendliche Dämmerung in der eisigen, mit den Planken des Schiffes „Eissee" verschalten Schneehöhle, die sie das „behütende Haus" nannten. Da draußen war Dämmerung oder Nacht, nie Tag; Sterne waren dort oder Schneetreiben. Die Kälte fiel in die Ritzen, Füchse huschten über das Dach. Die Glasen ermöglichten, den Tagen ihre Ziffern zu geben. Der Rauch biß in die Augen. Sie hackten dem Koch das Holz und schleppten Schnee zum Schmelzen für Wasser. Oder lagen während des Sturmes geduckt unter den Decken.

Der kranke Duncker sah den Sand rinnen, unablässig, wieder drehte die Wache das Glas und wieder. Frans, der von den Rotgänsen erzählt hatte, las aus einer holländischen Chronik vor, burgundische Herzöge, Verbrennung von Ketzern, die Statthalterin Margarethe, die Meergeusen mit den schnellen Booten ... Der Schiffsjunge sah die Schelde vor sich. Der Schiffer Heemskerck teilte das Brot, ein Faß für acht Tage, jeder Mann vier Pfund und zehn Lot. Der Chirurg Meester Hanns ließ im Weinfaß das Bad richten. Hooghwout schlich hinaus zu dem gefrorenen Bären, um ihm die Zähne aus dem Maul zu reißen, und weinte kindisch, als er den Kadaver unter dem Schnee nicht mehr fand. Laurens blies die Flöte. Simon drehte mit dem Feuerwerker Tauwerk auf, nahm die einzelnen Stränge und flocht auch diese auseinander, bis er die Fäden des Kabelgarns in der Hand hielt. Jacob van Heemskerck teilte den Wein, jedem zwei Näpfchen täglich für den ärgsten Durst. Gerrit de Veer schrieb sein Tagebuch und bewachte die Uhr. Cornelius las in der Bibel. Der Feuerwerker fettete die Waffen. Der Untersteuermann lag schwach auf seinem Lager. Der Navigator dachte an das Schiff Rijps, wie weit es wohl gekommen sei. Das Brot für acht Tage langte sieben, dann sechs. Da aßen sie Fisch oder Fuchs. Sie hackten dem Koch das Holz. Sie wuschen die Hemden. Die Planken bereiften sich. Die Balken glitzerten. Schwarz färbte sich die Decke neben dem Kamin. Simon knüpfte aus dem gewonnenen Kabelgarn Schlingen, um Füchse zu fangen. Laurens blies nicht mehr auf der Flöte, weil ihm die Finger nicht mehr gehorchten. Keiner wußte, wie er sich noch vor der Kälte schützen sollte. Der Schiffer Jacob van Heemskerck teilte Wolldecken aus, die der Kaufmann Os in China hatte vertreiben wollen. Er gab Käse heraus, siebzehn Kugeln insgesamt, da bekam jeder eine. Die siebzehnte gehörte dem Zimmermann. Den sechzehnten Teil einer Kugel und eine ganze für jeden, Navigator wie Schiffsjungen, Bootsmann wie Volontär. Und immer hallten die Glasen. Und der Schiffer Jacob van Heemskerck ließ aus dem Linnen des Hasselaer Hemden für die Leute nähen und Fellmützen aus den Pelzen erlegter Füchse.

Das war ihre Höhle „behütendes Haus“, das war ihr Drinnen, das Leben, ein Draußen gab es kaum. Sterne oder Dämmerung, Schneesturm oder Nebel – immer Kälte. Sobald das Wetter es zuließ, trieb der Schiffer sie hinaus. Dann gingen sie zum Schiff; das Wasser darin war gefroren bis über den Steinballast. Sie stellten Fuchsfallen auf, keine Schlingen mehr, sondern eingerammte Pfähle mit schweren Deckeln. Sie wanderten mit Schlitten, um Feuerholz zu suchen, schwach, immer schwächer; die Kälte saß ihnen im Mark. Auch dieses Draußen war ein Drinnen, ein Gefängnis, ein Eissarg. Rings um sie auf dem Meer krachte das Eis. Tausend Meilen über Meer waren die Städte, die Öfen, die Brotfelder, die Menschen.

In diesem Winter lag der spanische Philipp schon auf den Tod; seine Staatsschuld belief sich auf hundert Millionen Gulden. In diesem Winter neigten sich die französischen Hugenottenkriege dem Ende zu. Erzherzog Maximilian berechnete den Verlust, den ihm die Niederlage gegen die Türken gebracht hatte. Nach London gelangte die Nachricht vom Tode des von der Königin Elisabeth Tudor zum Ritter geschlagenen Piraten und Admiral Francis Drake, der im Vorjahr mit siebenundzwanzig Schiffen nach Westindien ausgelaufen war, um dort spanische Häfen zu verbrennen. In Amsterdam, im Haus am Voorburgwal, wartete der junge Os auf Nachricht vom Schiff des Portugees, das er im Verein mit Hasselaer um das afrikanische Kap der Guten Hoffnung nach Indien und China ausgesandt hatte; auf dem alten Kurs! Der Schausteller Shakespeare führte seine Szenen vom venezianischen Kaufmann und vom König Johann auf.

Der junge Rubens nahm Unterricht im Malen bei Otto van Veen. Der Italiener Galilei entdeckte die Pendelgesetze. Der Landschaftsmathematicus Kepler entwickelte Gedanken, daß im Planetensystem besondere Gesetze gültig sind. Giordano Bruno, der die Fixsterne am Himmel als andere Sonnen ansah, saß im Kerker der venezianischen Inquisition. England, Frankreich, Spanien, Deutschland, die Niederlande waren in Kriege verwickelt. Zwischen Rußland und Schweden ging der Krieg zu Ende, zwischen Japan und China flammte er auf. Raleigh bereitete sich vor als Befehlshaber einer Flotte gegen das spanische Westindien. In Amsterdam plante der Prediger und Geograph Plancius eine neue Indienreise. In den Küstenstädten und Stapelplätzen Europas warteten Frauen und Kinder auf Schiffe, in der Amsterdamer St.-Nicolaas-Straat die Frau Anna, in irgendeiner krummen Gasse das Fischweib, die Mutter des Jungen Jan Hillebrants.

Es gab kein Draußen für sie auf der Insel. Gelangten sie ins Freie, zwischen Schneesturm und Schneesturm, so vergrößerte sich ihr Gefängnis nur, aber es schwand nicht.

In diesen Tagen, die an den Kräften zehrten, in diesen Wochen, da die Männer mehr und mehr in Krankheit und Elend fielen, war der Navigator Willem Barents einer der schwächsten, aufs Altenteil gesetzt, also war er alt. Nun war er weniger als der Schiffsjunge: Keiner brauchte ihn, nichts wartete auf ihn.

Was ihn getrieben hatte, war die Erforschung der Passage. Die Bewegung war erstarrt. Mit ihr der Navigator.

Die Errichtung des Hauses hatte ihn in Atem gehalten. Was noch zu tun war, lag in Heemskercks Händen. Ihm blieb die lange Nacht.

... Und soll der Navigator scharf Augenmerk haben auf Form und Gestalt und Beschaffenheit aller Inseln und Gewässer auf der gesamten Reise, auf welcher Höhe sie liegen, die Breite der Wasserstraßen, die Tiefe des Grundes. Auch von Wällen, Sandbänken und Riffen soll er Kunde geben und auch, ob da Häfen und Reeden sind, um Schiffe zu bergen, so vor Eisgang und anderem. Und von dem Volk soll er Kunde bringen, das da wohnt. All dies soll er unentwegt aufzeichnen und schriftlich festhalten.

... Wenn mit Gottes Hilfe Kap Tabin passiert ist, soll der Navigator den Kurs südwärts nehmen, zunächst nach Quinsay in Cathay und dort erkunden, ob man Handel treiben könne mit diesem Land und welche Kaufmannsgüter da angenehm seien. Sofern aber Quinsay nicht erreicht wird oder dort nicht Handel getrieben werden kann, soll er weiterhin südwärts segeln und, der Küste folgend, nach China fahren. Er soll aber alle Mühe anwenden, um dort einige bequeme Plätze, Häfen, Reeden zu finden, die gut sind für den Kaufhandel und die Sicherheit der Schiffe.

Wenn Quinsay dagegen erreicht wird, sollen die Schiffe Anker werfen, und die Untersteuerleute sollen sorgen, daß scharfe Wache bei Tag und Nacht gehalten wird, und soll niemand an Land gehen denn die Commis und Freundschaft anbieten und Handel aufnehmen ...

... Der Navigator soll mit anlaufen die Nordküste von Japan und die Inseln untersuchen, die er findet, Häfen und Reeden. Auch möge er sehen, daß er mit seinen Schiffen einige nächstgelegene Häfen von Amerika besuchen kann und soll alles tun, ohne sich zur Rückkehr zeitlich gedrängt zu fühlen ...

... Und wenn diese Reise glückt, werden die Herren Räte und Reeder das Volk dieser Schiffe ehrlich belohnen und sich höchlich bedanken ...

China und Amerika, Japan und der Nordpol, Nowaja Semlja und Amsterdam. All dies kam zu Willem Barents, während er im Behouden Huys lag und wieder in die Krankheit fiel.

Ein Programm, das in einem Menschenalter nicht zu erfüllen war, aufgebürdet für ein Jahr ...

Haarlem an der sich schlängelnden Spaarne. St. Bavo, die Basilika. In dem Wald der Säulen sieht er sich, Kind noch, staunend. Die Wucht der Musik, die durch diesen Wald fegt, die zurückhallt von den unendlich fernen Sterngewölben. Wie blanke Schilde an den Chorschranken die Wappen.

Er sieht sich in das feuchte Haus am Amsterdamer Tor treten, in dem Mutter und Vater wohnen, der Commis des Os, Barent, mit Gattin und Sohn. Ruppig der Vater, gehetzt von der Zeit und immer auf Reisen, auf Reisen. Was mußte Reisen sein, daß es den Vater Barent van Haarlem so danach verlangte ...

... Das Haarlemer Holz, und unter den Buchen er zusammen mit dem gleichaltrigen Dieven, wieder der Wald wie in der Kirche. Aber noch schöner war es, wenn der Wald hinter ihm lag, die stundenbreite Kette der Dünen und dahinter das Meer. Dieven baute den Wald in die Dünen, die Stämme, wie sie sich recken mußten, wie sich ihre Wipfel zu schließen hätten zu gewaltigen Gewölben. Wie hoch kann man bauen, Turm an Turm, und dazwischen Giebel, Säulen, Treppen. Wie hoch kann man bauen, Willem? Als Kind bis in den Himmel.

Das Kind Willem aber liebte das Meer. Diese Wasserweite hinter den Dünen regte seine Phantasie an. Dieven neben ihm baute Türme und Häuser, die nicht minder gering waren als die Phantasiereisen des Kindes Willem Barents. Abenteurer, kühne Seefahrer, immer wieder Spanier in diesem Jahrhundert.

Spanier, höhnte der schmale, spitznasige Dieven. Nur der Bürger zählte was, der freie Mann, der sich rührte. Wenn er in seinen Träumen die Türme baute, dann für die Bürger.

Als sie in den hügligen Dünen saßen, rückte der spanische Herzog von Alba mit zehntausend Mann in den Niederlanden ein. Die Wörter Spanier und Teufel bedeuteten das gleiche.

Als er das letztemal mit Dieven in den Dünen saß, hatte er zu berichten, elfjährig und blaß, daß nun sein gehetzter Vater Barent van Haarlem nicht mehr lebe, weil jener, der Spionage für den Oranier verdächtig, von den Häschern Albas in der Stadt Gent aufgegriffen und auf dem Freitagsmarkt gehenkt worden war.

Es war dies geschehen zu jener Zeit, da die niederländischen Grafen Egmont und Hoorn in der Zwingburg Gents gefangen saßen und der spanische Herzog Alba nicht schlafen konnte bei dem Gedanken, es könne sie einer befreien. Seine Henker machten nicht viel Umstände mit dem Mann Barent van Haarlem. Schon der gefährlichen Stadt Gent entronnen, war er dorthin zurückgekehrt, weil ein Wagen mit flandrischen Tuchen des Kaufmannes Os vor den Toren liegengeblieben war.

Eine Treue, die den Commis des Os das Leben gekostet hatte. Und Barents, jetzt auf seinem Lager im Winterhaus, da die Kindheit wieder bei ihm zu Gast war, fühlte, daß gerade diese Rückkehr des Vaters nach Gent jenen verdächtig werden ließ.

Er hatte in den Dünen seinem Freund Dieven nicht nur von diesem Sterben zu berichten, sondern zugleich von ihm Abschied zu nehmen. In diesen wirren Tagen verlegte der alte Os sein Handelshaus nach Amsterdam und kaufte das erste Schiff. Und er wollte den Sohn seines treuen Commis, Willem Barents, mit dem eigenen Sohn Dirck zusammen aufziehen; da sollte kein Unterschied sein.

... Der alte Os. Das Haus am Voorburgwal in Amsterdam, nicht prunkvoll, nicht schön. Da wurde für ein zweites Schiff gespart. Die zweite Frau hielt ihren Einzug. Die Tochter schon kränklich. Dirck zu weich, schwach, roh. Aber an Willem hing er, der sich mit seiner gesunden Frische durchsetzte. Und es gefiel Willem im Hause des Os. Denn da gab es ja die Schiffe. Und waren die Spanier zur See mächtig gewesen, hatten sie Länder um Länder entdeckt, dann besagte dies, daß man erst recht fahren mußte, daß man ihnen keinesfalls das Feld überlassen durfte.

Er lernte mit Dirck, er aß am gleichen Tisch. Sie schliefen in einem Zimmer. Freund wurde ihm Dirck aber erst, als das Bild gemalt wurde, das Schutzbild der Maria. Der Maler schwärmte von seiner Komposition. In der Mitte, vor einer Muschelschale, die Mutter Maria mit dem Christuskind. Zu ihren Füßen kniend die schutzbedürftige Familie des Kaufmanns Os. Rechts die drei Frauen: die tote und die zweite und die kränkliche Tochter. Und links die Männer: der alte Os und der Sohn.

Jedem war klar, wie sehr die Komposition gestört war. Auf der linken Seite fehlte ein männliches Mitglied der Familie. Entweder der alte Os verzichtete auf die Darstellung seiner ersten Frau auf der rechten Seite, oder aber für die linke Seite mußte noch jemand her. Das gab lange Beratungen in der Familie. Auch war die Zahl Drei heilig. Und abwarten, bis ihm die zweite Frau noch ein Kind schenke, konnte der alte Os nicht. Er brauchte den Schutz für sein Schiff sofort. Auch war es zweifelhaft, ob ihm da ein Sohn geboren worden wäre.

In diesen Tagen drängte Dirck immer wieder mit der Hartnäckigkeit eines Weichlings, der befehlen will: Willem muß drauf auf das Bild. Und der Junge Willem, da er sah, wie die Gesichter unter den kunstfertigen Händen des Malers Leben annahmen, wollte sehr gern im Verein der Familie Os vor der Maria knien. Er dankte es Dirck jahrelang. Dieven in den Dünen war vergessen.

Der alte Os hatte mit seinem Schutzbild einen guten Riecher gehabt. Aus seinem ersten Schiff erzielte er sechsfachen Gewinn. Er war auch gut beraten gewesen, als er sein Handelshaus verlegte. Vier Jahre nach seinem Umzug büßte die Stadt Haarlem ihre Erhebung gegen Alba nach siebenmonatiger Belagerung durch ihre Zerstörung. Albas Sohn, Friedrich von Toledo, ließ den Kommandanten, sämtliche Soldaten, die protestantischen Geistlichen und zweitausend ihrer Bürger hinrichten. Was zählte in diesem Gemetzel noch das Leben eines Commis?

... Die Wogen des Mittelmeers, die felsigen Inseln. Auf einem schnellen Segler Willem Barents, siebzehnjährig. Gefährliches Fahrwasser unter den Augen der Spanier. Sie schafften es. Sie gelangten, viel später, auch in die Zuiderzee. Sie legten an in dem Knie des Ij. Da war Haarlem längst ein rauchender Trümmerhaufen.

... Der alte Os. Ein Mann von vorausschauenden Plänen war er gewesen. Wo er Mittel investierte, das mußte sich auszahlen. Dirck war nicht mit aufs Schiff gegangen, die einzige Enttäuschung Barents'. Es war aber nie im Sinne des alten Os, daß Dirck auf ein Schiff ginge. –

Im Winterhaus, als ihn die Schwäche auf das Lager warf, begriff der Navigator, daß der alte Fuchs Os diesen Waisenjungen Willem Barents nur in sein Haus geholt hatte, um einen Schiffer und Steuermann heranzuziehen, der nicht nur ein erfahrener Seemann war, sondern vor allem von einer todesverachtenden Treue wie sein Commis Barent van Haarlem.

Mit feiner Witterung hatte er die Träume des Jungen von der See entdeckt. Von vornherein war jegliche Ausbildung auf nichts anderes gerichtet gewesen als auf die Seefahrt. Und wie konnte er ihn mehr zur Treue zwingen, als daß er ihn hielt wie einen Sohn?

Wieviel Reisen für das Handelshaus Os. Wieviel Schiffsladungen umgemünzt in klingenden Profit? Und nach einer Reise die Nachricht vom Tode des alten Os. Und nach jeder Reise spüren, wie Dirck ihm fremder geworden war.

Die Handelsfahrten waren gut. Für den Anfang. Das in den Dünen Erträumte waren sie dann doch nicht. Jenes erfüllte sich, als er den Auftrag erhielt, das Kommando über zwei Amsterdamer Schiffe zu nehmen und sich mit diesen der Flotte des Admirals Nay anzuschließen auf der Suche einer nördlichen Durchfahrt nach China. Die erste Nordreise ...

Im Auftrag der Stadt, unter dem Kommando der Republik, zur Gerechtigkeit und Wohlfahrt des Landes, zum Ruhme der Niederlande, die dem spanischen Feind auch auf diesem Feld den Garaus machten. Darum saß er hier in diesem Winterhaus.

... Anna, jung, schön. „Etwas auf dem Lande haben, bei dem man ausruhen konnte." Fünf Kinder in zwölf Jahren Ehe. Mit jedem mehr mochte sie die See weniger. Man war doch verwandt mit dem Verleger Cornelis Claes, sehr weit verwandt zwar, irgendein Onkel. Anna lief sich die Füße wund wegen des Kartenbuches. Sie lag dem fetten Claes in den Ohren. Sie suchte den Prediger und Kosmographen Plancius auf, den sie verehrte, weil Gott ihr Trost war, wenn ihr Mann über die See fuhr. Sie drängte Barents, an Land zu bleiben und nur noch Karten zu zeichnen wie Plancius. Sie beschwor ihn, seine Aufzeichnungen als Buch herauszugeben, wie es Mode geworden war, und schimpfte, als sie erfuhr, daß er das Tagebuch seiner ersten Nordreise dem jungen de Veer zur Einsicht überlassen hatte. Auf ihre Weise kämpfte sie um die Gulden.

... Dieven, der Freund aus den Dünen. Gesehen hatte er ihn nicht mehr. Aber von ihm gesehen hatte er viel. Die kräftigen, eigenwilligen Häuser am Markt von Haarlem, der sich dank Dievens Kunst aus der Asche erhoben hatte. Als sie Anker gelichtet hatten in Amsterdam, legte Dieven den Grundstein für die Haarlemer Stadtwaage. Mit etwas Großem trug er sich, mit dem Bau einer Fleischhalle, die ohne Beispiel werden sollte in der gesamten nordischen Renaissance. Das war Dievens Chinafahrt. Als Kind baut man bis in den Himmel. War Dieven glücklicher?

Konnte er sogar mit seiner Fleischhalle glücklicher werden als die Erbauer des Behouden Huys?

... Dieven in den Dünen. In Haarlem lief ein Gerücht herum, daß dem vor hundert Jahren lebenden Laurens Janszoon Coster die Ehre der Erfindung des Buchdrucks gebühre. Er habe damals während eines Spazierganges im Haarlemer Holz Buchstaben aus Buchenrinde verkehrt ausgeschnitten und sie dann zu Wörtern zusammengefügt, zum Spaße der Kinder, und mit Tinte gedruckt. Später habe er Typen aus Blei gegossen und sei darangegangen, mit mehreren Gehilfen Bücher herzustellen.

Die Stadt erregte sich, und sie, in den Dünen, berieten die Sache mit dem Ernst von Jungen.

Wem gebührt das Recht der Entdeckung? Dem Schiffer Rijp vor Spitzbergen oder dem Navigator Barents? Wer fand die Bäreninsel? Der Bootsmann Duncker, der einen Mann rettete, oder der Schiffsjunge, den Rijp für sein Schiff begehrte? Wer konnte sich als Entdecker Nowaja Semljas rühmen? Wer waren jene Großen, deren Auserwähltsein sich eben durch diese Erfolge zeigte?

Der zählte, der das Gefundene und Erfundene den Menschen nutzbar zu machen verstand. Der Nutzen für alle aber stellte den Namen des einen in den Schatten. Der Mensch war kein elendes, sündiges Geschöpf, wenn auch keiner elender liegen konnte als sie in dem Winterhaus. Der Mensch war groß, aber nicht jener, der reich war oder hochgeboren, sondern der, der Nutzen zu bringen verstand.

Die Jungen in den Dünen waren natürlich für den Haarlemer Coster gewesen.

Erst später hatte Barents festgestellt, daß jener Coster, der Buchstaben aus Rinde für die Kinder ausgeschnitten haben sollte, nie eine Buchdruckerei, sondern eine Gastwirtschaft betrieben hatte und danach einen Handel mit Salz, Lichten, Öl und Seife, daß jener Coster nichts anderes gewesen war als der Vorgänger des Handelshauses Os.

Die gesichtslosen, vollgefressenen Säcke unter den Tischen des Schlaraffenlandes glichen viel mehr einem Familienbild des Hauses Os als das Schutzbild der Maria. Da lagen sie, satt, und warteten.

Warteten. Warteten auf die Rückkehr ihrer Schiffe.

Da der Navigator keine Gegenwart mehr hatte in den furchtbaren Wochen der Finsternis und Kälte im Winterhaus, lebte in ihm die Vergangenheit. Aber auch sie konnte das Gefängnis nicht brechen.

Als sie einmal die Tür öffneten, war das Draußen verschwunden. Kein Fels mehr, keine Bucht, weder Schiff noch Stern. Sie standen vor einer Wand aus Schnee. Der Feuerwerker stieß mit einer Hellebarde gegen die Schneewand, sie war fest, zusammengepreßt vom Sturm. Bootsmann Simon packte die Schaufel und ging gegen die Wand vor. Er stach die Schneewürfel aus, schob sie ins Haus. Er mußte sich vorwärtswühlen und brachte doch den geschaufelten Schnee nirgends unter. Laurens folgte ihm, bedächtig, zäh wie immer.

Von den Kojen sahen die anderen, wie die beiden in die weiße Wand krochen, diesen Zuckerberg des Schlaraffenlandes, durch den sie sich zur Glückseligkeit vorbeißen mußten. Es wurde mit diesen hereingeschobenen Schneemassen nicht kälter im Haus. Bis vor Andries' Koje rutschte der Schnee und taute nicht. Andries, sehr schwach schon, wich zurück vor diesem weißen Pulver.

Heemskerck, der Schiffer, sagte: „Wenn sie draußen sind, die Maulwürfe, dann nehmt die Schaufeln, Jungen, geht hinterher.“ Er flocht einen galligen Scherz ein. Hooghwout zerrte sich die Decke über den Kopf.

„Wenn ihr wiederkommt, Jungen, gibt es die Ration.“ Das brachte sie von den Kojen.

Mit wankenden Schritten tappten sie auf das Loch zu, an Duncker vorbei, an der rinnenden Sanduhr vorbei. Sie blickten nach dem brennenden tatarischen Holz, das doch keine Wärme schenkte. Endlich kam der Ruf von draußen, Simon sei hindurch. Auf dem Bauch krochen sie den Gang hinauf und begannen zu schaufeln.

Jan Hillebrants wühlte sich in den Schnee. Er war matt vor Hunger und fror. Er schwang die Schaufel, um sich warm zu arbeiten. Auch haßte er das dumpfe Liegen und Grübeln, den Kampf gegen das Untier Zeit, das stillstand vor ihnen. Und mußte er frieren, dann schon lieber im Freien. Er brauchte wieder einmal den Himmel über sich und den Blick zur See, die dort endete, wo Holland lag. Von der Küste her krachte das Eis mit Gedonner.

Evert sprach vom Essen. Wenn das Zucker wäre, was, dieser Schnee hier, oder Weißkäse, wie? So einen Weißkäse in sich hineinschaufeln, nicht wahr?

Hooghwout ächzte: „Wenn wir fertig sind mit diesem verdammten Grab, wer geht mit und schaufelt den verfluchten Bären aus? Ich muß seine Zähne haben ...“

„Wo ist Claes Andries?“ fragte Frans. Wieder einer mehr, der auf der Koje liegengeblieben war, hingestreckt von Hunger und Kälte.

Der Junge aber schaufelte stumm, mit eisigen Fingern, sah nach dem Wrack des Schiffes, sah den Rumpf auf dem Schollenberg, sah nur noch den Mast dann, die Toppen, immer tiefer sank er im Schneegang dem Haus zu, immer höher wuchsen die Mauern, er sah nur noch die Flaggenstöcke und dann den nachtschwarzen Schneehimmel. Dann war er wieder im Haus.

Simon Reyniers aber, einstmals Bootsmann, hatte stumm verfolgt, wie sich der Junge im Schnee abarbeitete. Und als er wieder auf seiner Koje lag, freute er sich plötzlich. Er hält sich tapferer als mancher andere, dachte er bei sich.

Jan Hillebrants lag auf der Koje und aß. Zwischen den blauen Händen hielt er das Hartbrot, von dem er Stück um Stück abbrach. Er schaute dabei zur Sanduhr, zum Tisch und sah doch die Ebenen Hollands.

Er mußte jeden Bissen eine ganze Zeit im Mund lassen, ehe er ihn kauen konnte. Ein Schneidezahn und ein Backzahn wackelten, aber der Chirurg konnte nicht helfen. Die Gier war in ihm, schneller zu kauen, diese steinharten Brocken hinabzuschlingen, hinunterzuwürgen in das, was sich Magen nannte. Aber doch war er glücklich, weil er so die Mahlzeit beträchtlich verlängerte. Sein Zahnfleisch war seit Tagen geschwollen; das sorgte ihn, aber diese ewige Leere im Bauch sorgte ihn noch mehr.

Er stopfte das Brot zwischen die Zähne und dachte an die Mehlsuppen und Knödel, die ihm zwei Hände auf einem Teller zuschoben. Und Brot und Backwerk brachten die Hände, wie es auf dem Jahrmarkt feilgeboten wurde. Und eine ganze Mühle voll Mehl hatte der Müller, trotz der Ratten. Und die Hände schoben ihm saftiges Fleisch zu und Pilze; er aß immer noch. Unentwegt waren diese Hände in Bewegung, Nahrung für ihn heranzuschaffen, die Hände, zu denen keine Gestalt mehr gehörte, kein Gesicht, und die doch jene seiner Mutter waren.

Kronen mit Buchenlaub und Flittergold sah er beim Essen: Neue Heringe sind angekommen, meeresfrisch, gebacken, gerollt, eingesäuert, Heringe über Heringe. Er schlang, die Knie angezogen, sein Brot, das er einspeichelte, weil die Zähne sich lockerten. Er hörte, wie sie am Feuer standen mit ihren Rationen, erzählten, lachten, ein unsinniges, irres Lachen. Wie die letzten auf ihren Wein warteten, den der Koch hatte wärmen müssen, spanischen Wein mit einer Farbe wie Bernstein.

Kapern und Trüffeln, Radieschen und Rettiche. Der Junge kaute. Und er vergaß auch nicht jene Gerichte, die ihm der Koch Hendricks genannt hatte in der Kombüse des jetzigen Wracks. Als er noch herrschaftlicher Koch war zu Brüssel und Antwerpen, hatte er jene angerichtet. Wachteln, Fasanen, Forellen, Bruststücke von Kapaunen, auch Austern und Trauben und spanische Oliven. Dies alles aß der Junge hinunter mit seinem Brot, mit dem sich das Blut seines Zahnfleischs mischte. Diese ganzen unbekannten, nie gesehenen Dinge füllten seinen Magen. Und als er die Krumen unter der Decke hervorklaubte, mit der Hand ertastete und zwischen die harten Lippen stopfte, dachte er auch an die Fische des Duncker. An die Steinbutte. Aber er dachte daran wie an etwas sehr Fernes. Streit in der Back und Kampf mit dem Bären und Meerfahrt auf der „Eissee" und der Versuch, zu Rijp zu gelangen; mit jenem gehadert, mit diesem in Streit gelegen – all dies war durch den Hunger genauso ins Unwirkliche entrückt wie die köstlichsten Speisen.

Woran er aber nicht ein einziges Mal dachte, das war Dunckers Brotfaß in der Zimmermannsschlucht.

Barents stand an der Tür, vor Jans Koje, mit eingefallenen Wangen, ernst, bärtig. Seine großen Augen hafteten auf dem Jungen. Jan Hillebrants lächelte unmerklich. Und hatte der Junge so vieles vergessen, dann doch nicht die Nacht mit Duncker auf dem leeren Schiff, in der er auf das Licht zugeflohen war und Menschen gesucht hatte, vor der Angst, vor dem Getier, vor der krausen Rede des Duncker.

Als der Navigator, mit einem Gerät in der Hand, hinausgetreten war, schob sich der Schiffsjunge vom Strohsack. Er verhielt unschlüssig, aber als auch der schwache Andries nach oben ging, folgte er ihm. Er wollte wieder den Himmel sehen, der sich geradeso über Amsterdam spannte.

Die Nacht wölbte sich schwarz, und Wind blies. Seine Nase wurde sofort gefühllos. Er zog sich ein Tuch davor. Barents und Andries standen nach Südwesten gewandt. Dort glänzte das Sternbild des Himmelsjägers.

Der Navigator richtete das schwere Astrolabium auf den rechten Schulterstern, Bellatrix, und nahm dessen Höhe.

Zum erstenmal verspürte er die Mühe, mit der er das Gerät zu handhaben versuchte. „Wie weit, wie hoch?“ hörte er Andries fragen. Er nannte den Wert und sah dann plötzlich den Jungen. „Friert dich nicht?“

„Nicht mehr als Sie.“

Barents lachte auf und ließ das Gerät sinken. Der Junge sprang hinzu. Der Navigator ächzte erleichtert. Es war ihm in der Kälte, als müsse ihm jeden Augenblick der Schweiß auf die Stirn treten. Er verfluchte seine Schwäche. „Ich trage es“, sagte der Junge.

Die Männer hatten sich an den Stummen gewöhnt, der da auf seinem Lager ausgestreckt lag, wenn sie von den Fuchsfallen kamen oder vom Schiff, wenn sie in die Hütte wankten, von der Holzlast fast erdrückt, die sie in Kälte und Sturm am Uferstreifen zusammengesucht hatten.

Da lag der Navigator, krank wie ihr Bootsmann Duncker, hingestreckt von seiner geliebten Insel Nowaja Semlja. Stumm lag er, mit Augen, die das Treiben rings kaum noch aufzunehmen schienen. De Veer brachte ihm die Suppe, die er bedächtig aß, um wieder stumm liegen zu können. Als er nach dem ersten Ausschaufeln des Ganges aufstand und sein Astrolabium nahm, wären die Männer erstaunt gewesen, wenn sie nicht schon tödliche Stumpfheit ergriffen hätte.

Das Kommando des Schiffers Jacob van Heemskerck trieb sie hoch, jagte sie in Nacht und Eis, nach Füchsen und Feuerung. Und wenn sie vergeblich durch die Eisbrüche gewankt waren, schauten sie hinaus auf die gefrorene Bucht, wo sie im Dämmer ein ganzes Gebirge von Holz wußten, das sich einst „Eissee“ nannte. Wieviel Feuerchen mochte so ein Schiff geben? Für wieviel Tage gab so ein Großmast Wärme? Sie liebäugelten mit dem Schiff, wenn sie wieder auf das Haus zuwankten und in dem Schneetunnel verschwanden.

Eines Tages drückte der Sturm den Rauch so nieder, daß sie im Haus kein Feuer mehr unterhalten konnten. Selbst der letzte Funke war erloschen. Das bedeutete nicht nur den endgültigen Verlust der Wärme, sondern vor allem die Tatsache, daß sie nicht kochen konnten. Der letzte unter ihnen, der nach wie vor seine Aufgabe gehabt hatte, der Koch Hendricks, lag nun selber ohne Arbeit auf der Koje.

Für ihn hatten sie das Holz geschleppt, für ihn hatten sie es zu Scheiten gehackt, für ihn hatten sie am Feuer gesessen und den Sandläufer gedreht. Durch ihn hatten sie gelebt.

Mit jedem Atemzug holten sie beißenden Rauch in die Lungen. Und ihre Qual linderte sich nicht durch Everts ätzende Reden: Sie glichen jetzt jenen Männern, die er in englischen Bierhäusern gesehen habe, ein Röhrlein im Mund, aus dem sie den Rauch von dem überseeischen Kraut Tabak sogen.

Dieser Tag, da ihnen der Sturm das Feuer verwehrte und die Suppe strich und sie in der verqualmten Hütte in unerträglicher Kälte lagen, war einer der schrecklichsten.

An diesem Tag rief Barents den Jungen an sein Lager. Dieser da hätte gerettet sein können, wenn es um Rettung gegangen wäre. Rettung für die zum Tode Verurteilten wäre nicht gewesen, daß man sie vor die Schlitten des Os gespannt hätte. Als der Junge das Astrolabium ins Haus geschleppt hatte, war Barents versucht gewesen, gerade diesem letzten des Schiffes zu erklären, warum sie ausgefahren waren, warum sie dies hier erduldeten, Hunger, Krankheit und Kälte. Vielleicht ertrug sich's dann leichter.

„Kannst du schreiben?“ fragte er leise, wobei er mit der dünnen Hand auf den Rand seiner Koje deutete.

Der Junge, schwach, ließ sich nieder und nickte verwundert. Schreiben könne er freilich, aber ...

Aber?

Die Finger. Er zeigte seine roten, geschwollenen Hände. Wie will man mit diesen froststeifen Fingern schreiben.

„Wenn du schreiben kannst, dann kannst du lesen. De Veer verwahrt meine Bücher. Laß dir geben, was du willst.“

Jan Hillebrants stand zögernd auf.

Mühsam hob Barents den Kopf: „Warum hat Rijp dich für sein Schiff gefordert?“

Diese Frage erstaunte den Jungen noch mehr als die nach dem Schreiben. Er lugte nach der finsteren, bereiften Ecke hinüber, in der der kranke Duncker lag. Jener hatte ihn einst das gleiche gefragt: wie er mit Rijp verbunden sei.

Er setzte sich wieder, entschloß sich. Dann sprach er von seinem Vater. Im Flüsterton gab er die Geschichte wieder, von dem Boot auf der Schelde und Duncker und Rijp. Zum erstenmal erzählte er sie, wie sie wirklich geschehen war. Und zum erstenmal, seit er die ganze Wahrheit wußte, sprach er überhaupt zu einem anderen Menschen darüber.

Barents atmete hörbar. Das Vertrauen des Jungen erschütterte ihn. Jener, um den der Streit an der Bäreninsel entflammt war, hatte sich für ihn entschieden. Er fragte nicht, ob sich der Junge nach wie vor auf Rijps Schiff sehne. Es gab nur ein Schiff: die „Eissee“, es gab nur ein Ziel: die Passage, und einen Kurs: den um Kap Tabin nach der Straße von Anian.

„Wir sind nicht die ersten im Eis“, sagte Barents, bestrebt, daß ihn der Junge verstünde. „Wir sind nicht einmal die ersten Holländer. Olivier

Brunel war in der tatarischen See, weiter als wir, schon vor zwanzig Jahren. Olivier Brunel hat den Gedanken gehabt, an der Petschora-Mündung ein Depot anzulegen und zu überwintern. Also ist auch das nicht neu. Er hat nur nicht die richtigen Leute gehabt."

„Sind wir die richtigen?" fragte Jan Hillebrants.

Barents äußerte sich nicht. Wußte man es vorher? Im nächsten Sommer würde er es wissen.

Er versank wieder in sein marterndes Brüten, in dem er den Jungen vergaß.

Einmal hatte eine Instruktion von ihm verlangt, daß er nach dem glücklichen Passieren der Straße von Nassau, dem richtigen Kurs auf der Spur, bei einer Rückkehr nach Holland, ohne daß sie das Ziel China erreicht hätten, der Mannschaft jeglichen Erfolg hatte verheimlichen sollen. Die Waigatsch sei nicht das richtige Tor, hatte er sagen sollen, wenn er das Tor schon passiert hätte. Kap Tabin sei nicht navigabel, hatte er bekanntgeben sollen, wenn er dort eisfreie Gewässer gefunden hätte. Lüge und Heimlichkeit jenen Männern gegenüber, die auf den gleichen Planken wie er fuhren, die alle Gefahren mit ihm ertrugen und die durch ihr Wirken erst den Erfolg der Reise ermöglichten.

Jener Passus von der Geheimhaltung des Erfolgs selbst vor der Mannschaft aber war aufgenommen worden, damit die konkurrierenden Länder nicht vorzeitig Wind vom Verlauf der Passage erhielten.

Barents blickte müde auf den Jungen, ohne ihn zu sehen. Selbst gegen die Mannschaft war er gefahren, hatte er fahren müssen. Die richtigen für eine Überwinterung wären sie gewesen, wenn er sie vorher gekannt hätte. Dann hätte er ein Depot anlegen und Fertigteile für ein Haus mitführen können.

Stark gestanden hatte er gegenüber dem Rat der Stadt, dem Auftraggeber, und den Finanzleuten, den Kaufherren. Seine Schiffer hatte er durchgesetzt. Auch den Kurs, den er gewollt hatte, war er schließlich unter Verzicht auf die Hälfte seiner Expedition gefahren. Was er nicht hatte durchsetzen können, wovor er sich auch letztlich gescheut hatte, das war die Überwinterung.

Zum Erstaunen des Jungen sagte er plötzlich: „Geld, Geld hätte man haben müssen ..." Sonderbar, auf dieser Insel, wo man Nahrung, Wärme, Gesundheit brauchte, den Wunsch nach Geld zu vernehmen. Der Junge wußte nicht, daß Geld in den Händen des Navigators dessen Unabhängigkeit von jeglichen Einflüssen und Instruktionen bedeutet hätte.

Barents, aus dem Dahindämmern fahrend, sah, wie der Junge zitterte. Rauh befahl er: „Leg dich in die Koje!"

Der Junge ging langsam von ihm weg.

Im Kamin rauschte es, der Wind jaulte. Die Balken glitzerten im Licht der Öllampe, bedeckt von fingerdickem Reif. Kein Feuer unter dem Kessel, kaum Holz in der Hütte. Mannshoch lag das vom Schiff gerettete Gut wie ein Gebirge im hinteren Teil des Raumes.

Sie husteten, röchelten, schnieften in der Finsternis, fluchten leise, beteten, froren. Barents konnte ihre Schatten kaum erkennen.

„Es ist nicht außergewöhnlich, nicht einmalig", sagte er laut, als unterhielte er sich noch über Kojen hinweg mit dem Jungen. „Wie wir hier liegen, haben andere auch gelegen, Hunderte, Hunderte. Und sie haben es durchgestanden. Weshalb nicht wir? Den Fluß Ob, der uns die Stämme für dieses Haus geschickt hat, haben andere schon erreicht. Sie sind in die Petschora gefahren und dann über Land gewandert bis zu einem Fluß, der in den Ob mündet. Und den sind sie entlanggefahren. Sechs Kastelle stehen am Fluß. Ein Schiff soll da liegen, das soll von Brunel sein. Zwischen Petschora und Ob sollen noch zwei oder drei Flüsse liegen, die Eis in die Waigatsch treiben. Aber hinter dem Ob liegt die warme See, und Seevögel leben dort Sommer wie Winter."

Ihm war, als ob sie leiser atmeten, seit er sprach, als hörten sie neue Töne in dieser Hütte, wie eine Musik.

Von einem Schiff erzählte er ihnen, das zur Zeit des Kaisers Barbarossa von China aus durch widrige Winde nach dem Norden verschlagen wurde und nach monatelanger gefahrvoller Fahrt in Lübeck ankam. Also gäbe es die Passage.

Alles führte er an, was der englische Kosmograph Hakluyt im Auftrag der Generalstaaten an Literatur und Karten über die Waigatsch zusammengetragen hatte, verdrossen darüber, daß seine eigene Regierung keine neuen Forschungen betrieb, sondern alles Geld in den Krieg steckte.

Plinius' Beschreibung des Kap Tabin. Die Reise des Antoni Marche. Die Aufzeichnungen des Plano Carpini. Ramusius und Candish. Karten und Reisebücher. Über die Samojeden, Tataren, Skythen. Über die Moscoviter. Kompaßabweichungen und Tiefenangaben, Verlauf der Küsten und geographische Längen. Und schließlich das Prachtexemplar, eine Karte aus China vom Lande China, hergestellt aus der Rinde von Bäumen.

Die Summe all dessen ergab, daß sie mit dem Kurs auf dem richtigen Weg waren, daß sie nicht unvorbereitet und sorglos losgestürmt waren, sondern mit gutem Grund. Daß die Instruktion des Plancius, so nördlich wie möglich zu fahren, haltloser war als das, was sie versucht hatten.

Als der Navigator endete, war eine große Stille. Was er nicht gesagt hatte, war, daß die Überwinterer in jenen Eisgegenden Menschen waren, die ständig in diesen Gebieten lebten, daß ihr Dasein ganz auf die unwirtlichen Bedingungen eingestellt war. Nicht gesagt hatte er, daß in den Kastellen am Ob Engländer gefangen sitzen sollten, weil sie in jenes Land gekommen seien. Und verschwiegen hatte er, daß Plinius schon vor anderthalbtausend

Jahren Kap Tabin beschrieben hatte und seitdem die Kunde über jenen sagenhaften Felsvorsprung nicht um das geringste Detail vermehrt werden konnte.

Er konnte ihnen in diesem schwärzesten Abschnitt der monatelangen Nacht nicht mit dem Großen kommen, für das sie duldeten; er konnte jetzt nur ihr Leid abschwächen, indem er es nicht als das Außergewöhnliche, sondern als das Alltägliche hinstellte.

Einer fragte in der Stille: „Wie weit ist denn die Sonne, Admiral?"

Sonne, Wärme, Licht ... Sie hielten den Atem an.

Barents blickte zum Kamin, als könne er dort die Antwort ablesen. „In drei Wochen hat sie ihren tiefsten Stand."

Auf dem Meere krachte das Eis. An diesem Tag blieb die Räderuhr endgültig in der Kälte stehen. Jetzt wendeten sie den Sandläufer, nicht um die Zeit für eine Suppe zu bestimmen, die doch nicht gekocht werden konnte. Sie ließen den Sand rinnen, damit er ihnen anzeige, wann die Sonne zurückkam.

V

Der Schiffer Jacob van Heemskerck war der Herrscher von Nowaja Semlja durch den Willen des Navigators. Mit zwiespältigen Gefühlen hatte er Willem Barents' Worte gehört. Nahezu vier Monate lagen sie nun fest in jener Bucht, die sie Eishafen genannt hatten; die Hälfte davon im Behouden Huys. In diesen vielen Nächten, in dieser immerwährenden Nacht war es oft vorgekommen, daß einer laut von seinem Lager herunter Gott und die Welt verflucht hatte. Verwünschungen, Gebete, Träume waren da laut geworden, ausgebreitet vor der gesamten Hütte.

Keine dieser Reden aber hatte versucht, ihr Elend abzuschwächen, wie es der Navigator getan hatte. Jener Monolog des Barents, den der Schiffer Heemskerck erst für eine Rechtfertigung, Verteidigung gehalten hatte, war in Wahrheit viel mehr. Er verlangte, daß man nicht in einem Traum lebe, sondern sein Sinnen und Trachten auf die Wirklichkeit einstelle.

Das zweite Bemerkenswerte für Heemskerck war, daß der Navigator seit ihrer Übersiedlung vom Schiff ins Haus überhaupt das erstemal wieder das Wort an die gesamte Mannschaft gerichtet hatte.

Ihm war deutlich in Erinnerung, wie ihm Barents hinter Vlie in die Parade gefahren war und gegen den Willen des Schiffers die Abfahrt befohlen hatte. Das Stranden der „Amstelredam" folgte daraus, vielleicht sogar das starre Festhalten des Jan Cornelis Rijp an seinem Nordkurs.

Diplomatisch hatte der Schiffer Heemskerck versucht, für sich den genehmsten Kurs zu wählen, jenen, bei dem er seine Ziele am sichersten zu erreichen hoffte. Das war nicht ohne Spannungen zwischen ihm und dem Navigator abgegangen. Wäre er stark wie Rijp gewesen, dann hätte er vielleicht sogar nach der Trennung der Schiffe gegen Barents' Willen den Waigatsch-Kurs durchgesetzt. Aber in dem Augenblick, da er hätte zupacken sollen, war er ziellos geworden durch die Nachricht vom Schiff „Engel".

Jacob van Heemskerck lächelte bitter bei diesem Gedanken, daß die Reise durch die Waigatsch nach China zu Ehren der schönen Gertrud Hasselaer hätte glücken können, wenn ihm die Verbindung der Handelshäuser Os–Hasselaer durch Heirat verborgen geblieben wäre.

Und dann? Wohl hätte er China gefunden, hingegen nach seiner Rückkehr in Amsterdam nicht den Erfolg, das Ziel seiner Wünsche, sondern eine grausame Enttäuschung.

Auch ihm halfen keine Träume, ihm noch weniger als dem Letzten und Elendsten in dieser Hütte. Gegenstandslos waren seine früheren, gegen den Navigator gerichteten Bestrebungen, seinen Kurs durchzufechten. Gering wurde auf der Insel Nowaja Semlja das, was ihn auf der Meerfahrt bewegt hatte: sein Kampf, neben der kraftvollen Persönlichkeit des Navigators zu bestehen.

Barents war einer der sechzehn im Winterhaus. Heemskerck hatte ihn nicht ungern so gesehen, den Lebhaften, Entschlossenen, Kraftvollen stumm auf seinem Lager, Woche um Woche. Kein Groll wegen Vlie, kein Vorwurf wegen der Trennung bestand mehr und darum auch nicht ein einziges Mal der Versuch des Schiffers Heemskerck, seine Macht gegenüber dem Navigator herauszukehren.

Im Gegenteil. Er hatte Barents von jeglichen Diensten ausgenommen, als einzigen von allen. Er hatte Barents dicht neben das Feuer betten lassen.

Ansonsten war einer wie der andere, Schiffer wie Schiffsjunge, kein Bissen Brot mehr, kein Schluck Wein weniger, die Koje nicht wärmer. Was den Schiffer Jacob van Heemskerck vor den anderen auszeichnete, war einzig die Verantwortung.

Er war nicht gut zu sprechen auf seine Mannschaft. Aber er mußte mit jenen Leuten auskommen, die ihm zugewiesen worden waren. Aus ihren Reihen aufgestiegen, hatte er sich stets bemüht zu zeigen, daß sein Aufsteigen zu Recht geschah, ja, daß man es besser vergäße. Graf van Heemskerck – jenes Gerücht unter der Mannschaft war nicht der schlechteste Schild gewesen.

Auch dieser Aufstieg war nun ohne Sinn, nachdem Gertrud Hasselaer entschlossen war, ihre Hand dem jungen Os zu geben. Obwohl er nun mitten unter den Leuten lebte, war er doch auf einsamerer Höhe als zu der Zeit, da er noch die Staatskajüte bewohnt hatte.

Endeten auch alle Stürme zwischen Barents und ihm vor der steinernen Ruhe Nowaja Semljas, so war er sich aber der Mannschaft nach wie vor nicht sicher.

Er hatte sie im Auge, wenn er neben dem Koch am beißenden Feuer die Ration verteilte. Er musterte sie, wenn er sie zur Arbeit schickte. Er beobachtete sie, selbst wenn sie schliefen.

Der Bootsmann Evert, der Hitzkopf, gegen den Schiffer hatte er gestanden, das Sprachrohr des Duncker. Wahnsinnige Pläne hatte er geschmiedet und die anderen aufgewiegelt. Über die Insel davonlaufen! Sich der Lebensmittel bemächtigen! Jetzt lag er hier wie alle, hungrig, ein abgezehrtes Gesicht unter einer kleinen, kreisrunden Glatze, die der Tonsur eines Mönches glich. Speck hatte Evert verloren, das war alles. Auf die Hütte war er angewiesen wie jeder andere. Hunger und Kälte stopften ihm nun das Maul. Noch auf dem Meer, kurz vorm Erreichen des nördlichsten Kaps, hatte Heemskerck vom Hochbootsmann erfahren, daß Evert den Delinquenten Laurens nicht mit in Eisen gelegt hatte. Schon da hatte jener sich Befehlen widersetzt. Es war untergegangen wie so vieles mit dem Untergang des Schiffes. Evert, nun im Winterhaus, erschien dem Schiffer wie ein Raubtier, das man besser in Ruhe ließ. Er wurde magerer, dieser Eisbär. Er wurde hungriger. Was würde mit Evert, wenn der Winter endete? Das Ziel Holland war weit.

Der Bootsmann Duncker, Aufrührer, Meuterer. Kein Schiffsgesetz gelte an Land! Zum Tode verurteilt wegen Rebellion in Zeiten der Gefahr und vom Schiffer begnadigt. Und nun lag er doch auf den Tod. Gemartert von unsäglichen Schmerzen, lag er im Dämmer, nur selten wach, schon wie von den anderen geschieden. Dieses schreckliche Sterben hätte Heemskerck dem Bootsmann Duncker gern erspart.

Der Bootsmann Hooghwout, ein kleines, bösartiges, gereiztes Tier, ewig hungrig, gefräßig, zänkisch. Jener war es, der am meisten des Nachts schrie; einer, den man nur vor die Schlittenseile brachte unter der Androhung, die Ration Brot werde gestrichen, wenn er nicht mit auf Holzsuche gehe. Einmal, als Hooghwout die Fuchsfalle vom Schnee säubern sollte, hatte der Schiffer ihn gefunden, wie er versuchte, den toten Bären wieder freizuschaufeln. Die Zähne, die Zähne wolle er, hatte er gewinselt.

Der Bootsmann Laurens, der erste, der ins Eisen mußte. Jetzt schleppte er Lasten bis zum Umfallen. Ohne sich zu schonen beim Hausbau. Ohne Hinzuziehen des Schiffsrats verurteilt, weil der Schiffer Heemskerck die Grenzen seiner Macht absteckte, den Waigatsch-Kurs im Sinn, den ihm dann der „Engel“ zerschlug. Im bizarren Bruchgebiet am Ufer auf der Suche nach dem Werfanker war der Schiffer dem Bootsmann Laurens begegnet, allein, Auge in Auge. Er hatte in einem Aufzucken dieser strengen Augen zu lesen vermeint: Die Stunde kommt, Schiffer!

Der Hochbootsmann Vos. An Land war er erledigt. Holzschlepper, Zimmermann, Feuerwache, alles war er, nur nicht mehr er selbst. Sein Gesicht spitz, von einem gelblichgrauen Ton, auch jetzt noch nackt, bartlos. Er behielt seine Flüche für sich. Gleichgültig lag er vor dem Kaufmannsgut, dem Segelmacherzeug, den Fässern und Lebensmitteln, für die der Schiffer auch ihn zum Wächter bestellt hatte. Er, der zweite nach dem Schiffer, lebte um so abgeschlossener, als er den anderen gleichgestellt war.

Der Feuerwerker Sterrenburgh, den er als Mann von vornehmer Gelassenheit kennengelernt hatte auf der Meerfahrt, der ohne Zucken den „Engel" in den Grund gebohrt hätte, hätte sich jener als spanisches Schiff entpuppt – dieser Feuerwerker hatte Duncker zu seinen Hetzreden gegen die Schiffsleitung ermutigt, indem er nach dem Tod des Zimmermanns dem Schiff hatte einen Weg durchs Eis sprengen wollen. Und doch hatte ihm der Schiffer auch fürder die Waffen anvertraut.

Was habe ich für eine Mannschaft? fragte sich der Schiffer Heemskerck im Winterhaus.

Der Volontär de Veer, sein Verwandter, der von der Sache mit der schönen Hasselaer Wind bekommen haben mußte und dem Navigator das große Chinabuch schreiben wollte, gab mit sichtlichem Unwillen dem Schiffsjungen im Auftrag Barents' das Buch „Historie vom großen Reich China" des Augustinermönches Mendoza. Und der Junge versuchte beim Schein einer Funzel die Seiten zu entziffern.

Der Untersteuermann Andries, die rechte Hand des Hochbootsmannes, kränkelte, seitdem sie im Winterhaus lagen, als hätte er mit dem Schiff auch die Lebenskraft verloren.

Der Chirurg Meester Hanns Vos, Balbier aus Leiden und Arzt durch die Schlachtfelder, gewann nach der Übersiedlung ein ähnliches Ansehen wie der Zimmermann vor dem Hausbau. Auch er war eigentlich im Amt geblieben. Ja, seine Aufgaben vermehrten sich, seine Arbeit wuchs. Und doch übte er sein helfendes Amt genau wie auf dem Schiff nur nebenbei aus. War er dort in der dritten Wache gewesen, so war er hier alles, wozu man einen Mann brauchte, der sich noch auf den Beinen halten konnte. Und dann erst Chirurg.

Der Schiffer Heemskerck, wie er an den Arzt dachte, empfand große Sympathie für ihn. Meester Hanns verordnete Bäder, regte die Leute an, sich so oft wie möglich zu bewegen, versuchte Dunckers Lage zu erleichtern.

Sein ärgster Feind war aber nicht die eigene Schwäche oder der Hunger. Es war der Scharbock. Keiner lag hier, dessen Gesichtsfarbe nicht fahl, dessen Augen nicht von dunklen Ringen umgeben waren. Allen wühlten Schmerzen in Gliedern und Gelenken. Der Chirurg wußte, daß dies nicht von übermäßiger Anstrengung herrührte. Er blickte in ihre Münder, sah das dunkelblaue, geschwollene Zahnfleisch, das sich von den Zähnen abhob, schwammig und dick. Aufgerissene, schreckliche Münder vor ihm, aus denen es ihm entgegenstank von Geschwüren und lockeren Zähnen.

Der Scharbock erledigte die Männer. Cornelius konnte zeitweise das harte Brot nicht mehr kauen; schon bei seinem Anblick erlitt er qualvolle Schmerzen. Auf der Haut des Bootsmannes Frans zeigten sich blaue Flecken. Andries klagte häufig über Nasenbluten. Jeder erlegte Fuchs trieb den Scharbock zurück, doch immer wieder setzte er zum Angriff an.

Der Bootsmann Simon Reyniers aber, den der Schiffer schon als ausgezeichneten Rudergänger von der zweiten Nordreise her kannte, bot seine ganze Klugheit und Kunstfertigkeit auf, um mit sicheren Fallen die Füchse zu überlisten. Ihr Rascheln auf dem Dach spornte ihn an, die Konstruktion der Fallen zu verbessern. Denn die Füchse halfen ihnen nur gegen den Scharbock, wenn sie im Kessel steckten.

Und dünkte sich Jacob van Heemskerck besser als der Kapitän des Schiffes „Verlorener Sohn", so mußte er sich sagen, daß auch seine Mannschaft besser als jene war.

Barents war in die Vergangenheit ausgewichen. Heemskerck dagegen dachte nach über die Männer.

VI

In diesen finsteren Tagen des Dezember, da Kälte und Krankheit die Männer unablässig bedrängten, als sie Mangel an Nahrung litten, als sie um ein Haar an Gasen erstickt wären, weil sie gegen die mörderische Kälte nun ihre Steinkohlen eingesetzt hatten, in diesen Tagen überreichte der englische Gesandte in der erzbischöflichen Kirche zu Rouen dem König von Frankreich im Auftrag seiner Königin den Hosenbandorden. Unter den Wappen, die über den Sesseln hingen, befanden sich auch die von Holland und Seeland. Der König saß unter einem Baldachin, herrlich geschmückt, in weißer Kleidung, einen Sammethut mit weißen Federn auf dem Kopf. Sechs weißgekleidete Herolde riefen auf allen Plätzen aus: „Nun ist völliger und guter Friede zwischen dem großmächtigen König Heinrich, dem Vierten dieses Namens, von Gottes Gnaden König in Frankreich und Navarra, und der großmächtigen Elisabeth, Königin von England und Irland. Beide Könige verpflichten sich zur Beschirmung ihrer Königreiche und Kronen und versprechen einander ewigen Schutz und Hilfe. Alle diejenigen, die diesen Kronen Beleidigung oder Schaden zufügen sollten, bedrohen sie mit Krieg und Verheerung ihrer Länder und Leute."

Die Sonne aber erreichte im Tierkreis das Zeichen des Steinbocks, und wenn es die sechzehn im Behouden Huys auch nicht wahrnahmen, so mußte doch die Wendung schon vollzogen sein.

Am Christtag stand in der Alten Kirche zu Amsterdam die schöne Gertrud Hasselaer ganz in Weiß neben dem würdigen jungen Os vor dem Altar, und der Priester und Kosmograph Plancius gab sie zusammen als Mann und Frau, bis daß der Tod sie scheide.

Wem ein tugendsam Weib beschert ist, die ist viel edler denn die köstlichsten Perlen.

Ihres Mannes Herz darf sich auf sie verlassen, und Nahrung wird ihm nicht mangeln.

Sie fürchtet für ihr Haus nicht den Schnee; denn ihr ganzes Haus hat zwiefache Kleider.

Sie ist wie ein Kaufmannsschiff, das seine Nahrung von ferne bringt.

Amen.

So vereinigen sich in diesen Tagen England und Frankreich zum Bündnis gegen das schwächer werdende Spanien und die Handelshäuser Os und Hasselaer zum Kampf um neue Stapelplätze.

Auf der Insel Nowaja Semlja, in der Eisnacht aber gruben sich neben dem Kaufmannsschiff „Eissee“ die sechzehn aus dem vom Schnee überschütteten Haus und sahen auf dem Ozean offenes Wasser, hörten das Eis krachen. Und sie glaubten, das wachsende Licht schon zu spüren.

Wieder kam Sturm. Drei Tage hielt er sie im Haus. Der Sand rann unablässig, das Feuer brannte. Sie hockten da und blickten in das Züngeln der Flammen. Selbst in den Bärenfellen, die sie trugen, hing schon der Reif.

„Wir sind über den Berg“, sagte der Bootsmann Frans und meinte, diese Flamme müsse wachsen zu einem Sonnenball, der allen Schnee verbrenne. Laurens dämpfte ihn. Zu Hause war es doch so, daß mit dem Wachsen der Sonne auch die Kälte wachse. Der Januar wird noch ärger zubeißen.

Noch ärger? Sie wehrten sich gegen den Gedanken. Ärgeres konnte nicht kommen. Die Sonne, sie wollten die Sonne! Finsternis war schlimmer als klirrender Frost. Die Sonne wurde neu, und das Jahr wurde neu. Das alte lag in den letzten Zügen wie ihr kümmerliches Feuer hier. Heja, hörte das Darben nicht auf?

Das Feuerchen will nicht mehr, Freund. Frans lachte leise, die weit auseinanderstehenden Augen auf das verkohlte Holz gerichtet. Laurens schob die Glut zurecht, so daß sie noch einmal eine Flamme gab, ein ärmliches Flämmchen, das sich drehte, als wüßte es nicht, was es hier in der Kälte solle. Im Kamin pfiff der Wind, er zerrte den Faden Rauch hinauf. Frans sagte: „Holz, ein Baum. Wißt ihr noch, was Bäume sind?“

„Die schottischen Bäume“, krächzte Jan Hillebrants, „mit den Küken der Rotgans ...“

Evert kicherte, der Feuerwerker rieb sich die Hände. Holz und Rotgans – alles konnten sie gebrauchen. Einer drehte den Sandläufer. Wieder ein Glas weniger von diesem verdammten Jahr.

Simon, die breiten Hände an den Körper gepreßt, sagte leise: „Dicht beim Haus liegt noch Holz, aber unterm Schnee. Ich hab's entdeckt, als ich die Fuchsfallen freigeschaufelt habe."

Sie schauten nach der Tür und horchten nach dem Kamin. Aber sie wußten, es lohnte nicht, auch nur von diesem lumpigen Feuerchen aufzustehen. Noch heulte der Sturm. Er hatte sie wieder im Schnee begraben.

Sie rückten enger an die Feuerstätte. Ihre Füße in den knochenharten Lederstiefeln setzten sie in das, was vorher Glut gewesen war. Auf einmal hoben sie die Köpfe. Da hackte einer Holz!

Alle sprangen auf. Neben der Tür, dicht beim Tisch mit dem Lämpchen, stand Hooghwout mit dem Beil. Er holte zu neuem Schwung aus.

„Was machst du?" fragte Simon, baß erstaunt.

Hooghwout hieb zu. „Das siehst du doch." Er sammelte einen Arm voll Scheite und warf sie ihnen geringschätzig vor die Füße.

„Lenaert, hau Feuer!" rief Evert. Der Koch kam hinter dem Warenlager hervorgeschlurft.

Laurens schob die Kloben zur Seite, stutzte und sah vielsagend Frans an. Sein Kamerad nahm ein Stück auf. Mit den harten Fingern fuhr Frans über die Oberfläche, stumm, nachdenklich. Hinter ihm hieb der Koch die Funken in Werg. „Die Flamme kommt", frohlockte schon der Junge.

Es war ein Brett gewesen, was Hooghwout da zerschlagen hatte. Die eine Seite war glatt gehobelt, die andere aber wies eine Vielfalt verschlungener Vertiefungen auf, Rinnen und Furchen wie ein kleines bizarres Gebirge mit Tälern und scharfkantigen Graten.

„Wart mit dem Feuer!" forderte Frans in schroffem Ton.

Evert schichtete bereits die Kloben zurecht; ein Murren ertönte. Frans drängte sich durch, stieß Hooghwout an. „Komm mit, los!" Dann weckte er den Schiffer, der in einen unruhigen Schlaf gefallen war.

Heemskerck fuhr hoch.

„Er hat etwas zerschlagen", erklärte Frans.

Der Schiffer musterte die beiden Bootsleute. Hooghwout lachte ärgerlich. Heemskerck sah zu wenig, hier fern von der Lampe. Er betastete das Holz, schlaftrunken, verständnislos. „Was ist los?" hörte er Barents aus der Nachbarkoje fragen.

Heemskerck reichte dem Navigator das Holz hinüber. Mühsam aufgerichtet, drehte dieser nun das Holzstück mit mehr und mehr erwachender Aufmerksamkeit. „Woher habt ihr das?"

Frans deutete stumm auf Hooghwout. Der Schmächtige schrie: „Soll der Narr darauf liegen, während uns die Kälte fertig macht?"

„Es ist ein Bildstock“, erklärte Barents dem Schiffer. Man hörte an seiner Stimme, wie es ihn überraschte. Jemand hatte ein Bild in jenes Holz geschnitten.

Langsam hob er die Beine von der Koje herunter und trat, mit dem Holz in der Hand, auf die Feuerstätte zu. Es drehte sich in seinem Kopf vom langen Liegen und vor Schwäche.

„Was wird mit dem Feuer?“ drängte der Koch.

Barents schob ihn zur Seite. Eine Mauer von Leibern stand da, die auf Wärme wartete. Er bückte sich ächzend, das Blut pochte im Gehirn. Doch es gelang ihm, diesen Rest eines Bildstocks in die feine Holzkohle zu drücken.

Sie glaubten schon, ihr Admiral wolle eigenhändig das Feuer entfachen. Aber Barents ging mit der geschwärzten Tafel an den Tisch. „Nehmt den Sandläufer weg.“

Sie drängten herzu, als er den Bildstock auf die Tischplatte drückte. Eine ungelenke, schwere Zeichnung blieb zurück. „Es ist ein Schiff“, sagte de Veer leise. Sie starrten auf das Bild. Ein Schiff im Meer unter einer von Kreisen umgebenen Sonne.

Cornelius murmelte: „Drei Sonnen, vier Regenbogen. Ein stinkender Wal! Schmeißt das ins Feuer! Ach Gott, wir verrecken doch alle!“ Er schlurfte zu seiner Koje.

Barents bewunderte den Scharfsinn des Cornelius. Denn selber hatte er in dieser Rußzeichnung auf dem Tisch, in der sich nicht alle Feinheiten zeigen konnten, nicht gleich die drei Sonnen erkannt, von denen freilich nur Teile übriggeblieben waren.

Aber in einem Punkt hatte Cornelius geirrt. Was er für den stinkenden Wal hielt, war der Rest eines zweiten Schiffes, die Galion und die Blinde davor. Jeder konnte sich leicht das vollständige Bild vorstellen: zwei Schiffe auf Meerfahrt unter einer wunderlichen Himmelserscheinung, „Eissee“ und „Amstelredam“. Barents blickte die anderen an; sie hatten das Bild verstanden. Und es war keiner unter ihnen, der nicht an Rijp dachte.

Der Navigator wandte sich an den stummen Hooghwout. „Also, woher ist das?“

„Aus Dunckers Koje.“

Alle schauten plötzlich in die Ecke, wo der Kranke lag. Barents stieß Hooghwout nach vorn, auf Duncker zu, der nicht schlief. Mit seitlich gerichteten Augen stierte Duncker den Schmächtigen an, den er dem Bären aus den Zähnen gerissen hatte. Bis an den Kopf war Duncker in Decken gehüllt, naß perlte es auf seiner Stirn. Man sah, wie es in dem entkräfteten Körper arbeitete, wie er sich aufrichten wollte, dabei aber nicht den Blick von Hooghwout ließ. „Du Hund, du!“ stieß Duncker in unendlicher Verachtung hervor.

Frans hatte unter den zerschlagenen Bildstöcken am Feuer das Bruchstück gefunden, das zur Zeichnung des Schiffes auf dem Tisch gehörte. Er musterte jeden Teil dieser bizarren Fläche, bis er zufrieden murmelte: „Hier sind Buchstaben."

Barents ließ Hooghwout los. „Buchstaben?" fragte er.

Es waren ein J und ein C, spiegelverkehrt. „Joris Christoffel", sagte Simon sofort. Zu spät den Wert eines Menschen erkannt, zu spät seinen Namen erfahren. Auf einmal war der siebzehnte, der draußen in der Eisschrunde lag, bei ihnen im Wirtshaus.

„Können wir das Zeug nun verfeuern?" fragte Evert mürrisch. „Es ist doch sowieso alles zerhauen."

Der Schiffer Jacob van Heemskerck musterte ihn verächtlich. Zwei, drei Glasen Feuer mit den Bildstöcken des Zimmermanns. Und dann?

Durch den Kamin stob der Schnee ins Haus. Das Winseln des Sturmes glich dem Heulen junger Hunde, die Gefahr wittern.

Heemskerck rief Frans heran, kniff die Lippen zusammen, besann sich, fragte schroff: „Kann man die Wand neben der Tür wegnehmen?" Der Gedanke war ihm gekommen, als sich die Männer zum erstenmal hinausgegraben hatten. Jetzt las er im Gesicht des anderen.

Frans war abgezehrt wie jeder hier. Er erschrak, als er die Frage des Schiffers begriff.

„Die Türbalken fangen doch das Dach ab?"

„Ein Stück kann man vielleicht wegnehmen ..." Frans kratzte sich am Kopf. Es widerstrebte ihm, das zu zerstören, was er gebaut hatte.

„Es wird dadurch nicht kälter in der Hütte", der Schiffer suchte nach Gründen, „aber es wird wärmer, wenn die Planken brennen. Wir stecken in einem Schneeberg, den der Sturm zusammengepreßt hat. Also geh an die Arbeit."

Frans nahm Brechstange und Beil, schob die Decken des Jungen beiseite und stellte sich auf dessen Koje. Er wußte sich von allen Augen verfolgt. Es war etwas Unheimliches dabei, als würde nun selbst das Behouden Huys, dieser lebendige, warme Leib, kränkeln.

Heemskerck saß auf seinem Lager, den Kopf in die Hände gestützt, und beobachtete das Tun des Bootsmannes. Er sah nicht die geringste Gefahr in der Entfernung eines Stückes der Wand. Aber er hatte noch warten wollen. Es ist zu früh, sagte er sich, zu früh, diese Reserve anzugreifen. Ein halbes Jahr brauchten sie das Haus zumindest noch. Aber nachdem er ihnen die Bildstöcke entrissen hatte, konnte er nicht mehr warten. Wieder Nächte ohne Feuer, wieder die beiden täglichen Suppen streichen müssen, die einzige Wärme, die die Männer empfingen. Er konnte auch nicht mehr die Steinkohlen nehmen, nachdem sie an deren Gasen fast erstickt wären. Es ging ihm nahe, wie der Bootsmann Frans die Planken aus der Wand holte.

Von nun an schlief der Junge Jan Hillebrants direkt neben der Wand aus Schnee. Ihn ließ es gleichgültig. Es gab keinen Unterschied zwischen zweifingerdick bereiften Planken und einer Mauer aus purem Eis. Frans tat ein übriges. Er trat auf Hooghwouts Koje, der knurrend unter ihm liegen blieb, nahm die steife Amsterdamer Flagge herunter und heftete sie auf die von Holz entblößte Stelle.

Die Flagge bedeckte das Loch und ließ auch die sechzehn langsam vergessen, was dahinter war. Es war ein Pflaster auf die Wunde des Hauses.

Heemskerck hatte richtig gerechnet. Die Stimmung belebte sich, als die Planken brannten. Suppe und Wärme waren ihnen sicher. Der Schneefall im Kamin versiegte durch den aufsteigenden Rauch. Auch die Schwächsten krochen für ein paar Glasen von den Kojen herunter, um sich am Feuer zu rekeln. Der Schiffsjunge aber legte einen großen Stein vor die Flammen, ließ ihn heiß werden und schleppte ihn dann zu Dunckers Koje. Duncker preßte die Füße an den Stein. Dank leuchtete in seinen Augen.

Einen Tag später schlug sich Barents mit dem Schiffsjungen zum Wrack der „Eissee" durch. Er hatte den Jungen als Begleiter gewählt, denn dieser war zäh. Keine Miene hatte Jan verzogen, als er neben der Eiswand liegen sollte. Der Navigator lächelte, wenn er bedachte, welch merkwürdige Zuneigung zu dem Schiffsjungen ihn erfaßt hatte.

Es war nicht leicht, das Schiff zu erreichen, obwohl der Schnee in der klaren Nacht leuchtete. Er lag hoch, verdeckte Spalten, und es blieb genug Schatten und Dämmer.

Das Schiff war mit Eis und Frost überzogen; wie ein Traumschiff anzusehen, von dem man sich nicht vorstellen konnte, daß es jemals auf den Meeren geschwommen war. Es schien durch und durch aus Eis zu bestehen, vom Leib angefangen bis zu den Masten. Die Wanten waren ebenso aus Eis gesponnen wie die Taue.

Barents half dem Jungen in die Kuhl, obwohl er selber keuchte. Er war lange nicht aus dem Haus gewesen und Monate nicht auf dem Schiff. Sein Blick war geschärft für die Wunden des Wracks. Der Frost knirschte unter ihren Schritten.

Sie zerrten den Lukendeckel hoch; endlich konnten sie zum Artilleriedeck hinuntersteigen. „Zünd die Lampe an", sagte der Navigator.

Die Eisenschlangen schimmerten matt, der Frost glitzerte von jedem Balken. Hinter dem Großmast stieg Barents in die Tiefe. Leer lag der Raum für das Kaufmannsgut. Barents verließ nicht einmal die Leiter, sondern stieg hinab bis zur Bilge. Werg faserte aus Ritzen, der Boden war Eis. Auf Geheiß des Navigators leuchtete der Junge die gewölbten Wände ab. Zufrieden nickte Barents. Es schien kein Wasser mehr eingedrungen zu sein.

Schon behender, kletterte er wieder zum Artilleriedeck. Erst glaubte der

Junge, Barents wolle nun zur Küche hinab. Aber er ging an dem Rauchfang vorbei, wo er wartete, bis der Junge mit der Laterne nachgekommen war. Er stieg in das Halbdeck zum Verschlag des Zimmermanns.

Hier hatte Duncker gelegen. Hier hatte der Junge gewacht. Von hier aus war Jan Hillebrants geflohen, nachdem Duncker von dem Kampf auf der Schelde erzählt hatte. Jan hängte die Laterne an einen Haken. Er wußte nun, was der Navigator vorhatte.

Die Pritsche, auf der Duncker gelegen hatte, bestand noch. Eine Kiste füllte die Ecke aus, sonst war der kleine Raum zwischen Großknecht und Großmast kahl. Nacktes, glitzerndes Holz. Ein Kalfaterhammer lag auf der Kiste. Barents gab ihn dem Jungen, dann hob er den Deckel. Aber er fand nur Werkzeug. Hämmer und Bohreisen und einzelne Stiele; ein Schleifstein lag zu unterst.

Barents sah sich um, dann nahm er die Lampe vom Haken. In der Ecke hinter der Pritsche lehnte eine Säge ohne Griff. Er musterte überlegend den Jungen, der müde an der Tür lehnte. Jan Hillebrants stieß trotz seiner geduckten Haltung mit dem Kopf fast an die Decke.

Barents stieg entschlossen auf die Pritsche. Da gewahrte er den Hängeboden, der zur Tür vorstieß. Er lachte leise; schon mit dem ersten Griff holte er die Stecheisen heraus. Sie waren in Leder eingewickelt. Die Blätter lagen tiefer. Drei Rollen Papier vom Format seiner Landkarten. Er überzeugte sich mit einem Blick, daß es die Bilder waren. „Jetzt können wir gehen", sagte er zu dem Jungen.

Als sie die Tür aufstießen, schoß ein Fuchs zur Luke hinaus. Der Navigator schenkte ihm keinen Blick. Er glitt auf das Eis hinunter und lief dann bedächtig, die Rollen an sich gepreßt, durch den Schnee.

Das alte Jahr ging, der Sand rann, das neue Jahr kam. Irgendwo in diesem unendlichen Sandrinnen mußte der Einschnitt sein, die neue Zahl, die neue Hoffnung. Es war vorher und nachher dieselbe finstere, stickige Höhle. Es drückte vorher und nachher die gleiche Kälte gegen die Wände und derselbe Sturm den Schnee in den Kamin.

Alle Winde, lobet den Herrn, preiset und rühmet ihn ewiglich.
Tag und Nacht, lobet den Herrn, preiset und rühmet ihn ewiglich.
Eis und Frost, lobet den Herrn, preiset und rühmet ihn ewiglich.

Cornelius sang mit brüchiger Stimme, als Heemskerck Wein wärmte, weil da das Jahr 1597 in ihre Hütte trat.

Hatte aber Barents in jener ersten Nacht ohne Feuer durch seine Reden versucht, ihnen das Alltägliche ihrer Situation zu zeigen und so als meisterbar hinzustellen, so brachte er ihnen in diesem Sturm um die Jahreswende die Bilder des Zimmermanns. Er bat Heemskerck, Duncker ans Feuer

betten zu lassen. Als das geschehen war, kamen die anderen von den Kojen. Mit steifen Fingern entrollte Barents die Holzschnitte.

Da breitete sie sich aus, ihre Stadt Amstelredam, die Türme der Alten und der Neuen Kirche über dem Wasser, auf dem geschäftiges Treiben herrschte; die Speicher an der Buitenkant und die dicken, runden Stadttore.

Haarlem mit dem von Dieven wiedererrichteten Markt, schmale Häuser aus Backstein mit sauberen, weiß gekalkten Fugen, die Fenster über die ganze Breite des unteren Stockwerks. Prachtvolle Giebel mit Kranbalken, an denen man Lasten in die Höhe hieven konnte. Deiche, die das Land vor Fluten bewahrten. Gott hatte die See, wir haben die Küsten geschaffen ... Wieviel solcher Deiche hatten sie in Verteidigung gegen die Spanier zerstechen müssen! Windmühlen an Kanälen. Eine winzige, unter Baumkronen geduckte Schenke mit der Inschrift: „Hier verkauft man starke Getränke."

Es war seltsam für sie, das auf dem Papier zu sehen, was Monate nur vor ihrem inneren Auge gestanden hatte. Die Schenke bei Mook, die Mühle des Großvaters, die Häuser des Dieven – jeder fand sein ganz besonderes Bild unter den Schnitten.

Joris Christoffel, Zimmermann aus Amsterdam. Von seinem kühlen, fremdländischen Gesicht war kein Bild geblieben. Doch war er ihnen jetzt lebendiger als zu der Zeit, da er mit ihnen auf der „Eissee" gefahren war.

Duncker lag erschöpft neben dem Feuer. Da gab Heemskerck dem Chirurgen ein Zeichen, und sie trugen den Kranken zurück in die Koje. Den kranken Duncker, der listig die Bildstöcke aus dem Verschlag gerettet hatte, damit etwas von dem Zimmermann bleibe.

Die Bilder hatten die Mannschaft mehr erquickt als die Lieder des Bootsmannes Cornelius. Mit feinen Sinnen spürte Barents, wie trotz des Sturmes, der sie wieder eingeschlossen hielt, die Stimmung der Leute sich hob.

Heemskerck, auf seiner Koje dann, besah sich allein die Bilder.

Durch die Straßen Amsterdams ging er.

Jetzt mußte die Hochzeit schon vollzogen sein.

Als sie sich Tage später hinausschaufelten, um Holz herbeischleppen zu können, sagte de Veer zu dem neben ihm arbeitenden Frans: „Heute ist Dreikönigsabend."

Der Notar und Gerichtsschreiber Ellert de Veer hatte in seinem Haus die alten Bräuche geachtet. Der Secretarius von Amsterdam, Albert de Veer, der ihr Haus durch Heirat mit der Familie Heemskerck verknüpft hatte, legte freilich weniger Wert auf diesen Firlefanz; er saß auch warm. An diesem Abend herrscht Lust und Freude im weiten Holland.

Frans stellte sich mit dem Rücken gegen den Wind. Dann trat er an den Schiffer heran. Er wußte nicht recht, wie er beginnen, wie er sein Verlangen begründen sollte. Er sagte einfach: „Lassen Sie uns Dreikönigsabend feiern."

Es frappierte Heemskerck merklich. Sie standen vor diesem unendlichen Schneegebirge in einem Wind, der im Nu ihr ganzes Tagwerk wieder zunichte machen konnte. Und dieser da forderte eine Feier. Zu seiner eigenen Verwunderung sagte er nach kurzem Schweigen: „Ich kann aber nur etwas Wein ausgeben."

„Männer, wir feiern!" schrie Frans und jagte durch den Schnee, und jeden dieser plumpen Fellberge stieß er an. „Du, wir feiern Dreikönigstag."

Ein Lächeln keimte um ihre dünnen Lippen. Aber hier in der Eiswüste ein Fest zu feiern schien keinem ausgeschlossen, nachdem sie die Bilder des Zimmermanns gesehen hatten.

Sie geizten nicht mit Holz an diesem Abend. Das Feuer vereinte sie. Der Schiffer und der Navigator saßen in ihrer Runde. Cornelius trat an die Tür. Sein rauhlippiger, breiter Mund verzog sich, als er sich den anderen zuwandte. „Willst du hinaus zu den Füchsen?" fragte einer in heiterer Stimmung.

Cornelius grub mit spöttischem Lächeln in die bereiften Planken der Tür die Buchstaben CMB. Sorgsam den Reif von den Handschuhen reibend, kam er zurück.

Sie lachten auf einmal. „Welche Hexe verirrt sich zu uns, weil du die Tür weihst?" fragte Evert. Auch Cornelius schmunzelte. Hexen oder nicht, Brauch war es. In den Kirchen weihten sie heute Salz und Brot.

Simon erzählte. Was waren sie doch für Kerle gewesen in ihrem schönen holländischen Land! Einem Heringsfischer, der bekannt war als Zänker und Raufer, hatten sie das Boot vor die Hütte geschleppt in einer solchen Nacht des scherzhaften Unfugs; dreihundert Schritt über Land! Am Dreikönigsabend hingen die Bäume voller Melkkübel, und die Burschen fuhren in die Stuben der Bauern die Wagen.

Also lacht, Jungen, warum sollen wir nicht feiern. Warum soll nicht ein Abglanz dieses Festes in unsere Schneewüste fallen. Singt das Lied von der Zuiderzee! Raufen und Rauben ist keine Schande, das tun die Herren all! Laurens, laß die Flöte zwitschern, damit neue Töne in diese Hütte kommen. Der Frost und auch der kalte Schnee, der tut uns armen Reutern weh, was sollen wir nun beginnen? – Singen sollen wir, lachen! Das Jahr geht an, die Sonne naht. Schleppt die Pinasse ins Haus, damit wir wieder einmal ein Boot sehen.

Sie scherzten, weil vor anderthalb tausend Jahren – keine fünfzig vor Gajus Plinius, der Kap Tabin beschrieb – drei Könige aus dem Morgenland nach Bethlehem gezogen waren, um den Christus zu sehen. Ihre Buchstaben waren in den Frost an der Tür eingefurcht. Caspar – Melchior – Balthasar.

Wem gebührte die Ehre, seinen Namen in die Tür zu graben? C – das war nicht Caspar, das war Christoffel mit seinen Bildstöcken, J – C, Joris Christoffel, gut. Und M – gibt es keinen mit M hier? Frans, Laurens, Gerrit, Simon – alles mögliche, aber keinen mit M. Was rätselt ihr? Das waren sie alle. Männer hieß das, Bootsmänner, Segelmänner, Männer im Winterhaus. Sie waren Männer, und das war ihr M dort. – Und B? Das war Barents, der Navigator.

War er das?

Sie verstummten.

Ja, das war ihr Barents!

In dem plötzlich eintretenden Schweigen erhob sich der Schiffer, um nach dem Wein zu gehen. Mit einem gewissen Neid verspürte er, wie trotz allem Ungemach, trotz allem Schwanken zwischen Verdammung und Ruhmlied die Männer ihren Navigator liebten. Seine Hand zitterte, als er Wein aus dem Faß schöpfte und endlich in einem Kupferkessel zum Feuer trug.

Barents aber sah die drei Könige vor sich. Sie stammten nicht aus dem Morgenland, sondern sie wollten dorthin. Und sie reisten mit Schiffen, deren hatten sie nur zwei. Kein Stern einte sie, der sie geführt hätte. Zwei Schiffe für drei Könige, das war eines zu wenig. Und sie zogen nicht den gleichen Weg. Sie irrten alle. Sie mußten ihr Ziel begraben, diese drei weisen Könige Rijp, Heemskerck, Barents.

Er seufzte leise, als die Männer ihn lobten. Er hatte sich an den Bildern des Zimmermanns gefreut. Aber das, was er eigentlich gesucht hatte, waren sie nicht. Zwei Schiffe unter drei Sonnen, wo war dieses Bild? Wo waren die Schilderungen ihres Kampfes mit dem Bären im Fernen Eiland, wo die Entdeckung Spitzbergens, die ungeheure Weltlandschaft? Und wo war das Bild von der Trennung der Schiffe?

Nur die Landschaften und Städtebilder der Heimat hatte er gefunden. Was aber durch den zerschlagenen Holzstock angedeutet worden war, fehlte. Dieses Schiffsbild war der Beweis, daß der Zimmermann vorgehabt hatte, alles getreulich zu schildern, als Mann, der mit wachen Augen durch das Schiff stieg. Was wäre aus diesen Holzschnitten alles zu lesen gewesen, welche Kritik an den drei seefahrenden heiligen Königen?

Barents preßte die Hände gegen die Schläfen. Auch die Vollendung dieses Werkes war dem Eis zum Opfer gefallen. Er dankte es den Bootsleuten, daß sie jetzt nicht lossangen, das Lied vom besten Steuermann der Welt. Er dankte es dem Schiffer Heemskerck, daß dieser nun endlich den Wein ausschenkte und ihnen so die Lobreden stopfte.

Unvermittelt stand der Feuerwerker Sterrenburgh auf. „Wartet noch mit dem Trinken."

„Warum?" Sie drehten begehrlich die Becher.

„Ich will was holen“, erklärte Sterrenburgh. Sie sahen ihn zu seiner Koje gehen. Dort schob er die Musketen zur Seite und öffnete die Schiffskiste. Als er wiederkam, trug er einen Beutel in der Hand.

„Was hast du da?“ fragte Evert neugierig.

„Mehl.“ – Sterrenburgh mußte es ihnen zweimal sagen. Mit kaum gemeisterter Erregung stand der Koch auf.

Heemskerck fragte scharf: „Was ist das für Mehl?“ Jedes Lot war berechnet, registriert, bewacht, schärfer als der königliche Schatz.

Sterrenburgh lächelte. Er ließ sich Zeit. „Back Pfannkuchen, Lenaert. Ich schenke das Mehl allen. Es ist Mehl von der Artillerie.“

Heemskerck fühlte sein Herz freier schlagen. „Du hast noch Kartausenmehl?“

Stumm nickte Sterrenburgh. Plötzlich verlor er den Boden unter den Füßen. Er fiel aber nicht, er sank in die Arme Simons. Die Männer stemmten den Feuerwerker in die Höhe. Dreimal trugen sie ihn um den Tisch.

Wenn der „Engel“ ein feindliches Schiff gewesen wäre, hätte der Feuerwerker etwas weniger Mehl gehabt. Der einzige Schuß, den er abgegeben hatte, war der Salut bei der Trennung von Rijp. Danach hatte er wieder Kartausenpapier zu Hülsen geschnitten, um seine Vorräte zu ergänzen. Aber er hatte nie vor der Notwendigkeit gestanden, sie mit Schießpulver zu füllen und mit Mehlkleister zu verschließen. Die Hülse in die Kanone, die Kugel davor und mit Werg festgepfropft, und dann Pulver auf Zündloch und Pfanne und die Kartause angestochen. Brennt die Lunte? Gebt Feuer! Der einzige Schuß auf der ganzen Fahrt ein Salut für Rijp.

Behutsam setzten sie Sterrenburgh vor dem Feuer nieder. Jeder erhielt einen in Öl gebackenen Pfannkuchen und ein Stück Zwieback, den er, der lockeren Zähne wegen, in Wein tunkte.

Langsam aß der Schiffsjunge den Kuchen aus dem verborgen gewesenen Mehl. Diesmal dachte er nicht an fürstlich gedeckte Tafeln. Diesmal dachte er an das Wunder, daß da einer Mehl herschenkte, von dem keiner etwas wußte. Einer, dessen Hunger nicht geringer war als der seine.

Als Frans vorschlug, nach altem Brauch einen König für diesen Festabend auszulosen und darum Zettel mit Namen herumgehen zu lassen, schritt der wirkliche König Jacob van Heemskerck nicht ein. Aber er wunderte sich auch nicht, als Simon die Wahl mit den Worten ablehnte: „Was wollt ihr losen? Der König heute ist der Feuerwerker Sterrenburgh.“

So war der Antwerpener Sterrenburgh, der als Siebzehnjähriger einmal ein Brandschiff gegen die feindliche Holzbrücke über die Schelde gelenkt hatte, für einen Abend König von Nowaja Semlja. Kein einziger Schuß hatte ihn je mit solcher Befriedigung erfüllt wie die nicht abgegebenen Schüsse, mit denen er das Mehl hatte sparen können.

VII

Das zunehmende Tageslicht belebte die Eingeschlossenen. Wenn auch die Sonne noch immer unter dem Horizont blieb, so breitete sich doch ihr Abglanz über den Himmel. An den ruhigen Tagen, wenn der Sturm schwieg, brauchte der Schiffer sie nicht mehr mit jenem Nachdruck hinauszuschicken, wie es noch in den Wochen vorher der Fall gewesen war. Das Draußen war nicht mehr so unbedingt die feindliche Umwelt. Das Draußen bescherte ihnen das Licht, und es drängte die Männer jetzt selbst, durch den Schnee zu stapfen, nach den Felsen mit der Zimmermannsschlucht, weil sie dort einen erhöhten Standpunkt hatten.

War es auch noch mehr als drei Wochen zu früh, als daß jene rötliche Scheibe über der Kimm auftauchen konnte, so ließ der Schiffer sie gern gehen. Sie bewegten sich, sie atmeten frische Luft. Das war, neben dem Fuchsfleisch, das einzige Mittel gegen den Scharbock. Seit dem Jahreswechsel lebten sie in einer Art Hochstimmung, trotz allen Elends. All dies in Erwartung der Sonne.

Der kommende Polartag kündigte sich auch noch durch anderes an. Am Schiff entdeckten sie die Spuren eines großen Tieres. Eine Fuchsfalle, die sie in ein Loch gesteckt hatten, fanden sie fünfzig Schritt entfernt und zertrümmert. Die Bestien kamen zurück, die Bären. Der Schiffer betrachtete besorgt die Fährten. Die Männer mußten sich auf ihren Spaziergängen wieder an Hellebarden und Musketen gewöhnen.

Sie lebten schon so lange in einem Zustand ständiger Anspannung, daß ihre Sinne gegenüber Gefahren abgestumpft waren. Heemskerck sorgte sich aus dem Grund, weil die Bären eine ganz andere Art von Gefahr darstellten: Sie verjagten die Füchse. Das Fleisch, das den Männern wie Wildbret schmeckte; die einzige frische Kost, die sie besaßen.

Er ließ sich seine Sorgen nicht anmerken. Er zerschlug den Leuten nicht die Hochstimmung. Als eines Tages die Buchstaben C – M – B an der Tür verschwanden, ließ er ihnen den Glauben, die noch unsichtbare Sonne wärme ihr Haus schon so, daß das Holz den Reif abstieß. Es tropfte in die Hütte, und sie sahen wieder, daß die Wände aus Planken bestanden. Bis auf jene, über die die Amsterdamer Flagge gespannt worden war.

An einem dieser Tage rief Heemskerck den Koch, er solle ein neues Brotfaß öffnen. Und er schlug selbst die Persenning zurück, damit Lenaert Hendricks besser das Fäßchen herausrollen konnte. Er überblickte den in der langen Zeit zusammengeschrumpften Vorrat. Säuberlich stand auf den Fässern vermerkt, was in ihnen enthalten war. Bohnen und Erbsen hatten sie noch und in einem Sack etwas Grütze. Ganz hinten standen Butter und Bier, gesalzene Fische und der Rest Wein. Es schwindelte ihn, als er daran dachte, daß dies alles für sechzehn Leute noch acht Monate reichen mußte.

„Schiffer", flüsterte es hinter ihm. Es war der Koch. Sein Gesicht schien bleicher als sonst zu sein. Heemskerck ging auf ihn zu, doch der Koch schob ihn halb unter die Persenning und zischte, den rissigen Mund an Heemskercks Ohr: „Das Brotfaß ist halb leer."

„Du bist verrückt!" stieß Heemskerck hervor. Eilig trat er zu dem Faß, hob den Deckel und ließ ihn wieder fallen. Der eine Blick hatte ihm genügt. Mehr als die Hälfte des Zwiebacks fehlte. Seine Hände zitterten. Er schaute zum Feuer, wo Simon und Laurens Schuhe aus Fuchsfellen nähten. Vor dem Tisch zerlegte Cornelius ein leeres Faß, wobei ihm der Junge zur Hand ging. Sie ahnten noch nichts. Heemskerck hörte sie von der Sonne sprechen.

Der Schiffer untersuchte Deckel und Faß. „Es ist nicht aufgebrochen", versicherte der Koch rasch, als wolle er einem Vorwurf zuvorkommen. Er hatte gewacht, wahrhaftig. Kein Unbefugter hatte je diese Persenning gelüftet. „Hol noch eine Lampe", herrschte Heemskerck ihn an. Aber auch mit dem vermehrten Licht konnte der Schiffer keine Spuren feststellen, daß das Fäßchen da gewaltsam geöffnet worden wäre.

Er atmete tief. Es war einer jener Augenblicke, in denen er merkte, daß er nicht mehr sehr fest auf den Beinen war. Entschlossen kroch er unter die Persenning. Brotfaß um Brotfaß hob er an, prüfte, verglich. Drei schob er zur Seite. „Diese da öffne!" befahl er dem Koch. Als die Deckel fielen, sahen sie: Auch diese drei Tonnen hatten nicht das volle Maß.

„Was soll nun werden?" fragte der Koch.

„Verringerte Rationen." Grimmig fluchend nahm der Schiffer den verbliebenen Vorrat neu auf und legte die tägliche Menge fest. „Diese Gauner", zischte er, „diese dreckigen Gauner."

Als Barents von allem erfuhr, lächelte er bitter. Wie hätte er ein Winterhaus von jenen erlangen sollen, die nicht einmal dem Schiff die zugesicherte Nahrung garantieren konnten.

Als später der Schiffszwieback geteilt wurde, krittelte Evert: „Das ist doch zuwenig, Schiffer."

Heemskerck legte dem nächsten das Brot in die Schüssel. „Das ist ab heute das Maß."

Vorbei war die Freude des Dreikönigstages, vergessen die Bilder des Joris Christoffel. Laurens wollte sich zu einer schroffen Entgegnung aufraffen, dann ließ er die Hände an die Seite fallen.

Der junge de Veer ging schweigend aus der Hütte. Mühsam stieg er den Schneetunnel hinan und schaute in den weißen Morgen. Von seiner Koje aus hatte er beobachtet, wie da der Schiffer ein Faß nach dem anderen geprüft hatte. Er könnte einen Rückfall in die Apathie der schwarzen Eisnächte nicht ertragen. Er hatte verfolgt, wie der Navigator die Mannschaft langsam aus ihrer Stumpfheit gelöst hatte. Das Schicksal ist meisterbar. Die Bilder des Joris – das ist eure Heimat. Der Anfangsbuchstabe des

Barents eingegraben in den Reif der Tür als der Name eines der Heiligen drei Könige. Nun mußte doch, verdammt, der Tag kommen und Freude, immer neue Freude! Es mußte doch aufwärtsgehen! Und nun das mit dem Brot ...

„Herr Gott, du“, betete er auf einmal. „Ich bin ein elender Mann. Du hast mich geführt und lassen gehn in die Finsternis und nicht ins Licht. Du hast deine Hand gewendet wider mich und handelst gar anders mit mir für und für. Du hast mir Fleisch und Haut alt gemacht und mein Gebein zerschlagen. Du hast mich in Finsternis gelegt wie die, so längst tot sind ...“

Er murmelte die alte Klage des Jeremias, der mit Prophetengabe ihr Ende hier vorausgesagt zu haben schien.

„Siehst du die Sonne?“ drang eine Stimme in sein Beten.

„Ja, ja, ja!“ schrie de Veer in plötzlichem Ausbruch. „Ich sehe die Sonne, ich sehe sie, ich sehe!“ Er starrte in den dämmrigen Himmel und den Schnee, der wie Milch war. Dann stürzte er schwer vornüber.

Hooghwout, erschrocken, wich von dem Liegenden zurück, rutschte in den Gang, schlug gegen die Tür, die er aufriß. Dann schrie er: „De Veer hat die Sonne gesehen. Die Sonne ist wieder da.“

„Was ist?“ – „Die Sonne?“ Alles lärmte durcheinander. „Glaubt ihm nicht“, warnte Barents.

Hooghwout, mit fuchsigem Gesicht, brüllte: „De Veer hat sie gesehen. Lügt denn de Veer?“

Einer lachte laut. Die Sonne! Hörten sie nicht? Die Sonne war wieder da. Sie versuchten ein Lächeln. Dann saß ihnen das Lachen schon in der Kehle. Gab es ihre Sonne wieder? Weg da mit dem bißchen Zwieback, diesem Rattenfraß. Die Sonne ernährte sie. Sie lagen sich in den Armen.

„Wo ist de Veer?“ fragte Barents.

Hooghwout, von der Wichtigkeit seiner Aufgabe erfüllt, rief hastig: „Draußen liegt er. Die Freude hat ihn umgeworfen.“

„Ist die – Sonne – da?“ ächzte der kranke Bootsmann Duncker auf seinem Lager, das er vier lange Monate nicht verlassen hatte.

„Man sagt es“, jubelte Jan Hillebrants und jagte hinter den anderen her, hinaus ins Freie.

Im Schneegang, auf den Stufen, kamen dem Jungen die anderen entgegen. Sie trugen de Veer. Scheu preßte sich Jan gegen die Wand. Sein Herz krampfte sich zusammen, als er diesen stillen Körper in das Schneeloch sinken sah, das sich ihr „Behütendes Haus“ nannte.

Dicht beim Eingang lehnte Hooghwout. Später gewahrte Jan auch den Schiffer, der auf das Dach des Hauses gestiegen war. Die Sonne aber sah er nicht; er wollte auch nicht fragen. Der Himmel war klar, doch gerade im Süden hatte sich eine schwefelgelbe Wolkenbank heraufgeschoben.

... Es war wie ein Januarmorgen daheim. Mit Laternen waren sie an den Kai gezogen, um auf die Fischer zu warten, die aus der Zuiderzee kommen mußten. Sie hatten sich die Füße warm getreten und nach Riemenschlägen gelauscht. Eis hatte sich auf dem Flusse gestoßen. Und dann waren die Laternen allmählich verblaßt vor dem zunehmenden Tageslicht, bis sich die Sonne endlich groß und rot über dem Wasser erhob ...

Solch einen Eindruck machte der Himmel jetzt auf den Jungen.

Er blickte hinüber zum Schiffer, der in den Schornstein sah. Da geschah etwas Merkwürdiges mit Jan. Er begriff nicht, was seine Augen ihm zeigten. Er sah den Schiffer im Schnee stehen und in ein Faß greifen, mit der Hand, mit dem ganzen Arm. Und als dieser lange Arm des Schiffers wieder zum Vorschein kam, hatte er doch nichts damit gepackt. Die Hände waren leer. Warum stellt der Schiffer das Brotfaß in den Schnee? fragte sich der Junge. Seine Verwirrung dauerte nur einen Augenblick. Der Schiffer stand vor einem Faß, aber das war jene leere Tonne, die sie auf den Schornstein gestülpt hatten, damit der Sturm ihm weniger anhaben konnte. Dieses rauchende Faß war der einzige Anhaltspunkt, wo in der Eiswüste ihr Haus lag.

Der Schiffer kam herüber. Vor dem Jungen klopfte er sich den Schnee vom Pelz. Rauh sagte er: „Es ist vorbei." Dann stieg er den Gang hinab. – Hooghwout war längst wieder in der Hütte.

Jan Hillebrants stand allein. Das Wort des Schiffers „Es ist vorbei" drückte ihn sehr. Es schien ihm auf einmal, jener habe nicht nur das Schauspiel des Sonnenaufgangs gemeint, sondern auch de Veer, den sie so stumm hinuntergetragen hatten. Und vielleicht auch das Schicksal aller. Jan stieß die Faust in den Schnee.

Das erste, was ihm beim Eintreten auffiel, war die große Stille im Behouden Huys. Vor dem Feuer, ihm gegenüber, ragte die Gestalt des Cornelius, den Kopf geneigt und die Hände gefaltet. Er betete laut und glich mehr denn je einem Priester. Erschrocken blieb Jan stehen.

Der Junge begriff mit Schaudern: Es war kein Dankgebet für die Wiederkehr der Sonne. Eine Klage war es, ein Totenlied. Er streifte stumm die Stelle, an der de Veer liegen mußte, aber er konnte nicht über den Berg der Kaufmannsgüter schauen. De Veer – der zweite ...?

Er wußte nicht, warum der Bootsmann Simon gerade auf ihn zukam und ihm den Arm um die Schulter legte. Er zuckte erst zusammen, als Simon es sagte: „Duncker ist gestorben."

Der Junge wankte zum Tisch, setzte sich auf die Koje und starrte ohne einen Gedanken auf den Sandläufer. Und der Sand rann, rann unablässig. Ein kleiner Sandkegel, der rasch wuchs, Sandkorn auf Sandkorn; sichtbar war die Zeit. Und das Rinnen nahm kein Ende.

Später trat Jan Hillebrants an Dunckers Koje. Auf Dunckers stillem Gesicht lag ein Abglanz der Sonne, die keiner gesehen hatte.

Sie begruben ihn am nächsten Morgen, den Bootsmann Duncker Jans, zweiunddreißig Jahre alt, aus einer Schenke an der Mooker Heide, den Retter des Hooghwout, den zum Tode verurteilten und begnadigten Aufrührer, den Gefangenen des Königs Philipp, den verderblichen Freund des Hillebrants und den guten Kameraden des Jungen.

Sie konnten ihn nicht nach der Zimmermannsschlucht schleppen. Nebel waberte, und die Kälte nahm ihnen den Atem. Abwechselnd schaufelten sie ihm nahe dem Hause eine Grube im Schnee, sieben Fuß tief. Dann standen sie um das Grab, de Veer sehr blaß und schwach, Cornelius sprach, gehetzt vom scharfen Frost. Hastig sangen sie einen Psalm. So begruben sie ihren zweiten Toten.

Als sie sich endlich wieder im Haus aufwärmen konnten, streckte sich Hooghwout auf seine Koje. Den Mund verborgen, schlang er das Brot in sich hinein, das er unterm Kopfteil von Dunckers Lager ausgewühlt hatte.

Dunckers Tod bestürzte die Männer nicht so sehr wie noch der des Zimmermanns. Es war ein langsames, unendlich zähes Sterben gewesen; eine Lampe, die allmählich verlosch. Der Zimmermann war wie vom Blitz gefällt niedergebrochen, Duncker aber nach monatelangem Leiden erlöst. Den Jungen traf es trotz allem. Hatte Duncker einmal das Leben des Hillebrant feige im Stich gelassen, so hatte er das seine für Hillebrants Sohn nie geschont.

Heemskerck bemerkte mit Befriedigung, wie nach Dunckers Tod die Stimmung der Leute nicht so unheimlich abfiel, wie er ursprünglich befürchtet hatte. Aber nicht die Gewöhnung an dieses Sterben oder die Unbeliebtheit des Gestorbenen ließ die Männer den Kopf hoch tragen. Dunckers elendigliches, langes Dulden hatte längst das wettgemacht, was sie ihm vorzuwerfen hatten. Er war ihr Kamerad, trotz allem.

Wenn sie nicht in jene Stumpfheit verfielen wie nach dem Tod des Zimmermanns, dann bewirkte das die Sonne.

Um nichts anderes drehten sich ihre Gespräche. Sie war da, wenn sich auch die Wände ihres Hauses wieder mit dickem Reif bedeckt hatten, wenn auch draußen der Nebel wogte. Es gab wieder die Sonne.

Der Navigator Willem Barents wankte zum Feuer. Seine Augen wirkten um so größer, als sein Gesicht eingefallen war. Der Bart wucherte bis zu den Ohren.

De Veer stand auf, damit sich der Admiral setzen konnte. Sich die Finger über der Glut reibend, sah Barents düster in die Runde. Unvermittelt herrschte Stille.

„Nein, Leute, nein, flunkert euch nichts vor“, sagte Barents rauh. „Ich will euch keine Hoffnung stehlen. Aber Erwachen ist schlimm, wenn der Traum zu schön war und man dann nur Elend vorfindet. Die Sonne ist noch nicht da, Männer."

„Oho!" rief Hooghwout mit vollem Mund von der Koje. Von allen Seiten drangen unwillige Stimmen auf Barents ein. Er schüttelte leise tadelnd den Kopf. „Ihr habt so lange ausgehalten. Ihr haltet auch noch zwei Wochen ohne Sonne durch", versuchte er sie zu ermutigen. In ihren Augen las er den Unglauben.

Was macht er? fragte sich Heemskerck erschrocken. Er sah eine unendliche Bedrohung ihrer kleinen zerbrechlichen Hütte bei den Worten des Navigators. Unruhig verfolgte er das Gespräch.

„De Veer hat die Sonne gesehen", stellte Laurens fest.

Barents ließ sich nicht aus der Ruhe bringen. „De Veer war krank, ist hingestürzt, hatte Fieber. Er kann nicht gesehen haben, was nicht war."

Sie schworen auf de Veer. Sie wollten sich ihre Sonne nicht wieder nehmen lassen. De Veer selber stahl sich aus der Runde weg, hinüber zu seinem Lager.

Barents setzte es ihnen auseinander. „Die Rechnung ist einfach. Am 3. November ist die Sonne verschwunden. Am 21. Dezember hat sie den Wendekreis des Steinbocks erreicht. Das sind achtundvierzig Tage, vielleicht noch ein halber dazu. Seit dem 21. Dezember kommt sie zurück. Sie braucht dafür die gleiche Zeit, nämlich ebenfalls achtundvierzig Tage."

Einer begann laut zu rechnen. Barents sagte: „Glaubt es. Am 8. Februar erst kann sie aufgehen, frühestens einen Tag eher."

Evert rief: „Welches Datum schreiben wir denn, wie?"

„Den 25. Januar. Fragt den Schiffer."

Heemskerck raffte sich auf. „Das heutige Datum stimmt."

Barents stutzte. „Das andere stimmt nicht?"

Heemskerck gab keine Antwort.

„Warum soll es euch schwerer sein, noch vierzehn Tage auf die Sonne zu warten, als wenn sie jetzt schon da wäre?" disputierte der Navigator. „Mit oder ohne Sonne bleiben vierzehn Tage vierzehn Tage. Die Zeit eures Hierseins verkürzt sich dadurch nicht. Wir stehen beim 25. Januar und sind keinen Tag weiter, ob mit Tageslicht oder ohne. Warum soll euch die Wahrheit mutlos machen."

Simon beugte sich vor. „Es ist seltsam, wahrhaftig, wenn die Sonne zwei volle Wochen eher zurück wäre."

„Ein Wunder ist es", flüsterte Cornelius.

Die mit Wunder zurückgekehrte Sonne war ihnen noch lieber. Barents' Worte hatten sie keineswegs überzeugt. Vier Regenbogen, drei Sonnen am Himmel. Jetzt kam sie vierzehn Tage eher zurück. Evert saß mit offenem Mund.

Simon wollte das Wunder nicht. Auch er wollte die Sonne nicht hergeben. Aber er wollte sie auf natürliche Weise. „Wir haben doch geschlafen, einmal nach dem Bad im Weinfaß. Die Uhren sind stehengeblieben ..."

Evert klammerte sich an diesen neuen Gedanken. „Die Zeit ist uns durcheinandergeraten. Wir haben heute gar nicht den 25. Januar."

Trotz allen Elends konnte sich Barents des Spotts nicht erwehren. „Haben wir vierzehn Tage hintereinander geschnarcht? Drei, vier Glasen vielleicht, allein davon kommt der Kalender nicht durcheinander."

Evert verteidigte seinen noch so frischen Standpunkt. „Wievielmal haben wir drei, vier Glasen verschlafen oder den Sandläufer vergessen sofort umzudrehen? Tag kommt zu Tag ..."

„Du besonders", höhnte Simon. „Ein Holzscheit hat dich geweckt."

Im allgemeinen Gelächter rieb sich Evert den Schädel.

Schon jubelte Hooghwout: „Wir sind längst im Februar."

Diese Reaktion versetzte Barents allmählich in Wut. Dummköpfe, die! Wollten sie nicht sehen? Kinder, ihr Kinder, begreift doch! „Wir haben die Tage eher verkürzt, weil wir die Mahlzeiten schneller haben wollten, weil die Wachen rascher abgelöst sein wollten. Der Hunger ist eine schnellere Uhr als der Sandläufer. Wir haben die Wochen eher in viel mehr Tage zerstückelt, als daß wir vierzehn ganze Tage zu wenig gezählt hätten. Und sind in unserem Zählen doch bei alledem erst bis zum 25. Januar gekommen!"

Er rief den Jungen. „Laß dir von de Veer die Tabellen des Josephus Skala geben!"

Jan zwängte sich zur Koje des Volontärs, der sich noch immer nicht erholt hatte, der nicht die geringste Kraft aufbrachte, diesem Streit da zu folgen. Und ihn ging es doch an! Er hatte doch die Sonne gesehen! Mißtrauische, müde Augen blickten den Jungen an. Von diesem mageren Kerlchen sah de Veer sich ausgebootet, vom geringsten ihrer Mannschaft, dem kleinen Schiffsjungen. Aus dem Vertrauen des Navigators stieß er ihn, er fühlte es deutlich. Ja, ja, er hatte die Sonne gesehen. Wenigstens die Sonne mußten sie ihm lassen.

Barents war besessen vom Drang nach Wahrheit. Er fühlte sich wohl wie lange nicht. Dem Jungen riß er fast das Buch aus der Hand, so sehr gierte er, das Richtige zu erfahren. Es waren Tagtabellen, die den Stand der Sterne angaben. Die Sterne mußten her, wenn die Sonne versagte.

De Veer entschloß sich doch, seine Sonne zu retten, für sich den Navigator; er nahm all seinen Willen zusammen und hinkte zum Feuer. Der Junge sah Barents beim Blättern über die Schulter. Es ging so viel Verbindendes von dieser Gruppe aus, daß es de Veer niederdrückte.

Er fuhr rasch dazwischen. „Ich will euch das Wunder deuten!"

Sie hatten kaum seine rauh hervorgestoßenen Worte verstanden, da verstummten sie. Wunder wurden einem nicht alle Tage erklärt. Nun endlich sprach der, der doch die Sonne gesehen hatte.

De Veer holte aus: „Die Sonne soll wiederkommen nach unseren unvollkommenen Berechnungen am 7. Februar. Es soll heute der 25. Januar sein und folglich die Sonne nicht geben." Er brach ab wie vor etwas Bedeutsamem. Leise sprach er, um die Wirkung zu erhöhen: „Es ist heute in der Tat der 25. Januar – alten Stils, aber der 4. Februar neuen Stils. 4. Februar oder 7. Februar – da wird nicht mehr lange gerätselt. Der Unterschied summiert sich aus falschem Zeitmessen!" Er holte Luft. „Wir haben die Tagebücher geführt nach dem alten julianischen Stil, den auch unser Navigator in seinem Kartenbuch von der Mittelländischen See verwendet hat."

Barents hob verächtlich den Blick von den Tabellen. Was wußte denn der Gänsehals, warum er den alten Kalender, diese Dummheit, in sein Buch geschmiert hatte? Teuer genug hatte er es bezahlt! Er unterdrückte eine scharfe Entgegnung.

De Veer merkte zu spät, daß er falsch laviert hatte. Die Sonne für sich retten und den Navigator zugleich loben ... Barents wurde nicht mit dem Hinweis auf den alten julianischen Kalender gelobt. Der Schiffsjunge blickte ihm weiter vertraulich in die Tabellen.

Barents sagte eisig: „Wenn du dein Tagebuch nach dem alten Stil geführt hast, dann ist die Sonne auch nach dem alten Stil untergegangen. Du erzeugst wohl Wunder dadurch, daß du sie nach dem neuen Stil untergehen, nach dem alten Stil aber wiederkommen läßt? Nichts ist mit diesem Firlefanz. Nimmst du den alten Stil, schreiben wir heute den 15. Januar. Immer noch mußt du vierzehn Tage warten, bis du deine Sonne hast."

Die Männer ächzten. Ihre Sonne mußte bleiben. Und dann hatte der Gänsehals, der es wissen mußte, weil er die Bücher führte, gesagt, man wäre schon im Februar. Das war noch viel mehr als die Sonne. Das waren zehn, vierzehn Tage geschenkt! Zehn, vierzehn Tage eher Anker gelüftet, Segel gehißt! Das war mehr als das Mehl des Feuerwerkers zum Dreikönigsabend. Wer Hoffnung verhieß, war König. Heute war es de Veer.

„Hier", betonte Barents, „hier haben wir einen Fakt, der überprüfbar ist." Er wies mit dem harten Finger auf die Tabellen. „Für den gestrigen Tag wird die Konjunktion von Mond und Jupiter angegeben, und zwar nach der Zeit von Venedig eine Stunde nach Mitternacht. Wir werden heute nacht beobachten. Erweist es sich, daß Mond und Jupiter nahe beieinanderstehen, dürfte klar sein, daß unser Datum 25. Januar stimmt." Zufrieden schloß er das Buch.

Der Schiffer Jacob van Heemskerck sah, wie der Navigator von glühendem Eifer durchdrungen war, der Wissenschaft zum Recht zu verhelfen.

Der zweite Mann aber war gestorben. Die Brottonnen hatten sich als nur halb gefüllt erwiesen. Genug Ungemach wartete noch auf sie. Nie hätte die Sonne zu einem günstigeren Zeitpunkt wiederkommen können, als der Gänsehals sie zu entdecken glaubte. Er konnte den Leuten die Sonne nicht wieder untergehen lassen. Er brauchte diese helle Sonne gegen die Apokalyptischen Reiter. Drei nur waren gekommen, die Pest Scharbock, der hohlwangige Hunger. Und der Nasenlose, der Tod. Aber drei waren zuviel. Heemskerck spürte, daß diese Elenden hier auf sein Wort warteten, daß er den Ausschlag geben mußte.

Heemskerck sagte: „Die Sterntabellen des Josephus Skala für die Jahre 1589 bis 1600 sind ebenfalls im alten Stil gedruckt. Wenn wir wirklich die Konjunktion von Mond und Jupiter an unserem Himmel finden, dann ist nur bewiesen, daß wir den 25. Januar alten Stils haben, also schon im Februar sind. Folglich hat de Veer auch die Sonne gesehen."

Sie nickten. Sie waren es zufrieden. Wie damals, als er ihnen in das Artilleriedeck die Nachricht gebracht hatte, sie zögen jetzt endlich ins Haus, weg von dem zum Tode verurteilten Schiff, so stahl sich auch jetzt ein freudiger Glanz in ihre Augen.

Barents hielt an sich. Er hatte zwar noch das Buch gewendet, um einen Vermerk über den Stil zu finden und vorweisen zu können. Es war nichts zu ermitteln. Müde ließ er die Hände sinken. Es war ihm sonnenklar, daß solch ein bedeutendes Buch wie die Sterntabellen des Skala nur im neuen Stil verfaßt sein konnte. Nicht nur, weil diese Berechnungen bis zur Jahrhundertwende ausgeführt waren, sondern vor allem, weil in dem Lande des Josephus Skala bereits sieben Jahre vor Erscheinen des Buches der neue, der gregorianische Kalender Gesetz war. Gesetz!

Ein Josephus Skala im päpstlichen Land hätte sich das nicht erlauben können, was Barents sich noch gegenüber Plancius erlaubt hatte. Und jetzt ließ der Navigator die Hände sinken, weil er es sich nicht erlauben konnte, noch länger offen auf seinem Standpunkt zu beharren. Denn das hieße, sich nun gegen den Schiffer zu stellen. Hatte er erst alles getan, dessen Stellung zu festigen, so hätte er sie im Streit um die Sonne wieder untergraben. Er konnte nicht sagen: Jacob, Dummkopf du. Gerade du müßtest es wissen.

„Lassen wir es gut sein", flüsterte er. „Ausharren müssen wir doch."

Er fühlte natürlich, was Heemskerck bewog, die Sonne am Himmel zu lassen; er konnte es ihm nicht einmal verdenken. Allein dieser kleine Kampf um die Sonne hatte ihm gezeigt, wie brach seine Kräfte lagen. Das Forschen, das Nachdenken, das Enthüllen der Wahrheit war ein Bestandteil seines Lebens. Und wenn er hier besonders elend lag, so dann vor allem deshalb, weil ihm jenes hier fehlte.

Er hatte seine Kräfte wieder erprobt. Nun beschied er sich. Dem Jungen gab er das Tabellenbuch zurück. Da flüsterte Jan Hillebrants neben seinem Ohr: „In der Nacht gehen wir hinaus und schauen nach Mond und Jupiter.“ Schmerzlich lächelte der Navigator.

In dieser sternklaren Nacht stand Barents mit dem Jungen auf dem Dach des Hauses. Die Mondsichel glänzte dicht über den Hügeln im Westen und ging bald unter. Lange harrten sie aus. Die Konjunktion Jupiter – Mond war für die Venediger Zeit berechnet, und der Navigator hatte keinen Anhaltspunkt dafür, wie weit es sie östlich Venedig verschlagen hatte. Er schätzte einen Unterschied von fünfundsiebzig Grad, was fünf volle Stunden betrug. Er erwartete also die Konjunktion gegen Morgen, zu einer Zeit, da der Mond längst unter der Kimm stehen mußte. Und die Berge ragten hoch, gerade im Westen.

Auf den Gipfeln hätte er stehen wollen. So wurde ihm nur verzweifelt bewußt, daß es nichts zu beobachten gab. Die unsägliche Geduld des Schiffsjungen erregte sein Mitleid. Der da glaubte ihm, allein er konnte dessen Glauben nicht durch Wissen erhärten.

Später kam de Veer heraus und stellte sich stumm dazu. Auch der Bootsmann Simon kletterte auf das Dach. Zu viert schauten sie nach der Kimm, aber der Navigator wußte schon, daß es sinnlos war. Wenige Schritte entfernt glänzte das Grab des Duncker im ersten Morgendämmer. Die Sterne verblaßten. „Gehen wir“, sagte Barents.

Das Beobachten der Konjunktion hätte ihm zwar bewiesen, daß sie sich nicht im Datum geirrt hatten. Allein, nach wie vor wäre offengeblieben, ob es sich um das Datum alten oder neuen Stils handelte. Für Barents stand es fest, bevor er sich überhaupt auf das Dach begeben hatte: Sie lebten im Januar, und die Sonne war noch nicht gekommen.

Die Beobachtung der Konjunktion aber hätte ihm etwas anderes ermöglicht, nämlich festzustellen, wieviel Stunden sie östlich von Venedig lagen. Frierend hüllte er sich in seine Decken. Er dachte schon nicht mehr an das wunderbare frühe Erscheinen der Sonne. Mochten sie glauben, was sie wollten, wenn es ihre Lage nur erleichterte. Er dachte: Wie weit liegen wir nun im Osten? Wie weit ist es noch bis Kap Tabin? Wie verläuft wohl die Passage?

Simon Reyniers stand noch immer bei dem Jungen im Schnee. Durch den Schornstein hörten sie, wie unten gesprochen wurde. Sie blickten, nun das Tageslicht zunahm, nach Süden. Einzelne Flocken schwebten plötzlich hernieder, als kristallisierten sie sich aus der kalten Luft.

Simon sagte: „Und wenn wir zehnmal die Konjunktion nicht gesehen haben, verdammt, ich glaub doch, der Navigator hat recht. Die Sonne, ja, schön wäre es. Aber nur Narren verlassen sich auf Träume; sie wollen den Wind haschen.“

Überrascht musterte der Junge den Bootsmann, der immer noch kräftig wirkte wie in jenen Tagen, da er die Fische ins Wasser geworfen hatte. Wie damals, als er von der Galion aus das Vonbordgehen des Jungen vereitelte. Jener Mann, der so lange sein Feind gewesen war, wußte, was er wollte. Er war immer stark gewesen.

Simon sagte: „Der Tod hat wieder in die Hütte gegriffen; hast ihn sehr geliebt, deinen Duncker, der Schnee sei ihm leicht. – Nun zucken die Männer. Die Brotfässer sind leer, da wollen sie sich die Sonne ins Maul stopfen. Komm ins Warme, ehe wir hier anfrieren."

Zögernd sagte Jan Hillebrants: „Simon ..."

„Da kommt keine Sonne."

„Simon ..." Simon dort und der Schiffer auf dem Dach, wie er in die Tonne langte und nichts herausangelte. Und der Feuerwerker am Dreikönigsabend, der König von Nowaja Semlja aus gutem Grund. „Simon ..."

„Nun?"

„Ich weiß von einem Brotfaß." Die Stimme des Jungen zitterte.

„Wie meinst du das?"

Jan kämpfte mit sich. Tragisch waren die Verwicklungen. Er konnte Duncker nicht bloßstellen.

„Nun heraus mit der Sprache", drängte der andere.

„Simon, du mußt das Faß holen ..." Er schwieg, weil es schwer war, alles zu enthüllen. Der Flockenfall vermehrte sich. Keiner wußte, ob da eine Sonne war. „Man könnte sagen, es hätt noch im Schiff gelegen."

„Ein ganzes Faß ..."

Jan stieß heraus: „Ich will nicht, daß sie Duncker schmähen."

Simons Augen blitzten auf. Er schaute nach dem Grab.

Sonderbarerweise sagte der Junge, obwohl das Duncker nie ihm gegenüber geäußert hatte: „Für mich hat er's getan. Er hat's mit dem Leben bezahlt."

„Ich schweig", versprach Simon. „Nur red du endlich." Als er dann alles vernommen hatte, wiederholte er nur die zwei Wörter: „Ich schweig."

Sie horchten nach dem Kamin, dann wateten sie durch den Schnee der Schlucht zu.

Das Grab des Zimmermanns, an das sie endlich gelangten, lag hinter Eis. Die frische Spur eines Bären trieb sie zur Eile an. Am Flaschenfelsen gabelte sich die Schlucht. Sie blickten keuchend die glatte Wand hinauf. Da Duncker beim Verstecken des Fasses abgestürzt war, mußte es irgendwo oben in einer Kluft liegen, wo es nicht von endlosem Schneefall verschüttet werden konnte. Andererseits mußte sie leicht zugänglich sein, wenn ein Mann allein das Faß dort hinaufhieven konnte.

Simon verfluchte das Faß und die gottverlassene Insel und band dem Jungen ein Tuch um den Kopf, das nur die Augen freiließ; die Kälte war grimmig. Er spähte nach Bären, schon nahm die Dämmerung wieder zu. Und die Sonne hatte es nie gegeben.

Simon erstieg den Felsen von der bergwärts gelegenen Seite. Hier hatte der Sturm das Gestein bloßgefegt. Er tastete sich einen Sims entlang, hoch über dem Jungen, der ängstlich jeden seiner Schritte verfolgte.

Plötzlich stürzte Simon, fing sich mit den Händen ab und klammerte sich an einen Zacken. Als er aufstand, hielt er einen knorrigen, vereisten Ast in der Hand.

„Verdammte Wurzeln", schimpfte er.

„Wurzeln?" fragte der Junge erstaunt. Wo Wurzeln waren, mußten Bäume sein. Bäume auf Nowaja Semlja?

„Es ist ein Tau", rief Simon von oben. Dem Jungen schlug das Herz schneller.

Simon riß das Seil aus dem Schnee. Es führte in eine Felsnische. Dunckers Zugseil vom Schlitten. Das Brotfäßchen war noch daran festgebunden.

Das Seil war steif von der Kälte. Doch gelang es Simon, das Faß damit in die Schlucht zu lassen.

In der beginnenden Nacht hasteten sie schweigend talwärts, das Seil über der Schulter, das Faß hinter sich. Dem Jungen war, als liefen die Bären schon hinter ihnen. An Dunckers Grab, unweit des Hauses, kappte Simon das Zugseil mit dem Messer. Ehe sie in die Hütte hinunterstiegen, verscharrten sie das Seil im Schnee, damit er ruhig liegen konnte in seinem Schneegrab, ohne Schmähung.

Dem Schiffer sagte Simon, sie hätten da ein Faß in der Nähe des Wracks gefunden, was beim Bergen der Güter vergessen und dann vom Schnee zugeschüttet worden war. Da entdeckten sie etwas Neues in Heemskercks eingefallenem Gesicht. Es war ein Lächeln.

Nach dem Navigator Barents, nach dem Zimmermann mit den Bildern, nach dem Feuerwerker mit dem Mehl, nach de Veer mit der Sonne brachten nun auch Simon und der Junge der Mannschaft Hoffnung.

VIII

Schneesturm kam und Mariä Lichtmeß, und sie gedachten der heiligen Gottesmutter. Wenn ein calvinistischer Kaufherr in seinem sicheren Haus im schönen Amsterdam ein Schutzbild für sein Schiff malen ließ, dann verwunderte es den Navigator nicht, wenn die mit dem nackten Leben davongekommene Mannschaft eines Wracks in der Eiswüste eines römisch-katholischen Feiertags gedachte, obwohl sie calvinistisch war. Es gab nicht genug Heilige auf der Welt, die ihr Elend hätten lindern können.

Sie sprachen ein Gebet über die von Laurens aus Bärenfett gegossenen Kerzen, damit sie ihnen hälfen im Sturm und gegen den Scharbock. Keiner war, den jene Krankheit nicht würgte. Und als der Sturm nach Tagen endlich schwieg, gruben sie sich nicht mehr aus.

Der Schiffer stieg in den Schornstein und kletterte empor. Als er aber den Kopf zum Faß hinaussteckte, sah er die Sonne.

Da kletterte einer nach dem andern durch den Schornstein; die Sonne verlieh ihnen Kräfte. Es war ihnen, als durchstiegen sie schon die Takelage.

Um den Schornstein herum standen sie im Freien, die Augen auf die rote Sonnenscheibe gerichtet. Fünfzehn Mann noch, die die Polarnacht überstanden hatten.

Jetzt habt ihr die Sonne, dachte Barents. Zum genauen Zeitpunkt kam sie zurück, achtundvierzig Tage nach der Wintersonnenwende, sechsundneunzig nach ihrem Untergang. Hundert Tage ohne Sonne, hundert Tage Nacht.

Er hütete sich, den sinnlosen Streit um ihre Wiederkehr erneut zu entfachen. Aber mehr und mehr regte sich der alte Drang in ihm: Wer sagte, daß er nicht forschen konnte, weil er im Winterhaus gefangen lag? Jeder Mensch war nur so weit Gefangener, wie er sich ergab. Das Interesse des Jungen, die Rede an die Leute in der feuerlosen Nacht, die Bilder des Zimmermanns, der Streit um die Wiederkunft der Sonne – mehr und mehr war er dem dumpfen Brüten entwachsen. Er war der Navigator.

Sein Amt war nicht erloschen. Er würde die Passage finden!

Als die Sonne wiederkam, setzte er in die Tat um, was er in langen Stunden durchgrübelt hatte. Den Tisch ließ er ans Feuer rücken. Auf den schon verwischten Holzkohlenabdruck des Schiffes unter den merkwürdigen Himmelszeichen deckte er Joris Christoffels Blatt vom Haarlemer Markt, mit der Rückseite nach oben. Auf diesem Blatt, das die von seinem Jugendfreund Dieven erbauten Häuser darstellte, fuhr Barents nach China.

Abgezehrt und elend, schwach, mit verwildertem Bart, die Finger klamm von der Kälte, zeichnete er das skandinavische Land. Er blätterte sein Journal durch, suchte die Berechnungen, begutachtete erneut die Skizzen vom Fernen Eiland und vom Neuen Land Spitzbergen. Kaum nahm er wahr, wie sich die Hütte erhellte, da die Männer den ersten Bären des neuen Jahres erlegt hatten und das Fett in kleinen Lampen an den Kojen verbrannten.

Er saß am Tisch, skizzierte, verwarf, während die anderen, froh des Lichts, in seinen Büchern blätterten. Die „Kunst, zur See zu fahren“ von dem ausgezeichneten Steuermann Peter de Medina, die „Beschreibung vom großen Reich China“ von Mendoza, das „Kartenbuch von der Nord- und Ostsee“, der Almanach von 1596, die „Episteln und Evangelien für das ganze Jahr“, die dem Cornelius gehörten. – Alles lasen sie gierig, murmelten unbeholfen Worte, die nichts mit Schnee und Kälte zu tun hatten. Wer den Sinn dieser Zeichen nicht verstand, der lag lauschend oder blätterte, nach Bildern begierig. Jeder kramte etwas aus seiner Schiffskiste hervor. Ein lateinisches Gebetsbuch fand sich und ein niederländisch-französisches Wörterbuch, auch ein Liederbuch, dessen Strophen sie sangen.

Ein allgemeiner Aufschwung setzte ein; mit den Bärenfettlämpchen saß die Sonne sogar an den Kojen.

Barents aber fuhr nach China, auch als der Schiffer Wein verteilte, weil Fastelabend war und sie doch geübt waren im Fasten, besser als der fanatischste Katholik. Sie aßen weder Fisch noch Rotgans, sondern Brot von Dunckers Faß, während der Navigator am Tisch jenes Land zeichnete, in dem sie die Rotgans hatten brüten sehen.

Der Navigator ließ sich auch nicht in der Arbeit stören, als der Schiffer befahl, die Koje des Schiffsjungen zusammenzuhacken. Es war nicht ein Spänchen Feuerholz mehr im Haus zu finden. Unter der Amsterdamer Flagge, die das Loch in der Wand überdeckte, fehlte hinfort eine Koje. Und wie Jan Hillebrants in seiner alten Koje die Eiswand ertragen hatte, so zuckte er nicht mit der Wimper, als er nunmehr in des toten Dunckers Lager einzog.

Die Sonne wuchs, und leer wurde die Hütte um den Navigator, als alles, was kriechen konnte, hinaus in die Eiswüste lief, um irgendwo Holz aufzutreiben. Er sank zusammen am Tisch und fand sich auf seinem Lager wieder, wohin ihn der Koch geschleppt hatte. Kraft, Kraft brauchte er; er verfluchte seine Schwäche. Im Liegen sah er Kap Tabin, das Kap des Plinius. Und er hätte so gern die Konjunktion von Mond und Jupiter gesehen. Dann wüßte er genau, an welche Stelle er die Nordspitze von Nowaja Semlja auf seiner Karte hätte zeichnen müssen.

Die Stadt Venedig lag 37° 25′ östlich von St. Vincent, dem Nullmeridian auf den Kapverdischen Inseln. Da die Konjunktion nicht erfolgt war, solange der Mond sichtbar über ihrem Horizont gestanden hatte, schätzte er die Lage des Behouden Huys' auf eine Länge von 112° 25′ Ost.

Er dämmerte, keuchte schwer, verfiel in einen Schlaf, spürte, wie einer ihm die Stirn wischte. Wieder stürzte der Scharbock über ihn her.

Als die Holzholer zurückkamen, mit leeren Händen und erschöpft, bat er den Schiffsjungen an sein Lager, seinen Sohn Jan. Zahlen nannte er Jan, und der schrieb sie auf, Zahlen um Zahlen.

Wenn sie auf 112° Ost lagen, dann waren es bis zu dem legendären Kap Tabin, das kein Lebender je gesehen hatte, vielleicht noch 60°. Hörst du, Junge, 60°. Am Äquator betrug ein Grad fünfzehn Meilen, aber die Meridiane schlossen sich doch dem Pol zu. Wenn sie am Äquator in einer Hütte lägen, welch eine Riesenstrecke dann noch bis zum Kap. Hier in ihrer nördlichen Breite lagen die Meridiane vielleicht nur drei, vier Meilen auseinander. – Manchmal ist es direkt ein Glück, wenn man friert, Junge. – Das sind bis Kap Tabin noch 220 Meilen, zehn Tage guter Segelwind über ein offenes Meer, dann siehst du den Felsabsturz schon, um den die Wellen gischten.

So sann der Navigator, und nicht der Scharbock war es, der ihn bekümmerte, sondern das Fragwürdige in seinen Berechnungen, die unbekannten Werte, mit denen er operieren mußte.

Da er aber an die Schwierigkeiten dachte, unter denen sie versucht hatten, sich Kap Tabin zu nähern, schätzte er auf einmal auch die Lage jenes sagenhaften Kaps anders ein. In China, Cathay und Japan lebten Völker, die Dinge besaßen, von denen Europa träumte. Japan war ein Inselreich, die anderen Länder hatten lange Küstenstrecken. Sicher besaßen auch sie kühne Seeleute.

Sollten solche Völker nicht versucht haben, ihrerseits Seewege nach Europa ausfindig zu machen, eben auch im Norden von Asien? Hatte aber jemals einer etwas über chinesische Schiffe in europäischen Gewässern gehört, außer von jenem phantastischen zur Zeit des rotbärtigen Kaisers?

Barents fand nur eine Erklärung für das Ausbleiben solcher Schiffe. Die Kaufleute jener Staaten im Fernen Osten, die doch am Handel interessiert sein mußten wie Os, Hasselaer und die anderen, hatten zwar auch versucht, die Nordpassage zu finden, waren aber alle gescheitert.

Das bedeutete nichts anderes, als daß man jenseits von Kap Tabin nicht ohne weiteres in die Straße von Anian einfahren konnte, sondern daß sich auch östlich des Kaps Schwierigkeiten über Schwierigkeiten türmten. Nachdem sie das nördlichste Kap Nowaja Semljas umsegelt hatten und nicht den Südweg in wärmere Gefilde fanden, sondern im Gegenteil in immer größere Eismassen geraten waren, ahnte er jetzt, als er alles logisch durchdachte, daß sie auch nach der Umsegelung von Kap Tabin vorerst im Eis bleiben würden.

Es war keine gute Chinafahrt des Willem Barents, hier in der Winterhütte. Es war keine leichte Fahrt, die da durch neue und aber neue Hindernisse ging. Er vereinfachte nichts, er beschönigte nichts. Er mußte seine harten Erfahrungen mit hineingeben in jene Karte.

Lange studierte er auch die alten Blätter, die „Neue Beschreibung Asiens“ aus dem „Theatrum“ des Ortelius. Alle Graveure segelten mit kühnen Strichen stracks nach Süden, wenn Kap Tabin passiert war.

Die Männer schaufelten mühselig den toten Bären aus dem Schnee, da das Aas Füchse angelockt hatte und auch Bären anlocken konnte, Bären in unmittelbarer Nähe des Hauses! Hooghwouts Begehren, der Bär müsse heraus aus dem Schnee, erfüllte sich so. Aber die Zähne bekam Hooghwout nicht. Matt auf seinem Lager, glaubte er das Rumoren im Schnee zu hören.

Wievielmal war er in der Nacht hinausgestapft, um dem Bären die Zähne zu brechen. Jetzt riß ihm der Scharbock die eigenen aus. – Mit Mühe schleppten die Leute den gefrorenen Kadaver in die Höhlung, in der einst das Brennholz gelegen hatte. Hier mochten die Bären ihn holen.

Barents legte Kap Tabin nicht 60° östlich von Nowaja Semlja, wie er es noch dem Jungen gegenüber geäußert hatte, sondern nur 48°. Also rückte er es ihnen noch näher, 170 Meilen nur entfernt. Dafür aber verlängerte er die Küste östlich des Kaps, ließ sie in nördlichen Regionen verlaufen und endlich weit im Osten in die Straße von Anian einbiegen.

Es war ein Fakt, der gering erschien und doch mit einem Schlag die unendlichen Schwierigkeiten der Passage aufriß. Das nahe gerückte Kap verdeutlichte kraß, wie weit sie vom eigentlichen Ziel entfernt waren. Wer das Kap hatte, hatte noch lange nicht die Straße von Anian. Wer das Kap hatte, dem konnte noch Schiffbruch widerfahren, Festliegen im Eis, Überwinterung. All das, was ihnen vor dem Kap begegnet war, konnte den Schiffen auch nach dem Passieren von Kap Tabin begegnen. Die Straße von Anian und auch Japan, China, Cathay rückten so in unendliche Ferne, aber an den Platz, an den sie gehörten.

Der Untersteuermann Claes Andries, sechsundzwanzigjährig und schwach, die einst so blutvollen Lippen ausgetrocknet, das weiche Gesicht erschreckend verfallen, ging einmal, als die anderen zum Schiff zogen, an das Grab des Duncker, um die Sonne zu peilen. Zum erstenmal nach der Winternacht. Die Schatten waren lang in der tiefstehenden Sonne, und das Astrolabium konnte den Wert nicht ermitteln.

Er ging hinein in die Hütte und bat den Navigator um einen Gradbogen. Barents, über seiner Karte, wies auf die Truhe. Bedächtig suchte sich Claes unter Zirkelsegmenten und Zeichengeräten das Passende aus. Er befestigte ein kleines Lot an dem Bogen, dann stapfte er wieder hinaus, alles ohne ein Wort zu sagen.

Er war kein Kämpfer. Von Anfang an hatte er gewußt, daß er zu schwach für diese Reise war. Aber sein Vater lag blind zu Hause in einer Fischerkate bei Amsterdam. Claes Andries hatte doppelte Heuer gebraucht.

Er peilte mit dem einfachen Gerät die Sonne und fand sie drei Grad über dem Horizont. In dem Augenblick hatte er bewiesen, daß die Wiederkunft der Sonne nicht früher erfolgt, daß ein Wunder ausgeblieben war. Denn wäre sie früher gekommen, hätte sie jetzt bereits höher stehen müssen. Er glaubte auch nicht mehr an Wunder. Er glaubte an nichts mehr.

Er fand, später im Haus, eine Deklination von elf Grad, einen Gesamtwert von vierzehn, den er von neunzig subtrahierte. So berechnete er für ihren Ort eine nördliche Breite von 76.

Mit verschränkten Armen lag er stumm, als seine Gefährten vom Schiff zurückkamen und berichteten, sie hätten in den Räumen der „Eissee“ Bärenspuren entdeckt. Die Raubtiere nahmen vom Schiff Besitz.

Barents saß über der Karte, Tag um Tag, seinen Sohn Jan bei sich, dem er erklärte, warum er Kap Tabin so nahe, die Straße von Anian dagegen in die Unendlichkeit rückte. Den Tatsachen in die Augen schauen und sie so als meisterbar hinstellen.

De Veer schrieb in sein Tagebuch in der Ecke, bei schlechtem Licht, die Finger frostrot und aufgesprungen.

„Schreibt er wieder?“ fragte der Chirurg, verwundert über soviel Spannkraft.

„Er schreibt“, flüsterte der Koch. Und er nahm das Tintenfaß und wärmte es neu am Feuer, damit es jenem Kleinen da besser aus der Feder fließe.

Nichts von China hatte de Veer zu berichten, aber doch hielt er Tag für Tag den Gänsekiel, zitternd, müde, die Schrift verschwamm ihm vor den tränenden Augen, der Rauch biß, der Hunger nagte, und doch schrieb er. „Elf Mann, mit Waffen wohlversehen, zogen wir zum Holz. Wir kamen an Plätze, wo wir welches zu finden hofften, aber alles war vergebens. Das Holz lag tief unterm Schnee versteckt. Wir mußten noch viel weiter gehen, um mit Mühe welches zu bekommen. Der Rückweg wurde uns so sauer, daß wir den Mut verloren gaben. Durch die lange Kälte und all das Ungemach waren wir so schwach und abgekämpft, daß wir wenig Kraft hatten. Aber als wir beim Haus ankamen, sahen wir offenes Wasser auf der See, wie wir es so lange entbehren mußten. Und das erquickte uns ...“

Auf diesem Marsch erfror dem Bootsmann Frans die rechte große Zehe.

Neue Füchse, neue Schneestürme, neue Mühen um Brennholz. Immer mehr offenes Wasser, und tobender Aufruhr in der Natur, in dem ihr Schiff „Eissee“ abgetrieben werden konnte. Und immer mehr Kranke.

Der Schiffer teilte das Brot.

Barents zeichnete.

De Veer führte Tagebuch.

Der Untersteuermann Andries ging mit dem leichten Gerät zu Dunckers Grab und nahm die Sonnenhöhe, fand sie 6° 48′ über dem Horizont und eine Deklination von 7° 12′, was zusammen 14 und – subtrahiert von 90 – eine nördliche Breite von 76 ergab.

Fünf, sechs lagen krank auf den Kojen, so daß sie sich nicht mehr erheben konnten, und er fand eine Sonnenhöhe von 10° 19′ über der Kimm und eine Deklination von 3° 41′; was wiederum 14 ergab und eine Breite von 76°.

Und die Kälte kam wieder, das offene Wasser verschwand. Das Eis kam herangetrieben mit Krachen, und der Untersteuermann fand eine Höhe von

14° und keine Deklination, was aufs neue 76° Nord ergab. Das war die Tag- und Nachtgleiche, das war schon weit im März.

Holzschleppen und Schneesturm, Kälte und Eiswind, Bären im Schiff, Eisgebirge im Wasser. Und der Untersteuermann Claes Andries des großen Schiffes Nowaja Semlja fand, als die anderen zum Wrack gingen, um die Ankertaue zu lockern, eine Sonnenhöhe von 18 ° 40′, eine Deklination von 4 ° 40′, die er subtrahierte, fand wiederum die Zahl 14, die, von 90 abgerechnet, 76 ° nördliche Breite ergab.

Da wurde Kohle verbrannt, da wurde gegen Bären gekämpft und Holz geschleppt, da sackte das Schiff immer fester ins Eis, da maß der Untersteuermann Andries mit immer irreren Augen die Höhe der Sonne über der Kimm; aber nicht, um die fortschreitende Jahreszeit zu vermerken.

Er berechnete die nördliche Breite, als die Sonne 25 ° 10′ über den Horizont stieg und der Tag schon sechzehn Stunden währte und die Nächte hell blieben. Und er fand mit der Deklination von 11 ° 10′ eine Breite von 76°. Er starrte verständnislos über das Schneeland, er, der Untersteuermann dieses Riesenschiffes, und er konnte trotz marternden Denkens nicht herausfinden, warum es so reglos lag.

Kommandos brüllte er gegen die Sonne. „Ruder nach Lee!“ schrie er. „Setzt noch mehr Tuch, Jungen!“ Und noch immer hatte sich sein Schiff Nowaja Semlja keine Meile nach Süden bewegt. Die Zahl 76 sprang ihn an. Auch ihn erledigte nicht der Scharbock. Ihn erledigte diese verdammte Zahl. Kein Meilchen dem Süden näher, Woche um Woche nicht. Keinen Schritt dem Norden entwichen.

„Sechsundsiebzig!“ brüllte er mit Schaum vor dem Mund. „Volle Segel! Rudert, Jungs, wenn der Wind nicht will!“ Laurens und der Chirurg schleppten den Kranken in die Hütte.

An dem Tag, da Claes Andries zusammenbrach, legte Barents letzte Hand an die Karte. Der Kranke keuchte, als ersticke er. Der Chirurg schob ihm einen Wärmstein unter die Decke. Frans, mit der erfrorenen Zehe, humpelte zum Tisch. In der Ecke jammerte Hooghwout. Es roch nach Bärenfett und brennendem Holz. Laurens trat zum Tisch, auch der Koch. Sterrenburgh blickte auf die Karte.

Aber der eine kam nicht, jener, den Barents vor allen anderen sehen wollte, Jan, sein Junge.

Und da lag doch die Passage mit all dem Neuen, was auf keiner einzigen Karte der Welt verzeichnet war. Mit seinen Kräften hatte er es erkauft, mit dem Schiff Rijps bezahlt, sechs starke Anker in Amsterdam gekappt. Cornelis Claes, der fette Verleger, würde damit zufriedener sein als mit dem Kartenbuch von der Mittelländischen See. Die Weltlandschaft der Maler in dessen Haus am Wasser. Was sie erahnt, er hatte es gesehen. Und was er nicht sehen konnte auf seiner Passage, weil sich die Natur noch als stärker erwies, das hatte er nun in dieser Karte erahnt. Stumm saß er davor. Sie war etwas Einmaliges. Sein Geist hatte das Gefängnis gesprengt und das Tor aufgestoßen. Nach Cathay.

Da streckte sich das Land Norvegia aus und nördlich davon das Ferne Eiland, die Häreninsel. Das Neue Land im Norden, die spitzen Berge der Maler, die Wiege der Rotgans, die höchste erreichte nördliche Breite. Und dann das weite Meer, ohne Polinseln, ohne Mercatorland, ein Polmeer ohne Land, der Pol inmitten der Wasserwüste, und damit das Ende aller Hypothesen.

An Stelle Willoughby-Land ein Schiff. Eine offene, insellose See zwischen Spitzbergen und Nowaja Semlja. Und dann streckte sie sich aus, die steinerne Robbe. Da war die Waigatsch, da war das Eiskap. Und diesem kurzen Stück Papier sah man nicht die Leiden an, mit denen alle Kaps erkämpft werden mußten.

Die neuen Kaps dann, Wunschkap, Kap am Eishafen, das Behouden Huys. Das war seine Karte! Und dann endlich Tabin, nahegerückt dem Nordkap Nowaja Semljas, dahinter aber endlose Küsten bis zur Straße von Anian. Und ein Fels im Meer, von Wassern umschäumt, der Polus Magnetis östlich des skythischen Kaps.

De Veer trat ein, der Junge kam, der Schiffer Heemskerck. Sie scherzten laut; sie waren am Wasser gewesen, das erstemal nach sechs, sieben Monaten. Der Junge hatte seine Hand hineingetaucht. Ein Vogel war da geschwommen, kühn, beweglich, mit ruckendem Kopf. Jeder fand ein neues Detail, von dem er berichten mußte. Alles bewies, die See war weithin offen.

Dann sahen sie die Karte. Sie traten näher, verstummten. Aufmerksam durchforschten sie das Blatt.

Da waren ihre Spuren verzeichnet. Da wurden ihre Kämpfe sichtbar. Für diesen Weg hatten sie sich geschunden. Nicht im Nichts verloren sich ihre Taten wie die der dreiundsechzig Mann des Willoughby.

De Veer, mit langem, dürrem Hals, suchte die Nähe des Navigators. Verzeihung erheischte sein Blick. „Admiral!“, flüsterte er. Was zählte das erfundene Sonnenwunder gegen dieses Blatt.

Jan Hillebrants aber fuhr nach China. „Die See ist offen, das Schiff wird frei“, sprudelte er hervor. „Dann gehen wir die Passage an!“

Nichts von Heimkehr in den Reden des Jungen – weiter, immer weiter, zu immer neuen Ufern. Barents schaute, wie selbstbewußt der Fünfzehnjährige vor ihm stand. Jan, Sohn. Und hatte sich Jan Hillebrants in den Gedanken des Barents bei verschiedenen Anlässen in seinen Sohn verwandelt, auf dem First mit dem Maibaum aus Schnee, mit dem Holzscheit, so trat nun nie mehr eine Rückverwandlung ein. Dieser da war sein

Sohn, der Kühne, der Vorwärtsstrebende, Beharrliche. Dieser da war aus dem Holz geschnitzt, wie er Männer für seine Nordreisen brauchte.

Heemskerck aber sah auf der Karte die Straße von Anian weit entrückt. Er hatte sich soeben davon überzeugt, daß sein Schiff „Eissee" noch immer heil war, trotz des unermeßlichen Winters. Dennoch gab es China in seinen Plänen nicht mehr. Der Untersteuermann Claes Andries phantasierte, Hooghwout stöhnte, Frans humpelte mit erfrorener Zehe, der Navigator konnte sich kaum noch auf den Beinen halten, drei, vier andere hatte der Scharbock auf das Lager gestreckt.

Allein Heemskerck lachte nicht über den Jungen, der noch immer nach China wollte. Er bewunderte ihn. Wie war das einmal gewesen, verblaßt nach ungezählten Kämpfen: Das Schiff „Verlorener Sohn" setzte den Schiffer im offenen Boot aus mitsamt dessen Kinde.

Der Junge Jan Hillebrants, auf Nowaja Semlja ausgesetzt, gab sich nicht verloren.

Mit einem gewissen Neid schaute Heemskerck auf den grauen, runden Kopf des Navigators. Jener hatte seine Aufgabe gelöst, nicht im Sinne der Handelshäuser Os – Hasselaer, denen kein einziger Tuchballen verkauft worden war, sondern für alle kühnen Männer, die den Bug nach dem Norden wenden würden.

Drei heilige Könige auf dem Weg nach dem Osten.

In Wirklichkeit gab es nur einen.

IX

Es kam der Tag, da die Sonne nicht unterging. Der Schiffer Jacob van Heemskerck lehnte am Schornstein, durch den er geklettert war, und schaute auf den Feuerball im Norden. Das Licht, das sie so lange entbehrt hatten – jetzt kehrte es doppelt zurück.

Wenn sie je diese Insel wieder verlassen konnten, dann nur im Sommer, bei offenem Wasser. Das Licht sagte ihm, daß ihre Zeit nahe war.

Wie fern war Amsterdam gerückt in den acht Monaten im Winterhaus, ferner als die Straße von Anian, genauso Legende wie das Kap des Plinius. Eine Zeit mit Licht kündigte dieser Feuerball an, aber er konnte den Schiffer nicht darüber hinwegtäuschen, daß eine harte Zeit bevorstand, die Meerfahrt. Und dann: Amsterdam.

Nichts Gutes in jener Stadt: ein Segelmachersohn, der mit seinem ersten Schiff scheiterte; Verantwortung vor dem Rat, wo er das Schiff gelassen habe; Rechenschaft gegenüber den Kaufleuten über jeden Gulden, über jeden Fetzen Stoff, der im Eis geblieben war. Er würde sie alle verlachen.

Wo die Männer ihr Leben drangaben, da konnten die Kaufleute wohl ihre Ware opfern.

Aber er wollte dies ja gar nicht. Er wollte ihnen doch ihr Gelump vor die Füße schmeißen: Da, schafft es selber nach China, fahrt nur zu! Denkt nicht, wir hätten einen Faden von euch gebraucht! Wir haben dennoch überlebt. Nicht dank euch, sondern trotz euch. Halbvolle Brotfässer, veraltete Beiboote ... Das Schiff, hier habt ihr's zurück! Und es war doch sein Schiff, sein erstes. Wie konnte er es dem Eis überlassen.

Von diesem Tag an wartete Heemskerck. Er wartete, daß das Schiff frei würde. Aber er wußte, sein Warten war begrenzt, konnte nicht endlos sein. Ein Tag zu lange gewartet, gezaudert, weil das Schiff immer noch festlag, dann war auch die Heimfahrt mit den Booten versperrt. Dann blieben sie weiter Gefangene. Einen zweiten Winter überlebten sie nicht. Legte er dagegen zu früh ab, verschenkte er die Möglichkeit, das Schiff zu retten. Es war ein schweres Warten.

Er mußte es allein tragen; er konnte nicht die Mannschaft einbeziehen in sein Warten. Den Tag, an dem die Sonne zurückgekehrt war, hatten sie sich noch heraussuchen können. Den für die Abreise mußte er allein bestimmen. Denn die Mannschaft hätte ohne Zögern den frühesten Zeitpunkt gewählt. Wollte er das Schiff, mußte er auf den spätestmöglichen warten.

Aber er bereitete die Abreise vor, ohne daß es einer merkte. Im Winterhaus lag es sich gut. Sah man vom Holzschleppen ab, war es ein Faulenzerleben. Schlafen und schlafen und liegen. Für die Heimfahrt brauchte er gesunde Männer. Sie mußten in die Takelage klettern können. Sie mußten das Spill drehen. Und wurde das Schiff nicht frei, brauchte er nicht nur gesunde, sondern geradezu eiserne Männer. Stelle einer sich die Meerfahrt vor in offenen Booten! Auch für die Leute mußte Heemskerck auf den spätestmöglichen Zeitpunkt warten. Damit sie das sichere Schiff bekamen!

Er ließ Schnee in das Haus holen und im großen Weinfaß schmelzen. Dann stiegen sie hinein in das Bad, rieben ihre abgezehrten, knochigen, mit Beulen bedeckten Körper. Er ließ sie eine große Kugel über den Schnee treiben und laufen, laufen, laufen. Er schickte alle mit Schlitten zum Holzplatz, aber nicht, um wieder Holz zu schleppen, sondern zum Hemdenwaschen. Hell brannten die Feuer.

Dem Koch gab er das letzte Salzfleisch heraus, das noch aus Holland stammte. Sie mußten etwas auf die Rippen bekommen. Endlich teilte er auch den Pökelspeck; jeder Mann bekam zwei Unzen am Tag, und das drei Wochen lang. Er sagte nicht, daß dann auch dieses Faß leer war.

Das alles war Vorbereitung für die Heimfahrt. Denn das Meer war frei, so weit sie schauen konnten.

Allein vom Schiff bis zum offenen Wasser waren es fünfhundert Schritt über Eis, während es noch Mitte März nur fünfundsiebzig gewesen waren. Das Eis verhöhnte den Schiffer Heemskerck mit seinem Warten.

Es war noch etwas anderes, das das Warten zermürbte und in jedem einzelnen Mann den Wunsch erweckte, verdammt noch mal endlich in die Pinasse zu klettern, wenn sich das Schiff nun mal mit dem Eis verheiraten wollte. Es war aber dies, daß sich der Tag jährte, da sie Amsterdam verlassen hatten.

Vor einem Jahr, wißt ihr, da musterten wir an. Vor einem Jahr die winkenden Frauen an der Buitenkant. Vor einem Jahr bei der westfriesischen Insel Vlie. Vor einem Jahr berührte Rijps Schiff den Grund. Vor einem Jahr ... So viel vor einem Jahr.

An dem Tag, da sich auch ihre endgültige Abreise von Vlie jährte und nun die Männer doch noch Holz mit dem Schlitten holten, hob Barents die Beine von seiner Koje herunter. Als er saß, tanzten ihm feurige Punkte vor den Augen.

Der Schiffer hockte drüben am Tisch. Einen großen Schatten warf er an die Wand mit der holländischen Flagge.

Barents zwang sich in die Höhe. Von jenseits der Feuerstelle hörte er einen Mann keuchen. Dort lag Frans, dem am Morgen der Chirurg die rechte große Zehe amputiert hatte. Der andere Kranke, der Untersteuermann Claes Andries in der Koje vor Barents, schlief.

Barents kostete es ungeheure Mühe, die wenigen Schritt bis zum Tisch zu gehen. Er sank auf den Hocker, der einmal in seiner „Hütte" gestanden hatte. Schwarz verwischt war das Schiff des Zimmermanns auf der Tischplatte. Heemskerck sah mit fragendem Blick auf.

„Sie sollten sich schonen, Navigator."

Barents winkte ab. „Die Leute waren gestern bei mir. Sie schicken mich zu Ihnen. Sie bitten darum, daß Sie als Schiffer die Heimfahrt befehlen."

Heemskerck hob die Brauen. Er hatte nicht vermutet, daß sich die Leute hinter den Navigator steckten. Ein neuer Beweis, wie sie ihn verehrten. Barents war der eigentliche Herr. Heemskerck bezweifelte sogar, daß Barents mit ihm sprechen sollte: Vom Navigator selber hatten sie den Befehl der Heimreise erbeten!

Acht Monate im Winterhaus hatten nicht vermocht, daß die Mannschaft dem Schiffer Heemskerck nähergekommen war. Auf dem Schiff noch hätte er jeglichen solchen Gedanken zurückgewiesen. Die Back hatte nichts mit der Staatskajüte gemein. Zwei verschiedene Welten waren es. Jetzt fühlte er so etwas wie ein leichtes Bedauern, daß ihn auch im Winterhaus noch immer unsichtbar die Staatskajüte umgab.

Barents wartete, halb zusammengesunken vor Schwäche, auf die Antwort des Schiffers. Er hatte nicht gesagt, daß die Leute zweimal bei ihm gewesen waren wegen der Heimreise. Das erstemal schon vor einer Woche. Endlich sprach Heemskerck. „Wir wollen bis Ende des Monats warten. Wird dann das Schiff nicht frei, segeln wir mit Pinasse und Bock.“ Barents wußte nicht, daß Heemskerck damit entgegen seinem ursprünglichen Plan beschloß, einen vollen Monat weniger auf den Tag der Abreise zu warten. Barents, vornübergebeugt, legte den Schiffer fest. „Darf ich das den Leuten sagen?“ – „Bitte.“

Die Nachricht belebte die Männer. Keine unendliche Folge von Glasen mehr, kein unerreichbar fernes Ziel. Vierzehn Tage noch, zwei Wochen, greifbar nahe war der Tag der Abreise gerückt. Es war keiner, der nicht diese vierzehn Tage mitzählte, wieder einer weniger und noch einer, und nur noch zehn, dann entrannen sie ihrer Eisgruft.

Sturm kam; sie drängten nun selber den Schiffer – in aller Ehrerbietung. Das Schiff lag nicht nur fest, sondern neues Eis türmte sich noch davor.

Barsch fertigte Heemskerck sie ab. Er habe sein Leben so lieb wie sie das ihre. Sie sollten mal immer ihre Kleider herrichten, damit sie einen Schwapp Wasser aushielten, wenn sie doch in den offenen Booten reisten.

Sie hörten nicht dieses Gemisch aus Verbitterung und Verdruß in Heemskercks Worten. Mit Eifer kramten sie in den Kisten.

Das Schiff – hol es der Teufel! Aber was nahm man mit in den Booten, was ließ man da? Die Schuhe? Solche aus Fuchsfell waren besser. Die Chronik von Holland, Seeland, Friesland? Sie würden selber nachschauen fahren, wie es Holland erging. He, da besaß einer noch portugiesische Münzen. Wollte er gar bis Portugal glatt durchsegeln? Immerzu, wir kaufen halb Portugal aus! Alles wühlten sie durch, ulkten dabei und konnten sich doch kaum von etwas trennen.

Dann saßen sie und flickten ihre Kleider und nähten aus geteertem Segeltuch Umhänge und Kapuzen. Die See war groß ...

Und immer noch wartete der Schiffer.

Am 22. Mai ließ er die Amsterdamer Flagge von dem Loch in der Wand herunternehmen und den Rest der Wand als Feuerholz niederlegen.

Am 27. Mai willigte er ein, daß die Männer die Boote für die Reise herrichteten.

Das war die Zeit des Frans van Haarlem, der sich vor Spitzbergen die Hand quetschte und auf Nowaja Semlja die Zehe erfror. Fiebrig lag er unweit der Tür. Der Schmerz hackte im Fuß, und der Scharbock wühlte im Mund. Und an diesem Bootsmann Frans vorbei schleppten die Männer das alte Focksegel und Wanten und Trossen und Stengen. Das halbe Schiff hatten sie ausgeräumt, um Pinasse und Bock seetüchtig machen zu können. Er hörte und sah. Aber er lag.

Frans war vierundzwanzig, geboren, während Don Friedrich die Stadt Haarlem belagerte. Zu jener Zeit hatte Barents an der Seite des Kaufmannes Os schon längst diese Stadt verlassen. Und Frans lag mit kleinen, weit auseinanderstehenden Augen, das braune Haar verfilzt, und noch immer trugen sie Segelgut an ihm vorbei, und noch immer hörte er ihr Hämmern und Hobeln.

Keinen krummen Nagel hätte ihm sein Vater verziehen. Manches Boot war durch seine Hände gegangen, die nun klamm auf der Decke lagen. Seine erste größere Reise hatte ihn in das Behouden Huys geworfen. Wie mußte ein Schiff beschaffen sein, damit es sich im Eis bewähre? Das hatte ihn interessiert. In ihm war ein großes Staunen, daß der Leib der „Eissee" noch immer heil sein sollte. Das Schiff hatte der Zerstörung durch Eis widerstanden. In die Höhe war es gepreßt, aber nicht zermalmt worden. Von künftigen Eisschiffen träumte er im Behouden Huys, das im wesentlichen von ihm gebaut worden war.

Simon munterte ihn auf. „Laß den Kopf nicht hängen, alter Junge." Breit saß dieser Freund Simon da, Tag für Tag, wenn er wieder hereinkam von den Booten. Die See – offen war sie. Der Weg zum Wasser – auch der wird gepackt. Das Schiff – heil noch, hoch auf dem Eis, ein wahres Wunder. Simon rieb sich das wuchtige Kinn, erzählte, strich das Haar hinters Ohr. Gelassen ließ er die Worte fallen, eine große Zuversicht sprach daraus. Die Boote schwammen schon halb nach Simons Worten. Das Eis schmolz von allein nach Simons Worten und gab den Weg frei.

Frans lag mit geschlossenen Augen.

Manchmal saß der Schiffsjunge dabei, der mit Simon das Brotfaß aus dem Schnee gewühlt hatte, nahe beim Schiff, wie man sagte. Manchmal kam Laurens mit der Flöte dazu. „Rauben und Raufen ist keine Schande ..." Damals hatten sie einen neuen Text dazu gesungen ...

Sollte Simon sagen, daß auch seine Knie zitterten? Daß es ihn Mühe kostete, seinem Freund Frans diese Gelassenheit vorzutäuschen? Zehn Mann hatten mit Mühe die Pinasse aus dem Schnee gegraben. Mit letzter Anspannung ihrer geschwundenen Muskeln, mit zusammengepreßten blutigen Kiefern, mit Tränen des Zorns und mit ohnmächtigen Flüchen hatten sie versucht, das Boot zu bewegen. Nicht eine Handbreit hatte es sich gerührt. Sollte Simon das dem kranken Frans sagen?

Wenn sich die Pinasse schon jetzt nicht rührte, da sie noch nicht einmal aufgebordet war, wie sollten sie sie dann die endlosen Schritte durch die Eiswildnis bis zum Wasser bringen? Pferde hätten sie gebraucht, zehn ausgeruhte, mit Hafer gefütterte Pferde. Sie waren zehn Männer. Und dazu fünf Kranke, die flach auf den Kojen lagen: Barents, der seine letzte Kraft an die Karte gewendet hatte; der am Fuß amputierte Frans; Claes Andries, dessen Schiff Nowaja Semlja sich nicht rührte. Und nun lagen auch noch Sterrenburgh und de Veer.

Simon lachte. „Es geht alles seinen Gang."

Da brüllte Hooghwout: „Glaubt doch dem Schwätzer nicht. Eher rührst du die Zimmermannsfelsen von der Stelle als die Pinasse."

„Laus, du!" zischte Simon.

Und der Schiffer, noch mit vor Anstrengung jagendem Herzen, keuchte: „Wenn wir die Pinasse nicht hinkriegen, müssen wir als Bürger von Nowaja Semlja hierbleiben und unser Grab da machen."

Es war nicht Hoffnungslosigkeit, die Heemskerck so sprechen ließ. Es war die nüchterne Wahrheit, wie sie der Navigator stets den Männern im Winterhaus gesagt hatte. Erkennt die Situation. Dann ist sie meisterbar.

Heemskerck fertigte Hooghwout ab. „Es ist wahr, die Pinasse hat sich nicht gerührt. Das bedeutet nicht, daß sie sich nicht rühren wird. Geht zunächst an den Bock."

„Wann?" fragte Evert.

Simon, vor Wut über diese Laus Hooghwout: „Jetzt!"

Einer nach dem andern schlurften sie an Hooghwout vorbei ins Freie. Der Bootsmann Evert, mit faltigen Wangen, da das Fett geschwunden war, der Aufrührer gegen den Schiffer, der Mann, der keinen Finger gerührt hatte, Laurens ins Eisen zu legen, trat dem schmächtigen Hooghwout ins Kreuz. „Raus mit dir! Wenn du leben willst, dann verdien's!"

Als die Hütte still lag und verlassen, zwängte Frans den kranken Fuß in den Stiefel. Wo die große Zehe gesessen hatte, war ein tauber Schmerz. Leise fragte Gerrit de Veer: „Was tust du?" Der Feuerwerker Sterrenburgh erhob sich. Frans konnte nicht reden, so schmerzten die ersten Schritte. Als er die Stufen hinaufklomm, hörte er sie oben lärmen.

Den Bock hatten sie im September nahe beim Haus liegenlassen. Das erste, was Frans von der Welt wiedersah, war, wie das kieloben liegende Boot kippte und, sich drehend, in den Schnee fiel. Dann lag es, als ruhte es schon im Wasser. Frans legte Simon den Arm auf die Schulter. „Jetzt schaffen wir auch die Pinasse."

An diesem Tag schossen sie einen Bären. Er trieb sie ins Haus, und er stand lange vor den Stufen. Sie erlegten ihn mit drei Rohren.

Der Bär hatte erst gefressen gehabt. Stücke einer Robbe fanden sie in seinem Magen. Vom Wasser kam er, und aufs Wasser wollten sie. Sie lachten, als sie das Tier zerlegten. Der Koch warf die Leber in den Kessel. Wachteln, Fasanen, Forellen – was hatte er nicht alles gesotten, gebacken, gebraten. Wildleberklops, Leberpastete, warum nicht auch Bärenleber. Er redete den Männern den Mund wässrig. Sie aßen alle.

Die ersten fielen schon nach dem Essen auf die Koje. Keiner blieb verschont. Sie würgten die Leber wieder heraus. Der tote Bär streckte sie hin. Ihre Haut schuppte ab, das Haar fiel ihnen aus. Sie hatten dem Fleischgift nicht viel entgegenzusetzen.

Einen vollen Tag verzögerte der Bär die Arbeiten. Dann rappelten sich

die Kräftigsten wieder hoch. Der Schiffer warf den Rest der Leber in den Schnee. –

Die Bootsleute Frans und Simon zimmerten am Bock. Mit den Planken des Hauses erhöhten sie die Seitenwände. Hatten sie die Aufbauten des Schiffes abgerissen, um das Haus bauen zu können, so zerlegten sie jetzt das Haus, um die Boote herzurichten.

Sie verstärkten die Ruderpinne. Sie setzten einen Mast ein, von dem eine Stenge abzweigte. Sie kalfaterten die Ritzen. Sie kochten Teer. Sie zimmerten einen Bodenrost, unter dem sich eingedrungenes Wasser sammeln konnte. Tag für Tag standen sie draußen vor dem Haus im Schnee, der gelb war vom Holzmehl. Der Südwest blies und trieb das Eis fort. Und aus dem Haus schleppten sie noch immer Planken herbei, während andere einen Weg zum Wasser erkundeten.

Auch den Bootsmann Frans hatte der Arbeitsrausch erfaßt. Auch Frans lebte, weil er arbeiten konnte. Die Kälte war gelinde, und hobelte er, dachte er nicht an den Fuß.

Der Erfolg mit dem kleinen Boot stärkte ihr Selbstbewußtsein. Sie gingen erneut zu dem Platz, an dem die Pinasse lag. Diesmal war der Schnee fester und die Zuversicht größer. Diesmal schafften sie es.

Sie schleppten die Pinasse durch in einem Zug, über Schnee, über Land, dann schon über Eis. Und immer noch schleppten sie. Erst als sie beim Schiff waren, ließen sie die Pinasse liegen.

Untätigkeit und Warten waren vorüber. Nie hatten sie gern gewartet, schon hinter Vlie nicht. Einen ganzen Polarwinter über hatten sie auf diese Tage gewartet, da sie sich rühren konnten.

Auch der Schiffer wartete nicht mehr auf das Freikommen der „Eissee". Mit dem Tag, da die Boote gerichtet waren, würden sie Segel setzen. Und hätte jeder Tag mehr Warten ihn vielleicht noch mit dem Schiff belohnt, so hätte sich zugleich die Aussicht verringert, die Leute noch nach Hause zu bringen. Er sah mit geschärften Sinnen, wie verfallen alle waren. Er streifte die Täuschung der Gewohnheit ab, mit der sie langsam in ihr Elend hineingewachsen waren, und versuchte die Leute als Außenstehender zu sehen. Von Krankheit gezeichnete Körper, denen die Aussicht auf die Heimreise noch etwas Kraft gab. Er mußte heim, so schnell wie möglich.

Die Mannschaft der „Eissee" war besser als die des „Verlorenen Sohnes". Noch zwei Gruppen auf der Meerfahrt, waren die Männer nun eins. Ungemach, Elend, Gefahren hatten sie zusammengeschmiedet. Jeder hatte jeden herausgehauen. Jeder hatte für alle die Hände gerührt. Jetzt war die Mannschaft so, wie sie für eine Passage gebraucht wurde. Aber die Kraft war dahin.

Noch einmal war Heemskerck durch die zerklüftete Eiswildnis gegangen, um den leichtesten Weg zum Wasser zu erkunden. Das Wrack des

Schiffes lag auf halber Strecke zwischen Haus und Wasser. Und war das Schiff so viel gewesen, so mußte es nun ein letztes sein: ihr Depot vor der Abfahrt.

Am gleichen Tag noch ließ Heemskerck zwei Schlitten mit Fässern, Ballen, Kisten zum Schiff schleppen. Und mit jeder Last, die mehr hinauswanderte in den Schnee, spürten sie, wie groß doch ihr Haus war.

Unwetter kam, Regen und Hagel. Es tropfte zum Dach herein, das die Planken nun auch für die Pinasse gegeben hatte. Sie saßen in der Ruine, geschützt, so gut es ging, und nähten Segel und knüpften Taue. Die Tage rannen. Sie schleppten den Bock neben die Pinasse. Sie wuschen Hemden. Sie zerrten vier Schlitten voller Gut zum Schiff und lauschten im leeren Haus dem wiederum aufkommenden Nordost, der ihr Schiff, mit allem, was sie besaßen, hinaus in die See schleudern konnte.

Allein dann stiegen sie hinaus und gruben, hackten, zwangen einen gangbaren Weg für Schlitten und Boote vom Schiff zum offenen Wasser. Jacob van Heemskerck stieg zum letztenmal die Stufen des Hauses hinab. Es war der 13. Juni. Er trat an Barents' Lager. Der Navigator blickte ihn erwartungsvoll an. Hinter dem Schiffer traten die Männer in den Raum. „Es ist nun soweit", sagte Heemskerck.

Barents lächelte.

Simon und Evert hoben den Untersteuermann Claes auf eine Trage. Feuer glomm unter dem Kessel. „Ist noch Zeit für ein Zettelchen?" fragte Barents.

De Veer gab seinem Navigator Tinte, Feder, Papier.

Heemskerck winkte. Die Männer setzten die Trage mit Claes am Feuer nieder. Noch einmal hockten sie sich auf die Kojen. Eine große Stille herrschte, als der Navigator schrieb.

Fort war das Gebirge der Waren, der Feuerholzberg zwischen den Kojen. Die Türwand fehlte ganz, das Dach hatte Löcher. Der kupferne Kessel hing noch mit Wasser gefüllt über brennendem Holz. Dieses Haus war nicht leer. Da gab es noch den Längenweiser des Plancius, Zeichengeräte, Astrolabien. Da gab es noch Bücher und Karten, Leinwand und Harpunen. An Sterrenburghs Koje standen noch Musketen und Degen; Pulverhörner und Kanonenkugeln lagen davor. Da hing noch die Schiffsglocke. Zinnerne Schüsseln und Krüge, Faßzapfen aus Kupfer, Löffel und Bierkannen, Salzfässer und Kerzen. Da lagen noch Sägen, Schleifstein, Hobel, Bürsten und Türgriffe, Scharniere und Tintenkocher. Der Würfelbecher des Duncker, der gute Wams des Schiffers mit den seideüberzogenen Knöpfen. Das Siegel des Andries und sein Gradbogen, mit dem er die Sonne gemessen hatte. Tausend Dinge gab es da, Schriften, Instrumente, Geräte, die ihr Leben hier bezeugten. Alle ließen ein Stück davon in diesem Haus zurück. Das Behouden Huys war nicht leer. Die Amsterdamer Flagge blieb hängen und die Räderuhr. Stumm saßen sie auf den Kojen, während der Navigator das Zettelchen schrieb. Und der Schiffer Heemskerck nahm den Sandläufer vom Tisch.

Die Waren der Kaufleute hatte er alle verpacken und zum Schiff schleppen lassen. Nur was Os und Hasselaer in China und Cathay hatten verschenken wollen, um die Handelspartner günstig zu stimmen, hatte Heemskerck in einen Winkel des Behouden Huys räumen lassen. Vierundzwanzig verschiedene zinnerne Kandelaber ließ er da für die Eisbären, eine kunstvoll verzierte Lampe aus dem gleichen Metall, die einem Gesandten Ehre gemacht hätte. Sie blieb den Füchsen. Vier Medaillons, in Zinn gegossen, mit einem Heiligen, der nun dieses Haus behüten mochte.

„Ich bin fertig", flüsterte Barents. Heemskerck trat rasch heran. Der Navigator reichte ihm aber nicht den Zettel, wie er erwartet hatte, sondern ein buchähnliches Papier. Es war die zusammengefaltete Karte von der Passage.

„Nimm sie an dich, Jacob", bat Barents. „Sie muß nach Hause." Nie hatte er so eindringlich gesprochen.

Und ihm, der nie etwas abgeschwächt, beschönigt hatte, konnte Heemskerck nicht ein leicht dahingesagtes Wort anbieten. „Bring sie selber", etwa, „du bist gesund wie nur einer ..." Er konnte, von den zwingenden Augen des Navigators gepackt, nur sagen: „Bei mir ist sie sicher."

Erleichtert streckte Barents sich aus. „Unterschreib nun den Zettel."

Heemskerck merkte erst jetzt, daß er ihn schon mit der Karte in der Hand hielt. Hastig überflog er das Blatt.

„... Wir sind von den Bürgermeistern von Amsterdam ausgesandt, Anno 1596, um über den Norden nach den Landen von China zu fahren ..."

Von den Bürgermeistern ausgesandt, nicht von den Kaufleuten! Kein Wort von den Herren Os, Hasselaer! Heemskerck nickte.

„Nach großer Mühe und keiner geringen Gefahr sind wir gekommen an die Ostküste von Nowaja Semlja im Glauben, also an der Küste von Tatarien längs segeln zu können nach den vorbeschriebenen Ländern und sind endlich gekommen auf diesen Platz den 26. August des obengenannten Jahres, allwo unser Schiff, nachdem wir uns so tapfer gerührt hatten, endlich im Eis festlag. So waren wir gezwungen, ein Haus zu bauen, um unser Leben den Winter über darin zu sichern in dieser großen Kälte. Im Haus gewohnt vom 12. Oktober 1596 den ganzen Winter über bis zum 13. Juni. Dann, da unser Schiff noch immer fest im Eis eingeschlossen lag, mit Pinasse und Bock von hier gesegelt, um wieder nach Hause zu kommen. Unser Gott möge uns auf dieser Reise beistehen und uns mit Gesundheit in unser Vaterland bringen. Amen.

Nota. Dieses Kap, bei dem wir waren, liegt ungefähr auf 76 Grad nördlicher Breite. Nowaja Semlja, Wind von Süd und West ..."

Heemskerck hob den Blick. Barents' von Krankheit gezeichnetes Gesicht hellte sich auf. „Unterschreiben Sie, Schiffer."

Heemskerck preßte den Zettel an die Brust, dann gab er ihm den Navigator zurück. Entschlossen sagte er: „Nein, Admiral. Nach ihnen unterschreib ich. Ihnen gebührt die Ehre, an erster Stelle zu stehen."

Es riß die Männer von den Kojen.

Mit zittrigen Fingern tauchte Barents den Kiel in die Tinte. „Wylhelm Barents", schrieb er. Und der Schiffer, darunter: „Jacob Heemskerck."

Dergestalt ehrte der Schiffer den einzigen König von Nowaja Semlja.

Leise drängte Heemskerck: „Nehmen Sie das Zettelchen an sich."

Barents wehrte heftig ab. „Es bleibt hier, im Haus, gebt mir ein Pulverhorn. Hängt es in den Kamin."

Der Schiffsjunge rannte zu Sterrenburghs Koje. Unter dem Gerümpel von Waffen zerrte er ein Pulverhorn hervor und brachte es dem Navigator.

Während dieser den Zettel darin verschloß und der Junge dann noch einmal in den Kamin stieg, den er so oft durchklettert hatte, verstand Heemskerck, daß Barents auch diesmal den Kaufleuten weder Nachricht noch Rechenschaft gab.

Dieser Zettel von seiner Hand, diese letzten Worte über ihr Schicksal waren für jene bestimmt, die kühn wie er den Bug in den Norden wendeten. Wer seinen Weg an dem Punkt fortsetzte, wo Barents aufgehört hatte, dem gebührte das Zettelchen.

Seine Rechtfertigung gegenüber den Handelshäusern, den Räten, den Kosmographen, der Instruktion dagegen war allein die Karte.

Nie vorher hatte Heemskerck so überraschend die Größe des Willem Barents begriffen wie in diesem Augenblick. Er packte selbst einen Holm, als sie Barents aus dem Winterhaus trugen.

Pinasse und Bock schwammen im Wasser und nahmen elf Schlitten voll Gut auf. Sechs Packen mit feinstem Tuch, eine Kiste mit Linnen, zwei Packen Sammet, zwei kleine Truhen mit Geld, zwei beschlagene Tonnen mit dem Gut der Männer, dreizehn Fäßchen Brot, eine kleine Tonne Käse, zwei Fäßchen mit Öl, sechs kleine Fässer Wein. Kein Ende nahmen die Lasten. Und schließlich die fünfzehn Männer.

„Warum, beim schwarzen Teufel, schleppt er das alles mit!" fluchte Simon. Die Ballen drückten die Boote tief ins Wasser, zu tief, jede Schwappwelle konnte schon über Bord gelangen.

Evert und Laurens murrten. Hooghwout meinte, man solle doch die Linnenkiste gleich ins Meer schmeißen. Er schaute sich um, ob es der Schiffer gehört habe. Immer tiefer sanken die Boote. Das Gut der Kaufleute drückte. Die Männer schwiegen. Sie streiften Heemskerck mit mißtrauischen Blicken.

Er fühlte, wie sie ihn im stillen verhöhnten, daß er das Gelump mitschleppte, wie sie sich ängstigten, selber zu kurz zu kommen auf diesen Planken. Ihre winzige Sicherheit war bedroht. Gejubelt hatten sie innerlich, als er den Navigator zuerst unterschreiben ließ. Jetzt verfluchten sie ihn schon wieder. Das Auf und Ab in den Augen der Mannschaft.

Unerschütterlich stand Heemskerck am Eisrand, bis der letzte Ballen verladen war. Denn da lag das Schiff in Fesseln, Zimmerung, Tauwerk, Anker, Harz, Blöcke, Scheiben, Leder, Segel, Kompasse, Fahnen, Pfannen, Steinstücken, Rohre, Kugeln, Lunten; ein ganzer Berg Geld war das, bezahlt, berechnet, zusammengeknausert! So viel ließ er dem Eis. Das bißchen Ware mußte mit.

Er las einen Brief vor, den er in zweifacher Ausfertigung aufgesetzt hatte. Wie sie gewartet hätten und das Schiff nicht frei wurde. Wie sie sich nun den Booten anvertrauten. Drei oder vier Männer könnten ihnen bei ihrer schweren Arbeit schon nicht mehr helfen, und auch der beste von ihnen hätte nur noch halbe Manneskraft.

Laut hallten die Worte über die Eisbucht, und das Wasser schwappte. „Unser Brot langt höchstens noch bis Ende August ... So haben wir uns in Gottes Namen bereit gemacht ... und endlich die Insel verlassen."

Und wie vorher im Behouden Huys, so legte jetzt der Schiffer die Briefe zum Unterschreiben vor. Als die Leute verwundert schauten, drängte er: „Schreibt! Schreibt eure Namen, wir wollen fort."

Aber auch diese Geste ließ die Mannschaft nicht die verdammten mitgeschleppten unnützen Warenballen vergessen. Wollte Graf Heemskerck die Robben einkleiden in Scharlachtuch? Wollte er Sammet kauen? Beim schwarzen Teufel, ihr bißchen Kahn war bedroht.

So unterzeichneten sie in der schwankenden Pinasse:

Jacob Heemskerck, Pieter Pieters Vos, Meester Hanns Vos, Laurens Willems, Cornelius Pieters, Simon Jan Reyniers.

Der Untersteuermann Claes Andries lag in einem Zustand des Dahindämmerns. Also nahm der Schiffer die Briefe und gab sie in den Bock.

Und wieder folgten die Namen: Willem Barents, Gerrit de Veer, Lenaert Hendricks, Evert Jacobs, Jacob Jans Sterrenburgh.

Als Hooghwout nach der Feder griff, fiel sie ins Meer. Schon legte die Pinasse ab. „In die Riemen", befahl Barents. Der Junge wies den Brief zurück und drückte mit dem Riemenblatt das Boot vom Eisrand weg.

Sie kamen nahe bei der Pinasse vorbei und reichten dem Schiffer den einen Brief hinüber, den anderen schob Barents unters Wams, damit jedes Boot einen Brief habe, wenn sie auf dem Meere getrennt würden.

So verließen die Boote die Bucht, und zurück blieben das Behouden Huys und die Gräber von Duncker und Joris Christoffel, dem Zimmermann. Hoch auf dem Eis lag das Wrack des Schiffes.

DRITTES BUCH

Die Boote

I

Der Atem des Meeres hob und senkte die Boote. Sie liefen vor dem Wind, da sie Nordost anhielten, und blieben einen Büchsenschuß von der Küste entfernt. Die Männer sogen tief die salzige Luft ein, schauten mit entwöhnten Augen zum Himmel, der sich, von Wolkenfasern durchzogen, frei über ihnen spannte. Der Boden unter ihnen bewegte sich, Wasser übersprühte den Bug. Sie trockneten die Hände nicht ab, sondern hielten sie in den Wind. Wie im Traum segelten sie die erste Meile.

Die Boote waren alt. Manchem Hering waren sie schon zum Verderben geworden, ehe sie auf Nordreise gingen. Auf der Rechnung, die Ausrüstung der Schiffe betreffend, standen sie an letzter Stelle. Für die Pinasse war nicht mehr ausgegeben worden, als der Schneider für das Anfertigen neuer Flaggen eingesteckt hatte. Mit zehn Tönnchen gesalzenen Heringen war der Bock bezahlt. Jetzt hing das Leben der Männer an den Booten.

Die Pinasse war um die zwanzig Amsterdamer Fuß lang. Die Kunst des Bootsmannes Frans hatte ihr einen Fockmast verliehen und einen Großmast, die beide an Rahen die Segel trugen. Der Großmast der Pinasse entsprach der Fockrah des einstigen Schiffes „Eissee“, so winzig war er.

Das kleinere Boot mußte mit einem Mast auskommen. Damit sie aber dennoch eine möglichst große Fläche Tuch setzen konnten, hatte Frans einen Sprietbaum eingesetzt, der vom unteren Teil des Mastes wie ein Ast steil nach achtern aufstieg. Dieses Boot fuhr neben dem größeren Segel mit einem dreieckigen Focksegel, das jetzt bei gutem Wind auch gesetzt war.

Der Geruch des frischen Teers berauschte die Männer. Sie sahen die anderen segeln. Wieder zwei Schiffe wie zum Beginn ihrer Expedition.

Die Pinasse war mit einem Mann weniger besetzt, obwohl sie größer war. Dafür schleppte sie mehr Lasten. Die Pinasse war beweglicher und ging leichter zu rudern; deshalb hatte der Schiffer dem anderen Fahrzeug einen Mann mehr gegeben. Ein Mann mehr war eine Arbeitskraft mehr, die dem Boot zugute kam. In jedem Boot lag auf Decken ein Kranker, im Bock war es der Navigator.

Er hatte den Himmel über sich und die Gesichter der Männer. Der Sprietbaum knarrte, der Wind füllte die Segel. Er schloß die Augen, sah Amstelredam, sah Anna und die Kinder. Mit Wonne vernahm er den Anprall der Wellen. Wie tot hatten sie im Behouden Huys gelegen. Jetzt fuhren sie. Bewegung war Leben. Der Wind fächelte über sein hohlwangiges Gesicht, in das sich tiefe Falten eingegraben hatten das letzte Jahr über; der Schnurrbart war ergraut.

Wieder zwei Schiffe; es war ein Anfang. Drei Könige auf dem Weg nach dem Osten ... Der Wal, der ihnen auf der Herfahrt stinkend begegnet war, hatte die fünffache Länge ihrer Boote gehabt. Es war ein Anfang.

In Barents woben die Träume. Er hörte die kurzen Kommandos des jungen de Veer, den er an die Ruderpinne gesetzt hatte. Er dachte an die Nacht hinter Vlie, als de Veer ihn geweckt hatte, weil da der Steinbuttfischer einen Brief mitnehmen sollte. Jetzt war doch noch ein Kapitän aus de Veer geworden. Zufrieden jetzt, Schreiber? – Das Wunder der frühen Rückkehr der Sonne verblaßte vor der Bootsreise. Alle zufrieden endlich?

Jan, seinen Jungen, hatte er bei sich im Boot. Ein schweres Zusammenwachsen war das gewesen in diesem langen Jahr. Ausdrücklich hatte er darauf bestanden, daß Jan Hillebrants auf der Meerfahrt an seiner Seite blieb.

Er vernahm Sterrenburghs Stimme: „Die Inselspitze!" Er hätte sie gern gesehen, aber er blieb liegen, mit geschlossenen Augen. Er sah den Zacken dennoch vor sich. Kap um Kap wurde nun wieder genommen, alte Bekannte, die am Wege standen. Nördlich segelten sie, obwohl Amsterdam weit im Süden lag.

Heemskerck hatte ihn nach dem besten Kurs gefragt. Er hatte sich rasch entschieden. Mit den zerbrechlichen Booten konnten sie sich kein Experiment leisten. Die im Eishafen angeschwemmten tatarischen Fichten hatten ihm zwar den Beweis geliefert, daß Nowaja Semlja eine Insel war und dem Eishafen gegenüber das Festland mit gewaltigen Strommündungen liegen mußte. Vielleicht sogar der Ob.

Aber mit den Booten konnte er kein Risiko eingehen. Was half es, wenn er die Hypothese aufstellte, sie könnten einige hundert Meilen sparen, falls sie an der noch unbekannten Küste der Insel nach Süden segelten – und die Wirklichkeit verhielt sich dann anders?

So krank er lag, so schwer fiel es ihm, sich bescheiden zu müssen. Unbändig lohte in ihm der Wille, Neues zu finden. Der erwies sich als Meister, der im rechten Augenblick Wagemut von Tollkühnheit zu unterscheiden verstand. Ihm vor Augen stand das Unternehmen des Os: Zwölf Gefangene ausgesetzt am Kap Tabin, um mit Schlitten die Reise nach der Waigatsch anzutreten. Sie in den Booten waren noch fünfzehn. Und er mußte sie den bekannten, wenn vielleicht auch längeren Weg nach Hause führen, nach Norden, so widersinnig es schien.

Barents schreckte hoch. „Was ist? Warum refft ihr die Segel?"

„Eis", sagte der Bootsmann Evert.

Sie waren fünf Meilen gesegelt, fünf von fünfhundert vielleicht. Doch der kleine Aufenthalt scherte sie wenig an diesem ersten Tag ihrer Reise. Heemskercks Leute brachten vier Vögel an, die sie mit Steinen von den Klippen geworfen hatten. Das Fleisch erhielten die Kranken.

Vögel gab es noch auf der Welt, andere Felsen als die, welche zur Eisbucht gehörten. Neue Bilder belebten ihre Augen. Gut war die Reise, auch wenn das Fleisch noch nicht für alle langte.

Der Tag schwand, die Boote schliefen, der Wind sprang um, kräftig wehte er aus Süd.

Und wieder trieb er Pinasse und Bock weiter, an der Hauptspitze vorbei und schließlich am Kap Vlissingen; heimatliche Namen – sie waren die Benenner gewesen. Das Wunschkap kam, Kap van Begeerte. Nun konnten sie schon Nordwest anhalten. Was hatten sie alles gewünscht, als sie es zum erstenmal sahen.

Am dritten Tag erreichten sie die Oranien-Inseln.

Heemskerck hielt auf das Land zu. Matt lagen die Leute in den Booten. Die verstärkte Bewegung an der frischen Luft ließ sie den Hunger noch mehr spüren. Der Wind war wunderbar gewesen, und Heemskerck ging nicht gern aus dem guten Strom. Wie von allein waren sie wieder nach dem Norden gelangt. Das Große Eiskap war nahe.

Jedoch welcher Wind, welcher Strom lauerte hinter dem Vorsprung, wenn sie an der Westküste der Insel entlang nach Süden segeln wollten, auf neuem, auf endgültigem Kurs?

Nicht einmal hatten sie bisher in die Riemen langen müssen, und dennoch lagen die Männer matt wie die Fliegen. Sie scherzten noch bei allem, sie lachten, wenn sie sich in der Enge unbeholfen bewegten. Dem Tanz des Bootes waren sie ausgeliefert, ohne sich halten zu können; und dennoch freuten sie sich wie Kinder.

Heemskerck brauchte frische Kost für die Leute. Vor dem Eiskap. Weil dahinter die Wetter drohten.

Die Wände lagen mit scharfen Schatten in der ewigen Sonne. Der Strand war schmal und mit Geröll übersät. Zwischen abgestürzten Felsblöcken brachte er die Pinasse sicher an Land. Zufrieden sah er, wie auch den anderen das Manöver gelang. „Vertäut die Boote!" rief er de Veer zu. „Nehmt Kessel und Fässer mit!"

Sie rappelten sich hoch. Ewig weit waren sie schon entfernt vom Behouden Huys, das sie, verhüt es Gott, nie mehr zu sehen bekommen würden.

Evert sprang mit dem Kessel an Land. Er ging auf die Gruppe von der Pinasse zu, die schon ein Feuer entfachte. Er sackte bis zum Knie in den Schnee und warf fluchend den Kessel von der Schulter. Seine Gefährten hatten eine diebische Freude daran, wie er sich aus dem Loch herausarbeiten mußte.

„Schnee gibt es genug“, sagte der Schiffer verdrossen. „Aber keinen einzigen Vogel.“

Ein Jahr zuvor hatten sie um diese Zeit an der Bäreninsel Möweneier sammeln können. Der Polarsommer war doch da, und er war kurz. Aber es war, als ob sich alles Lebende vor den Männern versteckt hielt.

„Sie brüten an Südhängen. Auf der Insel da draußen wird es Eier geben.“

Die Insel blinkte im Licht. Sie schien, mit schroffen Wänden, greifbar nahe zu liegen. Eine Eisbrücke verband sie mit dem Land. Möwen flogen um ihre Spitze.

Heemskerck musterte scharf den Bootsmann. Er hatte recht. Draußen mußten die Vögel nisten. „Meinen Sie, daß man die Insel zu Fuß erreichen kann?“ fragte er Simon. – „Ja.“

„Gehen Sie mit?“

Simon nickte.

„Wir brauchen noch einen dritten Mann.“

„Laurens“, sagte Simon.

Der Schiffer preßte die Lippen zusammen, wollte abwehren. Doch Laurens, eine Pütz voll Schnee in der Hand, trat auf ihn zu. „Sie haben gerufen?“

Heemskerck fragte knapp: „Trauen Sie sich zu, mit zu jener Insel zu gehen?“

Laurens schaute hinüber. „Die Beine machen noch mit.“

„Wir wollen Möwen fangen“, erklärte Simon.

Heemskerck gab dem Hochbootsmann Vos Anweisung, nicht eher mit dem Schneeschmelzen aufzuhören, als bis die Fäßchen mit Wasser gefüllt waren. Gleichzeitig solle er mit Holz sparen. Dann wandte sich der Schiffer zu Simon und Laurens. „Gehen wir.“

„Gute Jagd!“ schrie Evert.

Am Strand trat Heemskerck noch einmal an die Boote. Nun, da die beiden Kranken nicht mehr von den Wellen hin und her geworfen wurden, schliefen sie. Barents schien ihm um zehn Jahre gealtert. Andries' Haar färbte sich an den Schläfen grau.

„Paß gut auf sie auf“, befahl er dem Schiffsjungen, der krumm auf dem Steven der Pinasse hockte. Dann winkte er seinen beiden Begleitern und ging vor ihnen her, auf die Insel zu.

Sie liefen eine lange Zeit. Die Felsen vor ihnen wichen scheinbar immer wieder zurück. Alle Glieder schmerzten ihnen bei ihrem schweigenden

Marsch. Das Eis war keine glatte Straße. Trümmer wuchsen aus der Fläche, die von Rillen durchzogen war. In Mulden stand Wasser, und es hätte keiner sagen können, ob die Sonne schon solche Kraft besaß, daß auch das Eis schmolz, oder aber ob es Meerwasser war.

Nach einer Zeit, als Heemskerck zum Strand zurückspähte, merkte er, wie ihn der Bootsmann Laurens finster betrachtete.

Von da an saß ihm die Unruhe im Nacken. Das Eis schien brüchiger zu werden, die Insel kam nicht näher.

Glaub nicht, daß ich alles vergessen habe, schien der Mann hinter ihm zu sagen. Du weißt wie ich, daß ich unschuldig war, als ich im Eisen saß.

Kommst du jetzt damit, jetzt? Nach der Überwinterung? Hat sie nichts ins Meer des Vergessens sinken lassen?

Wie kann sie das, Schiffer, bist Segelmachersohn und hast doch vergessen, wie es einem Bootsmann zumute ist, der auch eine Ehre hat. Entehrt, weil man angekettet wurde wie ein Tier, unschuldig angeprangert, das brennt auch einen eisigen Winter über. Du weißt genau, daß Duncker die Schuld trug, Schiffer.

Immer schneller lief Heemskerck. Der Schweiß perlte auf seiner Stirn. Die Mannschaft des „Verlorenen Sohnes". Auf einmal war sie hinter ihm her. Er sprang über Spalten, lief über Trümmer, immer die Insel im Auge, immer die kreisenden, schreienden Möwen.

Der Bootsmann Laurens hinter ihm: Für deine miserablen Ziele kamen meine Hände ins Eisen! Eine Stufe für deinen Aufstieg!

Mit letzter Kraft setzte Heemskerck über eine Spalte. Das Eis brach unter seinem Fuß. Er vernahm noch den Warnruf des Simon. Dann stürzte er in das schwarze Wasser. Die eisige Kälte benahm ihm den Atem. Sofort packte ihn die Strömung und trieb ihn die Rinne hinunter, ein Kanal in ihrem holländischen Land. Er versuchte sich anzuklammern, schlug um sich, fand Eis, rutschte ab, riß sich die Hand blutig und strudelte weiter in dem Wasser, durch die ganze Eissee. Der Himmel mit den Faserwolken tanzte, die Möwen schrien gellend. Tausend Gewichte hängten sich ihm an die Füße, an die Beine, Fangarme umschlangen seinen Leib. Etwas drückte ihm die Kehle zu.

Plötzlich stand er taumelnd auf dem Eis. Wie aus bösem Traum fahrend, triefend vor Nässe, sah er um sich. Die Bootsleute hatten ihn in die Mitte genommen. Sie waren es, die ihm Halt gaben. „Das war knapp", ächzte Simon.

Die Stirn gefurcht, stand Laurens vor ihm. „Tun Sie das nicht wieder, Schiffer. Wir brauchen Sie noch!"

Benommen blickte Heemskerck zu den jagenden Möwen.

Laurens schleppte den nassen, frierenden Schiffer über das Eis zurück zum Strand. Simon erlegte auf der Insel drei Möwen für die Kranken.

II

Das Große Eiskap kam, Ys-Hoeck, der nördlichste Punkt der steinernen Robbe, die Wendemarke des Kurses. Dort hatten sie gesungen. Dort hatten sie dem zurückweichenden Land nachgeschaut. Stracks nach Süden, nach Cathay; wer wußte, ob es nicht doch das Kap Tabin war.

Rauh packte der Wind die Boote. Wasser kam über; unablässig schöpfte der Schiffsjunge. Sie lagen genauso naß, wie es der Schiffer gewesen war, als ihn der Bootsmann Laurens bei den Oranien-Inseln aus der See gefischt hatte.

Es war, als habe sie bisher die steinerne Robbe geschützt. Ihr Leib hatte die Wetter abgefangen. Jetzt kamen sie nach Luv, jetzt führte die See ihre Eisheere heran. Es gab keinen treffenderen Namen für das Kap. Die untere Schot des Segels knallte gegen den Mast. Sie legten sich in die Riemen, ohne auf das Kommando zu warten.

Barents schaute, auf den Jungen gestützt, lange zu dem Kap hinüber. Über sieben Breitengrade streckte sich das Land von hier südwärts, bis zur Waigatsch, deren Erforschung er sich ebenfalls versagt hatte. Bestand sie aus einer Meeresstraße oder aus zwei? War die Pforte Burroughs auch die Straße von Nassau der Holländer? War das Land Waigatsch das Südende von Nowaja Semlja oder eine selbständige Insel?

Neue Fragen tauchten in Barents auf, die nach Antwort drängten. Neue Pläne standen vor ihm, da er das Große Eiskap sah. Seine kraftlose Hand lag auf der des Jungen, der ihn besorgt betrachtete.

Fuhren denn die Boote nicht schneller? Jagten sie nicht endlich dahin bis in ihr heimatliches Holland, damit der Navigator seine Kraft zurückgewänne? Evert und Hooghwout schöpften unablässig, während Jan Hillebrants den Navigator hielt.

Eis krachte um die Steven, die Boote bäumten sich, die Wellen schlugen. Heemskerck winkte aus der Pinasse herüber. Sie quetschten sich hinter eine Eisbarriere zwischen Land und See, die die Flut abfing.

Ächzend lagen sie in den Booten, diesen Nußschalen, die nur ein paar armselige Planken waren. Grauverhangen war der Himmel in diesen Tagen ohne Nacht; ihre Kleidung vereiste, die Hände erstarrten. Einige Glasen lagen sie sicher. Doch zur Ostsonne packten die Wellen die Eisbarriere mitsamt den Booten und schleppten sie weg.

Ab ging die Reise, nach Südwest ging sie, aber mit dem Eis, eingekeilt wie Steine, die das Treibeis mitbuckelte. Mit ungeheurem Krachen zerhieb das Meer die Eisbarriere und schleuderte die Stücke nach den Männern. Die Boote wankten. Acht lange Monate im Behouden Huys gelegen, um dann in den Grund zu fahren? Evert reckte die Faust gegen den Himmel, eine hilflose Gebärde.

Mit den Riemen versuchten sie die Boote von den Rammböcken des Kanteises abzuhalten, so gut es nur ging.

Heemskerck warf ein Tau aus der Pinasse in den Bock. „Die Boote müssen an Land!" Das Ende des Taus fiel dem todblassen Hooghwout in den Schoß. Unbewußt griff er danach, als fände er so einen Halt.

De Veer, Kommandant des Bocks in Vertretung für den Navigator, begriff den Plan des Schiffers im Nu. Die Pinasse lag ungünstiger zum Land als der Bock, deshalb hatte Heemskerck ihnen das Tau zugeworfen. Er sah, wie Jan Hillebrants dem Hooghwout das Seil wegriß und einen Fuß auf die Bordwand stellte. Ehe der Junge springen konnte, schrie de Veer: „Du bleibst!"

Die Finger um das Tau gekrallt, sprang de Veer über Bord. Er erwischte eine Scholle und konnte sie verlassen, bevor sie kippte. Er nahm die nächste, sah sich nach den Booten um, sprang. Er war wie eine Katze, die es verstand, der Bedrohung im letzten Augenblick auszuweichen. Eis trieb ihn ein Stück ab, dann wagte er wieder den Sprung.

Er hatte den Überwinterern die Sonne vorgegaukelt. Der Navigator, den er verehrte, hatte ihn durchschaut und dennoch zu seinem Vertreter im Bock bestimmt. Mit jedem Sprung von Scholle zu Scholle mußte er sich sein Kommando verdienen. Er wußte sich verfolgt von den Augen der auf dem Meer kämpfenden Männer. Er glitt, sprang und krampfte die Finger um das Tau. Das Eis krachte. Mit einem letzten Sprung warf er sich auf festes, mit dem Land verwachsenes Eis.

Gerrit de Veer hielt das Tau fest, das stellenweise von Wasser überspült wurde. Daran hingen die Boote. Er stand, keuchte sich die Lunge aus dem Leibe, sah die Männer, ihn antreibend, winken. Müde torkelte er, dann raffte er sich auf und suchte einen Platz, an dem er das Tau verankern konnte. Endlich schlang er es um einen Eisblock, unlösbar, mit klammen Fingern. Er hob als Signal den Arm. Rufen konnte er nicht mehr.

Langsam holten sich Pinasse und Bock an dem Tau durch das tobende Meer, durch Eistrümmer zu dem festen Platz. Evert und der Koch schoben Barents auf einer schnell ausgebreiteten Decke hinauf.

Das Boot schabte am Eisrand. Die Pinasse kam gefährlich nahe heran. Die Geldtruhen, die Kiste Linnen, die Packen Sammet, Brot- und Weinfässer, Öl und Käse – alles Gut rafften sie in Eile aus den Booten und zerrten es über Eis. Endlich bargen sie die Boote selber.

Als der Eisrand brach, befahl Heemskerck, Pinasse und Bock noch dreißig Schritt näher an Land zu ziehen. Dann lagen sie alle auf dem Eis.

Es war ihr erstes Eisbiwak. Sie hofften, daß die Mitternachtssonne oder die Mittagssonne ihre Kleider trockne und genug Schnee schmelze für ihren Durst. Später entzündeten sie auch ein Feuer und verfolgten, wie der Koch die Suppe rührte.

Sie lagen und schliefen und sprachen; die Glasen verstrichen, die Wachen äugten nach dem Eis.

Es bedrohte sie nicht mehr, indem es nach ihnen langte. Es schloß sie ein. Wie es ihr Schiff „Eissee" eingekreist und schließlich eingefroren hatte, so verlegte ihnen jetzt das Schollengewirr jeglichen Weg, Rückzug sowohl wie Flucht nach vorn.

Wenn Heemskerck über das Eismeer schaute, das sie erneut in Gefangenschaft zu schlagen drohte, erfaßte ihn eine grenzenlose Verzweiflung, ähnlich der ihrer ersten Tage im Eishafen. Er wußte, den Leuten erging es nicht anders.

Gemeinsam mit Frans prüfte er die Boote. Fingerbreite Risse fand er zwischen den Planken, zersplitterte Duchten, angeschrammte Masten, verwirrte Takelage. „Setzt alles instand", befahl der Schiffer karg. Da schmolzen sie Pech und dichteten die Spalten. Tausend Arbeiten fand der Schiffer für die Männer, damit sie nicht nach dem Eis schauten. Einige schickte er nach dem Land, Holz und Eier zu suchen. Der Rauch des Feuers auf diesem Eis von Nowaja Semlja hatte etwas Anheimelndes an sich.

Der Wind kam Nordwest, später West, dann Westsüdwest. Aus allen Richtungen kam er in diesen vier Tagen, da sie festlagen. Er schien in allen Winkeln das Eis zusammenzukratzen, um es vor ihr Biwak zu werfen.

Die Glasen verstrichen, die Boote waren gerichtet, die Leute kehrten zurück vom Land, ohne Eier, ohne Holz, die Kleider trockneten, das Gut wurde verstaut, die Sonne umkreiste den Horizont. Sie warteten. Hinter Vlie hatten sie gelegen und gewartet. Im Eishafen hatten sie gelegen und gewartet. Gelegen und gewartet.

Am vierten Tag, da sich die Boote an der Trosse des de Veer auf das Eis gezogen hatten, zur Südostsonne, plagte den Navigator Willem Barents ein unheimlicher Durst. Seine Lippen waren aufgesprungen. Teer, Salz, Eis, alles schmeckte er auf seiner geschwollenen Zunge. Mit glühenden Augen richtete er sich auf.

„Gebt mir zu trinken", bat er. Vielfältige Geräusche hörte er, die helle Stimme seines Sohnes Jan, der vom Koch Wein für den Navigator forderte, Heemskercks Befehle, Hämmern und Hobeln, das Stöhnen des kranken, vom Scharbock und Polarwinter hingestreckten Untersteuermanns. „Sechsundsiebzig!" ächzte Andries immer wieder.

Und während er nun wieder wartete, auf das Wasser, auf den Wein, das Mittel gegen den Durst, geisterte ihm durch den Kopf sein unablässiges Warten. Warten auf Anna in der Alten Kirche und auf das Gespräch mit Plancius. Warten im Haus am Wasser und dabei die Bilder besehen, ungeheure Weltlandschaften und die Fische und das Schlaraffenland des drolligen Pieter. Und vorher Dieven, und der Buchstabenschneider Coster aus dem schönen Haarlem, und der in Gent gehenkte Commis des Os, der

sein Vater war, und immer Warten. Auf die See, auf die fernen Länder, auf die günstigste Instruktion, Warten an der Waigatsch und am Eiskap.

Fünf Kinder in der St.-Nicolaas-Straat, ein Medaillon aus Leiden. „Sechsundsiebzig!“ schrie da einer. „Sechsundsiebzig!“ Zu kurzes Warten hinter Vlie ließ das Schiff stranden. Zu langes Warten auf den starrköpfigen Rijp bei Spitzbergen ließ das Eis wachsen, das sie dann bei Nowaja Semlja einschloß. Warten auf die Gulden für das Mittelländische Seebuch, in das er das alte Kalendarium geschmiert hatte, Warten auf den Lernbruder Dirck van Os, den Gatten der Gertrud Hasselaer. Das Schiff des Portugees auf dem gewöhnlichen Kurs: Warten, wer schafft es ... An einem Tag kommen wir an, du von Cathay, ich von Cathay, aber ich bin ein Jahr schneller ... Vorbei ... und dennoch vollbracht ...

Er spürte den Becher in seiner Hand, jemand stützte ihm Arm und Kopf. Sein Blick fiel auf das Große Eiskap. Herb roch der Xereswein.

Den Becher gegen das Kap erhoben, trank er. Er trank seiner Insel zu. Nowaja Semlja, neues Land, seine Schicksalsinsel, von Bären und Füchsen bewohnt und vom flüchtigen Ren und einen Winter lang von der Mannschaft eines Schiffes. Die steinerne Robbe in der ewigen Sonne, in der ewigen Nacht.

Langsam trank er im Angesicht des glänzenden Kaps.

Dann setzte er den Becher ab und fiel tot zurück.

Sein Untersteuermann Claes Andries starb in der gleichen Stunde.

III

Sie schwammen wieder auf dem Meer, nach Schinderei zwar, nach Schleppen der Boote über Eis bis zum offenen Wasser, nach Rudern und erneutem Schleppen über weite Schollenfelder, die sie von der Fahrrinne abriegelten. Sie segelten wieder.

Es war, als gäbe die Insel sie frei, als habe sie sich mit dem Opfer des einen begnügt, des Obersten, des Fähigsten, weil sie so die Gewißheit habe, daß ihr dann auch die anderen nicht entgingen. Die Insel hatte ihren König behalten.

Zwei frische Gräber ließen sie zurück, mit schweren Steinen bedeckt, damit die Toten nicht von Eisbären gestört wurden. Zwischen den Felsschründen und Gletschern am Großen Eiskap schienen noch die Choräle zu schweben und die Psalmen und die ehrenden Worte des Schiffers für den Leiter ihrer Expedition und für den tapferen Untersteuermann.

Sie schwammen wieder, und das Eiskap versank. Sie waren auf Südkurs. Die Männer saßen geduckt auf den Duchten, lehnten gegen die Warenballen, schmiegten sich an die nasse Bordwand. Dicht hintereinander fuhren die Boote, mühten sich durch Rinnen, schlugen sich durch Labyrinthe. Mit einem Schlag hatte sich die Zahl ihrer Toten verdoppelt. In keinem der Boote lag nun mehr ein Kranker, aber in jedem hätte jeder so liegen können, so elend fühlten sie sich.

Der Schiffsjunge Jan Hillebrants biß sich in die Hand, um nicht vor Trauer zu brüllen. Jede Stunde mit Barents stand vor seinen Augen: Als er vor Duncker floh im Wrack der „Eissee"; als er in die Tabellen des Josephus Skala schaute; als er mit dem Admiral auf dem Dach des Hauses auf die Konjunktion irgendwelcher Gestirne wartete.

Bis nach China hatte er mit Willem Barents fahren wollen! Jetzt segelten sie nicht einmal mehr gemeinsam nach Hause.

Wie war doch Barents besessen von seiner Aufgabe gewesen, wie hatte er dafür geglüht, mit welcher Kraft war er noch die Karte angegangen! Nicht im geringsten hatte der Junge geahnt, daß Barents ein lange vom Tode gezeichneter Mann gewesen war.

Heemskerck im anderen Boot hatte das gewußt. Aber er war nicht weniger betroffen. Er hatte es in dem Augenblick gewußt, als Barents ihm die Karte anvertraut hatte. Seine letzte Karte von der Passage, das beste, was er zu geben hatte.

Aber wie ein Mensch immer noch hofft, solange das Unabänderliche nicht eingetreten ist, so hatte Heemskerck nicht mit einem schnellen Sterben des Navigators gerechnet. Seine Trauer war tief. Er begriff furchtbar durch diesen Verlust die Größe des verlorenen Mannes.

Erst hier auf dem tanzenden, zwischen das Eis geklammerten Boot fand er endgültig zu Barents. Drei Könige auf dem Zug nach dem Osten. Zusammen hätten sie mächtig gestanden. Vielleicht hätten sie die Umschiffung Nowaja Semljas vollendet, wenn ihre Zeit nicht bei Spitzbergen verlorengegangen wäre. Vielleicht auch hätten sie sich doch noch für die Fahrt durch die Waigatsch entschieden, wenn nicht Heemskercks Vorbehalte gegen den Navigator bei diesem das Vertrauen zu seinem Schiffer, dem Zauderer, zerstört hätten. Beredter hätte er auftreten müssen, sagte sich Heemskerck, jetzt im Boot; die Argumente der Seeleute von Archangel hätte er glühender vortragen müssen, selber begeistert für die Passage, nicht nur in kalter, verblendeter Berechnung.

An der Karte des Barents hatte er schmerzlich begriffen, daß der Navigator die mögliche Passage durch die Waigatsch keinesfalls ausschloß. Ein solcher von Forscherdrang besessener Mensch wie Barents war durch logische Argumente zu überzeugen, aber nicht durch Geschwätz, hinter dem er mit feiner Nase Unaufrichtigkeit wittern mußte. – Heemskerck im Boot war kein Richter mehr über Barents' Handlungen. Wenn der Navigator Fehler begangen hatte, dann verblaßten sie vor seinem Tod.

Der Schiffer saß eine kurze Zeit in ähnlicher Erstarrung wie damals, als ihm das Schiff „Engel“ die Nachricht von der Hasselaer gebracht hatte. Dann zwang er die Gedanken hinab; er mußte einen klaren Kopf behalten. Ernst saß er da, schmal, blaß, spähte nach den Rinnen, rief die Segelkommandos in den Wind und lotste die Boote entlang der Küste.

Jeden von der Mannschaft traf der Verlust des Navigators zutiefst. Hier erwies sich erst, wie sie ihn wirklich geliebt hatten. Das Ruhmlied ihm zu Ehren, sie hatten es nicht mehr gesungen, auch an seinem Grab nicht. Er lebte in ihnen. Drei Buchstaben an einer bereiften Tür, der dritte bedeutete Barents.

Sie befolgten die Kommandos mechanisch. Sie legten sich in die Riemen, stemmten sich gegen Eis und zurrten an den Leinen. Barents saß unter ihnen.

Mit am härtesten traf Barents' Tod den Volontär Gerrit de Veer. Er brach zusammen. Eingesetzt von Barents als Kommandeur des Bootes Bock, konnte er es nun nicht mehr befehligen. Er stieg um in die Pinasse, unfähig, auch nur einen Handgriff zu verrichten.

Für ihn saß der Hochbootsmann Pieter Vos an der Ruderpinne, gelbgesichtig, wortkarg wie eh und je, mit eiserner Entschlossenheit. Seine Augen lebten auf, als er die Pinne in die Hand nahm. Hatte er acht Monate im Behouden Huys wie ein Tier gelegen, so gab ihm jetzt das Meer sein Leben zurück. Präzise gab er die Kommandos. Er fluchte auch wieder. Aber es klang, als wolle er dadurch seine Gefährten ermuntern.

In der Pinasse segelten jetzt der Schiffer Heemskerck, der Chirurg, der ermattete Gerrit de Veer und die Bootsleute Laurens, Cornelius und Simon.

Die Insassen des Bock waren der Hochbootsmann, der Koch, der Feuerwerker, der Schiffsjunge und die Bootsleute Evert, Hooghwout und Frans, dessen Fußwunde sich durch Berührung mit Seewasser, Kälte und durch die vielfältigen Anstrengungen erheblich verschlechtert hatte.

Es schien aber fast, als hätten sie durch das Sterben des Navigators den anderen Toten vergessen. Claes Andries, Untersteuermann. Sein Riesenschiff Nowaja Semlja hatte sich nicht von der Stelle gerührt. 76 Grad nördlicher Breite. Nicht ein Meilchen war Claes südwärts gekommen; im Gegenteil. Sein Grab lag nahe dem 77. Breitengrad.

Drei Tage nach dem Tod ihrer Gefährten erreichten sie Kap Trost, fünfundzwanzig Meilen entfernt, und sie nahmen Schnee in den Mund, um ihren Durst zu löschen.

Die Festung an ihrer Seite, dieser Wall, diese Riesenrobbe nahm kein Ende. Ewig waren ihre Gletscher und ihre Felsabstürze. Kein Fortschreiten ihres Kurses war sichtbar. Maßen sie die Sonnenhöhe, errechneten sie noch immer höhere Breiten, als ihr Winterhaus gelegen hatte. Fast in West-

richtung verlief die Küste, so daß sie Längengrad um Längengrad passierten. Nach Süden gelangten sie nicht.

Süden, das war Wärme, eisfreies Gewässer, frisches Grün gegen den Scharbock; Fleisch, Menschen.

Später griff die Insel nach ihnen. An der Ostseite von Kap Nassau legte sie Eiswälle. Sie vertrieb die Vögel, die diesen Männern als Nahrung hätten dienen können. Mochten sie immerhin noch ihren Zwieback essen, den sie kochen mußten, weil sie ihn nicht mehr kauen konnten. Mochten sie immerhin noch einige Wurzeln finden für ihr Feuerchen; der Sturm blies es früh genug auseinander. Der Sturm fegte die Boote in die See samt dem so sicher scheinenden Eise. Der Sturm knickte den Fockmast der Pinasse, weite Schollenfelder schoben sich zwischen die Boote. Und der Nebel trennte sie endgültig.

Mochten sie immerhin noch ihre Musketen abfeuern, um sich wiederzufinden, mochten sie Gut und Boot gemeinsam heraus auf scheinbar festes Eis schleppen. Mochten die Männer all dies tun. Hinter dem endlich passierten Kap Nassau half kein Segel mehr. Der Wind kam direkt aus der Richtung ihres Zieles. Ihre letzte Kraft warfen sie in die Riemen. Nun führte die Insel alles an, was sie aufzuweisen hatte. Den sickernden Nebel, Meere von Treibeis, die ein neues Biwak erzwangen; Bären, die die auf das Eis gekrochenen Boote belauerten.

Die unsichtbare Sonne umkreiste langsam den Horizont, Ost, Süd, West, Nord.

Wieder verstrich ein Tag, wieder vollbrachte der Schiffer mit klammen Fingern seine Eintragungen ins Journal. Wieder spannten sie die Segel wie ein Zelt über die Bootskörper und krochen darunter.

Der Bootsmann Simon Reyniers saß mit dem Schiffsjungen auf Wache. Der Nebel waberte, und wo die Sonne sein mußte, war ein heller Fleck.

Dicht nebeneinander lagen die Boote auf der Eistafel. Vor ihnen standen die Fässer, Ballen, Kisten, Rollen, alles, was sie auf ihrer Fahrt mitschleppten.

Auf einmal sagte Jan in den trostlosen Nebel hinein: „Wir kommen nie mehr nach Hause.“

Dieser Satz klang Simon so, als sei er das Ergebnis unendlicher Überlegungen. Wir kommen nie mehr nach Hause! Aus!

Simon fluchte. „Wer sich aufgibt, Teufel, der ist verloren!“

Der Junge schien es nicht einmal der Mühe für wert zu befinden, auf Simons Beschwörungen einzugehen. Er runzelte lediglich die Brauen, sah zum Schatten des Kap Nassau, das sie nun lange genug von allen Seiten kannten. Stilliegen vor dem Kap, Stilliegen hinter dem Kap. Nie mehr nach Hause. Punkt. Kap Nassau war das letzte Heimatliche, das sie erreichten.

Nassau-Oranien, ein Denkmal dieses mächtige Kap für Wilhelm den

Schweiger, der die Niederlande in die Freiheit geführt hatte und im Prinsenhof zu Delft vor mehr als einem Jahrzehnt ermordet wurde. Und das Große Eiskap war ein Denkmal für den anderen Wilhelm, der die Mannschaft der „Eissee“ nach Nowaja Semlja geführt hatte. Diese steile vergletscherte Küste – ein Denkmal für sie alle. Nie mehr nach Hause!

Simon schrie den Jungen an.

Jan sagte leise: „Heute vor einem Jahr haben wir uns von Rijp getrennt.“

Vor einem Jahr hatte er mit Duncker Wache gehalten, um das andere Schiff zu belauern und den günstigsten Moment für die Flucht zu finden. Später hatte er mit Barents Wache gehalten, um Mond und Jupiter zu finden. Jetzt hielt er mit Simon Wache, gegen Bären, gegen Eis. Seine beiden früheren Wachgenossen waren schon verreckt. Auch auf der Schelde hatte es einmal eine Wache gegeben – die Spanier hatten die Männer im Boot dennoch überrascht! Wachen, wachen, ihm würden bald die Augen zufallen.

„Hör mal, Junge“, sagte Simon. „Wir haben doch zusammen das Brot aus den Felsen geholt. Auch das war nicht leicht. Auch die Seereise schaffen wir. Wart nur, bis der Wind umspringt ...“

Ein Schatten bewegte sich hinter ihrem Warenlager. Wortlos stand Jan Hillebrants auf, ging an den Eisrand, spähte in den Nebel, schrie dann zurück: „Es ist ein Bär!“

Simon kam herüber.

Der Bär saß draußen auf einer Eisscholle. Aber er hatte es nicht auf ihr Lager abgesehen. Er schien selbst kämpfen zu müssen, um nicht zwischen Eis zermalmt zu werden. Ein kalter Hauch wehte von diesem Meer aus; der Junge fror bis ins Mark, sein Blut erstarrte. Das waren keine Schollen mehr, das waren Schiffe von Eis, die gegen die Küste rannten, bewegliche Gebirge waren es, die sich auf sie zuwälzten.

„Weck den Schiffer!“ brüllte Simon.

Als der Junge die Pinasse erreicht hatte und im Begriff war, das Segel zurückzuschlagen, bebte der Boden unter seinen Füßen. Die Pinasse wankte. „Alles heraus!“ schrie der Junge. Nie mehr nach Hause, nie!

Heemskerck war sofort hellwach, warf einen Mann, der ihn behinderte, über die Bootswand, sprang hinterher. Der Junge erreichte den Bock, als mit ohrenbetäubendem Knall die riesige sie beherbergende Eistafel brach. Er stürzte zu Boden, raffte sich auf mit dem Instinkt eines Wesens, dessen Existenz bedroht ist.

Wasser spülte über das Eis, in breiter Welle. Der Bock sackte am Hintersteven ein. Plötzlich waren alle Leute auf dem Eis, rannten ziellos umher. Heemskercks Stimme trieb sie an das kleine Boot.

„Holt mich hier raus, Jungs!“ schrie Frans.

Evert rutschte weg, der Feuerwerker schlug lang hin, Hooghwout floh nach dem festen Eis zu. Drei mühten sich am Bock ohne Erfolg. Heemskerck preßte die Schulter an die Planken, brüllte gegen das Tosen: „Stemmt euch, Jungs!"

„Hojaho!" keuchte Simon.

„Noch einmal!"

„Hojaho!"

„Rundum geht's!"

„Rundum geht's!" brüllten schon fünf Männer, gegen den Bock gepreßt.

„Anker auf!"

Anker auf für ihren Bock! Der Rundgesang holte sie von der Pinasse herüber, holte sie vom festen Eis zurück, preßte sie gegen das winzige Boot, acht Mann, zehn, zwölf. Der dreizehnte und letzte lag krank darinnen.

„Stemmt euch, Jungs!" Sie waren am Spill auf ihrem Schiff „Eissee". Sie stemmten ihre Füße gegen das Eis, das unter ihrem Druck brach. Der Bock rutschte. Immer schneller glitt er dem Land zu, immer fester und glatter wurde die Eistafel. Schulter an Schulter rissen sie den Kahn dem Eis aus den Klauen, bis Heemskerck schrie: „Genug!"

Da hasteten sie zurück zur Pinasse. Ein breiter Kanal trennte sie schon von ihr. Ohnmächtig sahen sie zu, wie das Eis sie bearbeitete. Der Maststumpf hatte noch einen Fetzen Segeltuch aufgespießt. Von unten stieß das Eis, als wolle es das Boot umstürzen.

Nie mehr nach Hause? Simon sprang auf eine Scholle, die ihn zu dem Boot tragen sollte. Fässer und Ballen schwammen im Wasser, zerhauene Planken, zerbrochene Riemen.

„Simon!" brüllte angstvoll der Junge. Jeder seiner Wachgenossen schon verreckt! Simon ...

Die Scholle kenterte. Simon hing am Steven der Pinasse. Die Scholle rutschte unter anderes Eis, aber Simon war schon im Boot. Mit Schwung schleuderte er ein Tau zu den Gefährten hinüber, wich zugleich dem hereinbrechenden Eis aus und stand dann sprungbereit hinter dem Mast.

Da drehte, gleichsam von der Kraft dieses Kühnen beeindruckt, die Eisflotte ab. Mit einer neuen Strömung lief sie hinaus in die See. Die Männer spürten, wie der Druck nachließ, wie sie das Boot leichter halten konnten. Dann zogen sie es an ihre Eistafel heran.

Der Schiffer Heemskerck half Simon heraus, aber er ließ ihn nicht los. Er umarmte ihn. Nichts war die Rettung des Schiffes „Winthont" vor dem stoßbereiten Bug der „Hoop" gegen die Rettung der Pinasse vor dem Eis.

Von der Südostsonne bis zur Westsüdwestsonne hatten sie um ihre Boote gekämpft. Nun lagen sie auf festem Eis nahe dem Ufer.

Den Jungen durchdrang ein unermeßliches Glücksgefühl, daß sie diese Boote behalten hatten. Sie hatten nicht aufgegeben, sondern das schier Unmögliche vollbracht. Sie waren nicht verloren! –

Simon Reyniers, ein wenig gebeugter, ein wenig grauer, saß im Heck bei dem Bootsmann Frans, ähnlich der Zeit im Winterhaus, als Frans die Zehe erfroren hatte und amputiert worden war. Und hatte Frans dort gelegen mit dem Dach über sich, so sah er hier am Kap Nassau den freien Himmel. Aber hatte Simon im Behouden Huys seinem Freund Frans die Lage noch beschönigt – wir kommen frei, die Pinasse bewegt sich –, war nach seinen Worten dort alles so glatt gegangen, so konnte er hier den ernsten Augen Frans' nichts mehr verheimlichen.

Ja, Frans, der Mast unserer Pinasse ist wieder hin. Ja, neue Duchten brauchen wir, und die Steuerbordseite – aufgerissen bis knapp über das Wasser. Ja, Frans, natürlich werden wir die Boote wieder richten, und das Pechfaß wird auch nicht gerade abgetrieben worden sein. Aber du, Frans, bleib noch liegen, schone deinen Fuß, willst doch tanzen in Amstelredam. Glaub nicht, wir verstünden nicht, mit dem Beil umzugehen.

Frans lag und schaute in den weißen Himmel, in dem er die Rotgänse zu sehen vermeinte, und er erinnerte sich an einen der letzten Tage auf dem Schiff „Eissee", als er den kranken Navigator Barents um Rat wegen des Daches für das Winterhaus gefragt hatte. Barents, sehr schwach, hatte seine Hilfe nicht verweigert. Verantworte ein Haus, das sechzehn Leute einen Polarwinter über beherbergen sollte; der siebzehnte hatte schon in der Eisschrunde gelegen.

Jetzt lag er selber da, jetzt mußte er von den zerschlagenen Booten hören, und wiederum war der Fachmann ausgeschaltet. Keinen krummen Nagel hätte ihm sein Vater verziehen! Und immer noch war das Schiff „Eissee" heil auf der Eisterrasse; wie würde sein Vater staunen ...

Sein Blick klammerte sich an Simons Augen, bis dieser verstummte. Da riet er besonnen: „Nehmt den doppelten Boden aus Pinasse und Bock. Das ist 'ne ganze Menge Holz, will ich meinen, das reicht für die Bordwände. Ihr sitzt dann zwar mehr im Nassen, müßt öfter schöpfen, damit das Wasser wieder nach draußen kommt in die liebe See. Das ist wohl die geringere Plage. Und den Mast, ja. Zur Not mußt du den Großmast der Pinasse mit dem Fockmast flicken, wenn du das nicht anders hinkriegst ..."

„Frans!" beschwor Simon den Kranken.

Frans van Haarlem lag still. Die große, hornige Hand, wie eine Schaufel, wies noch eine Narbe, wo sie von den Steinen bei Spitzbergen gequetscht worden war. Verantworte zwei Boote für zwölf Mann ... Er schloß die Augen und hörte die Rotgänse schreien. Für zwölf Mann nur noch, dachte er. Der dreizehnte war er.

Heemskerck lag schwer atmend in dem Wrack der Pinasse. Er brauchte Ruhe wie die anderen, und doch fand er keinen Schlaf. Sie hatten die Boote noch, aber kaum noch etwas hineinzuladen. Zwei Fäßchen Brot waren davongeschwommen, ein Weinfaß zerschlagen, Käse und Öl vom unersättlichen Meer gefressen. Was sonst noch weg war, scherte ihn wenig. Hasselaers Scharlachtuch, hol es der Teufel. Das Linnen des Os, mochten sich die Fische daran erfreuen. Kisten und Kasten der nun vereinigten Handelshäuser – ihnen vor die Füße hatte er alles schmeißen wollen. Hier hast du dein Gelump, schöne Gertrud.

Wieder streifte der Schiffer Heemskerck etwas von sich ab. Auch die Heimreise hatte er mit einem Wahngedanken antreten wollen. Jetzt war er froh, daß ihm das Eis das Gut genommen hatte. Seine Verbitterung löste sich.

Er hörte die Gefährten im Schlaf stöhnen, hörte das Flüstern der Wache, die vor den Booten saß, hörte den Wind und das Eis. Der Polartag war draußen und das weite, glitzernde Meer. Und die Insel, auf deren Eis sie lagen, zackte sich gewaltig nach Südwesten.

Ja, Barents hatte wieder hierher kommen müssen. Ja, der Schiffer Rijp hatte zu Unrecht starrsinnig auf der Instruktion beharrt. Die Karte des Navigators zeigte die wirkliche Passage. Wenn Barents die Polländer des Mercator hinweggefegt hatte, so bedeutete das noch lange nicht, daß man nun über die offene Polsee nach dem Norden fahren könne. Eis hatte Willem Barents in seine Karte nicht eingetragen. Eis war den Schiffen gefährlicher als Land. Eine Insel, einen Landstrich kannst du kartographieren. Hier hast du eine Rinne, eine Straße, eine Durchfahrt. Das Land hält still, wenn du es auf Wasserstraßen umgehst. Das Eis greift an. Es verschiebt sich, es reißt auf und schließt sich. Es ist beweglich. Es nimmt einem das Schiff. Und waren noch die tatarischen Fichten aus den Urwäldern der asiatischen Landmasse herausgeschwemmt worden auf Riesenströmen und über Meer gespült an die wilden Gestade von Nowaja Semlja, dann doch niemals diese ungeheuren Mengen von Eis ...

Als der Schiffer Heemskerck ausgestreckt bei Kap Nassau in der Pinasse lag, glaubte er nicht mehr an den Kältegürtel der Erde. Es schien ihm, daß das Eis zunehmen müßte, je weiter sie nördlich gelangten, daß sich auch die Luft da verdichte, daß der ganze Norden um den Pol nichts anderes war als ein gigantischer Eisberg, von dem der nagende Ozean Teile abbrach und wegschwemmte, den Schiffen zum Verderben.

Das Gut der Kaufleute war verloren. Das Wertvollste trug Heemskerck bei sich, unterm Wams verborgen. Das sollte erst verloren sein mit seinem Tod. Das war die Karte des Willem Barents, die solche Kraft ausstrahlte, daß sie ihm selbst hier in ihrem zweiten großen Eisbiwak Gedanken eingab, die ihn weit wegführten von seinen Männern.

Am nächsten Tag teilte Heemskerck die Leute in zwei Gruppen. Die eine sollte die Boote herrichten, die andere führte er selbst auf einen Streifzug über das Land, weil sie Holz und frische Kost brauchten. Keine dieser beiden Gruppen hatte eine leichte Aufgabe. Nowaja Semljà war öder in diesen Breiten als Spitzbergen. Kein frisches Grün überzog die Hänge, keine Rotgänse nisteten hier. Und hatten sie Holz für das Behouden Huys gefunden, dann deshalb, weil die Ostküste dem Festland gegenüberlag. An die Westküste mit ihrem Eisbiwak spülte nur der weite Ozean; das nächste Land aber war das Neue Land Spitzbergen.

Die andere Gruppe dagegen stand vor der Schwierigkeit, unter der Leitung des Hochbootsmannes zwei Boote seetüchtig zu machen für einen Weg, der zwanzigmal so lang war wie der bisher zurückgelegte.

Simon trug mit Evert den Bootsmann Frans auf einen trockenen Platz in die Sonne, wo sie aus dem Segel einen Windschutz errichtet hatten.

„Versperrt mir den Blick zu den Booten nicht", bat Frans und drohte unter Flüchen, daß er dann bestimmt sein gottverdammtes Lager verließe. Jan Hillebrants schob ein Bündel unter Frans' Kopf, so hatte jener den Blick auf das Meer. Wohlig sog er den Geruch des Feuers ein, an dem der Schiffsjunge Pech schmolz.

Im Verein mit Evert riß Simon den Zwischenboden der Pinasse heraus, unter dem sich überkommendes Wasser hatte sammeln sollen. Frans hatte vortreffliche Arbeit geleistet: die Planken saßen fest und waren mit der Seitenwand verquollen.

„Wenn wir nur nicht noch ein Loch mehr in unsere Pinasse reißen", murmelte Evert. Viel Gewicht habe er trotz der guten Kost nicht mehr mitzuschleppen, aber er wolle seine paar Pfund Fleisch, die sich Evert nannten, doch noch einigermaßen bis nach Amsterdam bringen.

Er zwängte die Schneide des Beils zwischen die Ritzen und kantete die Planken hoch. Viel Zeit war vergangen, seitdem sie auf einer Insel ein Kreuz errichtet hatten; er war direkt neugierig, ob es noch stände. Denn alles konnte doch nicht verloren sein, was Reyniers?

Simon richtete sich auf. Keiner wollte verloren sein. – Der Stumpf des Großmastes reichte ihm nicht einmal mehr bis zum bartumwucherten Kinn. Er konnte sich nicht entschließen, den Fockmast aus seiner Verankerung zu lösen, um ihn an Stelle des gebrochenen Mastes zu setzen.

Verbissen arbeiteten sie, rechneten mit jedem Fuß Holz, maßen dreimal, ehe sie etwas abschnitten, stemmten Nuten aus. Dieses Holz, das schon Back auf der „Eissee", Dach des Behouden Huys' und Bodenrost der Pinasse gewesen, diente nun zur Beplankung der Seitenwand. Der Zimmermann hatte dieses Holz bearbeitet und der Bootsmann Duncker. Frans hatte seine Kraft in diese holländischen Bretter gesteckt, und nun Simon und Evert. Wieviel Fleiß steckte in diesem Holz, Meisterschaft und Kunstfertigkeit. Was gehörte nicht alles dazu, den Schwung des Bootsleibes herauszubekommen!

Nach Stunden kam der Hochbootsmann mit seinen Leuten vom Bock herüber. Sie hielten Kalfaterhämmer in den Händen. „Es wird, es wird", ächzte der Gelbgesichtige zufrieden.

Cornelius zwinkerte mit den Augen, schwang sich in die Pinasse und begann die Keile am Großmast herauszuhauen.

Froh ging Simon über das Eis auf das Segel zu, hinter dem Frans lag. Er berührte den Kranken am Arm. „Du kannst wieder in das Boot kriechen. Der Bock ist schon fertig."

Frans' Augen leuchteten auf. Aber er sagte: „Im Wasser schwimmt was!"

Simon stürzte zum Eisrand. Er vermeinte, eine der vielen Robben zu sehen, wie sie so oft neben dem Schiff getaucht waren. „Komm mit!" schrie er Evert zu. „Schnell, alle!"

Der Schiffsjunge rannte mit einer Hellebarde herbei. Simon, am Eisrand, stieß sie in den dunklen Körper. Es war der Sammetballen des Kaufmannes Os.

„Kein Fleisch?" fragte der Koch enttäuscht.

Jetzt erfaßte den Hochbootsmann der Eifer. „Sucht überall, jeden Fußbreit sucht ab! Fleisch, was willst du! Das Meer bringt uns die Sachen zurück!"

Sie hetzten los, um Stangen zu holen. Betäubt von Schwäche und Glück liefen sie am Wasser entlang. Da schwamm eine Kiste und dort eine Planke; Holzsplitter und dunkle Flecken. Es rollte in der Dünung in ewigem Auf und Ab, rückte näher, trieb fort.

Auf dem Bauch liegend, stieß Simon die Stange hinter eine Scholle und lotste geschickt eine Kiste heran. Sechs, acht Hände packten zu, dann lag das Scharlachtuch des Hasselaer auf dem Eis. Bis zu den Schultern tauchte nun Evert die Arme in die Flut. Er hielt die halb unter das Eis gesunkene Ruderpinne der Pinasse gepackt.

Immer weiter entfernten sie sich von den Booten, bei denen keiner mehr war außer dem Kranken. Einmal schaute Simon zum Land, aber noch kam Heemskerck mit seinem Trupp nicht zurück. „Hier schwimmen die Riemen!" schrie Jan Hillebrants. Simon warf sich wieder auf das Eis und angelte.

Den Großmast fanden sie zwischen Blöcken eingeklemmt, dreihundert Schritt von ihrem Biwak entfernt. Sie mußten erst ein Tau holen, um ihn herauszerren zu können. Er war nahezu unbeschädigt.

Vier Mann, trugen sie den Mast zu den Booten zurück. Diese Stange hätte Simon in seiner besten Zeit mit Leichtigkeit allein getragen. Er dachte aber nicht an die verdammte Schwäche. Er dachte daran, wie sich Frans freuen mußte, daß sie nun den vorderen Mast nicht zu kappen brauchten, sondern wieder mit Großmast und Fockmast segeln konnten.

Evert vor ihm, der stolperte, dem sich der Mast hin und wieder von der

Schulter hob, weil Evert so viel kleiner war, Evert, der dann den Mast haschte, die Arme hochgereckt, weil auch er seinen Anteil am Schleppen dieses Baumes haben wollte. Evert schrie: „Der Schiffer, der Schiffer, was wird bloß unser Schiffer sagen."

Ja, unser Schiffer Heemskerck. Den ganzen Weg schwatzten sie, als sie das Zeug vom Eis klaubten, die Riemen, die Stangen, das Holz von den zerschlagenen Tonnen. Wird er lachen, der Schiffer, wird er einmal lächeln? Wird er so lächeln wie das einzige Mal während der ganzen Überwinterung, als Simon mit dem Jungen plötzlich ein Brotfaß anbrachte? Unser Schiffer Jacob, wird er endlich einmal einen frohen Tag haben, nachdem sein Berater und Freund Willem Barents in die Ewigkeit eingegangen war?

Auf die Schenkel schlagen wird sich der Schiffer vor Glück, weil er doch nun sein verdammtes, geliebtes Gut der Kaufleute wiederhatte, das er partout hatte mitschleppen müssen aus ihrem Behouden Huys heraus. Was mußte ihm doch dieses Gut bedeuten, daß er die winzigen Boote damit belud. Zweimal die Boote erleichtert bisher auf ihrer Fahrt, aber jedesmal nicht durch Zurücklassen von Warenballen, sondern durch den Tod von Gefährten.

Nun, er war ja außer Schiffer auch noch Commis; zwei bedeutende Aufgaben hatte er. Sie luden sich die nächste Kiste auf. Denk weiter als bis zu deinem Jackenärmel, an dem du dir höchstens die Nase wischst. Für Mannschaft und Gut hatte der Schiffer und Commis einzustehen, für beides. Wenn du wieder in Holland sein wirst, dann verdrückst du dich still in deine Kate. Der Schiffer aber wird gefragt, wo hast du das Gut, wo hast du das Schiff? Das Schiff, nun wohl ... Aber das Gut mußte her! Und hier war es. Evert lachte, Cornelius griente, Simon wuchtete den Mast ein. Der Schiffsjunge klatschte die Hand auf das Sammet. Hier lag das Gut, etwas naß zwar, etwas schwerer dadurch. Aber doch war es da.

Einen Packen Laken konnten sie nicht vom Eisrand herüberschleppen, weil er sich so voll Wasser gesogen hatte, daß sie nicht mehr die Kraft aufbrachten, ihn zu bewegen. Er war nun schwerer als der Großmast, und sie wunderten sich nur, wie sie diesen mächtigen Ballen aus dem Meer hatten ziehen können.

Evert und Cornelius rissen den Sammetballen auf, wrangen das Wasser heraus und hängten alles über Stangen zum Trocknen, während andere die Ritzen der Pinasse mit Werg kalfaterten.

Schon vom Land aus hatte der Schiffer Jacob van Heemskerck voller Verwunderung über das Eis nach dem Lager geschaut und mit den Augen geblinzelt. Das viele Rot dort neben den Booten ... Sein Trupp hatte ein wenig Holz gefunden, sie waren zufrieden. Sie brachten auch dreizehn

Vögel mit, für jeden einen. Einen ganzen Vogel für einen einzigen Mann! Sie schmeckten schon das Fleisch auf der Zunge, als sie sich dem Lager näherten.

Dann stand der Schiffer vor dem geretteten Kaufmannsgut. Er sah die glückseligen Augen seiner Leute. Das Gelump bekam er nicht los. Sogar das Meer schmiß es ihm nach.

Aber Großmast und Pinne waren wieder da und die Boote nahezu fertig, nagelneu, wenn man wollte, das war mehr, als er erwartet hatte. Deshalb hatte sein Lächeln nichts Erzwungenes.

Um ihn herum standen sie und beobachteten jede Veränderung in seinem Gesicht. Als er lächelte, nickten sie zufrieden. Sie wußten nicht, daß er lächelte, weil er mit jeder Faser etwas Neues spürte, das er nicht hatte wahrnehmen wollen, dem er so lange mißtrauisch begegnet war: Wärme, Vertrauen, Verehrung. Laurens, als er den Schiffer aus dem Eis gerissen hatte, vorwurfsvoll, begütigend: „Wir brauchen dich noch ..." Jetzt vor dem nassen Gut der Kaufleute blickte er von einem zum anderen, endlich ohne alle Vorbehalte. Euch bringe ich heim!

In den zerschlagenen Tonnen, die sie zum Teil noch auffischen konnten, war persönliches Eigentum der Männer gewesen. Das hatte das Meer behalten. Laurens' Flöte befand sich darunter. Die Bilder, die Bildstöcke des Zimmermanns waren verloren, ausgelöscht eine Spur. Doch Lenaert kochte die Vögel auf dem Eis bei Kap Nassau. –

Das Kap, der Felsabsturz, wurde zum Denkmal für den Bootsmann Frans van Haarlem, den Erbauer des Behouden Huys nach dem Tod des Zimmermanns, für den Mann, der ihren Booten den letzten Schliff gegeben hatte. Er starb einen Tag nach jenem, an dem sie das Gut aus dem Wasser gefischt hatten, am achten Tag ihres Festliegens bei Kap Nassau, an Wundbrand, Scharbock und Entkräftung. Und jede dieser Krankheiten hätte schon allein für den Tod genügt.

Sie sangen auch ihm nicht das Lied vom guten Steuermann Barents. Sie hätten Grund dazu gehabt, denn Frans hatte es gedichtet. Sie zwangen das Lied tief in sich hinab, damit sie nicht laut losschrien.

Zwölf Tage nach ihrer Landung bei Kap Nassau segelten sie wieder, nachdem das Eis driftig geworden war und sie die Boote Hunderte von Schritten über die Eisfelder geschleppt hatten.

Zwölf Mann noch, wie jene Gefangenen, die der Kaufmann Os am legendären Kap Tabin hatte aussetzen lassen wollen, damit er Botschaft von seinem erzielten Profit erhielte. Zwölf Mann mit dem Gut der Kaufleute, das Heemskerck nun nie und nimmer mehr zurücklassen konnte, nicht um der Kaufleute willen, sondern wegen seiner Männer.

Sie ruderten verbissen und treckten die Boote, luden aus und ein, segelten ein Stück und zwangen das Ruhmlied hinunter, als das Kap Nassau verschwand. Sie hatten fünf Tote im Boot; das war die schwerste ihrer mitgeführten Lasten.

Sie segelten und ruderten und schleppten noch am nächsten Tag. Dann saßen sie wieder fest.

IV

Der Bootsmann Simon Reyniers aus Seeland war schweigsam geworden. Stumm kippte er auf dem Eis die Masten der Pinasse und half, ihre Segel zeltartig über den Bootskörper zu spannen. Gleichgültig erwartete er den Angriff eines Bären schon in den ersten Stunden ihres neuen Eisbiwaks, stach zu im rechten Moment, in einer mechanischen Reaktion, die das Denken ausschloß. Er hatte an dem Bärentöten genausowenig Anteil wie etwa am Schneeschmelzen. Er fluchte auch nicht. Er war wie aus Stein.

Die Fische bei Vlie ins Meer geworfen, die Flucht eines Schiffsjungen verhindert, ein Brotfaß geborgen und eine Pinasse gerettet – es lohnte nicht, und es zählte nicht. Frans war dennoch gestorben, und warum gerade er wieder, dem sie so viel zu verdanken hatten. Warum nicht die Laus Hooghwout, wenn schon noch einer dran glauben mußte, oder gleich man selber.

Einer nach dem anderen hingestorben wie die Fliegen, drei Mann in drei Wochen Rückreise, Stilliegen um Stilliegen und jede Weiterreise mit einem Toten bezahlt.

Gegen die Spanier, ja, da hatte man auf dem „Lamm Gottes" gestanden und war zwischen den Inseln hindurchgefegt, und hier ein Schiff und da eins, und das Wasser gischtet, und dort ist das offene Meer. Und dein Kamerad neben dir sinkt hin. Gebt Feuer! Und da brennt ein spanisches Segel. Wer dort in den niederländischen Gewässern gestorben war, ein Held war er, die Heimat hatte er befreit wie sein Vater, der bei den Wassergeusen gewesen war.

Aber hier, warum, wozu dies alles, diese Fahrt auf der „Eissee", diese Überwinterung, diese Reise in den Booten ...

Er war vertraut mit dem Meer, mit den Sturmfluten, wie sie über sein Seeland hereingebrochen waren. Sein geliebtes Seeland. Das Wappen: ein schwimmender Löwe. Der Wahlspruch: Ich ringe, aber ich bleibe oben.

Und ein Boot ist noch draußen, nun holt es, Jungen! Da machst du die Leine klar. – All das hatte ein Ziel gehabt, einen Sinn. Da war ein Wert gewesen, sein Leben dafür zu wagen.

Aber so viele Leben hatte der Bootsmann Simon nicht. Hundertmal aufs Spiel gesetzt während dieser Reise, war er es jetzt müde. Sinnloser Tod der

Besten. Sein wunderbarer Freund Frans van Haarlem, dieser bescheidene, kluge Mann ...

Was noch kam, interessierte Simon nicht mehr. In steinernem Schweigen erledigte er, was man ihn zu tun hieß. Er galt etwas bei allen. Er stand hoch im Ansehen. Das Schiff „Winthont" auf der Waigatsch-Reise gerettet, das war lange nicht sein bestes Stück. Man gab ihm viel zu tun in ihrem neuen Eisbiwak. Mit erstarrtem Gesicht stellte er sich einem neuen Bären.

Eis glitzerte weit auf dem Meer.

Der Schiffsjunge Jan Hillebrants trat zu dem vor den Booten sitzenden Simon; von weit kam dessen Blick zurück. „Du", sagte Jan, „der Schiffer war draußen auf der kleinen Insel."

Simon sah nicht einmal auf.

Der Junge hockte sich neben ihn. „Mit drei Mann war er dort."

Reglos saß Simon, die Hände ineinandergekrallt, das Gesicht in den Wind gewandt.

„Möwen hat er keine mitgebracht", sagte der Junge.

„Zum Teufel, laß mich zufrieden!" Simon spie blutigen Speichel in den Schnee. Er konnte nicht immer stark sein. Auch in seinem Mund wackelten die Zähne. Auch sein magerer Körper war von Beulen bedeckt. Auch in seinem Magen nistete die Schwäche. „Zum Teufel", knurrte er.

„Aber von der Insel draußen", sagte der Junge beharrlich, „hat der Schiffer die Kreuzinsel gesehen."

Mag er gesehen haben, was er will. Mag er den Himmel gesehen haben und das Paradies und den „Engel", den sie vor nunmehr einem Jahr in dieser verdammten Gegend irgendwo getroffen hatten!

Die Stimme des Jungen: „Evert und ich, wir wollen zur Kreuzinsel gehen. Komm doch mit, Simon."

Langsam wandte der Bootsmann den Kopf, bis er die Insel gewahrte, von welcher der Schiffer die Kreuzinsel gesehen haben wollte. „Keinen Schritt", knurrte er verächtlich. Es reizte ihn, den Jungen da vor die Brust zu stoßen, daß er in den Schnee kugele wie ein lahmer Hund.

Die bohrende Stimme des Jungen neben ihm: „Aber wenn unser Kreuz nun noch steht?"

Simon lachte auf. Das war Spaß, ein Witz war das, du Narr, du! Das Kreuz aufrichten auf jener verdammten Insel war vielleicht überhaupt das Geringste, was er in dem ganzen Eismeer geleistet hatte. Aber wenn unser Kreuz nun noch steht! Er lachte bitter. Er verhöhnte den Jungen, hob die Faust, gestikulierte.

Aber wenn unser Kreuz nun noch steht ...?

Er saß schweigend.

Dann schob er sich unendlich langsam an der Pinasse in die Höhe. –

Vom Schiffer erbaten sie die Erlaubnis, zur Kreuzinsel zu gehen, weil sie sehen wollten, ob nach ihnen noch Menschen das Eiland betreten hätten.

Heemskerck sagte zu. Wenn Simon mitginge, freilich ... Der so Geehrte lächelte schief. Er war der starke Mann. Ein galliges Lachen steckte ihm im Halse.

Einen Spieß und eine Muskete gab man ihnen mit auf den Weg nach der Kreuzinsel, die die Zurückbleibenden plötzlich als eine Art Schlaraffenland ansahen, die Eierinsel, die Bergenteninsel, eine Insel für Schlemmer.

Der Weg war beschwerlich. Eine halbe Meile von ihrem Lager entfernt erreichten sie das Eiland, auf dem der Schiffer gewesen war. Sie vermeinten, schon hier nicht weiter zu können. Aber sie erkannten wirklich unendlich weit weg eine andere Insel, die auf ihren Kuppen Zeichen trug.

Der Junge erschrak vor dieser Entfernung und sah Evert zögernd an, doch Simon, mit der schweren Muskete, betrat schon aufs neue das Eis.

Wie eine Maschine ging er, die eine einmal bestimmte Richtung einhält. Er setzte über Spalten. Er marschierte über feldgroße Eistafeln. Er watete bis zu den Knien im Wasser. Aber er schritt auf die Kreuze zu. Wenn – nun – unser – Kreuz – noch – steht!

Hinter ihm stapften Evert und der Junge Jan Hillebrants. Hooghwout hatte auf den Marsch zur Kreuzinsel verächtlich verzichtet. Der fünfte, der damals dieses Kreuz mit errichtet hatte, war im Januar gestorben, mit dem Glanz der Sonne auf dem Gesicht, die keiner gesehen hatte: Duncker Jans.

Stundenlang marschierten sie, halfen sich gegenseitig über die Hindernisse, drei Mann mit dem Spieß und der Muskete. Nicht ein Wort sagte Simon auf diesem Weg. So wie man ihm den Auftrag gegeben hatte, das zottige Untier zu töten oder einen Kessel Schnee zu schmelzen, so schritt er jetzt über das gefrorene Meer. Er war nicht aufgeschlossener als an der Pinasse, wo ihn der Junge für diesen seltsamen Marsch hatte gewinnen wollen.

Nach etwa fünf Stunden erreichten sie die Kreuzinsel. Doch jetzt rannten sie über Geröll auf die nackten Kuppen zu. Das dritte Kreuz, ihr Kreuz, stand noch! Alle drei Landmarken hatten den Winter durchgehalten.

Simon setzte sich hin, schlang die Arme um die Knie und schaute auf die unförmigen Balken. In jene kleine Pyramide hatte er damals die Spitze genagelt. Auf einmal war sein Gesicht weich, als wäre etwas in ihm aufgebrochen. Er zog den Jungen neben sich und rief auch Evert.

Auf jener Kuppe hatte Simon den Bootsmann Duncker verhöhnt, dort hatte er die Namen der Kaps von der Waigatschstraße genannt. Dort oben hatte der Junge Gewißheit erhalten, daß Duncker nie in der Waigatsch gewesen war. Dort hatten sie noch auf das Große Eiskap und die anschließende Südreise nach Cathay gehofft.

Aber das war alles nicht der Grund, weshalb Simon diesen Marsch unternommen hatte, warum er jetzt merkwürdig zufrieden auf einem Felsblock saß, dessen von der Sonne empfangene Wärme er zu spüren meinte. Bei all seinem vielen Tun das ganze letzte lange Jahr über war jenes Kreuz weiß Gott das allergeringste, was er geschaffen hatte.

Aber da jenes noch stand, da es noch nicht vom Sturm umgerissen, vom Eis hinweggefegt worden war, da es bestand, um wieviel mehr, um wieviel deutlicher mußten dann alle anderen seiner Taten in dieser scheinbaren Unberührtheit der unendlichen Arktis ihre Spuren hinterlassen haben.

Es war nicht alles vergebens gewesen. Ein Sinn war dabei. So war Duncker doch tot, und sein Seezeichen stand. So lebte Barents doch nicht mehr, aber seine Karte. So trugen die Boote des Frans die Männer über die Meere, obwohl er selber unter Steinen bei Kap Nassau begraben lag.

Simon drückte die Hände gegen die Stirn. Es würgte in seiner Kehle. Fluchend spie er aus und folgte den Gefährten, die schon am Strand waren.

Sie fanden keine Spuren von russischen Fischern. Aber einer von diesen drei Männern suchte vor allem etwas anderes. Das war der Bootsmann Evert, der kleine feiste Mönch, der nicht mehr feist war nach diesem Winter, dessen kreisrunde Glatze man schier vergessen hatte, weil ihm die Pelzmütze nicht einmal mehr im Schlaf vom Kopf fiel.

Dieser Evert suchte ein Zeichen, daß letzten Sommer nach ihnen noch einer an der Kreuzinsel gewesen sei, der sich Rijp nannte. He, Rijp, warst du da? Gründlich untersuchte er das dritte Kreuz, fand aber nur die Inschrift des Jungen: Jan Hillebrants aus Amsterdam.

Da Evert seine Hand auf die Balken legte, die sie gefügt hatten, empfand er brennend deutlich, was ihm die ganzen Monate im Winterhaus mehr und mehr bewußt geworden war: Er hatte nicht ein einziges Mal recht gehabt mit seinem Aufbegehren. Er war immer im Unrecht gewesen. Nie hätten sie sich durchgeschlagen vom Behouden Huys über die Bergrücken bis zu dieser Insel.

Allein, wenn sie das schier Unmögliche dennoch geschafft hätten, dann hätte hier doch nie Rijp mit seinem Schiff auf sie gewartet.

Vielleicht hätte die geringste Spur von Rijps Schiff an diesen Gestaden in Evert noch einmal seinen abenteuerlichen Plan bestätigt. So aber wurde das Kreuz für ihn zum Zeichen seiner Torheit.

Er war froh, daß seine beiden Kameraden ihn nicht ansprachen, und als sie weitergingen, half er dem Jungen über die Spalten.

An der Kreuzinsel fanden sie Eier der Bergenten, siebzig Stück. Lachend zog sich Simon die Überhose aus und packte die Eier hinein, stopfte die zugebundenen Hosenbeine voll. Ihm war nicht kalt, als er vier Stunden lang die Muskete zurück ins Lager schleppte. Evert und der Junge trugen an der Hellebarde die pralle Hose.

In jedem der drei aber war das Glück ein wenig gewachsen. Einen Schimmer davon empfingen auch die schon ungeduldigen Gefährten, als sie endlich die Eier aßen.

V

Dieses dritte große Eisbiwak, in der Nähe der Kreuzinsel, währte vom 11. bis zum 19. Juli. Es wurde ein Monat, seit sie das Behouden Huys verlassen hatten. Es jährte sich der Tag, da sie auf jener Insel beim Warten auf eisfreie Gewässer das dritte Kreuz errichtet hatten. Jetzt warteten sie wieder, schauten nach Öffnungen im Eis aus, schossen auf Bären, rückten mit Bootezerren und Segeln der Kreuzinsel bis auf eine Meile nahe und warteten weiter.

Westwärts davon dehnte sich unendlich der Ozean, eisfrei, so weit sie schauen konnten. Da spannten sie sich noch einmal vor die Boote, treckten sie über Schollenfelder, Schritt um Schritt, mit stechender Schulter, mit keuchender Lunge, feurige Kreise vor den Augen. Die Stämme für das Winterhaus hatten sie so geschleppt. Zwölf Gefangene hatten ihre Schlitten von Kap Tabin aus so zerren sollen. Zwölf Mann des schönen Kauffahrtschiffes „Eissee“ krochen auf dem gefrorenen Meer bei der Kreuzinsel in den Sielen, der Schiffer geradeso wie der Schiffsjunge.

Mit unsäglicher Freude standen sie dann am Meer, über dessen Wellenrippen sanfter Wind strich. Sie lagen aufatmend in den Booten und segelten.

In der Pinasse reisten fünf Mann und im Bock sieben. Nach dem Tod des Bootsmannes Frans war Gerrit de Veer wieder in den Bock umgestiegen, nach wie vor schwach, keine Hilfe für die Männer. Zwischen den Bootsleuten Evert und Hooghwout, dem Volontär, dem Feuerwerker und dem Koch, unter dem Kommando des Hochbootsmannes Vos fuhr auch der Junge Jan Hillebrants. Er schaute zur Pinasse, wo Simon saß, und lächelte.

Und hatten sie für die zehn Meilen vom Kap Nassau bis zur Kreuzinsel fünfundzwanzig volle Tage gebraucht, so kamen sie jetzt heraus aus dem Eis und segelten in den ersten sechzehn Stunden zwölf Meilen bis zum Schwarzen Kap.

Von nun an schrie der Schiffer Heemskerck mit schmalen Augen Namen um Namen über das Wasser. Admiralitätsinsel! – He, Admiralität, diesen Admiral habt ihr nicht ernannt; ehrt ihn wenigstens nach seinem Tod!

Kap Plancius! – Dein Kurs war falsch, Kosmograph. Unser Schiffer hat die richtige Karte.

Kap Langenaes! – Lange Nasen für euch Herren Os und Hasselaer. Euer Sammet ist wieder trocken, euer Scharlach hat kein Chinese gemocht. Drei Tage nach ihrem Ablegen von der Kreuzinsel waren sie an die siebzig Meilen südlicher; in der Ferne lag schon Capo de Cant.

Nach diesen Erfolgen beseelte sie neuer Mut. Sie nahmen neues Eis in Kauf, ein Stilliegen von einer halben Woche, weil Nebel wogte. Es waren ja die letzten Meilchen an der Riesenrobbe Nowaja Semlja. Vögel konnten sie aus den Nestern greifen, und dann bezwangen sie auch das scharf hervorspringende Capo de Cant.

Ein stiller Tag kam, mit Wind von achtern und viel Sonne. Der Schiffer hatte die Ruderpinne dem Bootsmann Simon überlassen und stand unter dem verkürzten Großmast. Jeder hatte wieder sein Amt. Er überflog ihre bärtigen, mageren Gesichter. Das waren seine Männer: Der tapfere Simon Reyniers, der beste, den er je am Ruder gehabt hatte. Der Chirurg Meester Hanns, der mit seinen so dürftigen Mitteln seit einem Jahr die drei Apokalyptischen Reiter Hunger, Scharbock, Tod bekämpfte. Der düstere Cornelius, der Pilger Esra auf dem Weg nach Hause, mit unvergänglichen Schätzen, zwölf Mann und einer Karte und ohne das Geleit des Königs. Laurens ... Sprich nicht von ihm, schweig, daß die Scham dich nicht würgt.

Und hinter ihm, in Sichtweite, das andere Boot, die Gefährten, die Freunde, mit denen er alles gemeistert hatte. Stolz überflutete den Schiffer Heemskerck, Sohn eines Segelmachers, als er an dem dreimal erneuerten Mast lehnte. Stolz, mit einer solchen Mannschaft verbunden zu sein.

Die Küste glitt vorbei, das Wasser klickerte an die Bordwände. Eine Zeit waren sie bei Klippen liegengeblieben an diesem Tag, und südwärts ging es, südwärts.

Ein neues Kap stieg auf, kristallisierte sich heraus aus den Wänden, das war schon Schanshoeck, das Schanzenkap. Gegenden, die sie im Vorjahr nicht erreicht hatten, weil sie viel nördlicher auf die Küste von Nowaja Semlja gestoßen waren. Heemskerck am Mast war zufrieden. So weit steckten sie schon im Süden, daß sie bald den Sprung über das Meer hinüber zum russischen Festland wagen konnten. Sie waren südlicher als das Nordkap in Norwegen!

Auf einmal verengten sich seine Augen. Unterhalb des Kaps lagen im Geröll dunkle Massen auf dem Strand. Walrosse an Land? Einen Augenblick war er enttäuscht, weil er gehofft hatte, an jenem Platz für eine kurze Rast liegenbleiben zu können.

Doch da sagte Simon hinter ihm an der Pinne, ungläubig, tonlos: „Das ist eine Lodija. Das sind Schiffe."

Kleine russische Schiffe vor Nowaja Semlja! Cornelius sprang auf das Bankbrett, der Chirurg stieg in den Bug vor. Täuschung, Luftspiegelung?

Gaukelten ihnen ihre überreizten, geschwächten Sinne etwas vor? Cornelius murmelte ein Gebet herunter. Der Schiffer winkte dem nachfolgenden Bock, dessen Männer die Lodijas auch schon ausgemacht hatten, denn sie gestikulierten wild.

Schiffe vor Nowaja Semlja. Täuschung wäre Enttäuschung. Aber es blieben Schiffe, auch beim Näherkommen, winzige Schiffe ohne Aufbauten, mit einer Pinne, die vom Deck aus bedient werden mußte, ein Mast ragte auf und daran schräg die Rahe mit festgebundenem Segel.

Die Männer in den Booten schrien, sie klatschten die Hände ins Wasser. Sie träumten nicht! Sie stießen sich an und sangen. Jetzt brach es aus ihnen heraus, das Lied vom guten Steuermann Barents, der beste von dem Land ... Daran setzt er sein Leben und Gut ...

Auf dem steilen Hang drüben rauchte ein Feuer. Menschen liefen dort, Wesen mit spitzbemützten Köpfen, mit Armen und Beinen, richtige Menschen, versteht ihr, Jungen!

Die Männer in den Booten lachten. Es gab noch Menschen auf der Welt! Die ersten Menschen seit dreizehn langen Monaten. Seit ihrer Trennung von Rijp.

Die Russen drüben stürzten zum Wasser. Sie schrien und winkten, Musketen in der Hand. Drohende Gebärde oder Überraschung ... Die nächsten Augenblicke mußten alles entscheiden.

Wir sind doch Freunde, sind doch Freunde, fieberte Heemskerck in angespannter Erregung. Er trat in den Bug, breitete weit die Arme aus, die Hände mit gespreizten Fingern. Die Männer bei den Lodijas legten die Waffen weg.

Heemskerck stand, bis der Kies unter dem Bug knirschte. Dann stieg er schwerfällig an Land. Ohne nach seinen Booten zurückzuschauen, ging er auf die Russen zu. Immer mehr kletterten den Hang hinunter; fünfundzwanzig, dreißig Leute waren es, in deren bärtigen Gesichtern aber nichts Feindseliges stand, sondern vielmehr Neugier.

Ein Großer mit fleischiger Nase rief etwas, russische Laute. Heemskerck wehte eine lange verschüttete Erinnerung an, das Weiße Meer, Archangel, das Kloster des Erzengels. Er blieb stehen, zeigte seine leeren Hände, setzte sich auf den nackten, steinigen Boden. „Holland", sagte er leise, „Flandern, Amsterdam", er bemühte sich, deutlich zu sprechen.

Die Russen sprachen nach, ohne zu begreifen, sahen sich an, drängten heran, Fellmützen auf dem Kopf, dunkelgraue, verschlissene Umhänge über den Schultern. Sie redeten durcheinander. „Holland", wiederholte der Schiffer.

Auf einmal fühlte er, wie einer neben ihm saß; das war Simon Reyniers. Es war gut, einen in dieser Situation an seiner Seite zu wissen. Um ihm noch näher zu sein, legte er ihm seinen Arm um die Schulter. „Alle Holland."

Drei, vier Männer vom Bock kamen herauf, der Chirurg war da, Cornelius, der Feuerwerker, der Koch. „Alle Holland", sagten sie.

„Tolk nix, Tolk nix?" fragten die Russen.

Ein Dolmetscher? Heemskerck drückte die schwere Zunge gegen den Gaumen. Warum sprach er nicht, hier, jetzt, sofort? Warum fiel es ihm so schwer zu sprechen? Alles in ihm verwirrte sich. In Archangel hatte er einen Dolmetscher gehabt, obwohl er von Mal zu Mal besser Russisch gesprochen hatte. Um Zeit zu gewinnen, um sich seine Gedanken zurechtlegen zu können. Um ihre Geheimnisse zu erfahren, wenn sie untereinander klärten, ob sie auf einen Handel eingehen sollten.

Er hatte doch Hunger! Er konnte doch mit seinem Mund, in dem der Scharbock saß, kaum holländisch sprechen, viel weniger russisch.

Er versuchte einen Faden zu finden, etwas, was längst im Vergangenen lag, überschüttet von den Ereignissen der Monate im Eis. Dann fand er die russischen Worte, ungelenk, mit geschwollener, trockener Zunge brachte er sie hervor. „Gutten Tak, ihr. Gutten Tak ..."

Die Russen lachten, stießen sich fröhlich an, wiederholten den Gruß. Neben Heemskerck begann einer zu reden, der Bootsmann Simon, der immer noch des Schiffers Arm auf der Schulter trug. „Waigatsch", sagte er, indem er auf seine Brust zeigte. „Amstelredam – Waigatsch."

Da sprang einer auf ihn zu, als hätten Simons Worte einen Zauber bewirkt, ein Massiger mit roter Nase und nach oben gezwirbeltem Schnurrbart. Mit einer raschen Geste schob er Simon die Fuchsmütze aus der Stirn und rief: „Simmon, Simmon!" Simon riß den Russen in die Arme.

Die Freude drohte ihn zu überwältigen. Er rief den erstaunten Gefährten zu: „Er war in der Waigatsch Gast auf unserem Schiff!"

Er schob den Schiffer vor. „Dieser da – Waigatsch!" Er schaute sich um, drängte sich zu dem abseits stehenden jungen de Veer durch, schleppte ihn vor den Massigen. „Waigatsch!" rief er. Ja, sie drei wären dort gewesen, an Bord der „Winthont" im schönen Meer. Jetzt erkannte auch ein Sehniger, Hohlwangiger den Schiffer.

Diese Lodija war im Jahre 1595 weit im Norden gewesen, um Walrosse, Tran und Gänse zu bekommen, um die Ladung dann nach dem Süden zu bringen, durch die Waigatsch hinein in die Tatarische See, an der Obmündung vorbei bis zu einem Platz in Tatarien, den sie Wgolita nannten. Dort hatten sie überwintern wollen.

Heemskerck begriff mit wachsender Freude, daß die ersten wiedergefundenen Menschen sogar alte Bekannte waren.

Der Massige mit dem gezwirbelten Bart und der Sehnige zogen ihn als den Kommandeur fort, dem Feuer zu. In breitem Zug folgten die anderen.

Müde wankte Heemskerck über die Steine, der Schiffer jener, die im Behouden Huys überwintert hatten. Aber für diese Russen war die Überwinterung etwas Selbstverständliches, ein natürlicher, alljährlich wiederholter Vorgang. Wenn sie auch südlicher überwinterten, dann doch zugleich östlicher, in Fernen, die bisher höchstens von dem Holländer Brunel erreicht worden waren. Aber von Amsterdam nie.

Auf einmal erschien Heemskerck das Zurückliegende weniger fürchterlich.

Simon, am knisternden Feuer, radebrechte einige Brocken Russisch, sein Gesicht lebte auf. Wo die Schiffe wären, wollten die Russen wissen, diese großen, herrlichen Schiffe, sieben an der Zahl, 95 in der Waigatsch? Wo waren diese schwimmenden Städte, die Riesensegel an jenen Dreimastern, wohin waren sie geflogen?

„Zwei Schiffe“, sagte Simon und hielt zwei Finger hoch, „zwei Schiffe nur diesmal, im letzten Jahr ausgefahren. Das eine – im Eis geblieben. Eis noch mächtiger als stadtgroße Schiffe, Eis allmächtig, hat zugebissen, hat unser Schiff ‚Eissee‘ beim Behouden Huys festgehalten.“

Sie verstanden, sie nickten. Ja, die großen Schiffe, sie schüttelten bedauernd den Kopf. Diese Paläste, dieses Schnitzwerk, „Hütte“ und Back, turmgleiche Aufbauten. Und die Kanonen! Ja, ihr Eis hier war mächtig.

Und Heemskerck saß und hörte und hatte wieder einen Dolmetscher wie in Archangel; er ließ Simon reden, sagte nur das Nötigste und lächelte nicht über Simons unbeholfene Übersetzung.

Die Russen begriffen aber nicht, als Simon ihnen zu erklären versuchte, was mit dem zweiten Schiff war, mit Rijps Schiff. Sie mißverstanden ihn, fragten zurück, hoben die Schultern, gaben es auf. Ja, konnte auch einer verstehen, warum „Amstelredam“ und „Eissee“ nicht beieinander geblieben waren?

Ja, wenn noch ein Sturm sie auseinandergetrieben hätte! Jeder hätte dann auf eigene Kappe die Reise fortsetzen müssen, im Einklang mit der Instruktion. Aber wo hatte jener Sturm geweht, der die Schiffe trennte?

Wo der eine wäre, der Lebhafte, Wissensdurstige, der Rundkopf mit den scharfblickenden Augen. Barents, ja, wo der wäre. Barents – sie ließen das R rollen.

„Tot“, sagte Heemskerck. Das verstanden die Russen ohne Übersetzung. Der Sehnige nahm die Fellmütze ab und stand da mit geschorenem Schädel. Der Massige mit dem gezwirbelten Bart bekreuzigte sich.

Auf einmal, in all ihrer Freude, Menschen gefunden zu haben, waren die Toten gegenwärtig. Der Zimmermann, der Bootsmann Duncker, ihr Navigator, Untersteuermann Andries und auch noch Frans. Jeder hatte nach seinen Kräften mitgeholfen, daß sie diesen Tag erreichten. Sogar Dunckers Handlungen verklärten sich in der Erinnerung.

Und Barents – für sie hatte er sich verausgabt. Er hatte sie mitgerissen, nicht in den Abgrund, sondern heraus aus dem Eis.

Ein kleiner, auffallend junger Russe brachte ein rundes Roggenbrot an. „Essen", sagte der Massige, indem er mit der Hand verdeutlichte, was er meinte. Er rief den anderen etwas zu, da kamen sie mit Vögeln, die geräuchert waren. Schlaraffenland mit den gebratenen Tauben.

Und dann standen die Russen im Kreis um die am Boden sitzenden zwölf Mann von der „Eissee" und schauten zu, wie sie aßen.

Langsam kauten sie, seit Wochen das erste Brot wieder. Sie schmeckten den säuerlichen Brei auf der Zunge, schluckten bedächtig. Das Mehl des Feuerwerkers zum Dreikönigstag, ein Brotfaß aus der Zimmermannsschlucht ... „Essen, essen", sagte der Massige.

Sie mühten sich redlich, mit brennenden Mündern, mit den Scharbockzähnen, und Simon hörte aus den Reden des Massigen noch so viel heraus, daß er bei all seinem Schlingen den Sinn der russischen Worte seinen Gefährten wiedergeben konnte.

Ja, Barents, 1595 in der Waigatsch. An Bord ihrer Lodija war er mit an die Ostseite der Meeresstraße gefahren, um sich von den Eisverhältnissen in der Tatarischen See zu überzeugen, um zu sehen, ob sie nicht endlich durch das Nadelöhr hindurch in offene Gewässer kämen. Bis zum Maelson-Eiland war Barents mitgesegelt, bis zum Tonnenkap, ein prächtiger Mensch, der Rundköpfige, der Wissensdurstige ... Von ihrer See Mermare hatte er wissen wollen, wie sie sich streckt und wo der Ob liegt ...

Aus eigenem Erleben fügte Simon hinzu, beim Abnagen der Bergentenknöchelchen: Acht fette Gänse hätten ihnen die Russen geschenkt, damals, 95, und er hätte die Gäste durch das Schiff „Winthont" geführt, dessen Rudergänger er gewesen. Und der Navigator Barents habe ihnen Fleisch vorgesetzt und Butter und Käse. In der Staatskajüte. Aber gegessen hatten sie nicht, die Russen. Ihr Fastentag war gewesen; da hatte er, Simon, einen Hering aus der Back geholt und dem Massigen da, der ihn vorhin umarmt hätte, gegeben.

Simon wischte sich verlegen den Mund. Der Massige hatte sich seinen Namen gemerkt, aber er wußte dessen Namen nicht mehr. Er erzählte nicht weiter, sagte nicht mehr, daß sie dann den Russen eine ganze Schüssel Heringe zum Geschenk gemacht hätten.

Nachdenklich saß der Schiffer Heemskerck bei allem. Dann stützte er die Hand auf einen Stein und erhob sich. Simons Worte hatten ihn rechtzeitig erinnert.

Diese Russen hier waren auch jetzt kaum reicher als sie; im Jahre 95 waren die Männer von der Lodija um vieles ärmer gewesen.

Er faßte den Massigen mit dem gezwirbelten Bart und den Sehnigen am Arm, deutete nach den Booten am Strand und führte die Russen hinab.

Er hätte die schöne Hasselaer nicht ehrwürdiger zum Reigentanz führen, nicht mit mehr Ehrerbietung in einen Saal geleiten können oder in ein

Kirchenschiff wie jetzt die beiden Kommandeure der russischen Lodijas zu den Booten. Er ließ ihnen den Vortritt, er stützte sie, als sie in die Pinasse stiegen. Sie setzten sich zwischen Großmast und Fockmast.

Er konnte ihnen keinen Wein einschenken wie 95 in der Waigatsch. Er hatte nur Schneewasser, das dumpf roch. Höflich tranken die Russen. Es war gleichgültig, ob dieser Tag Fastentag war oder nicht, er hatte ohnehin weder Fleisch noch Fisch. Ein wenig Schiffszwieback holte er aus dem Fäßchen hervor, das bedenklich zur Neige ging. Die Russen aßen und umarmten den Schiffer.

VI

Der Bootsmann Cornelius auf einer öden Insel mit zwei Kreuzen zwei Tage nach dem Schanshoeck las in dem Buch des Jerusalemer Juden Jesus Sirach, geblendet von der Polarsonne, mit zittrigem, hartem Finger die Zeilen nachfahrend.

„... Unweise Leute betrügen sich selbst mit törichten Hoffnungen, und Narren verlassen sich auf Träume. Träume sind nichts anderes denn Bilder ohne Wesen. Und machen einem doch schwere Gedanken."

Der Bootsmann Simon Reyniers, mit dem Rücken gegen die Pinasse gelehnt, las in dem Traktat, das ihm der Bootsmann Frans hinterlassen hatte: „Die Kunst, Ost und West zu verbinden." Ein Mann namens Mathias Sofridus stattet sein Schiff aus mit einem steilen Bug, mit einem Leib, wie ihn die „Eissee" gehabt hatte. Und mit Rädern. Er passiert die Straße von Nassau, die Waigatsch, gelangt an die Staateninsel und endlich an die Mündung des Ob-Stroms. Und dort, wo das Eis ihn einklammern will, fährt er mit seinem Räderschiff darüber hinweg. Als er Kap Tabin erreicht hatte, kam er in eine enge Straße, die nach dem Lande Anian hieß, und dann in eine große raume See. Hier findet er einen Berg von Magnetstein, das ist der Polus Magnetis. Ein Fluß mündet irgendwo, der von Süden kommt, aus einer ungeheuren, warmen Binnensee. Ein Walroß jagt vorbei, schäumt um den Bug, taucht und fliegt, gejagt von einem Jäger, einem Mächtigen, der auf den Wassern zu Hause ist. Das ist der Gott Neptun.

Wir erkennen, las Cornelius, daß kein anderer Gott sei denn du, Herr. Tue neue Zeichen und neue Wunder.

Der Gott Neptun, las Simon, empfing den Seefahrer Mathias Sofridus und gab ihm Kunde über die beste Passage von Holland nach Cathay.

Und der Schiffer Heemskerck, inmitten der ruhenden Mannschaft, dachte: Goldene Träume lassen hungrig aufwachen.

Ein Traum: der Massige mit dem gezwirbelten Bart und der Sehnige hier in seiner Pinasse. Ein Traum: die geräucherten Vögel und das Achtpfundbrot. Ein Traum: lebende Menschen gesehen zu haben. Da gehen sie noch über den Strand. Da schleppen sie noch die Fässer mit Tran in die Lodijas. Da setzen sie Segel und fahren an der Küste entlang, dichtauf gefolgt von Pinasse und Bock.

Dann löst sich der Traum auf in Nebel. Ein Tag vergeht und noch einer an einer Insel, weil es noch immer Eis auf der Welt gibt, weil das nie ein Ende nimmt. Dem Schiffer Heemskerck schien es so, als hätten die Russen bei Schanshoeck nie existiert.

Was aber hatte er noch erwartet? Mitgenommen zu werden von ihnen an Bord? Versorgt zu werden mit Lebensmitteln für den Rest der Reise? Eine Trosse von der Lodija zu den Booten, die sie nach Süden zerrte? Nichts von alledem.

Und sie waren doch schon im Süden. Sie waren bald auf der gleichen Breite wie die Waigatsch, die freilich östlicher lag. Sie hatten bisher eine Strecke zurückgelegt, die die Entfernung Amsterdam–Bergen bei weitem übertraf.

Die Boote lagen auf Land, das frei war von Schnee. Eine gewaltige Dünung ging; sie rührte von dem Nordwest her, der das Eis auf die Waigatsch zu drückte. Heemskerck schrieb in seinem Journal. Er hörte die Leute fluchen, weil sie die Russen verloren hatten. Er hörte sie lachen, denn die Hänge der Insel waren grün überzogen von Pflanzen; Scharbockskraut klammerte sich zwischen Blöcken. Dem Tod war ein Kraut gewachsen. Bei einigen hatte das Kraut die Zähne so schnell gefestigt, daß sie schon wieder Zwieback kauen konnten.

Heemskerck steckte Buch und Tinte in die Kiste unter dem Bankbrett. Nun konnten sie Zwieback kauen und hatten keinen mehr. Das bißchen, was er noch im Fäßchen wußte, zählte nicht.

Die Sonne sank bereits einige Stunden unter den Horizont, verblieb aber auch in ihrem tiefsten Stand noch in der Dämmerungszone. Zwei Umstände bewirkten, daß der Sonnentag abnahm: das Vorschreiten der Jahreszeit und dann vor allem das Vordringen der Schiffbrüchigen nach Süden.

Heemskerck blieb an den Mast gelehnt stehen. Jetzt mußte ausgeholt werden zum großen Schlag. Er durfte nicht länger zögern. Er strich sich den ungepflegten Bart aus den Mundwinkeln, blickte über das Meer und stieg dann aus der Pinasse. „Ruf die Leute zusammen", sagte er zu Jan Hillebrants.

Sie saßen zwischen Pinasse und Bock mit dem Rücken gegen den Wind und sahen den Schiffer erwartungsvoll an. „Rußland ist nahe", erklärte er. „Wir wollen beraten." Er musterte sie der Reihe nach. „Vor uns liegt das Meer bis nach Rußland hinüber. Bis jetzt war es einfach, was?" – Sie lachten, er nahm gern ihre Hoffnung wahr. „Wir sind an der Küste entlanggesegelt. Wir konnten raus aus der Suppe, wenn uns der Wind ersäufen wollte. Jetzt müssen wir über die raume See."

Die Männer nickten. Abschied von der hundertmal verfluchten, in alle Ewigkeit verdammten Insel Nowaja Semlja, dieser unheimlichen steinernen Robbe. Aber sie hat dir doch Häfen gegeben, in denen du Zuflucht suchen konntest; und Eis zum Lagern, Enten und Eier und Scharbockskraut. Das hat sie dir doch alles vermacht. Sie hat dich gezaust, wieder und wieder. Und ebenso oft gerettet. Und jetzt nun das weite Meer.

„Wie weit über raume See, Schiffer?" fragte Evert, dessen Wangenfalten wie leere Taschen hingen, weil das Fett aufgezehrt war.

Heemskerck gab keine Meilen an. Er gab ihnen etwas Heimatliches, damit sich eine Vorstellung bei ihnen ergäbe. „Von Seeland bis zur britischen Küste."

Simon hob den Kopf. Sein Seeland. Ich ringe, aber ich bleibe oben.

„Wenn die Dünung nachläßt", knurrte der Hochbootsmann, „verdammt, dann gehen wir den Kurs an." Jeder äußerte sich. Der Chirurg verlangte, daß sie noch Heilpflanzen sammelten. Der Koch wollte nur mit gefüllten Wassertönnchen reisen. Sie gerieten in Hitze. Nicht länger als notwendig warten! Schneefrei war diese Insel, und wo sollten sie in den Weiten des Ozeans Wasser hernehmen? Von Seeland bis Britannien brauchten sie keinen Schluck! Sie neckten Lenaert, dessen Mutter schon geklagt hätte, daß er so durstig sei. Sie lachten.

Der Junge Jan Hillebrants schwieg, weil er nur eines sagen wollte, nämlich, daß man ihn auf dieser Überfahrt, vor der er unerklärlicherweise mehr Furcht verspürte als vor dem Bisherigen, daß man ihn vor diesem Segeln über die raume See in die Pinasse steigen ließe. Zum Bootsmann Simon.

Heemskerck stützte die Arme auf die Knie. Die Männer waren so, wie er sie haben wollte, fröhlich, optimistisch. Im russischen Land der Moscoviter sahen sie schon das neue Schlaraffenland; Süßwasserflüsse, aus denen sie trinken konnten; Kolonien von Vögeln, die nur darauf warteten, gebraten zu werden.

Auch sein Gesicht zeigte ein Lächeln, doch versuchte sein Verstand, das Unbekannte zu durchdringen, und leise Zweifel ängstigten ihn, ob er auch das Richtige träfe. Hier fehlte der Navigator ... Er sah den rundköpfigen, quicklebendigen Mann vor sich, den immer ein unbändiger Eifer getrieben hatte.

„Die Insel hat uns bisher geleitet", sagte Heemskerck. „Jetzt ist Schluß, jetzt geht es quer über den Ozean. Wo aber ist der günstigste Punkt für unsere Landung an der russischen Küste?"

„Die Inseln Matfloe, Goletz, Dolgoi ...", sagte de Veer.
Heemskerck bestritt es. „Vor der Tür der Waigatsch? Das ist zu weit östlich."
„Aber sie sind uns von der Waigatsch-Reise her bekannt."
„Jede Meile zwischen Waigatsch und Kola wäre uns da bekannt", widerlegte Heemskerck.

Der Hochbootsmann Pieter Vos, der Gelbgesichtige, dem Frau und Kinder im Kriege umgekommen waren, was ihn ruhelos in die Nordmeere getrieben hatte, der im Behouden Huys wie ein Fisch gewesen war, den man an Land geworfen hatte, dieser Hochbootsmann Vos, Kapitän des Bootes Bock, trat vor die anderen. „Wir stehen im Mittelpunkt eines Kreises, so kann man wohl sagen, nahe dem südlichsten Punkt von Nowaja Semlja. Und wie der Kreisbogen sich um den Mittelpunkt spannt, so spannt sich die russische Küste vor uns im Süden. Du kannst Südost fahren oder Südwest, du wirst immer die gleichen Meilen vor dir haben. Wir müssen versuchen, rate ich, trotz aller Südreise so westlich wie möglich zu fahren und den allerletzten Punkt von diesem Kreisbogen zu erwischen. Und das ist an der Kolgujew-Insel, vorbei an Kap Candinaes. Sonst ..."
„Sonst?" fragte der Koch.
„Sonst fährst du den ganzen Kreisbogen aus und verlängerst die Reise um einen vollen Monat."

Alle sahen zu, wie der Hochbootsmann seinen Vorschlag mit Steinen skizzierte. Hier Nowaja Semlja, da die Waigatsch und da die Petschora, dieser Stein hier Kolgujew, ein feiner Bogen, was? Und das ist Candinaes.

Find eine Nadel im Meer, dachte der Schiffer, die winzige Nadel Kap Candinaes. Der letzte Ausläufer des Landes, der letzte Stützpunkt. Denn dahinter brach weit auf der Schlund des Weißen Meeres. Find den rettenden Finger, der dich aus dem Meer zerrt. Ohne Navigator ...

Der Schiffer spürte, sie warteten auf sein Wort. Er hätte etwas darum gegeben, wenn er die südlichen Gewässer an der Festlandküste genauer gekannt hätte. Ein einziges Mal war er hier gewesen, 1595, nicht als Schiffsführer, sondern als Commis des krummnasigen Hasselaer. Was hatte es ihn damals geschert, wie das Land sich streckte.

Er beschloß, alle noch vorhandenen Karten und Unterlagen genau durchzusehen. Jetzt sagte er nur: „Hat jemand einen besseren Vorschlag als Kap Candinaes?"

Da sie schwiegen, setzte er hinzu: „Also fahren wir dorthin."

Sie legten ab unter der Nordsonne. Der Nebel war gewichen, der ihnen einige Stunden vorher neue Ängste eingeflößt hatte. Das Meer hatte sich besänftigt. Mit halbem Wind segelten sie, das Tauwerk knarrte, das Tuch blähte sich. Sieben Mann im Bock und fünf in der Pinasse, so segelten sie jetzt hinaus in das unendliche Meer, segelten weg von der Küste, in das Wagnis.

Adieu, Nowaja Semlja, Ersehntes, Erhofftes. Belagert und bezwungen hatten sie seine Kaps. Seine Eiswüsten hatten sie in Fesseln geschlagen. Einen langen Winter gehaust in einer Hütte, über ein Jahr an ihren Küsten zugebracht. Ein Teil ihres Lebens und ihrer Gesundheit hingegeben. Adieu, Nowaja Semlja, tausendmal verfluchtes, tausendmal geliebtes. Herrliche Insel im Meer. Fünf Gefährten blieben zurück, dort im Norden, irgendwo an den Küsten, deren Steile nun abzunehmen schien, deren Wände dahinschmolzen, in der schwammigen Luft aufgesogen.

Kap Nassau – ein Denkmal für den Bootsmann Frans. Das Große Eiskap – ein Denkmal für Willem Barents und seinen Untersteuermann Claes Andries. Eine Hütte, nun schon Ruine – bewacht von Duncker und dem Zimmermann Joris Christoffel. Ein Schiffswrack im Eishafen – auch dies alles ein Traum: Rings um die Boote war die Unendlichkeit des Wassers.

Das Eis kam später, feldgroße Schollen. Es bedrängte sie; es dehnte sich dort, wo sie hin wollten. Die Insel hatte sie entlassen, aber das Festland wollte sie nicht. „Segel weg!“ schrie der Hochbootsmann.

Der Bock war so eingerichtet, daß ihn vier Mann rudern konnten. Sieben waren sie. Sie konnten sich nicht einmal in zwei Gruppen ablösen. „Pull, mein Söhnchen Hooghwout“, knirschte der Hochbootsmann und drückte die Pinne gegen die Wellen. „Pull, du Laus, sonst schmeiß ich dich ins Wasser.“ Er riß die Pinne herum und versuchte in eine neue Rinne hineinzufahren.

Die Pinasse besaß Riemen für sechs Leute. Fünf fuhren nur darin. Davon stand noch einer an der Pinne. In der Pinasse konnte sich nicht einer ablösen lassen. Im Takt klatschten die Riemenblätter in die See, holten durch und tauchten triefend auf. „Und – jetzt! Hoch – up! Een – dwee, Amster – dam! Holt gut durch! Noch einmal! Und – jetzt!“

Einen Augenblick, da das Eis ihnen Luft ließ, benutzte Heemskerck, um den Kompaß vom Großmast zu holen und vor seinem Platz an der Pinne auf eine Kiste zu stellen. Müde verfolgte er die zitternde Bewegung des Zeigers. Die Hände waren eisig vom übersprühenden Wasser. Er hörte die Jungen mit den Zähnen klappern. Bei zwanzig Grad mehr Kälte hatten sie nicht so sehr gefroren wie in dieser feuchten Luft hier.

Der Segelmachersohn Heemskerck. Das Kind Jacob. Es spielt auf der Gasse, in den Scharen von Kindern, die aus diesen Häusern, diesen Höfen herausquellen. Blindekuh spielen sie, und da ist Marretje, klein, zart, zierlich. Ihre Bewegungen, wie sie mit verbundenen Augen die Kinder hascht, haben etwas Anmutiges, Tänzerisches an sich. Jacob steht und staunt.

Die Hände Marretjes tasten über sein Gesicht. Alle lachen über den

Tölpel, der sich hat fangen lassen. Marretje verbindet dem Jungen Jacob die Augen. Nun such, such nur. Such du, los. Sie lacht, sie dreht Jacob herum, immer wieder, auf der Stelle.

Die Welt fliegt an ihm vorbei, die schwarze Welt hinter der Binde. Immer noch dreht ihn die Schelmin Marretje, mit spitzbübischem Lächeln. Alle lachen über den Tölpel, der sich so drehen läßt.

Dann läßt sie los. Die Welt schwankt um den Jungen Jacob in der schwarzen Nacht. Wo ist wo auf dieser Welt? „Sag, wo das Tor ist!" fordert Marretje in dem beglückenden Gefühl, ein neues Spiel gefunden zu haben. „Sag es!" drängt sie.

Jacob hebt gehorsam die Hand und deutet ins Nichts. Die Kinder brüllen vor Lachen.

„Und wo ist der Hafen?" fragt sie.

„Und wo ist eure Werkstatt?"

„Und die Alte Kirche?"

Und jedesmal deutet Jacob ins Nichts. Und jedesmal erntet er Gelächter. Er versucht sich zu erinnern, wie er gestanden hatte, bevor Marretje ihn drehte. Wie oft hat sie ihn gedreht, wohin, an welcher Stelle angehalten? Jacob deutet ins Nichts. Die halbe Gasse lacht. Man tut viel für seine erste Liebe ...

In einer solchen Situation befanden sich die Boote auf der offenen See. Ringsum ist Horizont, ringsum kann Sonne sein. Ringsum ist nun auch Eis. Wo ist wo auf dem Meer? Immer neue Kursänderungen erzwang das Eis. Immer wieder anders wanden sich die Rinnen.

Heemskerck saß mit taubem Arm an der Pinne, seine Augen aber hingen am Kompaß. Kurs Südsüdwest, der Hauptkurs. Jetzt ein Strich zu, noch ein Strich. Zwei Strich zu. Ein Strich ab. Wie lange mit diesem Kurs so gefahren, mit welcher Geschwindigkeit?

Heemskerck rechnete und rechnete. Da stand der Priester und Kosmograph Plancius. Kannst du ein Schiff führen, Heemskerck? Der Mann mit dem Priesterkäppchen streicht sich den gekräuselten Bart. Geben wir dem Heemskerck die „Eissee"?

Drei Strich ab, Heemskerck rechnet. Sein Examen bei Plancius war ein Kinderspiel gegen diese Fahrt. Er verfluchte, daß seine Gedanken abirrten, zu Marretje, zu Plancius, da er doch rechnen mußte. Wo war das Tor, und wo war der Hafen?

Laurens schob ihm eine Schüssel zu, in der etwas Zwieback aufgeweicht war. Er aß langsam. „Segel gehißt", sagte er. Das Eis war vorbei.

Nach vierunddreißig Stunden Meerfahrt sprangen die Männer aus den Booten, um sie die letzten Schritte durch das seichte Wasser auf den Strand zu zerren. Das war das große Festland, das sich hinstreckte von hier bis nach Hause. Dreißig Meilen waren sie über die offene See gefahren, um es zu erreichen.

„Nun sind wir knapp vor Candinaes", rief Evert. „Nun bringe ich meine paar Pfund Fleisch auch noch ganz nach Hause."

Heemskerck fiel in einen tiefen Schlaf. Er sah sich am Kap Candinaes stehen und ein Schiff beobachten, das aus dem Weißen Meer kam. Das war der „Engel" aus Amsterdam.

Das Schlaraffenland war ein Sumpfland, weite, unendliche Tundra. Bei jedem Schritt sickerte Wasser aus dem Boden; eine unüberschaubare Ansammlung von kleineren und größeren Seen. Und es gab keine Vögel.

Der Schiffer, gekräftigt, befahl den Aufbruch. Nun hatten sie wieder eine Küste als Wegweiser. Er versuchte die nördliche Breite zu bestimmen, aber die Sonne lag hinter grauen Wolken. Wichtiger war ihm freilich die östliche Länge ihres Standortes. Er hatte keinen Anhalt außer dem Kompaß, der ihm sagte, daß sie trotz allen Kreuzens in der Nähe des ersehnten Kaps sein mußten. Heemskerck starrte über die öde Tundra, über Landzungen, Lagunen und wußte nicht, wohin es sie verschlagen hatte.

Da hatte einer über ihm in der „Hütte" gesessen, und wie sauer sie sich das Leben gemacht hatten, er mochte nicht mehr daran denken. Es war ein Tag, an dem er doppelt spürte, wie sehr ihm Barents fehlte.

Die Boote fuhren zehn Stunden die Küste entlang, dann gewahrten sie ein Segel. Es war eine russische Jolle, noch kleiner als die Schiffe bei Schanshoeck, noch ärmlicher. Beide Seiten hielten aufeinander zu. Bärtige Gesichter schoben sich drüben über die Bordwand.

Heemskerck formte die Hände zum Trichter und schrie: „Sind wir bei Kap Candinaes?" – „Candinaes!" wiederholte er dringlich, und noch einmal. Sie hoben im Nichtverstehen die Schulter und wiesen ins Unbestimmte. „Frag du!" sagte der Schiffer zu Simon.

Simon stellte sich an den Mast. „Ist hier Candinaes?" schrie er auf russisch.

„Petschora!" riefen sie zurück, wendeten und zogen über das Meer.

Die Männer saßen wie versteint.

Heemskerck schaute auf den Kompaß, dann riß er ihn von der Kiste. Einen Augenblick hielt er ihn so, als wolle er ihn ins Wasser schleudern, gab ihn aber mit ausgestreckten Armen dem Bootsmann Simon.

Er setzte sich, die Hände vorm Gesicht, hinter den Mast. Er hatte richtig gerechnet, in aller Wirrnis im Eis auf dem Meer, Strich für Strich zugezählt, abgerechnet, Entfernungen geschätzt, zeitlich verglichen und war zum richtigen Ergebnis gelangt. Plancius konnte zufrieden sein.

Er stöhnte auf. Er hatte nur eines übersehen, das allereinfachste, das primitivste. Er hatte, als er den Kompaß vom Mast holte, das Gerät auf eine Kiste gestellt, deren Eisenbeschläge die Nadel abgelenkt hatten.

„Petschora!“ Wie Hohn aus der russischen Jolle. Einen Katzensprung vor der Waigatsch waren sie. Die Boote hatten das russische Festland erreicht. Zehn Grad östlicher, als sie beabsichtigt hatten.

VII

Der Junge Jan Hillebrants gelangte nie in die Pinasse, genausowenig, wie er auf das Schiff „Amstelredam“ gekommen war. Hatte er dort mit Rijp fahren wollen, so hier mit Simon.

Er hatte immer einen an seiner Seite gebraucht, gegen die Ratten, gegen die Nacht auf der Schelde, die in sein Unterbewußtsein getaucht war. Rijp hatte es sein sollen, wie es auch die Mutter, das Fischweib, begehrt hatte. Duncker war es geworden. Dann der Navigator Willem Barents. Und alle hatte er hergegeben. Zwei Tote, und Rijp vermißt bei dem Neuen Land Spitzbergen.

Und nun hatte er den vierten gefunden. Das war der Bootsmann Simon. Lang waren die Stunden im Bock. Und die Pinasse mit Simon trieb vor ihnen, einmal ferner, einmal näher, einmal lag Eis dazwischen und einmal Nebel.

Der Junge wagte nicht, den Schiffer zu bitten, ihn in die Pinasse umsteigen zu lassen.

Wenn Jan Hillebrants, inzwischen fünfzehnjährig, auf ihrer nun schon mehr als fünf Wochen währenden Bootsreise, an den Riemen saß oder die Leinen zurrte oder unter dem Sprietbaum lag in jenem Boot, in dem bereits zwei Gefährten gestorben waren, dann dachte er an Simon. Vor allem seit dem Marsch zur Kreuzinsel.

Die Steinbutte in der Kuhl der „Eissee“. Einen starken Gegner hatte der Junge in Simon gehabt. Fluchtversuch an der Bäreninsel, Laurens im Eisen, immer tiefer war die Kluft zwischen Simon und dem Jungen geworden. Beim Kreuzaufrichten hatte Simon Dunckers Lügen entlarvt. Und Jan hatte sich dagegen gewehrt, daß Simon immer recht gehabt haben sollte.

Ein langer Winter mit Simon auf der Insel. Da geistert die Geschichte von der Rettung der „Winthont“. Da wird ein Schneemaibaum auf den First gesetzt. Jeden gefangenen Fuchs haben sie Simon zu verdanken.

Auch im Winterhaus, als Simons Gesicht fahler wird, als sein Bart weit das Kinn bedeckt, als er sich einhüllt in Decken und Felle, steht er noch vor dem Jungen wie am ersten Tage: kräftig, der Kälte trotzend.

Diesem Bootsmann Simon kann der Junge sagen, wo Duncker das Brotfaß versteckt hatte. Viel Zeit, viel Irrtümer. Auf dem Marsch zur Kreuzinsel war Simon des Jungen Freund.

Der Schiffsjunge Jan Hillebrants kam auf der nun schon fünf Wochen währenden Bootsreise nie in die Pinasse, wo Simon fuhr.

Am schwächsten von allen zwölf nach dieser langen Zeit war Gerrit de Veer, der Volontär. Seit Barents' Tod hatte er sich nicht wieder erholt. Auf der „Eissee" hatte er Barents' Schlaf gehütet. Er war sein Schreiber gewesen aus freien Stücken, obwohl das nie in sein Aufgabengebiet gefallen war. Mit dem vertrauensvollen Überlassen des Tagebuchs der ersten Nordreise an Gerrit de Veer hatte Barents in dem jungen Mann aus Amsterdam den treuesten Verfechter seiner Sache gefunden. Keiner hatte je so rückhaltlos, ohne jeglichen Zweifel hinter dem Navigator gestanden wie de Veer. Selbst die kühle Behandlung seitens seines Verwandten Heemskerck hatte de Veer des Navigators wegen in Kauf genommen.

Seinen Ruhm hatte er verkünden wollen in dem Buch von der Reise nach Cathay. Die Sonne hatte er dem Navigator wiederfinden wollen, aber der hatte sie nicht gewollt. Das Boot Bock hatte er dennoch befehligt, geehrt durch Barents' Vertrauen. Sein Tod ließ ihn zusammenbrechen.

Aber trotz aller Schwäche trug der junge de Veer, den man einst Gänsehals genannt hatte, Tag für Tag in sein Journal, was ihnen begegnet war.

De Veer, ein hilfloser Körper, kam in die Pinasse, als Barents starb. Er kam wieder in den Bock, als Frans starb. Und nun, nach fünfwöchiger Reise, an der Küste von Rußland, sah der Schiffer Heemskerck, wie de Veer zusammengesunken über seinem Papier hockte und der Hand die Kraft fehlte, die Feder zu halten.

In Heemskercks Zwist mit Barents hatte de Veer immer vor dem Navigator gestanden. Von Heemskercks Neigung zur schönen Hasselaer hatte de Veer geahnt, und der Spott um de Veers Mund schien auch jenem zu gelten: Der Segelmachersohn langt nach dem Kaufmannshaus. Und später, nach der Begegnung mit dem „Engel": Es geschieht dir recht, lieber Jacob.

Eine Winternacht nun dazwischen, eine einzige Winternacht, eine Bootsreise dazu, viele gestorben. De Veer war der schwächste.

Der Schiffer sah die tiefliegenden Augen, die spitzen Backenknochen, die kraftlose Hand des de Veer, dessen Heimreise er durch das Mißgeschick mit dem Kompaß um Wochen verlängert hatte. Dann befahl er, ihn samt seinen Sachen zu ihm in die Pinasse zu tragen. So stieg de Veer zum drittenmal um.

Der Junge Jan Hillebrants gelangte nie in die Pinasse. Aber für de Veer kam der Bootsmann Simon Reyniers zu ihm in den Bock.

VIII

Der Schiffer hatte das Kaufmannsschiff „Eissee“ verloren. Am 13. August anno 1597 verlor er ein Boot. Oder jenes Boot verlor den Schiffer mit Mann und Maus: Pinasse und Bock verloren sich aus den Augen.

Sie waren wieder einmal vermeintlich am Kap Candinaes gewesen, zehn Tage nach ihrer Landung in Rußland, und glaubten nun über die Mündung des Weißen Meeres zu segeln. Wasserwüste umgab sie, Nebel fiel ein.

„Reißt die Augen auf, Jungen!“ schrie der Hochbootsmann im Bock. „Schreit, brüllt! Beten könnt ihr später!“ Ihre Rufe hallten über das Wasser, das nichts mehr vom Nebel unterschied. Sie schwammen nicht mehr, sie schwebten. Alles war eins. „Heemskerck!“ brüllte langgezogen der Bootsmann Evert.

Sterrenburgh, der Feuerwerker, versuchte eine Muskete abzuschießen. Aber das Pulver war naß. „Lauscht, lauscht, Jungen“, knurrte der Hochbootsmann. Simon legte sich in den Bug, streckte den Kopf vor und konzentrierte sich ganz auf das Hören. Wie eine Galionsfigur ragte er über den Vordersteven. Leise platschte das Wasser, der Wind fegte. „Kurs Südsüdwest“, sang der Hochbootsmann. Evert brummte: „Candinaes haben wir in der Tasche.“

Simon erhob sich ächzend, sah dem Jungen ins Gesicht. „Nichts ...“

„Brüllt wieder, Jungen!“ schrie der Hochbootsmann.

Regen prasselte hernieder. Böiger Wind fuhr ihnen in die Quere. Der Bock war allein auf dem Meer, fernab von jeglichem Land. Die Wellen leckten höher, das Focksegel erschlaffte, prallte jäh wieder voll Wind, der Ruck legte das Boot auf die Seite. Pützweise kam Wasser über. Simon reffte die Segel, noch ehe Vos den Befehl ganz hervorgestoßen hatte. Hooghwout und Evert schöpften wie die Besessenen. Lenaert half das Tuch festbinden. Der Wind riß es ihnen aus den Fäusten.

„Da sind sie!“ keuchte Sterrenburgh. Der Ruf trieb sie hoch, heraus aus dem Regenschatten. Die Tropfen stachen in die Gesichter, Wasser und Nebel war eins. Angestrengt lauschten sie. Dann schrien sie wieder den Namen des Schiffers. Aber der Bock war allein auf dem Meer.

„Unseren Schiffer“, sagte Vos, als der Regen trommelte, „werden wir an der Westseite des Weißen Meeres treffen. Die Pinasse taugt was, und die fünf Mann drin sind auch nicht ohne ...“ Und zu sich selber sagte er: Den Kurs wird er diesmal halten, der Schiffer. Er verfluchte sich, weil er bei der Überfahrt von Nowaja Semlja nach dem Festland alle Arbeit des Kursfindens dem Schiffer überlassen hatte. Den Kurs Candinaes hatte er vorgeschlagen. Und dann den Schiffer im Stich gelassen. Wie ein unmündiges Kind war er blindlings im Bock der Pinasse gefolgt, heilige Mutter ...

Scharf wehte der Wind, der Regen ließ nicht nach. Wasser von oben und unten. Das Boot glitt ohne Segel dahin. Die Männer legten sich in die Riemen.

Simon stemmte die Füße gegen den Boden und zog die Riemenstange an die Brust, unaufhörlich, in ewigem Takt. Neben ihm saß der Junge und arbeitete sich genauso ab, mit zusammengepreßten Lippen, die Haare wirr in der Stirn.

Dieser Junge war durch alle Fährnisse hindurchgegangen, ohne Schaden zu nehmen. Der Schwächste hatte durchgehalten, trotz Scharbock, Frost und Hunger, trotz Bären und Schiffbruch. Bisher wenigstens, wie auch Simon selber nur bisher gerettet war. Wer wußte, was die Zeit noch brachte, was das Meer noch im Hinterhalt hatte.

Wenn die Pinasse noch existierte, galten alle vom Bock für jene schon für verloren. Und wenn die Pinasse bereits hinabgefahren war zum Grund, dann waren sie im Bock die letzten des Schiffes „Eissee".

Simon tauchte den Riemen ein und holte durch. Wieder kam ein langer Kerl auf das Boot zu; der Hochbootsmann verstand es, ihn zu nehmen. Das Wellental riß sie hinab, und die Nässe von Simons Gesicht, kam sie vom Himmel oder aus den unendlichen Tiefen? Sollten wieder fünf verloren sein?

Ihr Schiffer Jacob van Heemskerck. Simon sah das schmale Gesicht vor sich, nun nicht mehr faltenlos, die Nase lang und noch schärfer als damals vor Vlie, der Spitzbart struppig, der Backenbart überwucherte die Ohren, kein spitzenbesetzter Ärmel mehr. Jetzt war Heemskerck ihm recht.

Der Schiffer fehlte, der Leiter ihrer Bootsreise, der Kamerad, der aus den Segelmachernäpfen gegessen hatte und der der Ihre war.

Simon riß die Stange an die Brust, Tropfen klatschten ihm ins Gesicht. Stumm bewegte sich neben ihm der Junge. Der Hochbootsmann sang, damit Rhythmus unter die Leute kam. Dazwischen beteuerte er: „Ich schaff euch an Land, ich wittere es im dicksten Nebel. Dort habt ihr den Schiffer wieder."

Sie fuhren lange in dem gischtenden Meer, Stunden im Unwetter, Stunden nach dem Unwetter. Die Sonne kreiste, die Männer dämmerten vor sich hin, dachten an den Schiffer und seine vier Gefährten de Veer, Laurens, Cornelius und den Chirurgen. Sie spähten über die Wasserwüste, nach Land, nach der Pinasse. Sie hörten den Hochbootsmann singen und fluchen.

In der sechsundvierzigsten Stunde ihrer Meerreise sah der Feuerwerker Sterrenburgh die Küste. Lappland ...? Laut jubelten die Männer.

Der Hochbootsmann Vos, mit dicken Froschaugen, lachte nicht, sein Mund war wie ein Strich. Keine schroffen, scharfkantigen Berge lagen vor ihnen. Eine flache Küste war es, dreimal verflucht in ihrer Sanftheit.

Sechs russische Lodijas lagen robbengleich am Strand. Noch ehe der Kiel des Bocks auf dem Kies knirschte, schrie Simon: „Wie weit noch bis Kildyn, Kameraden?“

Es ließ den Hochbootsmann sauer die Mundwinkel verziehen. Ja, Kildyn, die nächste Station, die Insel in Lappland vor der Mündung des Kolaflusses ...

Kildyn? Verwundert hoben die Russen die Brauen. Kildyn, weit, weit ... Sie lachten freundlich, voll Spaß bis in die Augen, umdrängten das kleine Boot, aus dem sich immer noch keiner gerührt hatte. Aber die Russen streckten auch aus den Fäusten die Finger heraus und zählten auf: Candinaes, Weißes Meer, Küste von Lappland, Kildyn, Kola. Finger um Finger streckten sie vor, eine ganze Hand voller Finger.

Erst langsam begriffen die Männer vom Bock, was ihr Hochbootsmann schon seit dem Auftauchen dieser flachen Küste gewußt hatte: Sie waren nicht über die Mündung des Weißen Meeres gefahren. Sie waren länger über Meer gesegelt als während der Überfahrt von Nowaja Semlja nach Rußland.

Und noch immer hatten sie nicht einmal Kap Candinaes erreicht.

IX

Das Kap Candinaes trug fünf Kreuze. Fünf Finger hatten die Russen an ihren Händen abgezählt. Meinten sie nicht doch, daß Candinaes schon vorüber sei? Simon zerstörte ihre Hoffnungen. Er hatte die Russen richtig verstanden.

Es war ein kleiner, listiger dabei, der die Holländer zum Feuer bat. Er hatte schräge tatarische Augen und eine blasse Haut, von der schwarz der Bart abstach. „Frag nach Essen“, stieß Hooghwout hervor.

Simon fragte: „Wo ist die Pinasse? Boot, unser Boot, habt ihr Boot gesehen, holländisches Boot? Fünf Männer drin!“ Er hob die Finger, wie es vorher die Russen getan hatten.

„Boot?“ Der Listige mit den tatarischen Augen schüttelte den Kopf. „Boot nicht. Viel Boot kaputt. Groß Boot kaputt. Klein Boot am Strand“, er wies auf den Bock, „ist nichts für Weißes Meer, für Fahrt nach Lappland.“

Fünf Männer, sie müssen doch da sein. Wo sind sie, Kameraden?

„Angel?“ fragte der Schwarzbärtige unter den anteilnehmenden Blicken seiner Gefährten, die ihn dicht umstanden. „Angel?“ Seine Hand mit dem ausgestreckten Zeigefinger stieß vor. Wie ein Vogel, der zuhackt, schien es Evert. Siebenmal, auf jeden Mann vom Bock, wies der Finger des Tataren. „Angel?“

„Verdammt, was will er!“ murmelte der Hochbootsmann. Simon konnte sich die Gebärden der Fremden nicht erklären. Er fluchte, weil er so schlecht ihre Sprache verstand, weil sie keinen Dolmetscher hatten, weil der Schiffer nicht da war, weil auch er nicht mehr Worte wußte, als sie damals in der Waigatsch gebraucht hatten. Und das war lange her.

„Wann bringt er zu fressen?“ fragte Hooghwout.

Der Schwarzbärtige rief etwas, dann saßen alle wortlos da. Einer der Russen ging hinunter zum Strand, auf die Lodijas zu. Mit mahlenden Kiefern saß Hooghwout, Evert drückte die Hand gegen den Leib. Bringt er zu essen? dachte Jan Hillebrants. Sie saßen still, bis der kleine Russe zurückkam.

Er brachte eine Seekarte.

Sie war sehr einfach in ihrer Zeichnung, gab nur die Küstenlinien wieder. Nur mit Mühe fand Simon Lappland heraus. „Wir hier“, erklärte der Tatare und fuhr mit dem Finger die Küste nach Westen. „Das Candinaes. Weißes Meer. Angel.“ Er klopfte mit dem Finger auf jene Stelle, wo die Südküste des Weißen Meeres verzeichnet war, und sah sie wieder fragend an. „Angel?“

Der Hochbootsmann richtete sich ungeduldig von der Karte auf. „Versteh einer, was er will.“

Simon schob sich die Kappe aus der Stirn. Angel, Engel? Erzengel ... Archangel ...? Er lachte auf einmal vergnügt und legte seine Hand auf die des Tataren, der immer noch auf das Südende des Weißen Meeres zeigte. „Wir nicht Angel“, sagte er, und erklärend für seine Gefährten: „Er fragt, ob wir nach Archangel wollen.“

Evert kicherte. „Gott behüte! Lappland!“ schrie er. „Alle Lappland!“ Und die vom Bock sprachen es nach, dieses Wort, das einen großen Zauber für sie besaß.

Der Tatare schob ihnen unerbittlich die Karte unter die Nase. Lappland war weit. Über die Mündung des Weißen Meeres mußten sie noch fahren. Mit jenem Boot? Er redete schnell in seiner Sprache, und die Russen im Kreis schauten verwundert.

Später brachten sie Brot. Während Hooghwout aß, liefen ihm Tränen über die stoppligen Wangen.

Die Russen brachen auf, nach der Waigatsch.

Der Bock segelte weiter, pirschte sich an das dreimal verfluchte Kap Candinaes heran, das sie schon zweimal zu haben glaubten, das sie narrte.

Als sie es nach zwei Tagen sahen, glaubten sie es nicht. Fünf Kreuze auf nackten Felsen, eine Nase, die in das Meer vorsprang, übergischtete Klippen. Cap Candinaes. Sie gingen vor Anker, aber auch hier bemerkten sie nicht die Pinasse.

Sie versuchten den Hunger mit Süßwasser zu stillen, was freilich vergeblich war. Die Schwäche ließ sie jeden Schritt mit dreifacher Anstrengung tun. Dumpf und wirr war ihnen der Kopf, sie schwankten, als hätten sie Branntwein in Hollands Schenken getrunken, bis der Hals voll war.

Evert fand Scharbockskraut.

Die Gefährten fanden sie nicht.

Als sie vor Anker lagen, kam eine Lodija, den Mast mittschiffs, aus dem Weißen Meer gefahren. Es gelang ihnen rechtzeitig, den Bock ins Wasser zu stoßen und längsseits zu gehen. Aufrecht im Bock stehend, konnte der Hochbootsmann gerade in die Lodija hineinsehen. Er fragte nicht erst nach Heemskerck. Wer aus dem Weißen Meer kam, konnte von der Pinasse nichts wissen. Er klammerte sich an die Wand der Lodija und sagte: „Essen ..."

Simon raffte sich auf. „Du mußt ihnen was geben. Du kannst sie nicht ausplündern."

Vos runzelte die Stirn, holte aber aus der Kiste einen kleinen Kompaß, den er noch hatte. Er zeigte ihn den Russen. Einer griff von oben danach.

Sie erhielten einen kleinen Sack Mehl, eine Seite Speck, einen Topf Butter, einen Topf Honig, zehn Fische. Fahr wohl, Kompaß. Ende der Fastenzeit. Die Schätze sanken in den Bock. Das Schlaraffenland ... „Jetzt essen wir", sagte Vos, als die Lodija fern um die Spitze segelte. Lenaert kochte Brei aus Mehl, gab Honig und Speck hinein, eine winzige Menge, eine Spur Geschmack.

Während er löffelte, sagte Vos heiser: „Ist Heemskerck vor uns, wartet er auf der anderen Seite des Weißen Meeres, in Lappland drüben. Ihr freßt dem Teufel die Haare vom Kopf. Ist Heemskerck hinter uns, liegt er irgendwo vor Anker, damit wir herankommen. Wo schlingt ihr das alles hin, verdammt! Dann liegt er ewig dort, der Schiffer. Aber er ist besser besegelt als wir, wie kann er hinter uns sein. Und vor uns ist das Meer, also fährt er schon über. Und wie wir es machen, wird es falsch sein. Aber liegenbleiben, das können wir nicht. Wir haben nun gegessen. Haben uns den Ranzen vollgeschlagen. Wir sind nun stark wie Goliath. Wann werden wir das wieder sein? Jetzt sind wir so, wie wir sein müssen, wenn wir wirklich noch jemals über das große Wasser wollen. Wir haben keine Wahl. Wir müssen jetzt reisen oder nie. Ohne den Schiffer müssen wir das Weiße Meer angehen; der kann uns nicht helfen, nicht einmal Gott!"

Dies sagte der Hochbootsmann, während sie den Brei schlangen. Oder er glaubte es zu sagen, weil er doch selber essen mußte. Jedenfalls wunderte sich keiner, als er Simon befahl, das Boot zu prüfen; als er selber nach der Sonne schaute, um die Richtung zu bestimmen.

Es mußte früher Morgen sein, der Wind kam aus Nordost, und sie wollten nach Südwest. Der Wind konnte nie besser sein. Auch der Wind bestärkte den Hochbootsmann in seinem Entschluß.

Wasserfaß? Voll, voll.

Scharbockskraut? Ist, ist.

Alles hinein in den Bock und Segel auf, soviel man hat. Und ab über das Meer.

Zum drittenmal seit ihrer Abreise vom Behouden Huys umgab den Bock nur das unendliche Wasser. Erst die Überfahrt nach Rußland. Dann das wilde Meer, in dem sie Heemskerck mit der Pinasse verloren hatten. Nun endlich das Weiße Meer.

Sie segelten den ganzen Tag und die ganze Nacht hindurch, die freilich nur ein kurzer Dämmer war. Weit in den neuen Tag hinein fuhren sie. Dreißig Stunden segelten sie, bis sie Hügel aus dem Wasser tauchen sahen, die zu Bergen wuchsen. Klippen lagerten sich vor. Dann hörten sie die Brandung. Das drittemal über das offene Meer gesegelt, vierzig Meilen diesmal. Und diesmal allein.

X

Die Holländer betraten an jener Stelle lappländischen Boden, an der vierundvierzig Jahre zuvor Sir Hugh Willoughby versucht hatte zu überwintern und mit zweiundsechzig Mann dem Eis und dem heimtückischen Scharbock zum Opfer gefallen war. Kein Anhaltspunkt mehr für jenes Winterlager, keine einzige Planke jener englischen Segler; kein Willoughby-Land in der unendlichen See vor Nowaja Semlja. Barents hatte es von der Karte gekratzt. Nicht einmal ein Kreuz war Willoughby geblieben.

Als der Hochbootsmann mit den ihm anvertrauten sechs Leuten den schmalen, steinigen Strand querte, um einen Aufstieg in den Wänden zu erkunden, dachte keiner von ihnen an den Engländer, der vor einem Menschenalter ein ähnliches Schicksal wie sie erlitten hatte. Sie suchten, im Aufwärtsklimmen, auch nicht Vögel, obwohl sie jede Möwe von den Eiern gelangt hätten, hätte es nur Eier und Möwen gegeben. Die mächtigen schwarzen Felsen stürzten nach Norden ins Meer.

Die Wasserwüste flimmerte tief zu ihren Füßen; es gab keinen Anhaltspunkt, von wo sie gekommen waren. Aus dem Nichts schienen sie gefallen zu sein, durch den Spalt zwischen Himmel und Wasser waren sie geschlüpft. Jenes winzige Boot am Strand, das den Namen Bock trug, hatte sie hergebracht; ein Strohhalm für den Versinkenden. Nicht Wind, Eis, Strömung hatte sie ziellos vor sich hergestoßen, weggeschwemmt, an Land geworfen. Gegen Wind, Eis, Strömung hatten die Männer ihren Kurs durchgesetzt, hatten sogar die Küste verlassen und Meere bezwungen, die andere in größeren Schiffen gemieden hätten.

Sie schauten über den Ozean, den sie überquert hatten, die weite nordwärts verlaufende zerklüftete Küste nach. Sie suchten die Pinasse.

Es gab keine Pinasse mehr, weder auf dem Wasser noch an der Küste. Es gab den Schiffer nicht mehr und nicht mehr jenen, den er in Eisen gelegt hatte. Es gab keinen Schreiber mehr und keinen Psalmensänger. Und der Chirurg hatte sich selber nicht helfen können.

Die Männer vom Bock freuten sich nicht, festen Boden unter den Füßen zu haben. Das andere Boot fehlte seit acht Tagen.

Sie verließen das schmale Felsband, rutschten hinab und lagen dann fröstelnd im Bock. Das Wasser schwappte, es roch nach Fisch und Tran, nach Tang und Moder. Sie röchelten und schniebten, stammelten unverständliche Worte, leise Flüche, träumten vom Behouden Huys, dachten nicht an Willoughby, weil sie selber genug Tote hatten, Eisschrunde und Schneeloch und drei Felsgräber an der Westküste der steinernen Robbe.

Langsam holte der Hochbootsmann die Leine vom Grund, an der der Ankerstein hing. Er kroch über die Seitenplanke, fiel ins Wasser, richtete sich ächzend auf und drückte das Boot in die See. Simons breites Gesicht war plötzlich über der Pinne; er betrachtete, was der Hochbootsmann da vorhabe, stand dann an dessen Seite. Jan Hillebrants, wie er Simon nicht mehr neben sich fand, kletterte über Bord, weil Simon so geklettert war, schob das Boot, weil Simon es schob. Er hätte alles Simon nachgetan in diesem Augenblick. Der Bock drehte sich in den Kurs.

Langsam schleppte sich das einsame Boot die Küste entlang. Evert hielt die Segelleine in der Hand, sein Kopf aber lag auf der Brust. Die Warenballen des Hasselaer hinderten den Körper am Umfallen. Vos hielt mit Mühe die Augen offen. Sie hätten kreuzen müssen bei diesem verdammten Wind. Sie hätten rudern müssen. Keiner hatte die Kraft mehr dazu. Wie betäubt lagen sie auf den schmalen Brettern. Die Anspannung der letzten Tage war zu groß gewesen. Das Erwartete, das sie getrieben hatte, dem zuliebe sie alles auf sich genommen hatten, war ausgeblieben. Jetzt kam der Rückschlag.

Die Pinne stützte den Hochbootsmann mehr, als daß er sie bediente. Nichts schien ihm begehrenswerter, als endlich zu schlafen.

Als er die beiden Kreuze auf der Felsnase sah, glaubte er an Wachtraum, Hirngespinst, Halluzination. Der Felsen stand wie ein ungeheurer Bienenkorb im Meer und war durch einen flacheren Ausläufer mit dem Land verwachsen. Vos starrte auf den Felsen, auf die Landmarken, apathisch, teilnahmslos. Für Freude hätte er keinen Grund gehabt. Und für seinen Zorn, daß da jener Felsen ihnen den Weg verriegelte, fehlte ihm die Kraft. Tausend Schritt nur sprang der Felsen in die See vor; Möwen schossen um seinen Gipfel. Aber diese tausend Schritt waren für den Bock nicht mehr zu bezwingen. Meere hatten sie gemeistert, ländergroße Eisfelder umgangen. Dieser winzige Bienenkorb war unbesiegbar. Der Bock hätte gegen den Wind fahren müssen, um diese tausend Schritt zu gewinnen. Ein halbes Stündchen an den Riemen hätte das Hindernis aus dem Weg geräumt. Er hatte keine Männer dazu. Diese hilflosen Körper, die da im Boot lagen, waren nur noch die Schatten jener wagemutigen Leute der „Eissee".

Evert, die Fockschot in der Hand, hob den Kopf. Er stierte auf das um die Fäuste geschlungene Tau, blickte den Mast hinauf und sah dann mit einemmal die Kreuze auf dem Felsen. Er beugte sich vor, entwirrte hastig das Seil. „Wir zwingen den Fels nicht", hörte er Vos sagen. Und: „Kennst du die Kreuze ...?"

Evert lachte glucksend. Wer wollte denn den Felsen umschiffen? Kreuze? Die gab es nur auf der Kreuzinsel. Der Name „Jan Hillebrants" stand auf dem Kreuz, mit dem Messer eingeritzt. Das hier auf dem Bienenkorb, das waren keine Kreuze. „Das ist eine Lodija!" stieß Evert plötzlich hervor. „Das ist ein russisches Schiff!"

Er sah es liegen, hoch oben auf dem Land, das ihm verschwamm mit dem Wasser. Mächtig schlugen die Wellen. Die Möwen umschossen seine Rahe. Bärtige Gesichter winkten zwischen den Steven. Der Bootsmann Evert wollte diesen Felsen nie umsegeln. Er wollte hinauf, hinauf zu dem russischen Schiff, zu den Buttertöpfen und Honignäpfen. Er wollte das Mehl sackweise herunterschleppen in ihren Bock, bis jener aus den Planken breche. Die fetten Gänse wollte er, die Simon in der Waigatsch bekommen hatte. Er wollte nie gegen den lausigen Wind um das Kap herum.

Vos schlug sich mit der flachen Hand gegen die Stirn. „Kreuze!" rief er, „Kreuze!" Er schimpfte auf den Verrückten, der ihm die Pinne aus der Hand riß und den Bock auf den Strand setzen wollte. „Er ist wahnsinnig!" schrie er, als Simon sich aufraffte.

Simon begriff: das Kap, die Kreuze, der Wind. Er wollte an die Pinne. Aber die Wahnvorstellung verlieh dem kleinen Evert die Kräfte eines Bären. Mit einem Blick verständigte sich Simon mit dem Hochbootsmann. Laß ihn willfahren, laß ihn an Land. Laß uns lagern hier unter dem Bienenkorb, den wir gegen den Wind doch niemals bezwingen werden.

Kaum daß das Boot das Land berührte, ging Evert davon. Sein Gesicht leuchtete, sein Schritt war leicht. Behend gewann er die erste Steigung. „Ich gehe mit", preßte Simon hervor und stürzte hinterher. Er erreichte den Gefährten, der keine Notiz von ihm nahm. Er versuchte nicht, dem anderen, den es so sehr in die Höhe zog, zu beweisen, daß da hoch auf dem Felsen keine Lodijas lägen, daß das Landmarken seien wie Tausende von hier bis nach Amstelredam. Es gab nur Gewährenlassen.

Hinter dem Bootsmann Simon rannte noch einer, atemlos, wie ein

Hündchen. Das war Jan Hillebrants. Da Simon den Berg erstieg, mußte auch er den Berg ersteigen. Das Geröll war scharfkantig, einzelne Steine polterten in die Tiefe. Die beiden Kreuze hoben sich dunkel vom Himmel, entschwanden ihren Blicken hinter Zacken und traten dann gewaltig hervor. Nach Atem ringend, mit schweißbedeckter Stirn kletterte Simon. Der Wind umfächelte ihn kühl, malte Rippeln in den weiten grünen Wasserteppich in der Tiefe. Allein Simons Augen hingen an dem geduckten, kleinen Evert.

So hatte es bei Claes Andries angefangen. Untersteuermann Claes auf dem Riesenschiff Nowaja Semlja, mit dem selbstgefertigten Astrolabium an der Brust, die brennenden Augen auf die Sonne gerichtet, die nicht mehr war als eine rote Scheibe. Sechsundsiebzig. Immer wieder. Verfluchtes Sechsundsiebzig ...

Die Kreuze rückten heran. Die drei Männer erreichten den Grat, der den Bienenkorb mit dem Festland verband. Beiderseits umspülte das Meer diese Landzunge. Die Gegenseite lag im Windschatten.

Evert schaute nicht zu den so nahe gerückten Kreuzen. Evert spähte in die neue Tiefe, in der der Wind keine Rippeln furchen konnte. Er stützte sich schwer auf Simon.

Es war das Wunder.

In der Tiefe lag die Lodija ruhig im Meer.

Leise sagte Evert: „Ich habe es gewußt."

Er erwachte aus tiefem Traum. Er starrte nach den Kreuzen, dann wieder auf das Schiff. Sein Herz jagte. Eng umschlungen standen die drei auf dem Grat. Hinter ihrem Rücken lag im Abgrund der Bock und vor ihnen, ebenso tief, an einem mit Hütten bestandenen Strand, ruhte die Lodija.

Unten liefen Männer hin und her, zwischen Haus und Segler, hatten Boote auf dem Kies, hatten Netze ausgebreitet. In Senken wuchsen Pflanzen in mattem Grün. Zwei Männer bückten sich danach, richteten sich auf, tappten weiter, kamen höher, äugten empor zum Grat.

Die drei vom Bock, die Bootsleute Evert und Simon und der Schiffsjunge Jan Hillebrants, sahen die Wunder der Welt. Kinder hüpften unten an den Booten. Kinder! Aus den Hütten stieg weißlicher Rauch.

Die beiden Männer in den Senken bückten sich nicht mehr nach Gräsern, sondern stiegen und stiegen, als wollten auch sie zu den Kreuzen.

Der Junge Jan Hillebrants ließ Simon los. Einen Augenblick stand er noch still, dann stürzte er mit einem Schrei den Hang hinunter. „Heemskerck, Heemskerck!"

Die Heraufsteigenden ließen das Pflanzenbündel fallen. Der Junge warf sich ihnen in die Arme. Es waren Heemskerck und Laurens.

Evert, oben auf dem Grat, stammelte: „Ich habe es gewußt."

Sie stiegen in das Wunderland hinunter, in dem Kinder lebten, winzige magere Lappländer, in dem Fischernetze hingen und Fische verhießen. Arm in Arm schritten die fünf Männer, drei vom Bock, zwei von der Pinasse, Schiffer, Schiffsjunge und drei Bootsleute auf das erste von Menschen bewohnte Haus zu, das sie nun nach fünfzehn Monaten sahen. Die ersten Seßhaften, die erste Siedlung – kein chinesisches Haus, kein Schloß, keine Stadt hätte sie mehr erfreut. Dieser Rauch über dem kümmerlichen Dach sagte ihnen, daß sie nun endgültig heraus waren aus dem menschenleeren Land.

Die Hütten bestanden aus Holz; ihre Dächer waren mit Erde beworfen, und auch an den Wänden war Erde aufgeschüttet. Die Männer bückten sich, als sie durch die Tür traten.

Der in Dämmerung getauchte Raum steckte voller Menschen; am Boden hockten sie, an den Wänden lagerten sie, standen vor dem kleinen gemauerten Ofen Kopf an Kopf. Ein Gewirr fremdartiger Gesichter, kehliger Laute, Lachen. Dampf zischte aus einem Kessel, Wasser wallte. Es roch nach gekochtem Fisch.

Immer weiter schritt Heemskerck, den Arm um Simons Schulter gelegt, in die Tiefe des Raumes, da die anderen von der Tür nachdrängten. Über Beine stieg er, dann blieb er stehen. Jeder Laut verstummte.

Aber der Schiffer sprach nicht. Er schob nur Simon vor, dann den Jungen, und den dritten, den Bootsmann Evert. Das war Sprache genug.

Die da waren dem Meer entrissen. Die da hatten herübergefunden über das Weiße Meer. Nicht ein einziger mehr war ihnen gestorben. Fremdartige Gesichter in unübersehbarer Zahl. Lachende, breite, in Bärten eingebettete Münder, von Fältchen umstandene blasse Augen, Hände, große, schwere, narbige, harte. Eine Frau darunter mit asiatischem Gesicht, pechschwarzes Haar im Zopf, eine Lappin.

Ein Magerer, eine bläuliche Narbe am Auge von einer Brückensprengung her, der Simon in die Arme riß. „Chirurg!“ keuchte Simon. Aus der Schar der Liegenden, die sich neugierig aufrichteten, zwängte sich einer heraus, wollte alle drei Ankömmlinge auf einmal umhalsen, der junge Gerrit de Veer. Auch Cornelius war da, das sonst so düstere Gesicht aufgehellt in unendlicher Freude.

Irgendwo saßen sie dann in der Enge, hatten eine Schüssel vor sich, aus der sie gemeinsam löffelten. Die Fischsuppe war heiß. Ein Russe rief etwas mit schriller Stimme, einer trat zu Heemskerck, sprach mit ihm. Der erste war schon gegangen. Einer nach dem anderen verließ die Hütte, bückte sich an der Tür, als verbeuge er sich an diesem feierlichen Tag.

„Sie wollen fischen“, murmelte Heemskerck. Simon hob den Blick. Die Hütte war leer. Die Russen waren mit ihren beiden Booten kaum vom Fischfang herein gewesen, jetzt zogen sie wieder hinaus, damit sich ihre Gäste in der Hütte wohl fühlten.

Heemskerck berichtete. „Wir haben Fisch gekauft und Mehl. Ihr Koch hat Brot für uns gebacken. Wir haben genug für uns alle.“ Aus der kleinen Geldtruhe hatte er alles bezahlt. Tuche hatte er ihnen gegeben für Hemden und Kleidung. Wer des Armen Brot nimmt, ist ihr Mörder. Wo die Männer ihr Leben drangesetzt hatten, konnten die Kaufleute wohl ihr Tuch hergeben.

Laurens erhob sich, etwas krumm stand er da, als drücke ihn das erdbedeckte Dach. „Ich bugsier den Bock um die Felsnase, Jacob“, sagte er.

Heemskerck war einverstanden. Simon wollte hinterher, aber der Schiffer ließ es nicht zu. „Du ruh dich aus.“ Außer Laurens gingen der Chirurg und Cornelius zum Bock.

Ein Kind kam herein, trippelte umher, sah nach der Mutter, die Fische schuppte, und stellte sich mit großen Augen vor die Fremden. Die Lappin rief, das Mädchen trat langsam zurück, den Blick immer noch auf die Männer gerichtet. Heemskerck beugte sich vor und ergriff die kleine Hand. Marretje beim Blindekuhspiel. „Barents hatte fünf“, sagte er leise. Aus der Ecke trat eine Frau hervor und führte das Kind hinaus.

Simon berichtete rasch, wie es dem Bock ergangen war. De Veer hörte gespannt zu. Er sah frischer aus, seine Augen waren lebhafter.

Heemskerck nickte. Einen Teil kannte er schon. Am Kap Candinaes, die russische Lodija. Dort hatte er Butter und Honig gekauft. Und die Russen hatten ihm den Kompaß des Hochbootsmannes gezeigt. Von da an hatte er gewußt, daß die Männer lebten, daß der Bock noch schwamm, daß das winzige Boot schon die Überfahrt nach Lappland angegangen war. Nie hatte ein Kompaß einen glücklicheren Kurs gewiesen.

Heemskerck war nördlicher gelandet als der Bock. Seit einem Tag lagen sie in der Bucht mit den Hütten, hinter dem Bienenkorbfelsen.

De Veer trug die leere Schüssel zu der Lappin am Kamin. Angenehm gesättigt, ließ sich Simon zurücksinken.

„Du hast mir gefehlt“, sagte Heemskerck in leiser Schroffheit, um zu verbergen, wie er jeden einzelnen vermißt habe.

„Du hast mir gefehlt, weil du dich auf das Russische verstehst, Simon.“ Eine lächerliche Begründung aus dem Mund eines erfahrenen Archangeler Commis. Um sein Inneres nicht zu weit aufzuschließen.

Simon Reyniers, die Hände unter dem Kopf verschränkt, wehrte ab. „Hunger versteht jeder.“

Heemskerck sagte: „Man setzt die russischen Worte und hört alles richtig, aber man versteht den Sinn dennoch nicht ...“

„Es sind Lappländer. Auch sie sprechen in fremder Zunge. Da krieg einen Sinn raus!“

„Sie haben gefragt, hier in der Hütte, ob wir nach Archangel wollen.“

Simon setzte sich überrascht. „Genau wie bei uns! An der Mündung des Weißen Meeres, die Lodija ..."

„Was?" Heemskerck starrte auf die fischputzende Frau. Was sagte Simon da? In ihm jagten sich die Gedanken. Er hatte die seltsame Frage der Bewohner dieser Hütte nur beiläufig dem Bootsmann Simon wiedergegeben, als ob er immer noch eine Begründung brauche, warum ihm dieser gefehlt habe.

Nun aber, da er von Simon hörte, daß er Gleiches gefragt worden war, gewann das, was er dem Wortschwall der Russen und Lappen nur nebenbei entnommen hatte, unerhört an Bedeutung.

Mißverstanden, belächelt, belanglos, unwichtig, dieses „Angel, Angel!" Untergegangen unter vielen anderen wesentlichen Fragen: Boot gesehen, Bock gesehen, Kameraden, wo? Fische sind, Mehl ist? Lappland wo, Candinaes vorbei? Wie viele Fragen!

Erst Simons gleichlautender Bericht stieß ihn auf den Namen „Angel". Ja, am Weißen Meer hatte man noch gut fragen können: Wollt ihr nach Archangel. Aber hier? Weit im Rücken hatten sie das Weiße Meer, was auch den Bewohnern der Hütte bekannt war, und sie fragten doch: Wollt ihr nach Archangel?

Heemskerck trat zu der Frau, hielt ihren Arm fest. Sie erstarrte in der Bewegung, äugte ihm erschrocken ins Gesicht.

„Was ist ‚Angel'?" fragte er auf russisch. Die Frau ließ die Hände mit dem Fisch sinken.

„Korabl ‚Angel'", erklärte die riemenflechtende Frau aus der Ecke.

„Was sagt sie?" drängte Simon.

In großer Erregung stieß Heemskerck hervor: „Schiff ‚Angel'!" Er fuhr herum zu der anderen Lappin, während die erste froh ihren Fisch wieder aufnahm. „Brabant Korabl ‚Angel'?"

„Brabant Korabl ‚Angel'", wiederholte die Alte.

Heemskerck setzte sich. Nun ahnte er es schon. „Das holländische Schiff ‚Engel'", flüsterte er. Nichts mit Vermutungen, sie hätten nach Archangel reisen wollen. Seid ihr vom „Engel"? hatten die Russen gefragt, überall, auf den Lodijas, hier in der Hütte. An allen Küsten war es herum, das vom „Engel". Aber was?

Heemskerck faltete die Hände vor den Knien. Sein Gesicht war ernst. Der „Engel", wie er in Sicht kam, weit nördlich des Nordkaps. Wie der Feuerwerker Sterrenburgh schon die Artillerie gerichtet hatte. Und dann war es nicht nur ein freundschaftliches, sondern sogar ein Schiff aus der Heimatstadt gewesen. Und Augenblicke später, als es zitternd neben ihnen von den Wogen gehoben wurde, war es ärger als ein feindliches gewesen: die Nachricht von der endlichen und glücklichen Verbindung der Handelshäuser Os–Hasselaer durch Heirat.

Vergessen tat wohl. Das Gräflein hatte mehr vollbracht als die Chinareise; es hatte das Wichtigste des verlorenen Schiffes „Eissee“ nach Hause gerettet, nämlich die Mannschaft. Was aber war mit dem „Engel“?

Dem Schiffer Heemskerck wie auch dem Bootsmann Simon war klar: Wenn Schiffbrüchige gefragt werden, ob sie vom „Engel“ stammten, mußte jenes Schiffbruch erlitten haben und die Mannschaft vermißt sein.

Heemskercks Herz jagte. Fünfmal war er auf dem „Engel“ von Amsterdam für den krummnasigen Hasselaer nach Archangel gereist, auf die Reede unterhalb des Klosters St. Michael. Und es waren gute Geschäfte gewesen, die von der Fähigkeit des Hasselaerschen Commis zeugten. Der listige Rudt, abgesoffen wie eine Ratte ...

Es war, als sei der „Engel“ zu jener letzten Reise eigens dazu ausgelaufen, um dem anderen Unglücksschiff, der „Eissee“, zu begegnen und von dem bevorstehenden herrlichen Ereignis zu künden. Und sie, die dem Tode hundertmal entronnen waren, empfanden hier am Bienenkorbfelsen doppelt den Verlust jenes Schiffes.

Der Tag dämmerte dahin. Drei Männer kamen herein, Lappen, die zu den beiden Frauen und den Kindern gehörten. Sie waren die eigentlichen Seßhaften hier. Sie aßen Fischköpfe, mit den sparsamen Bewegungen der Genügsamen, denen eßbares Gut heilig ist.

Und endlich füllte sich die Hütte. Laurens trat mit dem Hochbootsmann herein, dessen gelbes Gesicht glänzte. Der Bock lag wieder neben der Pinasse.

Heemskerck hockte sich zu den Lappen. Sie schoben ihm die Schüssel hin; er nahm, um sie nicht zu kränken. Er aß noch langsamer als sie und hörte bald auf damit. Er wollte wissen!

Das Brabantsche Korabl, was war mit ihm?

Die Lappen hielten die Hände still. Sie sprachen das Russische kaum besser als die Holländer. Vor der Onegamündung im Weißen Meer soll es vergangenen Sommer abgesoffen sein, das Korabl. Gefunden wurde es ohne Mann und ohne Ladung.

Ob es aber gestrandet war, weil es überfallen wurde, oder aber ob es ausgeraubt wurde, weil es gestrandet war, das konnte Heemskerck den Worten der Lappen nicht entnehmen.

Ein großes Leck, ein zerschlagenes Schiff, die Männer zu Tode gekommen in Sturm oder Kampf, die halbe Ware nun vielleicht auf dem Grund. Engländer oder Dänen oder irgendwelche Freibeuter, die den Schiffen auflauerten. Die Lappen wußten es nicht, oder Heemskerck verstand es nicht. Das Resultat blieb gleich. Der „Engel“ war verloren.

Das Wiederfinden der getrennten Mannschaft aus Pinasse und Bock gestaltete sich dennoch zu einem Fest. Es gab drei Dinge: satt essen, satt trinken, satt schlafen. Das hier war das Schlaraffenland Pieter des Drolligen. Laurens hätte nun gern seine Flöte gehabt, um eins aufzuspielen. Die Fische bliesen auf ihr bei Kap Nassau.

Als die Russen vom Fang zurückkehrten, verließen die Holländer die Hütte. Es dämmerte, leiser Regen fiel, der Bienenkorbfelsen war von einem Schaumstreifen umgeben.

Heemskerck ging mit Simon zur Pinasse. Einige der Russen vertäuten noch das Boot. Der eine winkte, trat heran, lachte. Er wirkte klein neben Simon und redete auf den Schiffer ein. Heemskerck sagte: „Er ist ihr Anführer."

Simon merkte, wie Heemskerck ihm nicht übersetzt hatte, daß er als Schiffer eingeladen worden war, mit den Russen im Haus zu schlafen. Er rechnete es Heemskerck hoch an, daß dieser bei ihnen im Boot bleiben wollte, bei der wiedervereinigten Mannschaft.

Unter dem Segelzelt, auf das der Regen schlug, schlief Heemskerck dann doch nicht gleich. Das Meer rauschte unaufhörlich. Von der Hütte wehte es den Rauch zum Strand. Möwen schrien von den Felsen.

Nun schwamm das Schiff durch seine Gedanken, stand Archangel vor ihm und Amsterdam. Er war mit seinen elf Mann noch nicht zu Hause.

Was konnte sie noch alles festhalten? Wer konnte sie noch immer auf den Grund schicken? Engländer und Dänen und Russen. Drei Reiche, und dazwischen Pinasse und Bock. Und ein Schiff gestrandet mit Mann und Maus in einer Gegend, die es nie hatte anlaufen sollen. Auf einmal wurde es Heemskerck bewußt, wie gefährlich seine Situation war. Bis jetzt hatte er gegen Naturgewalten gekämpft. Geriet er nun in den Strudel von Machtfragen, in Schlachten um Monopol, Priorität, Absatz?

Sir Hugh Willoughby hatte vor vierzig Jahren mit drei Schiffen Ratcliff verlassen, zwei nur hatten versucht, den lappländischen Winter zu überstehen. Das dritte – „Bonaventura" des Chancellor – war in das Weiße Meer gefahren und an der Nördlichen Dwina gelandet. Es war wie Hexerei: Das im Eis erstarrte Land erwachte darauf zum Leben.

Richard Chancellor marschierte von der Dwinamündung nach Moskau, erwarb Wort und Siegel des Zaren Iwan Grosny, das den englischen Kaufleuten alle Freiheiten und Bequemlichkeiten im Handel ohne jegliche Erschwernisse zusicherte. Stapelplätze entstanden, die Siedlung Cholmogory blühte auf. Europas Kaufleute witterten neue Möglichkeiten.

Der äußerste Punkt, den der Dänenkönig gerade noch beherrschte, war vielleicht Wardhuys gewesen; an der Dwina behauptete sich noch der Moscoviter Großfürst. Dazwischen lag freie Küste vom Varangerfjord bis zur Onegabay. Das war ein besseres Feld für Geschäfte als ein fester Stapelplatz. Hier beobachtete keiner, hier rechtete keiner. Kein Stapelgeld, kein Zoll; keiner, der den Preis festsetzte, als der Kaufherr. Das war ein

Leben entlang der Küste. Du bekommst die feinsten Pelze von den Samojeden, du heimst Stockfisch und Tran von den Lappen ein. Du gibst Bier dafür und Tuch und Krimskrams. Du nimmst die russischen Lodijas aus, die klein die Küste entlangtrampen, nimmst ihnen ihre Robben ab und ihr Walbein. Und sie staunen über die europäischen Segler.

Das Weiße Meer wurde zum Tummelplatz des unkontrollierten Handels.

Der Däne und der Zar merkten, wie ihnen im Norden das Geld durch die Finger rann. Sie machten sich stark an den Küsten, streckten ihren Arm aus, trafen sich, stießen zusammen. Zankapfel ward der winzige Stapelplatz Kola am Kolafluß.

Der russische Großfürst schickte Schatzleute und später einen Bojaren dorthin. Dieser verstand es, Geld einzutreiben aus einer neuen Herberge für Seefahrer, aus einer Waage; und er verlangte von allen Waren den Zehnten. Aus war es mit dem Schlemmen für die Kaufleute.

Mit scheelen Augen sah der Däne zu, wie sein Happen Kola davonschwamm. Er verbot allen Schiffen, Kola anzulaufen. Er protestierte, er intervenierte. Der Großfürst nahm den ganzen Stapel und verlegte ihn weit weg von den Dänen an die Dwina.

Zurück blieb ein erbärmlicher Ort Kola, den kaum noch einer aufsuchte. Mochte der Däne kommen, oder mochte der Däne bleiben: Er konnte in Kola nichts mehr holen. Die Schiffe gewöhnten sich an Archangel, an den festen Handel unter der Oberaufsicht der Regierung.

Wie viele andere, hatte der niederländische Kaufmann Hasselaer, der krummnasige, seine Schiffe an diese Küsten gesandt. An der Dwinamündung saßen fest wie Zecken die Engländer, mit Brief und Siegel des Großfürsten. Die freie Küste wurde belauert von dänischen Schiffen, die dem Russen jegliches Geschäft zerschlagen wollten.

Der Niederländer Brunel besah sich das leere Kola, schiffte sich in einer russischen Lodija ein und segelte nach der Dwina. Als Spion ließen ihn die Engländer verhaften, nach Moskau schleppen und zu Yaroslawl gefangensetzen. Auf Betreiben russischer Kaufleute kam er frei.

Er regte Hasselaer an, im leeren Kola Fuß zu fassen. Es lag günstiger als Archangel, näher an Europa. Man erreichte es schneller. Der Seeweg verkürzte sich, die Kosten für Mannschaft und Schiff sanken. Das Unternehmen scheiterte am Einspruch des dänischen Königs.

Da ging Hasselaer in die Dwinamündung, in die Höhle des Löwen, setzte sich vor der Nase der Engländer fest, der ärgsten Konkurrenz. Gegen so viel Frechheit war man machtlos; es glückte Hasselaer. In seinem eigenen Dwinaarm saß er, unterhalb des Kloster St. Michael.

Freilich protestierten die Engländer. Hatten nicht sie Brief und Siegel? Hatte nicht einer der Ihren den Seeweg nach Rußland gefunden?

Die Dänen kreuzten im Weißen Meer, weil ihnen Lappland mit Kola entgangen war. Die Engländer jagten Schiffe vor dem Dwinadelta, weil sie ihr Vorrecht wiederhergestellt wissen wollten.

Der dänische König wandte sich an das niederländische Staatsoberhaupt Wilhelm von Oranien: Wenn eure Schiffe nach Kola kommen ...!

Die englische Königin Elisabeth hatte keinen Hosenbandorden für den russischen Großfürsten Feodor, sondern einen Beschwerdebrief.

Der antwortete bäurisch und kühl: Der von Gott geschaffene Verkehrsweg Ozean darf nicht geschlossen werden. Englische Kaufleute kamen mit fünf, sechs, höchstens zehn Schiffen jährlich an die Dwina. Wie hätte er fünfzig oder hundert anderen Seglern verbieten können, dort ihre Ware anzupreisen.

Hasselaer faßte Fuß an der Dwina. Durch alle Fährnisse hindurch war der „Engel" seinen Weg geschwommen, fünfmal mit dem Commis Jacob van Heemskerck an Bord. Fünfmal unterhalb des Klosters gelegen, durch englische und dänische Sperren gekommen, geschützt durch die russische Oberhoheit.

Der Kaufmann Hasselaer prozessierte jahrelang mit Dänemark wegen seines Schiffes „Engel", das dänischen Stellen keinen Zoll entrichtet habe. Es war zur ersten Archangel-Reise Jacob van Heemskercks gewesen. Der krummnasige Hasselaer blieb Sieger. Es war wohl sein glücklichster Tag, er hatte eine Schlacht gegen ein Reich gewonnen. Dieser Tag konnte für Hasselaer in seiner Bedeutung nur noch übertroffen werden durch jenen, an dem sich die Handelshäuser Os–Hasselaer durch Heirat verbanden.

Ein halbes dutzendmal hatten Kommissionen versucht, den Grenzstreit zwischen Rußland und Dänemark um Kola beizulegen, das letztemal, als die Amsterdamer Schiffe zur Waigatsch aufgebrochen waren. Es änderte sich nichts. Kola war zu einem bedeutungslosen Flecken herabgesunken, die neue Stadt Dwina blühte auf.

Welche Kraft hatte das Schiff „Engel" im letzten Jahr zerschmettert und in den Grund gefegt?

Heemskerck hörte den Regen auf das Segeltuch trommeln. Der Verlust des „Engel" erinnerte ihn daran, daß er die Mannschaft noch immer nicht gerettet hatte. Wirrwarr im Weißen Meer, und Hasselaer mischte munter mit. Nur noch die Chinareise, Gräflein ...

Das erstemal nach einem langen Jahr dachte Heemskerck ohne Verbitterung an die schöne Gertrud. Selbst im Winterhaus hatte es ihn nicht schlafen lassen. Jener Teil, der Liebe gewesen war in seiner Beziehung zu ihr, war zerronnen wie Schnee in der Sonne. Noch auf dem Meer im Schiff „Eissee" war es verlorene Liebe gewesen, die er beklagt hatte. Im Winterhaus war es die gekränkte Ehre gewesen. Jetzt im Boot an der lappländischen Küste lag er wie geheilt von einer langen Krankheit.

Gertrud ... Er versuchte sich ihr Gesicht vorzustellen, die Augen, ihren Mund. Ein verschwommenes Bild von einer x-beliebigen Frau.

Die Stunden rannen, der Regen versiegte, Sonne kam herauf hinter dem Bienenkorbfelsen. Heemskerck dehnte die schmerzenden Glieder.

Durch das Mißgeschick mit dem Kompaß auf der eisenbeschlagenen Kiste hatte er die Reise seiner Männer unbeabsichtigt um Tage verlängert. Jetzt mußte er ihrem Weg noch einmal einige Meilen zugeben. Gern hätte er sich mit Willem Barents beraten und dessen kluge Worte erwogen.

Der geradeste Weg war nicht immer der beste. Dieses umstrittene Kola durfte nie und nimmer das Ziel ihrer Bootsfahrt sein. Nach der Eisgefangenschaft nun Gefangener des russischen Großfürsten? Gejagt von den Engländern als Spion? Festgenommen von den Dänen als einer, der Kola anlief, während ihnen der Happen entgangen war?

Er sah den Weg der Boote vor sich, an Kildyn vorbei, am Kolafluß vorbei, sieben Tage länger oder drei, je nach Wind und Strom und dem, was da herangesegelt käme. Der nächste feste Platz war Wardhuys.

Sie schliefen in den beiden Booten noch alle, im Glück, sich wiedergefunden zu haben, als der Schiffer Jacob van Heemskerck ihnen in Gedanken den vor ihnen liegenden Weg nochmals verlängern mußte.

XI

Die Boote segelten wieder, nordwärts diesmal, aber zugleich nach Westen. Die letzte Augustwoche brach an. Vor einem Jahr war ihr Schiff im Eishafen eingefroren, vor zwei Jahren war ihr Navigator Barents an Bord der russischen Lodija an die Ostseite der Waigatsch gefahren, um sich über die Gewässer zu informieren. Vor drei Jahren – zur ersten Nordexpedition – waren die Schiffe der Generalstaaten unter dem Befehl des Admirals Nay, schon auf der Rückreise begriffen, auf die Reede von Wardhuys gelangt, der nun auch Heemskerck entgegenstrebte.

Er hatte es den Männern nicht lange verheimlicht. Es gab kein Versteckspiel. Richtet euch ein! Haltet die Ohren steif! Auch Wardhuys liegt nicht aus der Welt!

Wieder überraschte ihn ihr Verhalten. Er hatte nicht um ihren Rat gefragt wie noch vor der Überfahrt nach der russischen Küste. Er hatte es als Schiffer beschlossen, als ihr Anführer; nicht, weil er Macht besaß, die auf Schiffsartikeln beruhte, sondern weil bessere Kenntnis ihm ermöglichte, die Vorgänge genauer zu durchdringen. Keiner der Leute in den Booten hatte Archangel je gesehen. Er wollte verhindern, daß sie es zu sehen bekämen: als Gefangene.

Er stellte ihnen die Sache vor: Hier die großen Mühlsteine England, Dänemark, Rußland, und dazwischen die armseligen Körner, die Boote Pinasse und Bock.

Die Männer hockten auf den Duchten, erfrischt durch die Nähe des anderen Bootes, erregt durch den Untergang des anderen Schiffes. Ja, an ein solches Schicksal des „Engel" hätten sie alle nicht geglaubt. Den Schiffer Heemskerck hatten sie beneidet, wie er damals hinübergestiegen war an Bord.

Jene wettergegerbten Bootsleute in den Wanten auf dem anderen Schiff, die sie von verschiedenen Reisen her kannten und von gleichen Kähnen, die in denselben Mauern aufgewachsen waren wie sie, die ihnen Scherzworte zuriefen, von der „Eissee" schweigend quittiert – sie hatten jene Bootsleute vom „Engel" beneidet.

Der „Engel" hatte einen bekannten Kurs vor sich gehabt und eine flotte Heimreise in Aussicht. Die „Eissee" dagegen hatte sich gerade vom Schwesterschiff „Amstelredam" losgesagt. Jeder von ihnen wäre damals lieber auf dem „Engel" weitergefahren.

Seitdem sie die Mündung des Weißen Meeres bezwungen und sich wiedergefunden hatten, gewöhnte sich selbst der Pessimistischste an den schönen Gedanken, daß sie gerettet waren. Die Gewalten, die den „Engel" zerschmettert hatten, waren wie ein drohendes Gewitter, das am Horizont aufzog. Ihm galt es zu entgehen. Selbst Hooghwouts Augen hingen vertrauensvoll an der Gestalt Heemskercks.

Also auf nach Wardhuys, Schiffer! Lieber sichergegangen, als mit Strikken gefangen. Lieber noch einmal einige Meilchen in die Riemen gelegt, als für einen Kaufherrn gehenkt, der irgendwem vergessen hatte, irgendwelchen Zoll zu bezahlen. Nicht immer ward lange prozessiert. Manchmal wurde auch kurzer Prozeß gemacht.

Die Boote segelten, immer die bergige Küste im Auge, erreichten die sieben Inseln, passierten sie, segelten weiter. An der Pinne des größeren Bootes saß Heemskerck.

Der krummnasige Hasselaer hatte den Prozeß gegen das große Nordreich Dänemark, was ganz Skandinavien umfaßte, gewonnen und das den Zoll verweigernde Schiff „Engel" endlich dennoch verloren. Es schien Heemskerck sicher, daß da ein Zusammenhang bestand. Und dennoch würde der Fall nie aufgeklärt werden. Ein langer Nordwinter war schon darüber hinweggegangen, das Meer war tief und die Küste stumm.

Um so mehr würden die Herren Räte und Reeder in Amsterdam auf Antwort dringen, wo denn nun, verflucht noch mal, der Schiffer Heemskerck sein Schiff habe. War es notwendig gewesen, es aufzugeben? Wäre es nicht vier, fünf Wochen später vom Eis freigegeben worden? Man läßt nicht tausend flämische Pfund in der Wüste liegen! Jede Woche länger warten ein Toter mehr! Statt mit zwölf Mann nach Hause gekommen nur mit acht, aber dafür mit dem Schiff! Ja, ja, Heemskerck, wo hast du das Schiff?

Zwei Schiffe verloren in einem Sommer; das Unglück schwebte über dem Haus Hasselaer. Hohe Summen mußten abgebucht, hohe Pläne zurückgestellt werden. Ein Schiffer hat sich der Verantwortung entzogen, indem er gestorben war. Pieter Rudt, so ruhig waren deine Gewässer nicht. Denn lebte Pieter Rudt, dann wäre er jetzt in Amsterdam oder Archangel, und die Besatzungen russischer Lodijas fragten nicht irgendwelche Schiffbrüchige, ob sie vom „Angel“ stammten.

Heemskerck an der Pinne lachte bitter auf, was ihm einen verwunderten Blick von Laurens eintrug. Zwei Schiffe verloren, aber ein Schiffer kehrt heim. Auf ihn entlädt sich der Zorn. Er hat Rechenschaft zu geben. „Sollen sie nur kommen“, murmelte Heemskerck, „sollen sie nur kommen.“

Vielleicht waren es aber nicht nur zwei Schiffe, sondern sogar drei, die verloren waren. Denn da blieb immer noch eines: das Schiff Rijps. Wahrscheinlich wußten die Wale und Robben schon besser Bescheid, wo sich Rijps Schiff befand. Vielleicht tauchten sie zwischen seinen Masten auf dem Grund vor Spitzbergen. Vielleicht zerhieben die Tatzen von Bären seine Planken auf dem Fernen Eiland. Vielleicht drei Schiffe verloren und nicht nur zwei. Und ein Schiffer nur kehrt zurück und hat geradezustehen für alles Unglück, das den armen Hasselaer und die anderen Reeder traf.

Wenn du den „Engel“ getroffen hast so weit nördlich, warum hast du ihn dann nicht vor so gefährlichem Kurs gewarnt? Warum hast du als einer der Leiter der Expedition, als einer der drei Könige, zugelassen, daß sich Rijps Schiff entfernte? Barents tot, und Rijp tot, und er verantwortlich? Verantwortlich plötzlich für eine ganze Flotte von Schiffen, weil sie da einen Grund brauchen, warum sie so viel Geld abbuchen müssen?

„Jacob“, rief Laurens. „Die Kähne dort drüben, sie wollen heran!“

„Laßt sie nur kommen, laßt sie nur kommen“, murmelte Heemskerck.

Ein schlankes Boot, schwarz geteert, hielt gerade auf sie zu. Das Segel verlieh ihm unerhört rasche Fahrt.

Heemskerck fuhr aus dem Brüten. Das war sie, die Wirklichkeit! Jäger und Gejagte, Kaperer und Gekaperte, Räuber und Opfer, Bojaren, Obleute des Dänenkönigs, englische zum Ritter geschlagene Admirale? Er riß die Pinne nach steuerbord.

Wenn das fremde Boot den Kurs beibehielt, mußte es die Breitseite der Pinasse rammen. Es war beklemmend, es so näher kommen zu sehen. „Streckt die Riemen vor!“ schrie Heemskerck.

Da glitt das fremde Boot in leichter Drehung zwischen Pinasse und Bock hindurch und kam von der anderen Seite heran, bis es endlich zehn Schritt entfernt parallel lief.

Es waren Fischer, keine Schatzleute, keine Angestellten irgendeines Bojaren. Es waren auch keine Dänen oder Engländer. Sie riefen: „Korabl, wo?“

„Korabl untergegangen“, gab Simon zurück. „Abgesoffen, unten bei den Fischen!“ Er schlug die Hand ins Wasser.

„Fische, was?“ riefen die drüben, dann blitzte es in der Luft, schlug klatschend in den Boden der Pinasse. Unter dem Lachen der fremden Fischer nahm Laurens den Kabeljau auf, hielt ihn an der Schwanzflosse hoch und verbeugte sich.

„Wie weit bis Kildyn?“ schrie Simon auf russisch.

„Einen Tag bei diesem Wind. Gute Reise!“

Das russische Boot drehte ab. Heemskerck hielt die Geldtruhe in der Hand, ohne den Fisch bezahlen zu können. Wieder manövrierten die Fischer zwischen den Booten hindurch. Schon entfernt, mit dem Wind, schrien sie: „Kola Brabant Korabl!“

Simon griff nach einem Tau, sah zur Pinasse hinüber, zum Schiffer. Er fühlte, wie ihm die Knie weich wurden, und er setzte sich.

„Geht längsseits an die Pinasse!“ preßte er hervor.

Der Hochbootsmann sah ihn fragend an, doch drehte er die Pinne. „Wartet! Simon hat was für euch!“ Er fluchte, weil sie nicht gleich verstanden. Dann kriegte er doch die Boote nebeneinander.

„Jacob“, sagte Simon, indem er sich über Bord beugte, „hast du das von den Fischern gehört? In Kola liegt ein holländisches Schiff!“

Die Männer in den Bord an Bord fahrenden Booten lachten. Aber das war keine Freude über eine glückliche Nachricht. Das war Spott. Wer weiß, was da ihr Kamerad Simon verstanden hatte. In jenem kläglichen Flecken ein Holländer? Kola überstehen wir nicht mehr, Simon. Laß dir vom Schiffer sagen, was mit Kola ist. Wardhuys, ja. Das war das Ziel, und es war gut, wenn man ein Ziel hatte. Das Große Eiskap, eisfreie Gewässer erreichen, die Überfahrt nach Rußland. Und die Mündung des Weißen Meeres.

Lauter kleine Ziele. Wardhuys war das letzte. Die Insel vor der Felsnase, die dänische Siedlung.

Simon fühlte sich belächelt. Er rätselte selber, ob er die Fischer richtig verstanden habe. Einen Tag noch bis Kildyn, und dann schon alles vorbei, Überwinterung und Schiffbruch und Bootsreise, alles überstanden in vierundzwanzig Stunden? Das konnte nicht sein, so nahe konnte das Glück nicht stehen. Wardhuys war gut. Es war ferner. Es ließ einem länger die Gelegenheit, sich an das Gerettetsein zu gewöhnen. „Also dann“, sagte Simon, „nach Wardhuys, natürlich.“ Und weiter segelten die Boote.

Der Schiffer Jacob van Heemskerck aber schwieg bei alledem. Er hatte die Fischer sehr gut verstanden.

Kildyn kam am nächsten Mittag in Sicht. Sonne lag über dem Meer, auf dem Fischerboote trieben. Dieser Felsklotz Kildyn war nicht größer als Vlie, aber sonst ähnelte er in nichts dieser westfriesischen Insel. Keine sanftgewellten Kuppen, sondern schroffe Wände. Keine Dünenketten. Langsam zog die Insel vorbei, auf der von Schattenhängen der Schnee blinkte. Es war ein lautloses Fahren, diese letzten Meilen. Die Durchfahrt zwischen Land und Insel war schmal. Und hinter der Straße mußte sich backbord die Mündung des Kolaflusses auftun, und dann käme Podewolt, Kegor, Mönchsfjord und endlich jenseits einer tiefen Bucht Wardhuys.

Der Schiffer beobachtete scharf Festland und Insel, sah die Wellen laufen und die Klippen vorbeiziehen, sah endlich auch die Insel Kildyn enden. Es war ihm nicht leicht. Fast im letzten Augenblick noch ließ er den Bug nach steuerbord wenden, wo sich im Inselland eine Bucht öffnete.

Zwei russische Lodijas ankerten da, doch waren keine Leute zu erkennen. Die Männer schauten stumm auf die wie verlassen liegenden Schiffe.

„Bleibt bei den Booten", befahl Heemskerck. „Wir halten uns nicht auf!" Dann sprang er über die Steine. Er schaute sich nicht um, ob ihm einer folge. Aber er war sicher, daß sie gehorchten.

Töricht war es, was er vorhatte, unnütz. Der Sandläufer rann, die kostbare Zeit lief davon. Wasser war genug in den Fässern. Fische hatten sie und Scharbockskraut und in jedem Boot einen Sack Mehl. Und doch hatte es ihn noch einmal an Land gezogen vor ihrem letzten Ziel Wardhuys.

Schon waren ihm die Boote hinter Klippen verdeckt. Wie in Girlanden schlang sich die Küste. Hinter der nächsten Biegung öffnete sich ihm der Blick auf die Hütten.

Es waren Lappen, die davor saßen, kleine Gestalten in löchrigen Pelzen. Langsam stand einer auf und griff nach einem Bogen.

Heemskerck setzte sich, obwohl zwei davonliefen. Mochten sie immerhin die anderen alarmieren. Mochten sie auch nach den Gefährten des Fremden ausschauen. Denn vom Himmel fiel keiner.

Heemskerck fragte ohne Umschweife: „Ist dies Kildyn?"

Sie bejahten, und der Schiffer hatte die törichteste Frage seines ganzes Lebens gestellt; er wußte es nur zu gut. Er wußte nur zu gut, daß dies Kildyn war, daß es schon zu Ende war, daß sich nun wieder das Meer öffne und das Festland strecke. Fünfmal war er für Hasselaer an Kildyn vorbeigezogen auf einem Schiff, das es nicht mehr gab.

Ja, sagten die Lappen, Kildyn ist das.

„Und fremde Schiffe", fragte der Schiffe mit schlecht gemeisterter Erregung, „gibt es die hier ...?" Er spannte.

„Kola Brabant Korabl", sagten die Lappen.

Der Schiffer neigte den Kopf. Er stand auf. Er ging davon unter ihren verwunderten Blicken, ging unter den Felswänden, an den Klippen vorbei, stieg in sein Boot, in dem alle schon auf den Duchten saßen. „Weiter", sagte er. „Wardhuys ist nahe."

Es dämmerte, als sie das letzte Kap von Kildyn passierten. Das Meer packte sofort das Boot und warf es herum. Die Wellen rissen es fort. Sie liefen in die Wetterseite. Eine Wolkenbank lag über der Kimm.

Heemskerck drehte ab, ließ die Pinasse unter die Felsen laufen, spähte nach dem Bock und atmete auf, als auch dieser ruhiges Wasser erreichte.

Er rief den Hochbootsmann herbei. Fluchend stieg Vos in die Pinasse über. Eine hohle See, ein ganzes Heer langer Kerle lief da auf sie zu.

Vos betrachtete Heemskercks übermüdetes Gesicht. „Laß uns liegenbleiben, Jacob", bat er.

Heemskerck schaute in die Runde. Magere Gesichter, tiefliegende Augen.

„Wenn wir zur Straße hinauslaufen", warnte Vos, „sind wir plötzlich weit von der Küste entfernt, da wir ja nicht unter Land gesegelt sind, sondern unter der Insel."

„Dann werden wir eben unter Land segeln", folgerte Heemskerck. Er forderte, die Meinung der andern zu hören. Sparsam redeten sie. Ja, sie wollten es unter Land versuchen. Es zog sie zum Ziel. Einen Katzensprung vor Wardhuys, wollten sie nicht noch Tage hier zubringen, nur weil zufällig das Wetter umgeschlagen war.

Wieder eine Überfahrt von einer Insel zum Festland. Eine bequeme Überfahrt diesmal. Von Nowaja Semlja nach Rußland ging es über ein Meer. Diesmal war es nicht viel mehr als ein Strom. Sie schafften es in zwei Glasen.

Die Brandung rauschte zwischen Felsen. Der Schiffer ließ zum Bock ein Tau werfen, das nun die Boote verband. Wie weit durften sie sich dem Land nähern? Hier war der tiefe Einschnitt der Kolamündung. Wandernde Untiefen konnten im Gebiet der Mündung liegen, Strömungen, Strudel, denen die Boote in dieser kurzen Spanne Finsternis zwischen Dämmerung und Licht schlecht begegnen konnten. Noch hatte die Sonne nicht ihren tiefsten Punkt erreicht, dunkel drohten die Wände.

„Wir ankern!" beschloß Heemskerck. Laurens schrie es durch das Tosen zum andern Boot hinüber.

Brecher kamen über Bord, die Pinasse fuhr in den Himmel, tanzte auf der Gischt. Die Männer klammerten sich fest. Nur nicht gegen die Klippen geschleudert werden, dann ade Wardhuys! Die Pinasse drehte sich wieder und wieder, ein wirbelnder Kreisel. Er glich jenem Malstrom, den ihr Navigator in seine Karte von der nördlichen Küste Norwegens eingezeichnet hatte.

„Alle gesund?" fragte Heemskerck heiser, als die Boote nebeneinander in einem ruhigen Becken lagen. Es verging unerträglich lange Zeit, bis er Antwort bekam. „Alle gesund." Das war des Hochbootsmanns Stimme.

Die tosende Brandung lag hinter ihnen, aber ein Winseln hing noch in der Luft, ein merkwürdiges Kläffen. Es war nicht Hooghwout vom Bock. Es kam von der Höhe. „Das muß ein Hund sein", sagte Simon.

... Da bist du auf Fang, in der Nacht bei den seeländischen Inseln, und hast nur noch das Springersdiep vor dir, und die Körbe zu deinen Füßen sind voller Heringe. Und du siehst den Schaumstreif des Strandes, und ein Hund bellt durch die Nacht, weit über die See. Das ist schon dein Dorf, Ouddorp.

„Es ist ein Hund", sagte Simon und lächelte; nur der Junge sah es.

Sie bargen die Boote am Strand, aber auch, als die Männer sie mit dem Segel überdachten, ließ ihnen der Hund keine Ruhe.

Heemskerck stieg den Hang hinan. Vier schlossen sich ihm an. Sie waren durchnäßt und froren. In ihnen steckte noch die Erregung, den Strudel passiert zu haben. Schwarz waren die Klüfte, und die Wände fielen steil in die See.

Die Hütte lag wie ein Nest zwischen den Felsen. Kurz, schroff bellte jetzt der Hund. Dann verstummte er, die Stille drückte, das Schweigen war feindlich. Es war um die Mitternachtszeit, der Himmel war fahl, die Sichel des Mondes stand über dem Meer, und aus der Tiefe rauschte die Brandung.

Heemskerck blieb stehen und hielt auch Laurens zurück. In der Nähe knurrte unterdrückt das Tier.

Die Hütte war zwischen die Felsen gezwängt und ohne Fenster. Sie bestand aus Holz, von dem es unablässig tropfte. Moos wucherte schwammig vollgesogen auf ihrem Dach. Sie schien verlassen zu sein, wenigstens im Augenblick ohne Menschen.

Doch Heemskerck ließ sich nicht täuschen. Das Verstummen des Hundes bewies ihm, daß dessen Herr das Tier an der Leine hatte. Er war mit sich unzufrieden. Es hatte keine Notwendigkeit bestanden, hier heraufzusteigen, ebensowenig wie zur Landung auf Kildyn.

Entschlossen trat er auf die Hütte zu. Noch ehe er sie erreichte, sprang ein Lappe vor die Tür, den Spieß in der Hand. Der Hund zu seinen Füßen knurrte mit gesträubtem Fell und zerrte an der Kette. Heemskerck blieb stehen, nahm die Mütze ab, hielt sie unter den gefalteten Händen vor der Brust. „Freunde", sagte er auf russisch.

Lange warteten sie, drüben am Stein der Lappe, an der Schlucht die Holländer. Endlich mochte der Herr des Hundes zu der Überzeugung gelangt sein, daß sie weder Waffen bei sich trugen noch feindliche Absichten hegten. Aus dem Eingangsloch streckte ein anderer den Kopf vor und sprach hastig und leise auf den Wächter ein.

Dann kettete der Lappe den starken Hund an einen Pfosten. Den Spieß legte er mit geschmeidiger Bewegung vor die Tür auf die Felsplatte und winkte.

Da stiegen sie über die Waffe hinweg in das Haus; sie sagte den Fremden, daß es gut bewacht sei, daß der Freund sicher sei in ihm und daß der Feind es nie vernichten könne.

Es hausten drei Lappen in der Hütte, ältere Männer. Außer jenem mit dem Hund war einer, der für einen Lappländer verhältnismäßig groß schien. Der dritte hatte ein verkrüppeltes Ohr.

Felle bedeckten den größten Teil des Bodens wie auch der Hüttenwände. Das Feuer brannte nur klein. Der mit dem halben Ohr legte auf, als er sah, wie naß die Ankömmlinge waren. Dann entzündete er auch ein Tranlämpchen.

Die Falten in ihren verwitterten Gesichtern furchten sich noch tiefer. Es roch nach dem Meer, nach Fischfang und Robbenjagd. Die Männer blinzelten gegen das Licht.

Der erste Lappe, der Wächter, brachte Fische. Fische, das Gastgeschenk an den nordischen Gestaden. Es waren geräucherte Lachse.

Heemskerck gab Brot dazu; es hatte der russische Koch am Bienenkorbfelsen gebacken. Sie aßen schweigend, die fünf von den Booten und die drei Bewohner der Hütte. Auf und ab ging ihr Blick, blieb endlich doch an der Wand neben der Feuerstätte haften, weil dort etwas Seltsames hing, etwas nie Erwartetes, ein beinernes Kruzifix.

Von seinen Nordreisen her wußte Heemskerck, daß die Lappländer kleine geschnitzte Götterfiguren besaßen. In der Waigatsch hatte er das Abgott-Kap betreten, auf dem die Samojeden ähnliche Götzen aufgestellt hatten. Er verbarg, wie sehr ihn das kleine Kreuz an der Wand verwunderte.

Als sie gegessen hatten, fragte der Wächter – anscheinend der Älteste hier: „Woher kommt ihr?“ Sein Russisch war ausgezeichnet.

Heemskerck berichtete, froh und verwundert zugleich, diesen Lappländern begegnet zu sein. Die Boote. Die lange Fahrt. Nowaja Semlja mit den Toten. Das gewaltige, im Eis eingepreßte Schiff „Eissee“.

„In Kola liegt ein brabantsches Schiff“, sagte der Älteste leise.

Heemskerck spürte, wie ihm die Wärme in den Kopf wallte. Dreimal in vierundzwanzig Stunden von Kola gehört, von dem Wunderschiff, an dessen Vorhandensein er nicht glauben wollte, weil goldene Träume hungrig erwachen ließen.

Er preßte die Hände gegeneinander, damit sie nicht so sehr zitterten.

In zwei, drei Tagen, sagte der Lappe, nachdem er in seiner Sprache mit den beiden anderen gesprochen hatte, in zwei, drei Tagen wolle das große Schiff davonsegeln; wohin, frag die Vögel, frag die Wale, denen es gleicht.

Vielleicht nach St. Michael, zum Kloster des Erzengels, vielleicht nach seiner Heimat Brabant. Heemskerck hörte die russischen Worte und zugleich verdolmetscht von Simon, der sie seinen Gefährten wiedergab.

So vernahm es der Schiffer zwiefach, es war, als spräche seine innere Stimme mit, und sie riet ihm, die Boote nun nicht noch einmal dem Meer auszusetzen, sondern wenigstens diese Kunde zu prüfen.

Ein holländisches Schiff in Kola, das so lange keiner angelaufen hatte, da das Zentrum des Handels im Weißen Meer lag, das Nay gemieden hatte auf seiner Reise. Selbst anno 1595, als der Winter die Schiffe auseinandergetrieben hatte und jedes einzeln seinen Weg suchen mußte nach den Niederlanden, als der Scharbock schon wühlte, hatten sie sich von Kola ferngehalten. „Griffioen" genauso wie „Winthont", „Hoop", „Zwaan" und „Mercurius". Die letzten Toten hatte die „Hoop" in den westfriesischen Dünen bestattet. Aber von Kola hatte nie einer Hilfe erwartet.

Wardhuys, ja. Die Reede von Wardhuys. Wardhuys hatte als Atempause gedient, obwohl dort je Schiff vier Reichstaler Ankergeld zu entrichten waren und dazu drei, vier Taler Feuergeld für die Betonnung und die Bebakung der Küste. Die dreihundert Häuschen auf der Wardhuys-Insel boten größere Sicherheit als das kaum durch eine Brustwehr geschützte Kola, das obendrein noch zehn Meilen weg von der Küste tief im Landesinnern lag.

Heemskerck sann und merkte erst auf, als Simon den Ältesten fragte, ob er wisse, aus welcher Stadt das holländische Schiff stamme.

Der Mann erinnerte sich nicht, er fragte die anderen; sie hoben die Schultern. Simon zählte leise heimatliche Städte auf, die Schiffe nach dem Norden entsandten. Amstelredam zuerst. Nein, bestimmt nicht, nein, Amsterdam, nein. Enkhuizen. Veere in Seeland. Nein, nein. Antwerpen, Rotterdam ... Sie konnten es nicht sagen.

Die Lappen stammten vom Kloster Mönchsfjord, waren aber schon vor einem Jahrzehnt weggezogen, weil die Grenzstreitigkeiten ihnen nicht behagt hätten. Den Dänen war das Kloster zu stark geworden, und die Russen hätten versucht, eine Grenze festzulegen. Da wäre weniger an Gott als an den Krieg zu denken gewesen. Hier an der Kolamündung gebe es einen guten Lachs, der ernähre sie wie auch jeder andere Fisch. Und ein Menschengesicht sähen sie selten.

Auf einmal war Stille. Leise stritt de Veer mit Laurens über das holländische Schiff. Wenn es wirklich existierte. Wenn es das letzte wäre. Wenn es davonführe. Ohne sie!

Heemskerck vertraute den Lappen in allem, was sie sagten. Sie hatten keinen Grund, ihn zu täuschen. Dreimalige Täuschung an einem Tag? Die Fischer hinter den sieben Inseln, die Lappen auf Kildyn und nun jene an der Mündung des Kolaflusses.

Aber dennoch konnten sie alle irren. Brabant Korabl. Brabant war viel. Brabant war Brüsselsches Land, in dem noch die Spanier hausten. Brabant aber konnte für einen Lappen Flandern und Frankreich sein, Holland und Friesland. Ein Name vielleicht, mit dem er alles Ferne, Unbekannte, das er mit den großen Seglern verband, umriß.

Nicht im geringsten zweifelte Heemskerck an der Ehrlichkeit der Lappen. Aber trotzdem konnte er nicht seine Boote blindlings in den Kolafluß hineinrennen lassen ...

Er legte die Hand auf Simons Schulter. „Geh nach Kola, Simon, schau nach, was an dem verdammten Gerücht ist." Er mußte Simon wählen, konnte nicht selber gehen, nicht die Mannschaft im Stich lassen. Simon aber konnte sich unterwegs zur Not russisch verständigen.

Simon zog die Unterlippe ein, bedachte des Schiffers Plan. Zehn Meilen, fünfzig Glasen Marsch über Stock und Stein! Allein, er begriff auch, daß es besser war, die Boote an der Küste zu lassen. Er sah sich marschieren, ausgepumpt, lahm, erledigt, halbtot: Aber am Ziel stand das dritte Kreuz!

Er entschied sich. „Ich gehe."

Rasch wandte sich Heemskerck an die Gastgeber. Ob einer ihren Mann führen könne, den kürzesten Weg nach Kola. Damit ihnen das Schiff nicht noch davonfahre.

Die Lappländer streiften mit dunklen Augen die Fremden, als prüften sie deren Kräfte.

Tief atmete Simon. Kola war viermal so weit entfernt wie damals die Kreuzinsel. Aber von der Kreuzinsel hatte er wieder zurücklaufen müssen zum Eisbiwak. Also betrug jener Marsch zumindest die Hälfte von dem, den er jetzt vorhatte. Er hoffte, daß er hier nicht zu Fuß zurück mußte, sondern daß er segeln konnte auf dem Kolafluß an Bord eines holländischen Schiffes.

Da aber von ihrem Eisbiwak bis zur Kreuzinsel nichts als gezacktes Eis gewesen war, Rinnen und Trümmer, mußte jener Marsch doch viel beschwerlicher gewesen sein als der bevorstehende über das feste Land. Also, schloß Simon seine Betrachtungen, von den Anstrengungen her unterschieden sich beide Märsche nicht.

Zur Kreuzinsel zu gehen aber hatte ihn der Junge Jan Hillebrants aufgefordert. Simon wußte nur zu gut, welche Rolle jener Marsch unmittelbar nach dem Tode des Frans für sein eigenes Überleben bedeutet hatte. Ihre Spuren waren nicht ausgelöscht!

Er trat vor den Schiffer. „Ich gehe, Jacob. Aber Jan Hillebrants nehme ich mit."

Der Junge stieß einen Ruf der Überraschung aus.

Es gab nicht mehr viel zu beraten. Sie wollten gleich los, die Zeit rann davon, konnte ihnen ihr Schiff mitnehmen, ihre Hoffnung. De Veer umarmte den Jungen; Brot nahmen sie mit und Fisch. Der mit dem verkrüppelten Ohr wollte sie führen. Er stand schon zum Gehen bereit, gestützt auf eine Muskete.

Als Simon nach dem Abschied mit dem Jungen zur Tür hinausging, in den dämmernden Morgen, schlug der Hund nicht an. Sie stiegen über den querliegenden Spieß. Der Älteste hob ihn hinter den Gästen auf und drückte ihn Simon in die Hand.

Ein Gefühl der Kraft durchströmte Simon, als er mit der lappländischen Waffe hinter dem Führer und dem Jungen den Berg hinanstieg, Kola zu.

XII

Es war ein langer Marsch. Die Berge waren erstiegen, die Hochebene streckte sich weit. Wolken zogen darüber, die das Land in Schatten tauchten. Die Sonne stieg zu ihnen empor in milchiger Weiße; über Schluchten und Bäche ging der Weg, über Rentiermoos und Heidekraut und unübersehbare Geröllhalden.

Der Lappe hieß Per. Er lief voraus, wartete, zeigte die Übergänge, die Durchschlüpfe, die begehbaren Feldbänder. Per entschwand ihren Blicken. Sie liefen. Sie setzten Fuß vor Fuß, sie atmeten tief, hungrig, die Mützen in der Hand, den lappländischen Spieß vorgestreckt.

Pers Muskete rief sie. Als sie ihn erreichten, saß er auf einem Block vor einem Felstor und rupfte eine Bergente.

Sie aßen, marschierten. Sie ruhten, marschierten. Sie kühlten die Füße in einem Bergwasser und marschierten. An der Mündung des Kolaflusses wußten sie die Boote und ihren Schiffer Jacob. Die Sonne tauchte hinter Wolken, die über dem Horizont lagerten. Sie tauchte unter den Horizont, in die Dämmerungszone, trieb die kurze Nacht herauf. Sie marschierten.

Pers Ohr hatte ein Bär abgerissen, ein mächtiges Tier. Sein Fell hing an der Hüttenwand, und da wußte man, wie dem Bären dieses Ohrabreißen bekommen war. Per lachte verschmitzt und verschwand und kam wieder mit einem Feldhuhn und marschierte weiter.

Simon fragte. Nach Kola, wo das Schiff liegen sollte. Nach dem Kloster St. Michael, an dem der „Engel“ nie angekommen war.

Per lächelte freundlich-unwissend, schoß ein Schneehuhn, erzählte auch, vom Mönchsfjord, vom mächtigen Kloster da.

Nach einem Tag lag der Kolafluß unter ihnen in der Schlucht, sie sahen seinen Spiegel, ohne Segel, sie erblickten Dreizehenmöwen und Trottellummen auf Felssimsen in wahren Trauben; schwarz, mit hellen Köpfen, ruckten sie hin und her. Die Männer marschierten.

Jan Hillebrants ging über die Hochebene, ging seinem Schiff zu, das noch unsichtbar, noch Wunder war; das Wunder des Dreikönigstages, das Wunder der leuchtenden Sterne und der Wiederkehr der Sonne. Das Wunderland unterhalb des Bienenkorbfelsens. Und der da neben ihm, mit dem lappländischen Spieß – Simon.

Simon, unser Schiff, es bringt uns nach Hause?

Es bringt uns nach Hause.

Und dann? Was wird mit uns zu Hause?

Wir fahren.

Wir fahren ...?

Schiffe gibt es immer, solange es Meere gibt. Und Wege in neue Fernen, solange Menschen suchen. Die Kartenzeichner und die Schiffbauer sterben nicht, niemals.

Sie stiegen hinunter zum Kolafluß. Per saß am Wasser und schlachtete einen Fisch.

Wieder versank die Sonne, hier im Tal hinter den Bergen. Und als sie erneut heraufstieg, drei Stunden nach Mitternacht, sahen die Männer am jenseitigen Ufer ein spitzes Dach über einen Felsen ragen, das endlich zu einem Turm gehörte, von dem eine Palisadenwand ausging. Kleine Häuser duckten sich hinter den Pfählen, und immer mehr öffnete sich in einer Biegung der Fluß.

Da blieben die Männer stehen. Denn da lag es breit und sicher auf dem Wasser, mit an die Rahen gebundenen Segeln.

Das Schiff!

XIII

Der Schiffer und Commis Jan Cornelis Rijp auf dem Rotterdamer Schiff „Dreikönige“ vor dem einst so blühenden Stapelplatz Kola verglich in der Staatskajüte die Listen seiner Waren, als ihm der fuchsgesichtige Steuermann meldete, da draußen in der Kuhl ständen drei Leute, die wünschten, den Schiffer zu sprechen.

Rijp, das schwarze Haar wirr in der Stirn, heftete seine Augen, die im Blick eine Winzigkeit auseinanderzulaufen schienen, auf den Mann und stieß schroff hervor: „Bleib mir vom Halse mit den Kerlen.“

Er wollte am nächsten Tag ablegen, und er hatte keine Lust, noch mehr Ankergeld hier in die Kola zu schmeißen, und es irritierte ihn, daß der Fuchs da an der Tür nicht ging. Seine Mundwinkel, um die der Bart stand, waren nach unten gezogen, so daß sein Gesicht einen bitteren, vergrämten Ausdruck hatte, der dem Steuermann riet, auf der Hut zu sein.

„Nun, was noch!" schrie Rijp.

„Die drei Mann ... da ist ein schwarzer Kerl dabei, ein Lappe", verbesserte er sich rasch, weil Rijp den Hocker nach hinten stieß. „Die beiden anderen sind – Holländer."

Mit einem Sprung war Rijp an der Tür, riß den verdutzten Steuermann zur Seite und hetzte durch den Raum des Rudergastes. Er zögerte einen Augenblick, bevor er nun auch die Tür zur Kuhl aufstieß. Dann trat er ins Freie. Er lehnte sich blinzelnd gegen die geklinkerte Halbdecksfront, fühlte den Steuermann neben sich treten, sah seine Leute an den Beibooten, sah sie den Ring öffnen, als sie den Schiffer gewahrten, und sich ihm zuwenden, sah den Lappländer zuerst, dann diese in schäbigen, geflickten Fellkleidern steckenden Gestalten, fremdartige Fuchsmützen tief in die Stirn gezogen, brüchige, mit Häuten ergänzte Stiefel an den Beinen. Der eine bärtig wie ein Waldteufel, bartlos und doch auch verwildert der andere.

Diesen Jungen da erkannte er zuerst. „Jan", murmelte er tonlos. „Jan Hillebrants?" Als Frage zugleich, als bange Frage drang es aus seiner Brust.

Der Junge stürzte vor.

Der Lappe Per marschierte, nachdem er einen Fisch gegessen hatte, in der gleichen Stunde zur Kolamündung zurück, um den Fremden mit den Booten Nachricht zu bringen, daß da zu Kola ein Schiff läge aus Brabant, das Schiff „Dreikönige" mit dem Schiffer Jan Cornelis, und daß seine Gefährten, seine Freunde des Marsches, dageblieben seien, um sich zu kräftigen. Einen Brief nahm er mit von Jan Cornelis. Und die Muskete. Den Spieß wollte er nicht mehr. Der Spieß war sein Geschenk.

Einen Tag später ließ Rijp Segel hissen auf dem großen Beiboot, setzte drei Mann hinein, für Riemen und Segelleinen. Auf ihre dringenden Bitten ließ er auch den Bootsmann Simon und den Schiffsjungen einsteigen. Brot und Fleisch hatten sie an Bord und Milch. Mit der einsetzenden Ebbe segelten sie den Kolafluß hinunter, der Mündung entgegen. –

Wieder zwei Tage später lagen Pinasse und Bock neben der „Dreikönige" am Stapel von Kola.

Zwölf Mann zogen sich am Tau in die Kuhl, die zwölf aus dem Winterhaus. Fremde, bekannte Gesichter beugten sich über sie, holländische Worte sprachen jene, kannten die Zuiderzee und Vlie, kannten die niederländischen Weiten. Jemand spielte Flöte, ein kleines Lied, das zwei mitsangen.

Da saßen sie in der Kuhl, den Rücken gegen die Bordwand gelehnt, und betasteten heimlich das Deck, die Kreuzhölzer, Nagelbänke und Klampen. Sie blickten hinauf zu den Masten, in das Gewirr des stehenden und laufenden Gutes. Das war ein Schiff unter ihren Füßen, das war Holland.

Zwölf Mann von den Booten Pinasse und Bock, vom Behouden Huys, vom Schiffe „Eissee“. Der Schiffer Heemskerck, der Hochbootsmann Vos, der Koch Lenaert, der Feuerwerker Sterrenburgh, der Chirurg Meester Hanns, der Volontär de Veer, die Bootsleute Simon, Laurens, Evert, Cornelius, Hooghwout. Und der Schiffsjunge Jan Hillebrants.

Später lud Jan Cornelis Rijp die zwölf zu einem kleinen Umtrunk in die Staatskajüte ein. Zwölf zum Tode Verurteilte, ausgesetzt mit Schlitten am Kap Tabin, um dem Kaufherrn Os sein Warten auf die Gulden abzukürzen ... Sie saßen hier, die zwölf. Sie hatten anderes zu berichten. Ihr Erfolg bestand nicht im Verkauf einiger Tuchballen. Sie fühlten sich frisch, als sie sich hier auf den Bänken quetschten, Wein nippten und Fleisch aßen und auf die Ansicht der Stadt Rotterdam schauten, die an der Wand zur Heckgalerie hing. Aber dennoch waren sie schwach, ausgemergelt und von einer trägen Müdigkeit. Ein großes Wundern verspürten sie, daß nun alles hinter ihnen lag. Am erstaunlichsten aber war, daß sie bei Rijp saßen.

Rijp, der Dickschädel, schwarze Haarsträhnen in der Stirn, schwarz wucherndes Haar an Wangen und Kinn; ein wie in Krankheit erblaßtes Gesicht. Er hatte auch jetzt einen Pelzkragen lose um den Hals hängen, und er saß wieder, als würde er porträtiert, unbeweglich, in würdiger Haltung, die Hände vor sich auf dem Tisch, die sich nur rührten, wenn sie nach dem Weinbecher griffen.

Rijp, der Draufgänger. Der dreimal Verfluchte, der bei Vlie gestrandet war. Rijp, der Mutz, der dem Navigator Bengel zwischen die Beine geworfen hatte mit seinem verdammten Nordkurs. Rijp, dem zu Ehren der Feuerwerker Sterrenburgh den einzigen Schuß der gesamten Reise abgegeben hatte. Rijp, dessen Schiff Zuflucht für einen Jungen hatte werden sollen.

Jeder in der Staatskajüte dachte an Rijp. Und jeder war froh, bei Rijp zu sitzen.

„Der Navigator ...?“ fragte Rijp.

Tot.

Rijp faltete die Hände auf dem Tisch. Es schwiegen alle.

Wie sie gelebt hätten, den Winter im Eis.

Alles fragte Rijp noch einmal, im Beisein der zwölf. Er kannte die Antworten. Simon und Jan Hillebrants hatten berichtet, was zu berichten war, an ihrem ersten Tag an Bord der „Dreikönige“.

Aber er, hier in der Staatskajüte, fragte. Es glich einer Zeremonie. Er hörte zu, ohne mit der Wimper zu zucken. Alle hatten das Recht, befragt zu werden. Jeder hatte Ungeheures ertragen und mußte Gelegenheit haben, davon zu sprechen. Von der Not der „Eissee“ nach der Trennung der Schiffe. Von der ersten Überwinterung einer Expedition. Vom Tod ihrer Freunde.

Es schien dem Schiffer Rijp wie eine auferlegte Buße, dies wieder und wieder zu vernehmen, zwölfmal. Und seine Hände lagen ruhig.

Die Namen der anderen Toten? Er schenkte sich nichts: Der Zimmermann Joris Christoffel. Der Untersteuermann Claes Andries. Der Bootsmann Frans van Haarlem. Der Bootsmann Duncker Jans. Jener, der den Mann vorm Bären rettete? Rijp hätte auch fragen können: Jener, der mit mir im Kampf gegen die Spanier im Boot bei Oosterweel auf der Schelde geschwommen war?

Er hatte damals Duncker in dem Augenblick erkannt, als am Fernen Eiland der Sieg über den Bären auf der „Amstelredam" gefeiert wurde. Da hatte Duncker an der Reling gelehnt und den Branntwein in sich hineinlaufen lassen.

Es war wie ein Blitz gewesen: Duncker! Er lebte! Seine Frage: Wer ist das? hatte nicht dem Saufen und nicht dem Bärenhelden gegolten. Er hatte wirklich den Namen wissen wollen, weil er immer noch glaubte, er irre.

Rijp hörte die zwölf ihre Erlebnisse schildern, und obwohl sie zehnfach verdienten, daß er ihnen ungeteilt zuhörte, liefen seine Gedanken doch noch einmal zu Duncker. Warum hatte er nie mit ihm gesprochen? Warum hatte er nie reinen Tisch gemacht zwischen Duncker und Jan Hillebrants, zwischen Duncker und sich und schließlich auch zwischen Jan Hillebrants und sich. Drei Männer verflochten durch ihr Schicksal, verstrickt in Schuld und Verantwortung. Er hatte nicht daran gerührt. Autorität war das Kostbarste, was er besaß.

Aber er hatte herumgehorcht bei seinen Leuten auf dem Schiff „Amstelredam". Es waren etliche dabei, die mit Duncker angemustert hatten. Da war er froh gewesen, nie mit Duncker gesprochen zu haben: Duncker, der bei den Spaniern gefangengesessen hatte. Also Duncker, der Verräter?

Er hatte alles noch herumreißen wollen in dem Augenblick, als die Schiffe sich trennten. Seine Forderung, den Jungen auf sein Schiff zu lassen, war weniger dem Gedanken entsprungen, der Mutter den Jungen zu bewahren, obwohl er sich das als Grund eingeredet hatte. In seinem Unterbewußtsein hatte es anders gelautet. Duncker und der Junge zusammen, das konnte nur so lange gut gehen, bis einmal die Sprache auf die Mordnacht an der Schelde kam. Aber er hatte den Jungen dem Navigator lassen müssen.

Er hatte alles laufenlassen. Er war der Draufgänger, ja. Der Navigator hatte ihn stets richtig eingeschätzt. Er war der unbesonnene Tollkopf, der vorstieß, ohne sich umzuschauen.

„Und wie erging es dir, Jan Cornelis?" fragte Heemskerck.

Wie erwachend schaute Rijp um sich. Die Männer hatten die Augen auf ihn gerichtet. Er lächelte. Diese da hatte er in seine Staatskajüte geholt, alle, nicht nur ihren Obersten. Sehr zur Verwunderung seiner neuen

Mannschaft vom Schiff „Dreikönige". Was wußten denn die „Dreikönigs"-Leute, was ihren Schiffer Rijp selbst noch mit dem letzten und erbärmlichsten Mann von der „Eissee" verband.

Wie es ihm ergangen sei? Den Bug am Eis eingerannt hätte er sich bei Spitzbergen. Leck war die „Amstelredam" geworden. Von den Booten aus hätten sie das Loch gestopft und kalfatert. Eis, so hoch wie die Masten; das kennten sie ja. – Die zwölf nickten. – Bären, Wale, Walrosse, ohne Kopf manche, des Walbeins beraubt. Wolken von Vögeln am Himmel, nun ja, und viele Zobel, Marder und Füchse auf dem Land. Und Spuren eines großen Tiers, einem Pferd ähnlich, vielleicht von dem wundersamen Einhorn, das auf alten Karten verzeichnet war.

Allein was sollte er es verheimlichen, er wollte nicht länger darum herum schwätzen. Gescheitert war er im Norden.

Umgekehrt?

Ja. Dann Südreise, Nordkap und Nordkyn.

Nordkyn? Doch wieder östlich?

Ja.

Und Wardhuys?

Ja. Ja.

Immer schneller fragten die zwölf.

Und Nowaja Semlja?

Nowaja Semlja. Ich wollt euch doch haben. Ich wollt doch mit euch segeln. Ich wollt doch den elenden verfluchten Streit begraben. Ich hab euch doch helfen wollen!

Evert stieß atemlos hervor: „Wie weit seid Ihr gekommen?"

„Sechsundsiebzig Grad Nord ..."

Sechsundsiebzig. Ihr Untersteuermann Claes Andries.

Evert: „Da liegt eine Insel ..."

Rijp gab zurück: „Sie trug drei Kreuze."

Der Bootsmann Evert barg den Kopf in den auf dem Tisch ruhenden Armen. Ihr drittes Kreuz. Rijp hatte es gesehen ...

Die Insel Nowaja Semlja hatte Barents' und Heemskercks Schiff durchschlüpfen lassen. Vor die „Amstelredam" aber hatte sie den unüberwindlichen Eisriegel geschoben. Ohne das Schwesterschiff war Rijp schließlich in Amsterdam eingelaufen.

„Die ‚Amstelredam' gibt es noch?"

„Ja, sie liegt dort in der Heimatstadt, in der Binnenamstel. Hat Ruhe verdient."

Sie saßen in einer glücklichen Geborgenheit, froh, daß wenigstens die „Amstelredam" allem entgangen war. Nur eine kleine Spur von Verwunderung war in ihnen, daß Jan Cornelis Rijp mit einem anderen Schiff, aus einer fremden Stadt, wieder nach dem Norden gefahren war.

Rijp aber verbarg den Leuten von der „Eissee“, daß er seine Reise vom Nordkap ab bis zur Kreuzinsel von Nowaja Semlja und dann zurück nach Hause ohne Steuermann vollbracht habe. Denn sein lieber Joost, sein Begleiter in den Beratungen, der Sommersprossige aus Utrecht, dieser verdammte Hund, dieser Schuft und Gänsköpfer war ihm am Nordkap mit Schande vom Schiff entlaufen, weil jener Flüchtige Angst hatte, sein bißchen Leben zu verlieren, wenn das Schiff „Amstelredam“ versuchte, der „Eissee“ bei Nowaja Semlja beizustehen.

„Nun schlaft“, sagte er leise. „Damit ihr wieder auf die Beine kommt, bis wir in Amsterdam anlangen.“ Eure Mütter, eure Bräute an der Buitenkant. Sie wollen kein mageres Gesicht. Und deine Mutter, Junge Jan, die weiß, daß ich wieder draußen bin. Die weint schon nicht mehr ...

Er hatte für die Geretteten im Halbdeck Kojen aufschlagen lassen. Sie stiegen durch den Raum des Rudergastes, Jan Hillebrants dabei, der nun doch noch auf Rijps Schiff gelangt war. –

Rijp hielt Heemskerck zurück. Jacob blieb, weniger, weil er gern in der Staatskajüte geschlafen hätte. Er fühlte, es gab noch manches zu besprechen, von Schiffsführer zu Schiffsführer, zwei der drei Könige dieser Expedition Auge in Auge, ohne Zeugen.

Sie schwiegen lange. Die Sonne stand über dem Kolafluß. Im Kaufmannshaus lagen die Boote Pinasse und Bock, mit Erlaubnis des Bojaren, des Gouverneurs, der ihnen keine Schwierigkeiten mit der Ausreise bereitete. Vierhundert Meilen in offenen Booten geschwommen, so weit wie von Amsterdam bis zum Nordkap. Jetzt blieben die Boote in Kola, bestaunt von den Einwohnern, zur Erinnerung an die lange Fahrt.

Die beiden Schiffsführer schauten sich an.

„Du wolltest bald abreisen?“ begann Heemskerck. „Auf Kildyn sagte man so etwas.“

„Nun, nun“, Rijp lachte, „jetzt habe ich Zeit.“

Heemskerck stimmte ein, frei, ohne Sorgen auf einmal. Ja, warum sollte denn die „Dreikönige“ jetzt keine Zeit haben, nachdem sie gefunden hatte, was sie zu suchen ausgezogen war.

„Wie weit wärest du der ‚Eissee‘ nachgereist?“

Rijp lächelte listig. „Je nach den Spuren. Bis zum Eiskap. Oder noch weiter.“

„Sie haben dich spät losgeschickt“, sagte Heemskerck. „Jetzt fängt der September an. Um das Eiskap wärest du nicht mehr gekommen.“

Rijp trat ans Fenster, schaute hinaus auf das stille Wasser des Flusses. „Sie haben mich nicht losgeschickt ...“

Heemskerck stutzte. „Du hattest keine Instruktion?“

„Meine Instruktion war, Wachs, Flachs und Leder zu verkaufen. Zu bestmöglichen Preisen!“

Heemskerck stellte sich neben Rijp. Ohne Instruktion war er ausgelaufen? Er konnte es nicht fassen. Er suchte eine Erklärung. Er fand nur die eine: „Also haben sie in Amsterdam geglaubt, daß wir durch sind nach China. Daß wir den Seeweg gefunden haben. Daß wir heimkommen mit Geld bis unter die Back. Und jetzt komme ich ohne Schiff ..."

„Alles falsch, Schiffer", berichtigte Rijp leise und setzte sich. „Alles falsch. Os, Hasselaer, die ganze Brut hat kein Schiff ausgeschickt. Weil ihnen nämlich jeder Stuiver zu schade ist, einen toten Mann im Eis zu suchen."

Heemskerck erblaßte. Sie hatten also für tot gegolten. Selbstverständlich war ihr Opfer so unbedeutend, daß kein Hahn mehr danach krähte, was aus ihnen geworden war. Die Gertrud Hasselaer, die hatte natürlich nicht ihr Gräflein suchen lassen ... Ich bin dir treu bis in den Tod ... Wo du hingehst, dort will auch ich ... Heißes Gestammel in der Laube.

„Alle verreckt, was! Das wäre ihnen am liebsten!" stieß er hervor. „Da wird es ihnen auch nichts ausmachen, daß die ‚Eissee' nicht mehr heimkommt! Auch dem krummnasigen Hasselaer nicht, der schon den ‚Engel' verloren hat."

„Der ‚Engel'." Rijp lachte bitter auf. „Die ‚Eissee' verschmerzt, der ‚Engel' verschmerzt. In diesem Jahr wird alles verschmerzt in Amsterdam."

Heemskerck verstand. „Natürlich. Die feine Heirat. Ihr habt ja jetzt ein vereinigtes Handelshaus Os–Hasselaer in euern Mauern."

Rijp staunte. Daß er das wußte!

Ja, Rijp, das war die letzte Botschaft des „Engel". Laß es gut sein. So viel anderes wurmte ihn, das mit der Frau nicht mehr. Das war kaum noch sein Amsterdam, das schon die „Eissee" abgeschrieben hatte mit allen siebzehn Mann. Aber das war sein Kamerad Rijp, der ohne Erlaubnis mit dem Kaufmannsschiff die Schiffbrüchigen gesucht hatte.

Auf einmal bezweifelte Heemskerck sogar, daß die Ladung der „Dreikönige" überhaupt für das schäbige Kola bestimmt gewesen war. Vielleicht hatte Rijp Archangel anlaufen sollen und die Ladung hier losgeschlagen, um sich den Weg in das Weiße Meer zu sparen zugunsten der Reise nach Nowaja Semlja.

Rijp sagte: „Alles verschmerzt in Amsterdam. Zwei Schiffe verschmerzt in einem Sommer. Aber nicht wegen der Heirat. Antonio Portugees ist zurück."

„Portugees?" Heemskerck mußte einen Augenblick überlegen, so fern war ihm alles Frühere gerückt.

Antonio Portugees, mit dem gewöhnlichen Schiff auf gewöhnlichem Kurs. Das Schiff, dessen Ausrüstung die zweite Nordexpedition so sehr verzögert hatte. Das Schiff, das Barents hatte nehmen sollen und abgelehnt hatte. Barents' spöttische Augen: An einem Tag kommen wir heim, Portugees, du auf dem alten Kurs um das Kap der Guten Hoffnung in

Afrika, ich um das Kap Tabin. An einem Tag kommen wir heim. Doch ich bin ein Jahr schneller.

„Im Juli legte er an, der Portugees", berichtete Rijp. „Bis dahin war freilich Gezeter genug um eure verlorenen Schiffe. Aber dann: Portugees wog alles auf. Pfeffer, Ingwer, Muskat, Näglein, Seide. Zehnfacher Gewinn. Da verschmerzt du zwei Schiffe. Da hast du immer noch gewonnen."

Schiff ist Schiff und verloren ist verloren. Ein Gulden ist ein Gulden, und einem Kaufmann mußt du jeden einzelnen aus den Zähnen reißen. So schnell gibt einer kein Schiff auf. Zehnfacher Gewinn mit den Gewürzen. Aber ein Kaufmann wirft keinen Gulden einem verlorenen Schiff nach, denn damit wäre auch dieser noch verloren. Und er prozessiert nicht wegen eines Schiffes „Engel", weil der erste Prozeß schon nicht sauber war und der zweite kaum gewonnen werden konnte.

Denn die Gewürze waren das eine. Das andere war, daß man die Gewürze durchgebracht hatte gegen die Spanier und Portugiesen, daß der alte Seeweg es ermöglichte, profitreiche Verbindungen anzuknüpfen, daß man eine Passage hatte. Daß man den eisigen Norden nicht brauchte! Deshalb kein Gulden den ohnehin Verlorenen hinterhergeworfen. Deshalb nicht prozessiert, deshalb die Mannschaft der „Eissee" verloren gegeben.

Rijp sagte es. Dem Schiffer Heemskerck konnte er es sagen, was er vor allen zwölf noch verschwiegen hatte. Das Schwesterschiff „Amstelredam" lag keinesfalls auf der Binnenamstel. Auf dem Weg nach den Ländern Cambodja und Laos tief in Asien war es. Um Afrika herum. Einhunderttausend Gulden des Petrus Plancius fuhren mit. Seine Instruktion schickte die Männer nach dem Pol. Sein Geld sandte er in die Tropen.

Der Kaufmann Hasselaer ließ kein Schiff mehr nach Archangel laufen. Ganz Amsterdam hatte kein Schiff für Rijp. Nach Rotterdam war er gegangen, wo ihm ein Reeder die „Dreikönige" anvertraut hatte.

Denn er hatte wieder nach dem Norden fahren müssen. Rijp sagte nicht alles, hielt vieles zurück vor diesem Mann, der auch nicht viel mehr als ein Wrack war. Er setzte in Gedanken immer ein „Verstehst du das, Jacob" hinzu. Verstehst du, daß ich es nicht aushielt in Amsterdam, daß mir zum Speien war. Daß ich wieder nach Norden mußte. Verstehst du, Jacob?

Wie hätte er denn in seinem Leben noch eine Stunde Ruhe finden sollen, wenn er Willem Barents mit seinen Leuten dem Schicksal überlassen hätte.

Du trägst auch Schuld, daß sie dort sitzen, irgendwo hinter dem dritten Kreuz, ihrem letzten Zeichen. Du hast ein leckes Schiff. Aber du fährst. Dir entläuft der Steuermann, aber du suchst. Und du mußt endlich doch umkehren und kommst in diesen brodelnden Topf Amsterdam. Und keiner achtet das, wofür du gefahren bist. Und keiner kräht mehr nach der Instruktion, für die du dich geschlagen hast. Portugees wiegt alles auf. Und du findest keine Ruhe.

Da wohnt in irgendeiner Gasse das Fischweib. Wo ist der Junge? Der Mann verreckt auf der Schelde. Versprochen ist versprochen. Wo ist der Junge? Tot? Nie. Wie kann einer Mutter ein Sohn sterben.

„Alle für tot erklärt“, sagte Heemskerck vor sich hin. Es war schwer, sich zu gewöhnen, wie schnell, wie billig man sie aufgegeben hatte.

Barents' Witwe, sagte Rijp – da die Mannschaft für tot galt, mußte sich Barents' Weib ja Witwe nennen –, Barents Witwe habe beim Rat der Stadt Amsterdam, bei den Reedern, beim jungen Os, für den Barents so lange Jahre gefahren war, für sich und ihre fünf Kinder eine Rente erbeten, in Anbetracht der Verdienste, die sich doch der Tote erworben hatte, und der Aufgaben, für die er gestorben war.

Man hatte kein Geld für die Witwe Barents. Man schmiß nicht noch Gulden dort hinterher, wo es ohnehin Verluste gab.

Anna, die das Kartenbuch bei ihrem fetten Onkel durchgesetzt hatte, die um die Gulden kämpfte, die den Predigten des Plancius lauschte und doch im stillen dessen geruhsames Leben verfluchen mochte: Er zeichnete Karten und hatte nie auf den Planken eines Schiffes gestanden.

Ihr Mann aber mußte hinaus! Dirck, der erste Sohn, welch ein Stolz noch gewesen! Benannt nach dem jungen Os, wie das Schiff „Engel“ benannt worden war nach seinem Bestimmungsort. War auch Barents' Sohn Dirck dem Os bestimmt wie der Navigator, der auf dem Marienbild neben den Herren des Handelshauses kniete? Der Enkel Dirck, dessen Großvater Barent van Haarlem in der Stadt Gent für die Linnen des Os gehenkt worden war?

Nichts von alledem? Der junge Dirck Willem Barents, zwölfjährig, wird nie aufgenommen in den Verein der Familie Os wie noch sein Vater. Keinen Stuiver den Verlorenen hinterhergeworfen. Keinen Stuiver für Dircks Bruder, den elfjährigen Jan, nichts für Martin, Neeltgen und Symentgen. Fünf Haarlocken und ein Medaillon auf der Brust des toten Navigators unterhalb des Großen Eiskaps von Nowaja Semlja.

Heemskerck biß die Zähne aufeinander. Fünfundzwanzigtausend Gulden für das Finden der Durchfahrt. Für die Kinder des Verreckten, Gescheiterten nichts, nichts, nichts. Seine Nasenflügel bebten.

Sie saßen sich gegenüber, die beiden letzten Könige der Expedition. Ihre Arme lasteten schwer auf der Tischplatte. Vom Kolafluß drangen die Rufe der Fischer. Die Sonne tanzte in Flecken an der Decke im Spiele des Wassers. „Nun weißt du, warum ich wieder nach dem Norden mußte“, schloß Rijp.

Plötzlich drängte es Heemskerck, diesen Mann da, diesen Freund, den der Tisch von ihm trennte, an seine Brust zu reißen. Er blieb sitzen. Er sah ihn nur an.

Leise sagte er: „Der Admiral wird nicht vergessen.“ Er gab Barents den

Titel, der ihm gebührte, und Rijp verstand ohne Frage, von wem Heemskerck sprach. Jacob nestelte sein Wams auf, zog ein gefaltetes Papier hervor und legte es feierlich auf den Tisch. „Das ist seine Karte."

Langsam entfaltete Rijp das Blatt, schaute zunächst auf des Zimmermanns Bild, das den von Dieven erbauten Haarlemer Markt zeigte, wendete dann den Bogen und sah *die Passage.*

Der Polus Arcticus inmitten eines ungeheuren Meeres, dessen Element unterstrichen wurde durch Scharen von Delphinen und Walen. Schiffe segelten darin, und das war die Expedition. Zwischen Groenland und Finmarchia stießen sie durch, die Schiffe, segelten zum Fernen Eiland, ankerten am Neuen Land Spitzbergen, eines nur fuhr ostwärts, dort, wo Willoughby-Land hätte liegen sollen. Die Riesenrobbe Nowaja Semlja, getrennt durch die Waigatsch vom Samojedenland, der Fluß Ob, das Kap Tabin des Plinius, der Polus Magnetis inmitten der Straße von Anian.

Rijp begriff: Diese Karte räumte mit alten Hypothesen auf. Sie tat es gründlich. Sie war das modernste, was er je gesehen hatte. Einen Augenblick dachte er: Diese Karte kann eine Witwe und fünf Kinder retten! Spuck die Gulden dafür aus, fetter Claes. Von dieser Karte werden Tausende Seefahrer zehren, Jahrzehnte und aber Jahrzehnte.

Der Schiffer Jacob van Heemskerck aber sah auf der Karte Amsterdam, wo Hasselaer saß, und Kola, wo die „Dreikönige" lag. Und sein Finger fuhr nach, über das Meer, ihren langen Bootsweg. Kap Nassau mit einem Grab, das Eiskap mit zwei Gräbern, Wunschkap, Vlissinger Hooft und Behouden Huys, das Eishaus. Und auch dort zwei Gräber.

Und das Haus schon jetzt Ruine, weil sie seine Planken für die Boote gebraucht hatten. Die ersten Stürme hatten nun schon unter die Balken gegriffen, der erste Schnee hatte die Kojen zugeweht. Da versank es wieder in der Stille der Eiswüste, als hätte es dort nie Menschen gegeben.

Wieder schläft die Insel Nowaja Semlja. Aber Heemskerck und Rijp haben den Schlüssel zu ihr, die Karte des Piloten und Navigators.

Und im Kamin des Hauses, im Pulverhorn, steckt der Zettel des Barents, für die Nachfolgenden bestimmt, die an seinem Beispiel irgendwo die Überwinterung wagen werden, um sich so einen Ausgangspunkt für den Sturm auf die Passage zu schaffen.

Und dort, wo Heemskercks Finger jetzt ruht, liegt sein erstes Schiff, liegt die „Eissee", hoch auf dem Eisbruch. Der Schiffsleib ist heil. Die Masten stehen noch. Die Takelage ist bereit. Stolz liegt es dort.

Oder es liegt nicht dort. Es segelt schon, ohne Tuch. Es geht schon mit der Drift die Passage an, nach Kap Tabin, in die Straße von Anian, nach Cathay. Wie es Barents auf seiner Karte verzeichnet hatte.

Ohne Segel, in der Umarmung des Eises, driftet sein Schiff „Eissee".

Und *noch* ohne Mannschaft.

WORT- UND SACHERKLÄRUNGEN

Äquinoktium – Zeit der Tagundnachtgleiche, zu der die Sonne auf ihrer Bahn den Himmelsäquator überschreitet (21. März und 23. September)

Amsterdamer Fuß – 0,283 m

Ankerbeting – schwere Pfosten unter Deck, um die die Ankerkabel gelegt werden

Ankerklüsen – Öffnungen im Bug, durch die die Ankerkabel führen

Astrolabium – Gerät zur Messung von Sternhöhen

Back – Vorderaufbau auf dem Schiff

Backbord – linke Schiffsseite

Barents – entstanden aus Barentszoon, das ist Sohn des Barent. Der Vater von Willem Barents nennt sich hier nach seinem Wohnort: Barent van Haarlem.

Auch die anderen Seeleute tragen außer ihrem Vornamen den Namen des Vaters, so Jan Hillebrants (das ist Jan Hillebrantszoon, Sohn des Hillebrant)

Bebakung der Küste – Ausstattung der Küste mit Baken (Seezeichen) für die Schiffahrt

Besanmast – der hintere Mast des Schiffes

Besanrute – schrägstehendes Rundholz am Besanmast, an dem das Besansegel aufgehängt ist

Bilge – unterer Raum im Schiffsleib, in dem sich das Wasser sammelt

Biwak – lagern im Freien, in Zelten

Blinde – Rahsegel, das am Bugspriet aufgehängt ist

Block – Gehäuse für Rollen im Tauwerk, wie am Flaschenzug

Bottelier – Verwahrer des Speisevorrats auf Schiffen

brassen – die Rahen und damit die Segel drehen

Brassen – Taue zum Schwenken der Rahen

Bugspriet – schräg nach vorn herausstehender Mast

Cathay – alter Name für das nördliche China

Deklination – Winkelabstand eines Gestirns vom Himmelsäquator

Duchten – Bänke im Boot

dwars – quer, seitlich

einstroppen – Tauschlingen knüpfen

Euxinienmeer – alter Name für das Schwarze Meer

Faden – alte seemännische Maßeinheit bei Tiefenmessungen; 1 (deutscher) Faden = 1,88 m

fieren – lockern

Fock – unteres, größtes Segel am vorderen Mast, dem Fockmast

Fockknecht – unter Deck stehender Pfosten mit Scheiben, über die die Taue zum Heißen der Fockrah führen

Fockrah – waagerechtes Rundholz am Fockmast, das das Focksegel trägt

Fockschot – Tau zum Ausholen der Schothörner am Focksegel

Galion – Vorbau am Bug älterer Schiffe

Glas, Glasen – seemännisches Zeitmaß, eine halbe Stunde

Gordings – Taue, die die Masse des Segeltuchs an die Rah raffen können (Wegnehmen der Segelfläche)

Gracht – Kanal, schiffbarer Graben

Gradbogen – Gradmesser

Großmast – der größte Mast des Schiffes, zwischen Fockmast und Besanmast

Großrahe – waagerechtes Rundholz am Großmast, trägt das Großsegel

Halsen – Taue zum Vorholen der unteren Segelecken (Schothörner)

Hennegatt – Öffnung im Heck des Schiffes, durch die die Ruderpinne vom Steuerruder ins Innere des Schiffes führt

Ladetakel – Tau zum Einbringen von Lasten, Flaschenzug

langer Kerl – hohe Welle

laufendes Gut – alles bewegliche Tauwerk an Bord

Lee – die dem Wind abgekehrte Seite des Schiffs, Windschatten; Gegensatz: Luv

Mars – Plattform im Topp des Untermastes

Nagelbänke – Vorrichtungen an Deck zum Festmachen der schwächeren Taue an Belegnägeln

Näglein – Gewürznelken

Navigation – Ortsbestimmung und das Festlegen des einzuschlagenden Kurses

navigieren – Kurs und Standort bestimmen; ein Schiff führen

Nereiden – sagenhafte Meernymphen, Töchter des griechischen Meergottes Nereus

Persenning – festes, wasserdichtes Segeltuch, verwendet zum Abdecken von Beibooten, Luken usw.

Petschaft – Handstempel zum Siegeln

Pinasse – kleines Ruderboot, das gesegelt werden konnte; es hat fünf oder sechs Duchten

Pinne, Ruderpinne – waagerechter Hebelarm am Steuerruder

Pütz – Eimer

Priorität – Vorrang, Vorrecht

Quartier – die Zeit der Wache bis zur Ablösung

raume See – hohe See

raumer Wind – Wind schräg von hinten

Ruder – Steuer am Heck des Schiffes

Rüsten – Kanthölzer außerhalb der Bordwand beiderseits der Masten, an denen die die Masten haltenden Wanten befestigt werden

Himmelsjäger – Sternbild des Orion

hohle See – sehr hohe Wellen

Jolle – kleines einmastiges Wasserfahrzeug

Journal – Schiffstagebuch

julianischer Kalender – im julianischen Kalender, der 46 v. u. Z. von G. Julius Cäsar eingeführt wurde, hatte das Jahr 365 Tage, jedes durch vier teilbare Jahr dagegen einen Tag mehr (Schalttag); die damit als durchschnittliche Jahreslänge festgesetzte Zeit von 365¼ Tagen war zu lang, und zwar in 129 Jahren um ungefähr einen Tag; da um 1580 seit Julius Cäsars Zeit ungefähr 13mal 129 Jahre vergangen waren, hatte sich das Frühlingsäquinoktium um 13 Tage rückwärts geschoben und fiel auf den 11. März; um es nun auf den 21. März zu bringen, ließ man 1582 10 Tage ausfallen, und zwar folgte auf den 4. Oktober gleich der 15. Damit wurde der gregorianische Kalender (nach Papst Gregor XIII.) eingeführt; dieser unterscheidet sich vom julianischen dadurch, daß er bei den vollen Jahrhunderten mit Ausnahme der durch 400 teilbaren Jahre den Schalttag ausfallen läßt; damit ist das Kalenderjahr im Durchschnitt nur noch um 26 Sekunden zu lang

Kabelgatt – Raum, in dem das Ankerkabel untergebracht ist

kalfatern – Abdichten der Fugen mit geteertem Werg

Kimm, Kimmung – Horizont

Kolderstock – senkrechter Hebel am Ende der Pinne, der in einem Gelenk geschwenkt werden kann und dadurch das Ruder dirigiert

Konjunktion – scheinbares Zusammenstehen zweier Gestirne am Himmelsgewölbe

Kosmograph – jemand, der die Welt beschreibt

Krängung – Neigung eines Schiffes nach der Seite

Kreuzhölzer – Vorrichtungen an der Bordwand zum Belegen (Festmachen) der Halsen; ein dreimastiges Schiff benötigt eine Menge Belegstellen, um die rund 150 Tauenden unterzubringen

Kuhl – der tiefliegende Teil des Mittelschiffs zwischen den vorderen und den hinteren Aufbauten

Schoten – Taue zum Ausholen der unteren Segelecken (Schothörner)

Schotten – Querwände

Speigatt – rundes Loch in der Schiffswand zum Wasserablauf

Spill – Schiffswinde

Sprietbaum – vom Untermast schräg nach hinten aufragender Baum für das Segel (Spriettakelung)

stehendes Gut – alles feste, zum Stützen der Masten gebrauchte Tauwerk

Stenge – Verlängerung des Mastes über dem Mars

Steuerbord – rechte Schiffsseite

Steven – die hochgezogene gebogene Verlängerung des Kiels am Bug (Vordersteven) und Heck (Achtersteven) eines Schiffes oder Bootes

Stückpforten – Öffnungen für die Geschütze in der Seitenwand des Schiffes

Stuiver – alte holländische Münze, 1 Stuiver = 16 Penningen = 1/20 Gulden

Takelage – Segelausrüstung eines Schiffes

Topp – der obere Teil des Mastes

Tritonen – Fabelwesen, Meergottheit; halb Mensch, halb Meertier

Unze – altes Gewicht, rund 30 g

Viktualien – Lebensmittel

Walm – dreieckige Dachfläche

Want, Wanten – Tauwerk zum Verspannen des Mastes

Webleinen – Querleinen zwischen den einzelnen Wanttauen

Werfanker – kleiner Anker

zurren – festbinden

Zurring – Leine zum Zurren